Die Pharaonen

PETER A. CLAYTON

DIE PHARAONEN

Herrscher und Dynastien im Alten Ägypten

Mit 350 Abbildungen
Deutsch von Nikolaus Gatter

BECHTERMÜNZ VERLAG

Für Janet,
zur Feier unseres heb-sed

INHALT

(*Schmutztitel*) Ramses III. erschlägt vor Amun seine Feinde. Südseite des Ersten Pylons, Medinet Habu (Theben). (*Frontispiz*) Bemaltes Kalksteinrelief mit Meritaten, die ihrem Gemahl Semenchkare eine Alraunbeere überreicht. Ägyptisches Museum, Berlin.

Titel der englischen Originalausgabe: Chronicle of the Pharaohs.

Übersetzt von: Nikolaus Gatter.

Genehmigte Lizenzausgabe für Weltbild Verlag GmbH, Augsburg 1998
Umschlaggestaltung: Georg Lehmacher, Friedberg
Umschlagmotive vorne: Nofretete/AKG, Berlin;
Landschaft mit Pyramide/Corel
Umschlagmotiv hinten: Goldmaske des Tutanchamun/AKG, Berlin;
Grabkammer/Corel
Gesamtherstellung: Mladinska knjiga, Ljubljana
Printed in Slovenia
ISBN 3-8289-0661-3

Chafre
4. Dynastie

Senwosret III.
12. Dynastie

Thutmosis III.
14. Dynastie

Psusennes I.
21. Dynastie

Vorwort: Gottkönige des Nils

Statuette des knienden Amenemhet III. (1842–1797 v. Chr.); Teil einer Figurengruppe aus seltener Kupferlegierung, die den König, seine Gemahlin und die Hofschreiber darstellt. Sammlung George Ortiz, Genf.

Die ägyptische Hochkultur war eine der bedeutendsten Zivilisationen der Antike und mit einer Dauer von über dreitausend Jahren ganz gewiß die langlebigste. Wohl jedermann stehen auf Anhieb die eindrucksvollen Bilder der Pyramiden vor Augen, der große Sphinx in Gise, die gigantischen Tempel und märchenhaften Schätze, die sich im trockenen Wüstensand Ägyptens erhalten haben. Aber was wissen wir eigentlich von den Menschen, die uns solche Weltwunder hinterlassen haben?

Die altägyptischen Pharaonen regierten als Gottkönige auf Erden, die nach ihrem Tod zu vollwertigen Göttern wurden. Schon die Insignien ihres Amtes – Krummstab und Dreschflegel – deuten an, daß sie die Gewalt über Leben und Tod innehatten. Sie verfügten über Ressourcen, die selbst in unseren Tagen viele Nationen nur unter größten Schwierigkeiten aufbringen könnten. Um dies zu belegen, muß man sich nur ein paar Zahlen vergegenwärtigen. Die Pyramide des Chufu (Cheops) in Gise stellte mit ihren 146 Metern bis ins 19. Jahrhundert hinein das höchste Bauwerk der Welt dar, und doch wurde sie schon um die Mitte des dritten vorchristlichen Jahrtausends errichtet – ohne daß wir bislang genau wüßten, wie. Ihre Grundfläche von rund 5,3 Hektar ist so gewaltig, daß sie die Dome von Florenz und Mailand aufnehmen könnte, dazu die Londoner St.-Pauls-Kathedrale, die Westminster Abbey sowie den römischen Petersdom – und noch immer einigen Platz böte.

Die immensen Schätze aus Schmuck und kostbaren Metallen, die durch glückliche Fügung der Findigkeit von Grabräubern entgangen sind, übersteigen nahezu die menschliche Vorstellungskraft. Der dritte, innerste Sarg Tutanchamuns ist aus purem Gold gefertigt und ein künstlerisches Meisterwerk von unschätzbarem Wert; selbst beim gegenwärtigen Goldpreis würde er dem bloßen Gewicht nach rund 1,5 Millionen Dollar kosten, die goldene Totenmaske allein 155 000 Dollar. Dabei war der Verstorbene einer der kleineren Pharaonen ohne großen Einfluß – der Wohlstand bedeutenderer Herrscher wie Ramses II. muß vergleichsweise unvorstellbar gewesen sein.

Auch der Ruhm anderer Großkönige hallt durch die Jahrhunderte nach. Nicht allein Chufu wurde eine Pyramide errichtet, sondern auch seinem berühmten Vorgänger Djoser, dessen Stufenpyramide den Königsfriedhof von Saqqara überragt, und seinen Nachfolgern Chufre (Chephren) und Menkaure (Mykerinos). Aus späteren Dynastien gingen die Kriegshelden Thutmosis III., Amenhotep III. und Setoy I. hervor, von dem verrufenen Ketzerkönig Echnaton ganz zu schweigen. Doch zur Faszination eines umfassenden Blicks in die ägyptische Geschichte gehört auch das Auftauchen weniger prominenter Namen und neuer, unbekannter Aspekte. Die Bedeutung der Königsfrauen in einer matrilinearen Gesellschaft und die Machtvollkommenheit, mit der ägyptische Herrscherinnen zu regieren gewohnt waren – Sobeknofru, Hatschepsut und Tausret, um nur drei zu nennen –, ist eines der wichtigsten Beispiele für diese bislang wenig erforschten Fragestellungen.

Die bekannten rund 170 Pharaonen gehörten einer Herrscherfolge an, die bis ins Jahr 3100 v. Chr. zurückreicht. Der letzte ›eingeborene‹ Pharao starb 343 v. Chr.; an seine Stelle traten zunächst die Perser, dann die griechischen Ptolemäer, bis Kleopatra VII. im Jahr 30 v. Chr. Selbstmord beging. Manetho, der Hohepriester von Heliopolis, dessen Königsliste in der christlichen Überlieferung weitgehend erhalten blieb, teilt diese enorme Zeitspanne in dreißig Dynastien auf. Sie werden von der neueren Ägyptologie zu umfassenderen Epochen zusammengefaßt – zum Alten, Mittleren und Neuen Reich, denen

Eine Königsfamilie: Echnaton 1350 bis 1334 v. Chr.) aus der 18. Dynastie und Königin Nofretete mit drei ihrer sechs Töchter. Die Intimität dieses Gruppenbilds hat in der frühen ägyptischen Kunst nicht ihresgleichen. Ägyptisches Museum, Berlin.

jeweils eine Phase des Niedergangs, eine sogenannte ›Zwischenzeit‹, folgte.

Das Buch *Die Chronik der Pharaonen* wird dieser glanzvollen dreitausendjährigen Herrscherfolge nachgehen und ihre einzelnen Stationen im historischen Kontext beleuchten. Wo immer dies möglich ist, wollen wir den Pharaonen ins Gesicht sehen – sei es auf dem Umweg über Reliefs und Statuen oder, in seltenen und bewegenden Fällen, in das mumifizierte Antlitz des königlichen Toten selbst. Über die Jahrhunderte haben uns Künstler die Gesichtszüge ihrer Herrscher überliefert – die gottähnliche Selbstzufriedenheit der frühesten Epoche, die sorgenvoll gefurchten Stirnen der Mittleren Könige, die kraftvollen und zuversichtlichen Mienen der Krieger-Pharaonen des Neuen Reiches. So groß war ihre Macht über Ägypten, zeitweise über den ganzen Nahen Osten, daß Shelleys berühmte Worte in der Tat wie ein authentischer Nachhall ihrer Allmacht klingen: »Seht an mein Werk, ihr Mächtigen, und verzweifelt!«

Alljährlich kommen neue Bücher über das alte Ägypten auf den Markt, die sich unterschiedlichsten kulturellen und geschichtlichen Aspekten widmen. Hier wird erstmals ein umfassender Blick auf das unvergleichliche Geschlecht der Pharaonen geworfen, die letztlich Menschen blieben, auch wenn sie von Abertausenden als Götter auf Erden verehrt wurden, und deren steinernes Erbe noch heute den Eindruck erweckt, als habe ein Gott selbst es geschaffen.

Ramses II. (1279–1212 v. Chr.) greift in typischer Kriegerpose drei asiatische Gefangene beim Haar, um sie mit der unproportional kleinen Axt in seiner Linken zu erschlagen. Ägyptisches Museum, Kairo.

Ägypten und der Nil

Ägypten ist ein Land extremer geographischer Gegensätze, die sich auch in den altägyptischen Namen für die so unterschiedlichen Landschaften widerspiegeln. Der schmale Streifen fruchtbares Land an den Ufern des Nils hieß *kmt*, ›das Schwarze‹, die unbewohnbare Wüste *dsrt*, ›das Rote‹. In Oberägypten reicht die Wüste oft bis ans Wasser heran.

Zwischen Nord und Süd verlief eine scharfe Trennlinie, die etwa durch das heutige Kairo geht. Im Norden lag Unterägypten, wo sich der Nil verzweigt und ein Delta bildet, im Süden reichte Oberägypten bis Elephantine (das heutige Aswan). Die beiden Königreiche wurden um 3100 v. Chr. vereinigt, aber jeder Landesteil behielt seine eigenen Insignien. Die Rote Krone (*deschret*) repräsentierte Unterägypten, sein Symbol war die Papyruspflanze. Für Oberägypten standen die hohe Weiße Krone (*hedjet*) und der blühende Lotus. Die Doppelkrone *shemty* vereinte Rote und Weiße Krone. Die Landesteile wurden auch von den Beiden Herrinnen, der Kobragöttin Wadjit von Buto und der Geiergöttin Nechbet, verkörpert.

(*Unten*) Symbole von Ober- und Unterägypten.

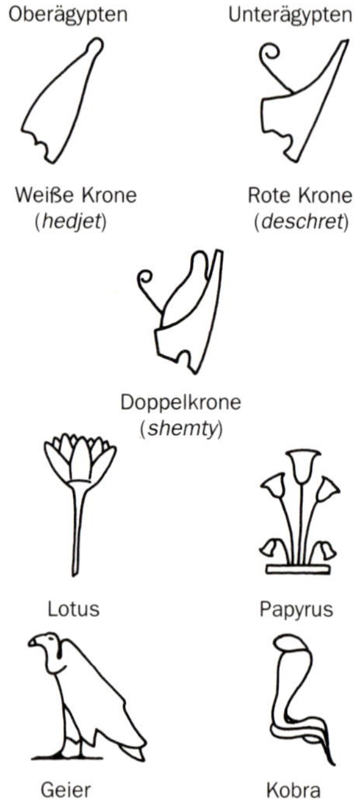

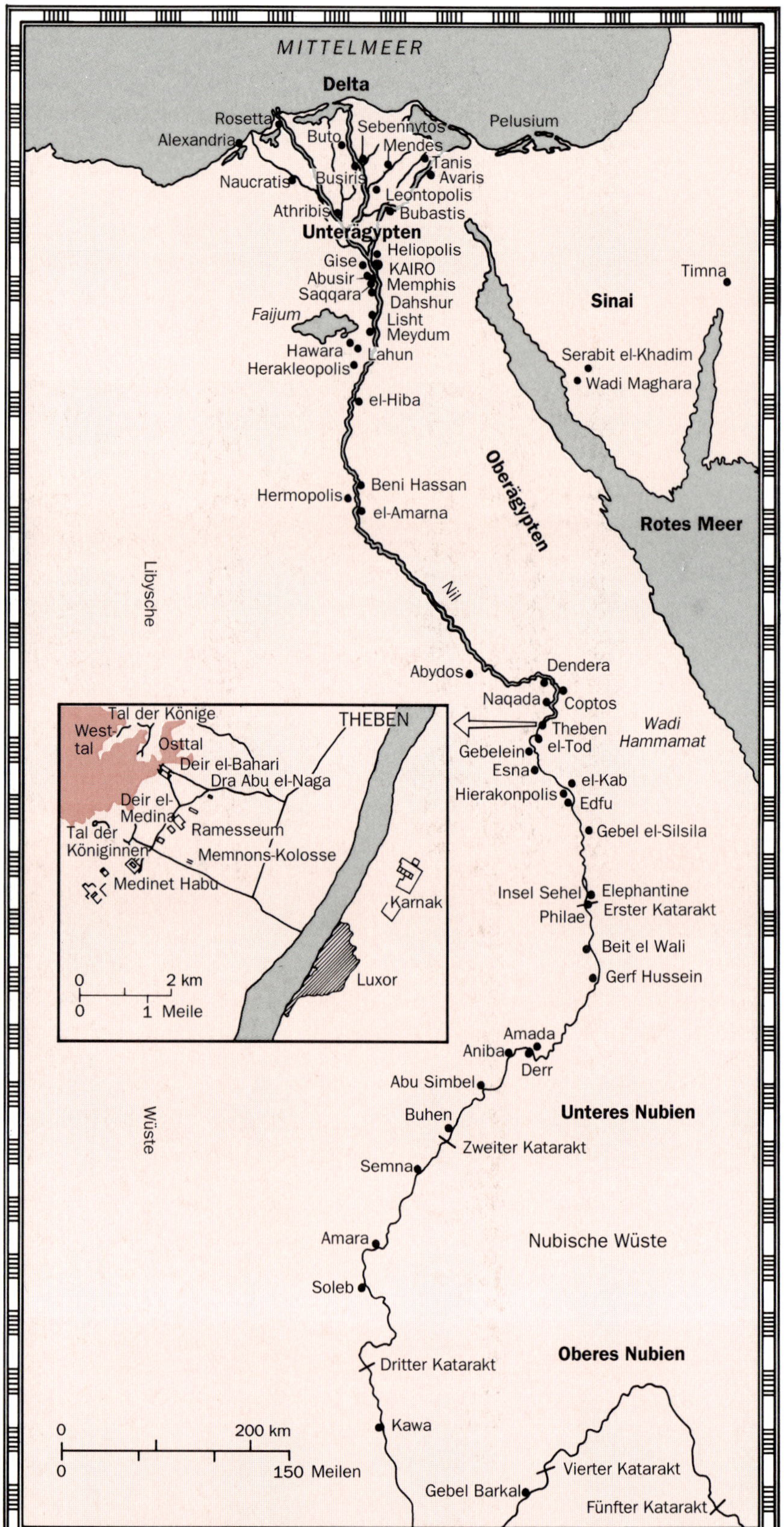

Einführung: Zur Chronologie des alten Ägypten

Im frühen 6. Jahrhundert v. Chr. bereiste der athenische Staatsmann und Gesetzgeber Solon (640–560 v. Chr.) Ägypten. Dort besuchte er den Tempel von Naukratis, einer Stadt im Delta, die erst seit kurzem von Griechen aus Milet besiedelt worden war. Als namhafter Staatsmann eines mächtigen Gemeinwesens war Solon verständlicherweise stolz auf Athen und seine lange Geschichte. Doch als er mit den Tempelpriestern darüber sprechen wollte, wurde er scharf zurechtgewiesen. »Ihr Hellenen seid bloße Kinder«, ließen sie ihn wissen. Sie meinten vollkommen zu Recht, daß sich die griechische Geschichte in keiner Weise mit der ägyptischen messen konnte – weder hinsichtlich der Dauer noch was ihre Errungenschaften anging.

Darin kann ihnen nicht widersprochen werden, aber es ist der Überlegung wert, daß die Priester von Naukratis selbst nur die Erben einer langen, fast dreitausend Jahre zurückreichenden Tradition waren. Offensichtlich konnten sie aus Quellen schöpfen, die uns nicht erhalten geblieben sind, doch sie lebten zu einer Zeit, da der Glanz des alten Ägypten längst geschwunden war, und wir wissen nicht, welche historischen Aufzeichnungen ihnen zur Verfügung standen. Daß eine reiche Überlieferung existierte, beweist das Werk eines gräko-ägyptischen Priesters namens Manetho, der dreihundert Jahre später, im dritten vorchristlichen Jahrhundert, eine detaillierte Geschichte Ägyptens schrieb.

Manetho und die Geschichte Ägyptens

Manethos *Geschichte Ägyptens* (auch als *Aufzeichnungen über Ägypten* bekannt) hat uns die Eckdaten gegeben, das chronikalische Skelett, auf das wir uns nach wie vor stützen. Er gliederte die ägyptische Geschichte als erster in Dynastien und zählte dabei insgesamt dreißig regierende Königshäuser von der Einigung Ägyptens um 3100 v. Chr. bis zum Tod des letzten Pharao ägyptischer Herkunft, Nektanebos II., im Jahre 343 v. Chr. Der letzten Phase der ägyptischen Geschichte nach diesem Zeitpunkt werden gelegentlich zwei weitere Dynastien – die 31. und 32. – zugeordnet. Dabei handelt es sich um die Zweite Persische Epoche und die Herrschaft der Ptolemäer, die 30 v. Chr. mit dem Selbstmord der letzten Ptolemäerin, Kleopatra VII., endete.

Obschon Manetho gewöhnlich großes Vertrauen geschenkt wird, existiert kurioserweise keine vollständige Fassung seines Werks. Vielleicht findet sich ja eines Tages eine Papyrusausgabe, womöglich aus einer der Städte des Fajum, denen so viel literarisches und historisches Material aus der gräko-romanischen Periode entstammt. Manethos *Geschichte* ist nur zufällig auf uns gekommen, weil man sie für sehr alt hielt und die erhaltenen Werke mehrerer Autoren ausführliche Zitate bringen. Dazu gehören in erster Linie Flavius Josephus, der seine *Jüdischen Altertümer* und *Contra Apionem* im späten ersten nachchristlichen Jahrhundert schrieb, sowie die christlichen Annalisten Sextus Julius Africanus und Eusebius von Cäsarea, deren Schriften zu Anfang des 3. respektive 4. Jahrhunderts n. Chr. entstanden. Rund ein halbes Jahrtausend später dienten die Werke der beiden letzteren als Basis einer Weltgeschichte von Georg dem Mönch, der als Sekretär des byzantinischen Patriarchen Tarasius (784–806 n. Chr.) auch unter dem Namen Syncellus bekannt war. All diese Autoren entnahmen ihrer Vorlage nur das, was für ihre Zwecke tauglich schien, und so ist uns Manethos Bericht aus ihren Zitaten nur fragmentarisch überliefert.

Manetho und der Kult des Serapis

Manetho lebte unter der Regierung des Ptolemaios I., der zwischen 323 und 305 v. Chr. als Statthalter und Satrap, von 305 bis 282 v. Chr. als König über Ägypten herrschte. Plutarch berichtet, Manetho sei einer von zwei priesterlichen Beratern des Königs und mit der Einführung des Serapis-Kults beauftragt gewesen. Der Gott Serapis, der gemeinhin als Bärtiger mit einem *modius* (Getreidemaß) auf dem Kopf dargestellt, bildete eine Verknüpfung der griechischen und ägyptischen Mythologie. Er genoß große Verehrung, die in römischer Zeit sogar bis nach Britannien reichte. Alexandria war unter anderem bekannt für seinen Serapis-Tempel mit der berühmten Götterstatue des Bildhauers Bryaxis, die um 286 v. Chr. aufgestellt wurde.

Auf Manethos Rolle bei der Einführung des Kults deutet auch sein Name hin, der auf dem Sockel einer Statue im Serapis-Tempel von Karthago eingemeißelt steht. Vielleicht handelte es sich dabei um seine Porträtbüste, aber das werden wir nie erfahren.

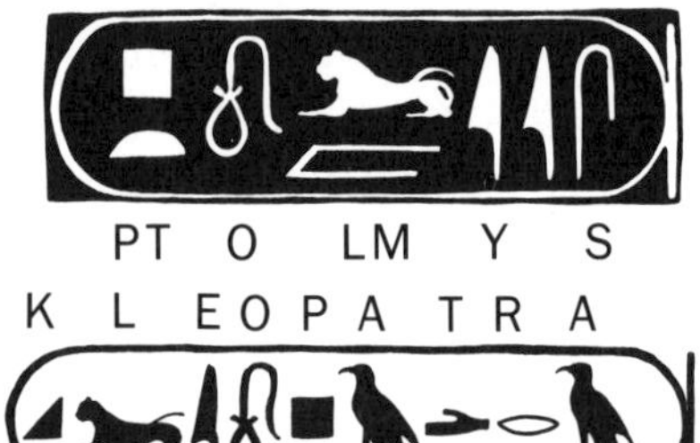

Der Stein von Rosette gehört zu den berühmtesten Altertümern der Welt. Nach Artikel 16 des 1801 geschlossenen Friedensvertrags von Alexandria fiel er an England. Durch den Vergleich der Kartusche von Ptolemaios I. mit derjenigen der Kleopatra auf dem Philae-Obelisken in Kingston Lacy, Dorset, konnte Champollion mehrere übereinstimmende Buchstaben identifizieren, die den Ausgangspunkt seiner Entzifferung der Hieroglyphen bildeten. British Museum, London.

Manethos eigene Quellen waren sehr unterschiedlicher Natur. Offensichtlich hatte er Zugang zu Tempelarchiven; schließlich war der aus Sebennytos im Delta gebürtige Autor selbst Priester im Tempel von Heliolopolis (dem biblischen On). Sein Name klingt nach gelehrten Studien, denn er lehnt sich wohl an Toth an, den ibisköpfigen Gott der Weisheit und Erfinder der Hieroglyphen. Möglicherweise bedeutet er »Geliebter des Toth« oder auch »Toths Geschenk«. Manetho konnte auf die offizielle Geschichtschronik der Papyrusrollen zurückgreifen, auf die heiligen Bücher seines Tempels, und nicht zuletzt auf die historischen Inschriften der Tempelmauern. Zu diesen gehörten die weiter unten beschriebenen Königslisten, der Bericht Ramses' III. über seine kriegerischen Auseinandersetzungen mit den Seevölkern bei Medinet Habu und vieles andere, was nicht erhalten ist. Neben diesen möglichen Quellen nahm er eine Vielzahl volkstümlicher Überlieferungen und Anekdoten über die Könige auf, die zuweilen höchst unglaubwürdig sind. Außerdem scheint er mit den Schriften Herodots vertraut gewesen zu sein, der gegen 450 v. Chr. Ägypten bereist und das Land und seine Geschichte im zweiten Buch seiner *Historien* geschildert hatte.

Ägyptische Chronologie: Was die Inschriften sagen

Diese fragmentarischen und zuweilen entstellten Überlieferungen machen es möglich, einige der tatsächlich erhaltenen schriftlichen Zeugnisse kritisch zu untersuchen. Diese hatten zwar seit der Frühzeit Ägyptens überlebt, konnten aber etwa vom Ende des vierten nachchristlichen Jahrhunderts an nicht mehr gelesen werden. Die letzte datierte Hieroglyphen-Inschrift findet sich im Tempel von Philae und stammt aus dem Jahr 394 n. Chr. Danach ging der ›Schlüssel‹ verloren, obwohl sich zahlreiche Gelehrte der europäischen Renaissance und später der Jesuit Athanasius Kircher (1602–1680) vergeblich und mit oft unglaubwürdigen Resultaten um die Entzifferung bemühten. Ein anderer Geistlicher, der Abbé Jean Jacques Barthélemy, kam 1761 auf den Gedanken, die ovalen Ringe um manche der Hieroglyphen könnten auf Königsnamen hinweisen. Von diesen ›Kartuschen‹ (so der Fachbegriff) ausgehend, gelang es dem Ägyptologen Jean François Champollion schließlich, mit Hilfe des *Steins von Rosette* den ›Code‹ der Hieroglyphen zu knacken. Diese seltsam geformte Tafel aus Basalt hatte 1799 ein Pionieroffizier des Napoleonischen Expeditionskorps entdeckt, der im Fort Julien an der Nilmündung bei Rosette diente. Der Stein trägt Inschriften in drei Schriftsystemen und zwei Sprachen: oben ägyptische Hieroglyphen, in der Mitte demotische Schrift (eine Art Stenographie, die im ägyptischen Alltag verwendet wurde), unten Griechisch. Letzteres ließ sich leicht übersetzen, wobei sich herausstellte, daß es sich um ein Dekret aus Memphis handelte, erlassen von König Ptolemaios V. im neunten Jahr seiner Regierung, also 196 v. Chr. Auf dieser Grundlage konnte Champollion 1822 seinen epochemachenden Aufsatz *Lettre à M. Dacier* schreiben, mit dem er der Entzifferung der ägyptischen Hieroglyphen Tür und Tor öffnete.

Von priesterlichen Texten wie auf dem Stein von Rosette, dem Schabaka-Stein oder dem Sehel-Findling abgesehen, gibt es nur wenige Quellen von unmittelbarer Aussagekraft zur ägyptischen Geschichte und Chronologie. Gelegentliche Bezüge auf engbegrenzte Zeiträume kommen vor, aber sie beziehen sich oft nur auf die Taten einzelner und sind von geringer, oft problematischer Beweiskraft.

(*Oben*) Ein Abschnitt des Palermo-Steins (43,50 x 25 cm). Man nimmt an, daß dieses Monument ursprünglich über zwei Meter lang und zirka 60 Zentimeter hoch war. In einer Serie von Kästchen werden jeweils der Name des Königs und die nach Jahren aufgegliederten Ereignisse in seiner Regierungszeit genannt. So finden wir unter den Königsnamen Einträge wie »Jahr 4: Erste Feier des Sokaris«. Eine derartige Datierung nach Jahren und Ereignissen tragen auch viele der Elfenbeintäfelchen von Abydos und Saqqara, die als Etiketten an persönlichen Gegenständen wie Sandalen hingen. Museum von Palermo, Sizilien.

Die früheste überlieferte Herrscherliste ist der aus der 5. Dynastie (2498–2345 v. Chr.) stammende *Palermo-Stein.* Ein großes Segment dieser schwarzen Diorittafel befindet sich auf Sizilien im Museum von Palermo; kleinere Bruchstücke werden im Ägyptischen Museum, Kairo, und dem Petrie-Museum des Londoner University College aufbewahrt. Das Palermo-Fragment ist beidseitig beschriftet und nennt einige der letzten vordynastischen Könige bis 3150 v. Chr., gefolgt von Königsnamen bis hin zu Neferirkare in der Mitte der 5. Dynastie.

Die *Königsliste von Karnak* (heute im Louvre) zählt die Herrscher vom ersten König bis Thutmosis III. (1504–1450 v. Chr.) auf. Überdies hat sie den Vorzug, daß sie viele der ephemeren Könige der Zweiten Zwischenzeit (13.–17. Dynastie) namhaft macht.

Die *Königliche Liste von Abydos* befindet sich noch immer vor Ort, nämlich an den Wänden der Ahnenhalle des großartigen Tempels von Setoy I. (1291–1278 v. Chr.). Sie zeigt Setoy mit seinem Sohn (dem späteren Ramses II.) vor einer Liste, die in zwei Reihen die Kartuschen von 76 Königen bis zu Setoy I. aufführt (die dritte Reihe unten auf der Wand wiederholt nur Setoys eigenen Namen). Die Könige der Zweiten Zwischenzeit werden nicht genannt, sowenig wie die Herrscher der späten 18. Dynastie nach Amenhotep III., die wegen ihrer Verbindung zur Amarna-›Ketzerei‹ als nicht erinnerungswürdig galten: Echnaton, Semenchkare, Tutanchamun und Aja. Eine stark beschädigte Kopie dieser Liste, allerdings in drei statt zwei Reihen angeordnet, wurde im nahegelegenen Tempel Ramses' II. entdeckt. Als *Königsliste von Abydos* wird sie heute im British Museum in London aufbewahrt.

(*Rechts*) Die Königsliste von Abydos im Londoner British Museum ist nur ein kleineres Duplikat der umfassenden Königlichen Liste von Abydos in der ›Halle der Ahnen oder Berichte‹ des Tempels von Abydos.

Setoy I. und sein Sohn, der künftige Ramses II., huldigen den kartuschierten Namen ihrer Vorgänger in der Halle der Ahnen oder Berichte des abydenischen Tempels. Eher umstrittene Vorfahren wie die Königin Hatschepsut und die ›Amarna‹-Pharaonen wurden ganz einfach weggelassen.

Eine weitere gemeißelte Chronik stellt die *Königsliste von Saqqara* dar, die heute im Ägyptischen Museum, Kairo, steht und im Grab eines königlichen Schreibers in Saqqara gefunden wurde. Sie weist 47 Kartuschen auf (ursprünglich waren es 58) – von Anedjib aus der 1. Dynastie bis Ramses II. –, verschweigt aber wiederum die Namen aus der Zweiten Zwischenzeit.

Ägyptische Chronologie: Der Turiner Königskanon

Die detailliertesten ägyptischen Königsannalen sind leider auch die unvollständigsten und am schlechtesten erhaltenen. Es handelt sich um einen Papyrus, der sich im Museo Egizio, Turin, befindet. Ursprünglich gehörte dieses als ›Turiner Königskanon‹ bekannte Dokument dem König von Sardinien, wurde jedoch tragischerweise unfachmännisch verpackt und während eines Transports stark beschädigt. Die Königsliste, ursprünglich über dreihundert Namen lang, steht in säuberlicher hieratischer Schrift auf der Rückseite eines langen Papyrus aus der Ramessiden-Epoche, dessen Vorderseite Berechnungen trägt. Dadurch kann sie auf rund 1200 v. Chr. datiert werden. Wie die Manetho-Fragmente und die erste Zeile des Palermo-Steins beginnt sie mit Götterdynastien, denen die irdischen Könige folgen. Als nützlich erweisen sich vor allem die Angaben zur jeweiligen Regierungszeit, die bis auf Monate und Tage genau sind. Doch in seinem gegenwärtigen Zustand ist der Papyrus kaum mehr als ein gigantisches Puzzle, bei dem viele Teile fehlen, und so stellt sich die potentiell wichtigste Quelle zur ägyptischen Chronologie als Alptraum jedes Forschers dar.

Exakte Datierung mit Hilfe der Astronomie

Es mag überraschen, daß die Ermittlung genauer oder absoluter Daten der ägyptischen Geschichte trotz der geschilderten Quellenverhältnisse außerordentlich schwierig ist. Die Angaben in den erwähnten Inschriften sind meist relativ: Sie führen zwar eine Abfolge von Herrschern an, zwischen deren Regierungszeiten gelegentlich Lücken klaffen, doch sie in einen festen Bezugsrahmen einzuordnen ist eine gänzlich andere Sache. Die Geschichtsschreibung stützt sich daher bei absoluten Zeitangaben zum alten Ägypten auf die astronomische Datierung. Dazu werden bürgerlicher und astronomi-

Der konfuse Kalender

Die Diskrepanz zwischen dem herkömmlichen ägyptischen Kalenderjahr von 365 Tagen und der Echtzeit von 365 ¼ Tagen führte zu merkwürdigen Unregelmäßigkeiten. Eine Inschrift aus der Regierungszeit Amenemhets III. (1842–1797 v. Chr.) berichtet von der Reise des königlichen Schatzmeisters Harrure auf den Sinai. Im dritten Monat dessen, was nach offizieller Zeitrechnung Winter war, sollte er bei Serabit el-Chadim Türkisgestein abbauen. Doch die tatsächliche Witterung entsprach dem Hochsommer, und Harrure berichtet, wie hart er und seine Männer zu leiden hatten in »den Bergen, welche mit ihrer großen Hitze die Haut verbrennen«. Wie ein Papyrus aus dem 13. vorchristlichen Jahrhundert sagt: »Der Winter ist zum Sommer geworden, die Monate sind vertauscht, die Stunden in Unordnung.«

scher Kalender in einer komplizierten Rechnung miteinander verknüpft, die auch den 1460jährigen Sothis-Zyklus berücksichtigt. Letzterer basiert auf dem Frühaufgang des ›Hundssterns‹ Sirius (oder Sothis). Schon die alten Ägypter zählten das Jahr nach 365 Tagen, aber sie korrigierten nicht das jährliche Hinzukommen eines Vierteltags, den wir alle vier Jahre mit einem Schalttag Ende Februar ausgleichen. Bürgerlicher und astronomischer Kalender kamen daher zunehmend aus dem Tritt, was zuweilen extreme Datumsunterschiede bewirkte. Doch alle 1460 Jahre stimmten die beiden Kalender wieder überein und verliefen kurzzeitig synchron, bis sie nach und nach wieder auseinandergerieten.

Der Frühaufgang des Sirius – bei dem dieser Stern unmittelbar vor Sonnenaufgang am Horizont erscheint – hätte idealerweise mit dem ägyptischen Neujahrstag zusammenfallen müssen, doch dies geschah nur alle 1460 Jahre. Dem Grammatiker Censorinus aus dem dritten nachchristlichen Jahrhundert zufolge stimmten 139 n. Chr. Beginn des ägyptischen Jahres und Frühaufgang des Sirius tatsächlich überein; damit war der Sothis-Zyklus beendet. Eine Million Tetradrachmen, die von der Münze in Alexandria ausgegeben wurden, bestätigen dieses Phänomen: Sie zeigen auf der Rückseite die stehende Figur eines umkränzten Phönix und das griechische, das Ende einer Ära bezeichnende Wort AION. Zugleich wird es mit den Buchstaben L und B auf das Jahr 2 des Kaisers Antoninus Pius – vom 29. 8. 138 bis 28. 8. 139 n. Chr. – datiert. Davon ausgehend, läßt sich zurückschließen, daß ein vergleichbares Zusammentreffen in den Jahren 1317 und 2773 v. Chr. stattgefunden haben muß.

Ein Frühaufgang des Sirius wird aus der 12. Dynastie gemeldet, im siebten Jahr der Regierung Senwosret III. (1878–1841 v. Chr.) – genauer gesagt am 16. Tag des 4. Monats in der 2. Jahreszeit des 7. Amtsjahrs. (Im alten Ägypten gab es statt unserer vier nur drei Jahreszeiten: Überschwemmung, Aussaat und Ernte, danach begann der Zyklus von vorn.) Durch Zurückrechnen von den ›Koinzidenzen‹ der Jahre 1317 und 2773 v. Chr. aus kann dieser Aufgang auf 1872 v. Chr. festgelegt werden. Eine ähnliche Himmelserscheinung ereignete sich am 9. Tag des 3. Monats der 3. Jahreszeit im neunten Amtsjahr des Amenhotep I. (1551–1524 v. Chr.) – irgendwann innerhalb einer Zeitspanne von 26 Jahren in der zweiten Hälfte des sechzehnten vorchristlichen Jahrhunderts, denn das Datum läßt sich hier nicht so exakt bestimmen wie im Falle Senwosret.

Dies zeigt, wie vage die ägyptische Chronologie sein kann, die in der Hauptsache auf den Regierungszeiten – soweit bekannt – der einzelnen Könige basiert, die durch Voraus- und Zurückrechnen mit den drei erwähnten Frühaufgängen des Sirius verknüpft wurden. Einig ist man sich darin, daß seit dem Jahr 664 v. Chr., dem Beginn der 26. Dynastie (Saïtenzeit) und der Regierung Psammetichs I., die Chronologie auf sicheren Füßen steht. Ausschlaggebend sind hier die zeitlichen Bezüge zur Chronologie anderer Mittelmeerkulturen, die in der klassischen und römischen Epoche ausgeprägter werden. Die Fehlertoleranzen für Daten vor der 26. Dynastie sind höchst unterschiedlich. Wenn es um das Neue Reich geht, mag ein Spielraum von zwanzig Jahren vertretbar sein, doch je weiter man in der Geschichte Ägyptens zurückgeht, desto größer werden die zeitlichen Unsicherheiten; Angaben für die Frühzeit der Vereinigung und die ›0.‹–3. Dynastie können Schwankungen von fünfzig bis zweihundert Jahren unterworfen sein.

Zur Datierung unserer Chronik der Pharaonen

In einigen neueren Veröffentlichungen wurden sonderbare und wenig akzeptable Theorien zur ägyptischen Chronologie verfochten, sowohl von der akademischen Wissenschaft wie von Außenseitern. Zu jener gehört Peter James mit *Centuries of Darkness* (1991), zu diesen Immanuel Velikowsky und Erich von Däniken. Angesichts des großen Spielraums mancher Schätzungen braucht man sich über derartige Spekulationen kaum zu wundern. Das vorliegende Buch orientiert sich weitgehend an der von Dr. William J. Munane im *Penguin Guide to Ancient Egypt* (1983) vertretenen Datierung.

Narmer

Könige der 1. Dynastie

Chasechemui

›0.‹ Dynastie
3150–3050

»Skorpion«

Narmer

1. Dynastie
3050–2890

Hor-Aha

Djer

Djed

Den

Anedjib

Semerchet

Qa'a

2. Dynastie
2890–2686

Hetepsechemui

Raneb

Ninetjer

Seth-Peribsen

Chasechemui

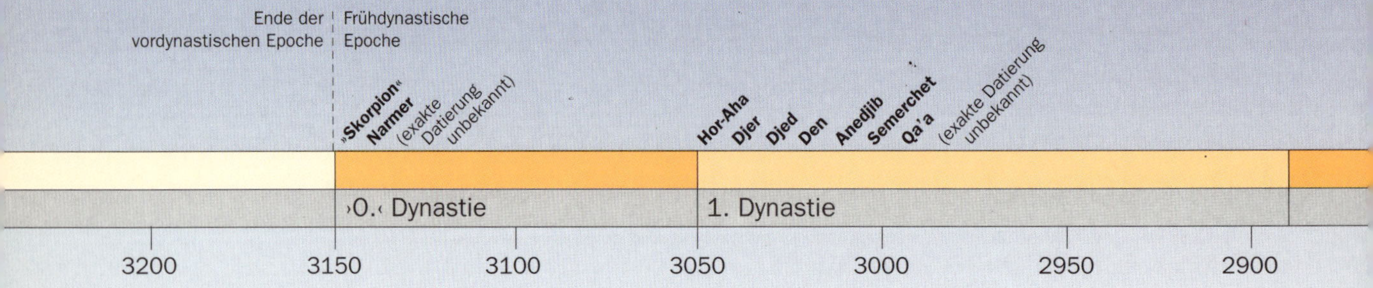

Narmer und Standartenträger

Die ersten Pharaonen

Frühdynastische Epoche, 3150–2686 v. Chr.

Die Morgenröte der Kultur an den Ufern des Nils, gegen Ende des 4. Jahrtausends v. Chr., wirkte sich nicht allein auf die folgenden dreitausend Jahre ägyptischer Geschichte aus, sondern in der Folgezeit auf nahezu alle antiken Völker des Nahen Ostens. Lange zuvor hatten prähistorische Stämme das sumpfige Flußland und die Hochwüste von Gebel durchwandert – doch wie konnte die ägyptische Zivilisation, wie es in den alten Schöpfungsmythen heißt, so plötzlich aufbrechen wie die Lotusblüte auf dem Urwasser? Und woher kam sie? Eine befriedigende Antwort auf diese Fragen ist noch nicht gefunden. Woher die ersten Könige stammten, ist noch immer umstritten – aus dem sogenannten ›fruchtbaren Halbmond‹, oder aus Zentralafrika? Die wenigen – und viel später entstandenen – historischen Quellen stimmen dann überein, daß die ersten Könige aus Thinis kamen, einer Gegend in der Nähe von Abydos in Mittelägypten, und deshalb Thiniten genannt wurden. Woher sie auch kamen, sie waren vorausschauend, hatten die Macht, ihre Pläne umzusetzen, und gründeten die ersten beiden Dynastien. Diese Zeit ist uns so weit entrückt, daß wir über die politischen und wirtschaftlichen Verhältnisse, die hochentwickelte Technik, die künstlerische Meisterschaft und das religiöse Weltbild – Aspekte, die innerhalb der nächsten fünfhundert Jahre viele beherrschende Züge des antiken Ägypten prägten – größtenteils nur spekulieren können.

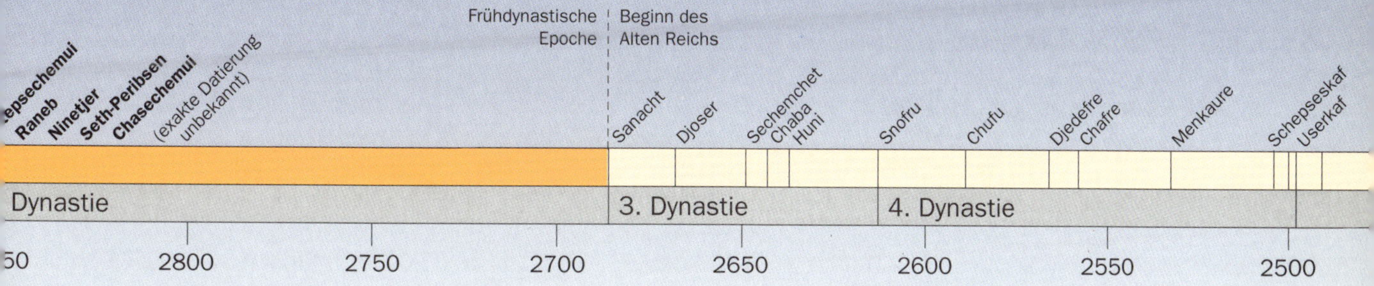

›0.‹ Dynastie
3150–3050

»Skorpion«

Narmer

1. Dynastie
3050–2890

Hor-Aha

Anedjib

Djer

Semerchet

Djed

Qa'a

Den

KÖNIGSNAMEN

»SKORPION«
(nach dem Skorpion auf seinem Keulenkopf)

NARMER
Horusname
Narmer (»Attackierender Wels«)

HOR AHA
Horusname
Hor-Aha (»Zupakkender Horusfalke«)

DJER
Horusname
Djer (»Zu Hilfe eilender Horus«)

DJED
Horusname
Djed (»Schlange des Horus«)

DEN
Horusname
Den (»Angreifender Horus«)

ANEDJIB
Horusname
Anedjib (»Beschirmt ist sein Herz«)

SEMERCHET
Horusname
Semerchet (»Mitfühlender Gefährte«)

QA'A
Horusname
Qa'a (»Sein Arm ist erhoben«)

Die ägyptische Zivilisation beginnt nach Manethos Darstellung mit der Vereinigung der Beiden Länder – nämlich Ober- und Unterägypten – unter einem einzigen Herrscher. Gewöhnlich legt man den Zeitpunkt auf das Jahr 3100 v. Chr. fest, das weitgehend mit Hilfe der gerade beschriebenen Methoden ermittelt wurde. Die entscheidende Frage ist: Wer war dieser erste König, der die Beiden Länder einte? Die Überlieferungen schreiben diese Leistung abwechselnd Narmer oder Menes zu, die aber möglicherweise ein und dieselbe Person sind – was erneut zeigt, auf welch umsicheren Füßen unser Wissen über diese Periode steht. Auch ein König namens »Skorpion« erscheint auf der Bühne; manche weisen ihn und seinen Nachfolger Narmer einer ›0. Dynastie‹ zwischen 3150 und 3050 v. Chr. zu.

Den konkreten Beweis dafür fand J. E. Quibell 1897/98 bei Ausgrabungen im oberägyptischen Hierakonpolis. Diese Stadt, das antike Nechen auf dem Westufer des Nils nördlich von Aswan, war dem falkenköpfigen Gott Horus geweiht. Der frühzeitliche Stadtteil wird Kom el-Ahmar genannt, was wörtlich ›roter Hügel‹ bedeutet. Die Archäologen haben hier einige bemerkenswerte Funde zutage gefördert, unter anderen einen goldköpfigen Falken, der

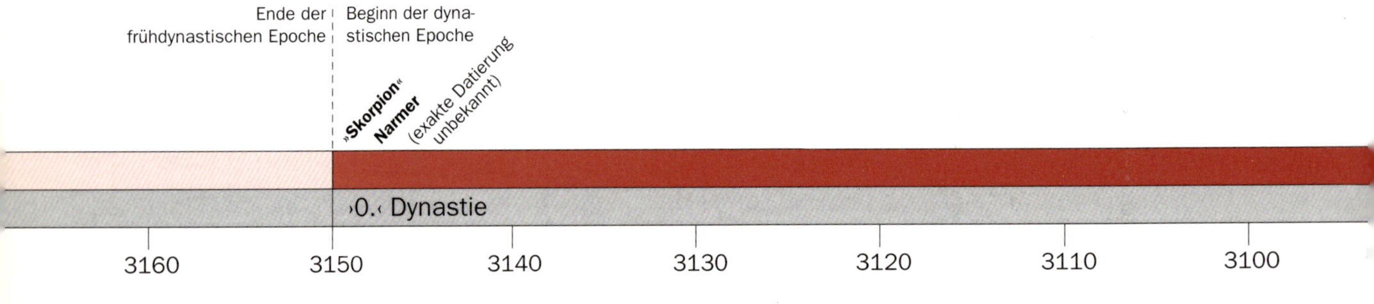

Die vordynastische Epoche

Gegen Ende des 4. Jahrtausends v. Chr. wird die ägyptische Kultur erstmals geschichtlich faßbar. Davor lag die sogenannte vordynastische Epoche, die von zirka 5000 bis 3150 v. Chr. reichte. Ihre einzelnen Kulturstufen werden, dem archäologischen Brauch folgend, nach den ersten Fundorten ihrer Zeugnisse benannt. Die wichtigsten unter ihnen: Badari-Kultur (nach el-Badari), zirka 5000 v. Chr.; Amratium (nach el-Amra), zirka 4000 v. Chr. (inzwischen chronologisch differenziert und als Naqada I. bezeichnet), Frühes und Spätes Gerzium (nach Gerzah), um 3500 bzw. 3300 v. Chr. (auch als Naqada II zusammengefaßt).

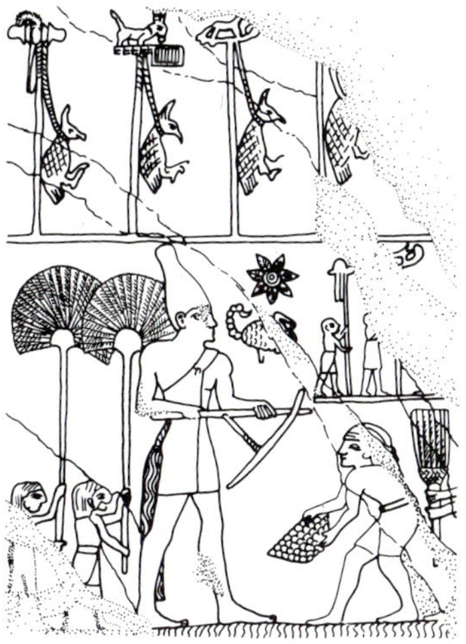

Detail aus dem ›Skorpion‹-Keulenkopf. Vor dem König trägt ein winziger Diener einen Korb her und sammelt die mit der Hacke aufgebrochene Erde. Andere Kleinfiguren stehen hinter dem König und wedeln mit langstieligen Fächern. Vor ihm, über dem Korbträger, eine Gruppe von Standartenträgern. Ashmolean Museum, Oxford.

die Stadtgottheit Horus darstellt, und einen fast lebensgroßen Kupfer-Hohlguß von Pepi I. und seinem Sohn Merenre aus der 6. Dynastie. Die für die frühdynastische Epoche wichtigste Entdeckung war eine Grube zwischen Mauern aus der Zeit des Alten Reichs und einem Tempel des späteren Mittleren Reichs, die als ›Hauptdepot‹ bezeichnet wird. In ihr fand Quibell Objekte, die sich seither als die wichtigsten Zeugnisse der Frühzeit erwiesen haben, darunter bildhauerisch gestaltete Schieferpaletten und Keulenköpfe. Leider geht aus dem Bericht des Ausgräbers nicht klar hervor, ob das wichtigste Fundstück – die Narmer-Palette – hier oder in einer nahegelegenen Grabungsschicht gefunden wurde. Abbildungen auf den Objekten weisen, zusammen mit einer Frühform von Hieroglyphenzeichen, auf »Skorpion« und Narmer hin. Die Fundstücke wurden erst lange nach der Epoche, in der sie entstanden sind, in der Grube deponiert, möglicherweise erst ein Jahrtausend später gegen Ende des Alten Reichs.

»Skorpion« und Narmer

Der fragmentarisch erhaltene sogenannte »Skorpion«-Keulenkopf zeigt einen König in rituellem Ornat. Von seinem Gürtel hängt der Schwanz eines Opferstiers, er trägt die hohe Weiße Krone Oberägyptens (*hedjet*) und vollzieht mit Hilfe eines Pflugs oder einer Hacke eine kultische Zeremonie. Möglicherweise öffnet er symbolisch den Deich, um die Überschwemmung der Felder einzuleiten, oder er zieht die erste Furche für den Grundriß eines neuen Tempels oder einer neuen Stadt. Vor dem Gesicht des Königs ist ein Skorpion zu sehen, der vermutlich seinen Namen symbolisiert, darüber eine siebenblättrige Blüte. Das ornamentierte Fries auf dem erhaltenen Rest des Keulenkopfs zeigt Kiebitze, die an den Hälsen von aufgerichteten Feldzeichen baumeln. Der kleine Vogel, in der Hieroglyphensprache *rechyt* genannt, steht für das gemeine Volk, und die Darstellung mag darauf hindeuten, daß es vom siegreichen König »Skorpion« überwunden worden ist.

Welche Zeremonie hier auch vollzogen wird, zweierlei scheint unstrittig: König »Skorpion«, Träger der Weißen Krone, herrscht ausschließlich über Oberägypten (es sei denn, die fehlende Hälfte des Keulenkopfes hat ihn mit der Roten Krone, das heißt zugleich als König Unterägyptens dargestellt), und es hat eine Schlacht gegeben, bei der die Kiebitze besiegt wurden. Daraus wäre zu schließen, daß dieses Ereignis vor der Vereinigung Ägyptens stattfand, weshalb »Skorpion« vor Narmer regiert haben müßte.

Auf ihn beziehen sich zwei größere Funde aus dem ›Hauptdepot‹ in Hierakonpolis: die Narmer-Palette und der Narmer-Keulenkopf. Die Palette, eine monumentale Tafel aus dunkelgrünem Schiefer, stellt Ägyptens früheste historische Quelle dar. Sie zeigt einen siegreichen König, dessen Name an beiden Oberkanten innerhalb eines *serech* erscheint – der frühen Form, Königs-

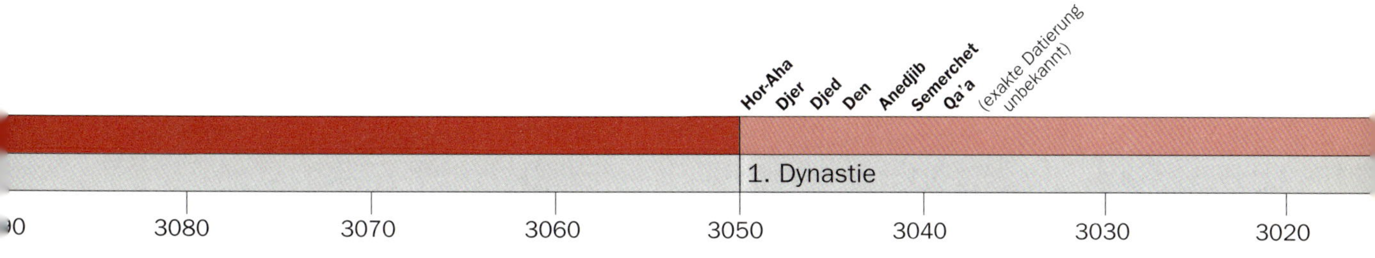

(*Oben links*) Hauptszene der Narmer-Palette (s. Text).

(*Oben rechts*) Auf der Rückseite der Narmer-Palette schreitet der König hinter einer Prozession von vier Standartenträgern auf zwei Reihen geköpfter Kriegsgefangener zu. Je fünf liegen in einer Reihe; über ihnen ist ein stilisiertes Boot zu sehen, an Bord offenbar eine Falkenstandarte als Totem. Das Mittelfeld zeigt, was gewöhnlich als frühes Zeugnis mesopotamischer Kunst in Ägypten interpretiert wird: zwei Leoparden mit verschränkten Schlangenhälsen, die den Schminktopf formen und von Dienern im Zaum gehalten werden. Die unterste Szene stellt den König als wütenden Stier dar (ein späterer Königstitel lautete »Kräftiger Stier des Horus«), der die Mauern einer befestigten Stadt sprengt und unter den Hufen einen der Unterworfenen zerstampft. Die Rückseite zeigt an gleicher Stelle zwei ertrinkende Feinde. Ägyptisches Museum, Kairo.

namen zu präsentieren –, flankiert von zwei dem Betrachter zugewandten Köpfen der Kuhgöttin Hathor. Die Hieroglyphe des Königsnamens zeigt einen Fisch, der horizontal über einem Meißel steht. Narmer wird in zwei Ansichten gezeigt, jeweils mit der Weißen Krone Oberägyptens (*hedjet*) und der Roten Krone Unterägyptens (*deschret*), was andeutet, daß er nunmehr König beider Länder ist. Später wurde die Doppelmonarchie durch das gleichzeitige Tragen beider Kronen versinnbildlicht; ineinandergesteckt, bildeten sie die Krone von Unter- und Oberägypten (*shemty*). Die künstlerisch beeindruckendste Szene zeigt die riesige Königsgestalt Narmers; er trägt die Weiße Krone und erschlägt mit erhobener Keule einen Gefangenen, den er am Haar gepackt hat. Dies ist das früheste Zeugnis dessen, was in altägyptischer Zeit, bis hin zu den Römern, als ›Ikone der Majestät‹ galt. Doch bildet diese Darstellung nur die Rückseite der Palette, denn die andere weist eine flache Vertiefung auf, die auf die bescheidenen Vorläufer dieses prächtigen Kunstwerks hindeutet: Es handelt sich um einen Mörser, in dem Schminkpulver, vielleicht die grüne Lidfarbe *kuhl*, zerstoßen wurde. Dies muß also die obere, dem Betrachter zugewandte Seite gewesen sein. Sie zeigt den König in kleinerer, die anderen Abgebildeten aber noch immer überragender und beherrschender Gestalt mit der Roten Krone.

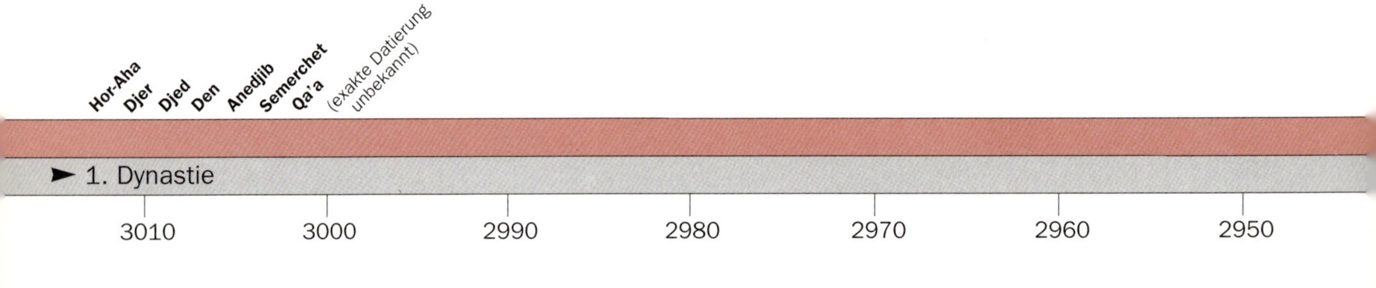

DAS JUBILÄUM DES KÖNIGS UND NARMERS KEULENKOPF

Der Narmer-Keulenkopf bietet den ältesten Beleg für ein Jubiläum oder Erneuererungsritual, das *heb-sed*-Fest (vgl. Detail unten, Ashmolean Museum, Oxford). Der König wird dabei in ein engsitzendes Gewand eingehüllt und trägt entweder, wie hier, die Rote oder die Weiße Krone. Sinn

des Festes war es, die Potenz des Königs und die Fruchtbarkeit des Bodens zu erneuern. Ursprünglich fand es nur alle dreißig Jahre statt; spätere Könige verkürzten die Abstände zwischen den Jubiläen, so daß Ramses II. vermutlich sein vierzehntes Jubiläum im 65./66. Jahr seiner Regierungszeit feierte. Ein Teil des Rituals bestand in einem kultischen Lauf des Königs um eine festgesetzte Bahn (die Wendemarken sind auf dem Narmer-Keulenkopf als drei vertikale Ellipsen vor der laufenden Gestalt zu sehen), mit dem er (zumindest symbolisch) seine körperliche Fitneß unter Beweis stellte. Eine der schönsten Darstellungen dieser Szene findet sich auf einem Relief im Südgrab des Djoser in Saqqara.

Es fällt auf, daß er auf beiden Seiten der Palette barfuß geht, gefolgt von einem winzigen Diener, der ihm ein Paar Sandalen und wahrscheinlich einen kleinen Wasserkrug hinterherträgt (wie der Siegelzylinder um seinen Hals zeigt, könnte er zugleich der Siegelbewahrer gewesen sein). Zweimal wird der König in offenbar symbolischem und rituellem Kontext dargestellt, möglicherweise an einem geheiligten Ort, den er aus kultischen Gründen barfuß betritt. Und gewiß ist Horus der Gott dieses Königs und steht auf seiner Seite: In Gestalt eines Falken hält er einen gefangenen Feind an einem schmerzhaft durch dessen Nüstern gezogenen Strick fest, um ihn dem Pharao zu präsentieren.

Auf beiden Seiten beherrscht das Antlitz der Göttin Hathor den oberen Rand der Palette. Zweifellos wohnt dieser bevorzugten Stelle eine tiefere Bedeutung inne. Obwohl Horus der Gott von Hierakonpolis (Nechen) war und man annehmen kann, daß ihm der Haupttempel geweiht war, zeigt ihn die Palette möglicherweise nur als jungen Horus, den Sohn der Hathor. Das würde auch die prominente Rolle seiner Mutter in der religiösen Ikonographie der Palette erklären.

Auch der Narmer-Keulenkopf zeigt kultische Szenen, vielleicht die Feier des *heb-sed* (Jubiläums), ein Fest der Erneuerung, bei dem der König (siehe Abb. links) reich gewandet in einem Pavillon thront. Eine Kuh (Hathor?) und ihr Kalb nehmen in der Ikonographie gleichfalls einen bedeutenden Platz ein. Hier trägt der König die Rote Krone, und wieder wartet ihm sein Sandalenträger auf. Allerdings sind die Füße des Königs wegen des bis zum Boden reichenden Kultgewands nicht zu sehen.

HOR-AHA

Narmers Name taucht noch häufiger auf, meist auf Tonscherben und ähnliches geritzt, und wir können annehmen, daß er eine historische Persönlichkeit war. Hor-Aha, sein Nachfolger und möglicherweise auch sein Sohn, vielleicht mit der Königin Nithotep gezeugt, trat die Herrschaft über ein durch Gesetz und Eroberung geeintes Reich an. Er nahm den *nebti*-Namen (zum System der Königsnamen) Men an, was »Der Eingesetzte« heißt, und darauf könnte der spätere Bericht zurückgehen, der erste König habe Menes geheißen. Im vorliegenden Zusammenhang dürfen wir Hor-Aha als ersten König der 1. Dynastie betrachten. Ein interessantes Indiz ist ein zerbrochenes Elfenbeintäfelchen, das im Grab der Königin Nithotep bei Naquada entdeckt wurde. Die bewegte, aber stilisierte Szene auf dem winzigen Fundstück zeigt zwei Menschen, die eine Zeremonie namens ›Empfang des Südens und des Nordens‹ feiern, mit einem unkenntlichen Gegenstand in der Mitte (möglicherweise die erste Darstellung des späteren symbolischen Flechtens von Papyrus- und Lotusstengeln). Der Name Hor-Aha bedeutet ›Zupackender

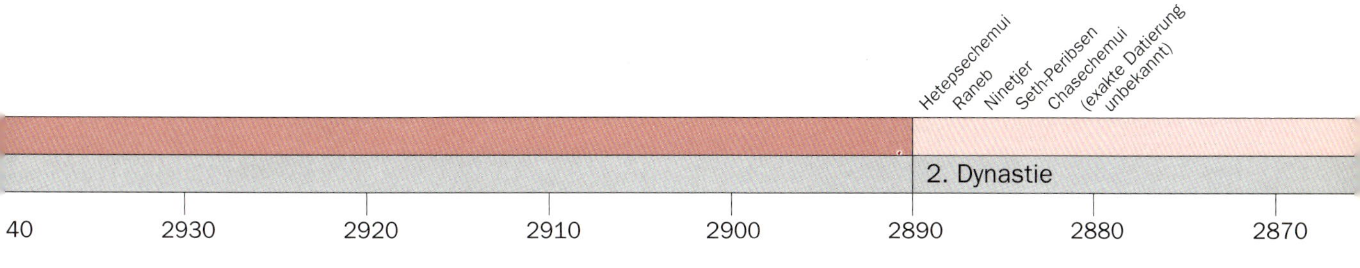

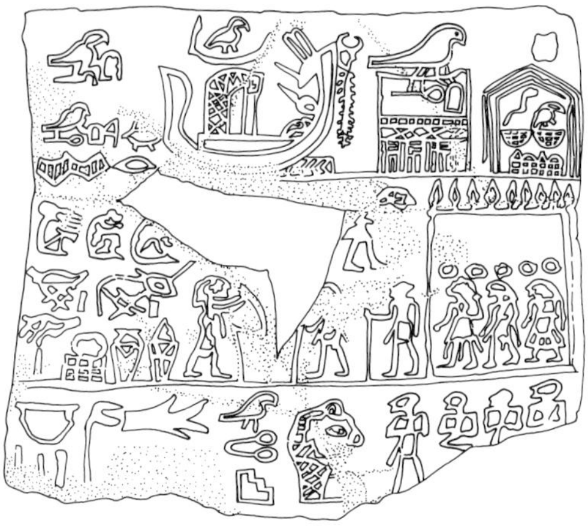

Elfenbein-Etikett aus dem Grab der Königin Nithotep in Nagada. In der obersten Zeile der Horusname Hor-Ahas (2. von rechts); davor sein *nebti*-Name Men. British Museum, London.

(*Unten*) Hor-Ahas Horusname, mit dem Horusfalken über einem *serech*, auf eine Tonscherbe gemalt. British Museum, London.

Falke‹ – wiederum eine Anspielung auf Horus – und verweist auf die oberägyptische Herkunft und Herrschaft des Königs. Die Annahme des *nebti*-Namens Men für die Regierung über beide Landesteile wird auf der Elfenbeintafel dadurch gekennzeichnet, daß sein Horusname Hor-Aha und sein *nebti*-Name Men nebeneinander erscheinen. Ähnliche Funde aus anderen frühdynastischen Gräbern lassen darauf schließen, daß Hor-Aha es als König nicht leicht gehabt hat. In Nubien mußte er Kriege führen und Aufstände niederwerfen, wie eine abydenische Holztafel berichtet, und anderswo ist von seiner Gründung eines Tempels für die Göttin Neith in der Deltastadt Saïs die Rede. Ihr kriegerischer Charakter wird durch zwei gekreuzte Pfeile symbolisiert, und ihr Kult dauerte bis in die Römerzeit an, als man sie in Saïs mit Pallas Athene gleichsetzte.

Die Gründung von Memphis

Hor-Ahas größte Leistung war die Gründung der Hauptstadt Memphis auf der südlichen Deltaspitze. Sie sollte die ägyptische Antike überdauern und entwickelte sich zu einer der Metropolen der Alten Welt. Offenbar hat die geographische und damit politische Bedeutung im eben erst geeinten Land die Wahl des Platzes bestimmt, nicht seine eher fragwürdige Eignung als Baugrund. Herodot berichtet, Menes habe den Nil gleich unterhalb der zukünftigen Stadt eindämmen und umleiten lassen, um auf dem so gewonnenen Land bauen zu können. Der Deich wurde streng überwacht; unter den Persern sei er jährlich verstärkt worden, heißt es, denn im Falle eines Deichbruchs wäre Memphis in den Fluten untergegangen.

Nach Manethos Bericht hat Hor-Aha (von ihm Menes genannt) 62 Jahre lang regiert und wurde am Schluß von einem Nilpferd davongetragen. Er muß damals sehr alt gewesen sein und starb möglicherweise auf der Nilpferdjagd. Der Palermo-Stein berichtet von einer Jagd auf Nilpferde zur Zeit des späteren Königs Udimu (Den), und eine Reihe von Reliefs aus Gräbern der 6. Dynastie in der Spätzeit des Alten Reichs zeigen erbitterte Kämpfe mit Krokodilen.

Nachdem Memphis gegründet war, bauten die frühen Herrscher Ägyptens ihre Gräber auf der heiligen Stätte von Abydos in Mittelägypten. Ein Adelsfriedhof wurde auf dem Wüstenplateau von Saqqara oberhalb von Memphis errichtet. Seit langem streitet man sich darüber, ob Königsgräber an beiden Orten zu finden sind. Archäologische Zeugnisse sind spärlich, da die Bauten im Lauf der Zeit stark unter Zerfall und Grabräubern gelitten haben. Abydos wurde gegen Ende des vorigen Jahrhunderts von dem Franzosen Amélineau buchstäblich ausgeplündert, wobei viele historische Spuren verlorengingen. Bei erneuten Grabungen an diesem Ort entdeckte Flinders Petrie die Überbleibsel der ursprünglichen Fundamente und das, was die Grabräuber übriggelassen hatten: wenige, doch nicht selten bedeutsame Funde wie die erwähnten Holz- und Elfenbein-Etiketten. Professor W. B. Emery erforschte Saqqara zwischen 1936 und 1956, mit Ausnahme der Kriegsjahre, doch auch hier waren von den einst verschwenderischen Grabbeigaben nur klägliche Reste geblieben.

Die Gräber in Abydos und Saqqara sind nicht ausgemalt, weshalb die Verstorbenen nur nach den Beigaben identifiziert werden können, zum Beispiel durch die Abdrücke zylindrischer Siegel auf den Tonstopfen an Wein- und Ölkrügen. Diese können den Namen des Beamten tragen, der für die Bestattung verantwortlich war, gelegentlich auch den eines Königs – aber muß er nicht unbedingt der des Grabeigners sein. Nach neueren Analysen der Tonsiegel und der abermaligen Öffnung früher abydenischer Gräber durch Professor G. Dreyer vom Deutschen Archäologischen Institut in Kairo neigt die Ägyptologie mittlerweile dazu, Abydos für die königliche Nekropole zu halten. Außerdem wurde inzwischen eine Reihe von Grabstätten aus der vordynastischen Epoche identifiziert, deren stilistische Entwicklung sich bis zu den frühen Königsgräbern hin verfolgen läßt. Die großen Grabstätten in Saqqara gehörten den Adligen jener Zeit. Sie waren in einigen Fällen offenbar so mächtig, daß sie es ihrem König gleichtun konnten und ihre Monumente Neben- oder Opferbestattungen aufweisen. (Darin wurde, vereinfacht gesagt, ein Teil des Gefolges beigesetzt, damit es seinem Herrn auch im Totenreich weiter dienen konnte.)

Auf dem ältesten Friedhof von Saqqara hat Emery ein großes rechtwinkliges Totenhaus entdeckt (Nr. 3357), das er dem Hor-Aha zuschrieb (heute gilt allerdings B 19 in Abydos als sein Grab). Es enthält 27 ebenerdige Magazine für Grabbeigaben und fünf unterirdische Kammern. Die Lehmziegelwände waren nach außen mit Holz verschalt, was dem Aussehen einer Palastfassade ähnelte. Dies wurde später als dekoratives Element auch für Schmuckstücke übernommen und erstmals in der benachbarten Djoser-Anlage aus der 3. Dynastie in Stein gehauen. Auf der Nordseite des Gebäudes liegt eine geziegelte Grube, in der einst ein hölzernes Sonnenschiff stand. Bei Abydos wurde im Oktober 1991 eine Seite an Seite bestattete Flotte von zwölf Schiffen aus dem dritten vorchristlichen Jahrtausend gefunden. Diese weltweit ältesten erhaltenen Großschiffe waren bis zu 30 Meter lang, und ihre Aufbauten waren mit Lehmziegeln ummauert, die ein wenig aus dem Wüstensand ragten. Mehrere einzelne, heute leere Bootsgruben wurden später bei der großen Pyramide von Gise aus der 4. Dynastie angelegt; 1954 wurde dort eine Grube entdeckt, die noch ein hölzernes Schiff enthielt. Diese Boote und Bootsgräber hatten vermutlich mit den königlichen Bestattungsritualen zu tun, doch welche Rolle sie dabei genau spielten, ist unbekannt.

Hor-Ahas Grabstätte in Abydos (B 19) ist die größte im Nordwestteil des Friedhofs, und ein weiteres Grab in der Nähe enthielt kleine Tafeln mit dem Namen Berner-Ib, was wörtlich »Süßes Herz« bedeutet. Möglicherweise war diese Dame seine Gemahlin; ihr Name taucht auch im großen Grabmal seiner mutmaßlichen Mutter, König Nithotep, in Naqada auf.

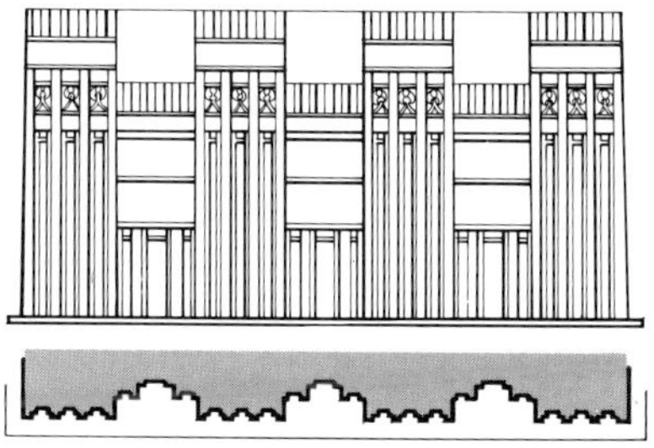

Das die Königsnamen umrahmende *serech* symbolisiert die ›Palastfassaden‹-Gliederung der verschalten Ziegelmauern, hier in Auf- und Grundriß.

Djer, Djed und Den

Djer, vermutlich identisch mit dem von Manetho genannten Athothis, war Hor-Ahas Nachfolger und soll 57 Jahre regiert haben. Einmal mehr müssen wir den Aussagen der Elfenbein- und Ebenholzetiketten aus Abydos und Saqqara vertrauen. Deren Hieroglyphen stammen noch aus einem frühen Stadium der Schriftentwicklung, und oft fällt es schwer, ihre Bedeutung klar zu erfassen. Ein abydenisches Elfenbeintäfelchen zeigt vier Zeilen mit Bildzeichen, darunter zwei Schiffe, das Zeichen für Stadt und Djers Name in einem *serech*. Anscheinend geht es um einen Besuch in den nördlichen Deltastädten Buto – einer der frühen Hauptstädte Ägyptens – und Saïs, das bereits im Zusammenhang mit dem Neith-Tempel erwähnt wurde. Die zweite, hölzerne Tafel mit seinem Namen stammt aus Saqqara und scheint ein religiöses Fest, vielleicht sogar ein Menschenopfer zu schildern. In der Frühgeschichte Ägyptens muß es Opferbegräbnisse gegeben haben (ähnlich wie in den Königsgräbern von Ur in Mesopotamien), aber diese verheerende Praxis wurde bald aufgegeben. Später gab man den Toten mumienförmige Figürchen aus Fayence, Ton, Holz oder Stein mit ins Grab, sogenannte *uschebtis*, die offenbar an ihrer Stelle im Jenseits anfallende Knechtsarbeiten erledigen sollten. Seit der 12. Dynastie tragen sie vielfach eine Inschrift, die ihre Funktion deutlich macht: »Oh, ihr Uschebtis, wenn ich verpflichtet werde, irgendeine Arbeit zu leisten, die dort im Totenreich geleistet wird ... um die Felder zu bestellen und die Ufer zu bewässern ... ›Ich will es tun, hier bin ich‹, sollt ihr dann sagen.« Da ein einziges Grab bis zu vierhundert *uschebtis* enthalten konnte (eines für jeden Tag des Jahres, dazu eine Reihe von ›Vorarbeitern‹), sind sie in großer Zahl erhalten; ihre künstlerische Qualität ist höchst unterschiedlich und reicht von liebevoll gestalteten und bemalten Miniaturstatuetten bis zur plumpen, schematischen Massenware.

Elfenbein-Etikett des Djer aus Abydos, wahrscheinlich eine Reise in eine frühere Hauptstadt Ägyptens, die Deltastadt Buto, darstellend. British Museum, London.

Eng mit den *uschebtis* verwandt, sind die vor allem im Alten Reich (etwa ab der 4. Dynastie) üblichen ›Dienerfiguren‹. Sie wurden zu ganzen Genreszenen – Gutshöfe, Küchen, Fischer und Handwerker bei der Arbeit, marschierende Soldaten – zusammengestellt und sollten wohl ebenfalls dem Verstorbenen im Jenseits dienen. Durch ihren Detailreichtum vermitteln diese Modelle ein überaus lebendiges Bild des ägyptischen Alltags.

Rings um Djers Grabmal in Abydos (Grab O) hat man rund dreihundert Nebenbegräbnisse von Gefolgsleuten entdeckt, die gleichzeitig mit dem Hauptbegräbnis bestattet wurden. Einige von ihnen erhielten nur schlichte Holzsärge und Grabzeichen. Offenbar waren noch immer Feldzüge nötig, denn eine stilisierte Steinzeichnung in der Nähe von Wadi Halfa zeigt Feinde, die unter einem Bootskiel ins Wasser geworfen werden, während ein anderer Feind vor den Bug eines ägyptischen Kriegsschiffs gefesselt ist. Daneben steht in einem *serech* Djers Horusname geschrieben.

Möglicherweise zeigen die stilisierten Zeichnungen auf diesem kleinen Holzetikett des Djer aus Saqqara eine Art Menschenopfer, ausgeführt vor Horus, der auf dem *serech* in der ersten Zeile throhnt. British Museum, London.

Als Djers Nachfolger gilt im allgemeinen Djed, der auch Uadji genannt wird. Nach der Größe (43 x 16 m) und Lage des Grabs in Saqqara (Nr. 3503) und eines größeren abydenischen Grabs (Petries Grab Y) zu schließen, könnte es auch eine Königin gegeben haben, die im Interregnum entweder allein herrschte oder kurzfristig die Regierungsgeschäfte führte. Der Name Merneith auf ihrer steinernen Grabstele in Abydos wurde zunächst einem König, mittlerweile aber der Königin (der Gattin Djers) zugeschrieben. Jüngst wurde er auf einem Tonsiegelabdruck gefunden, der die Namen der frühen Könige von Narmer bis Den trägt, Merneiths Stellung bestätigt und sie als ›Königsmutter‹ kennzeichnet. Vielleicht hatte sie die Regentschaft für den minderjährigen Thronfolger Den inne. Rund um ihr abydenisches Grab wurden 41 Nebengräber gefunden, aus deren Beigaben hervorgeht, daß viele der darin Bestatteten im Dienst der Königin standen.

Djeds letzte Ruhestätte in Abydos wird als Grab Z bezeichnet. Ein doppelt so großes, früher dem König zugeschriebenes Grab in Saqqara (Nr. 3504) gilt nun als das des Fürsten Sechem-ka, dessen Siegel in den Trümmern erhalten sind. Beide sind von Nebengräbern zu Opferzwecken umgeben, 174 in Abydos und 62 Einzelgräber in Saqqara. Djeds große abydenische Grabstele ist ein Kunstwerk von vollendeter Schönheit. Das Grab des Sechem-ka in Saqqara

In einer Nische in der Seitenwand des Djer-Grabs entdeckte einer von Petries Grabungsarbeitern 1901 einen bandagierten Arm mit vier noch eingewickelten schmalen Schmuckreifen. Es muß der Arm einer der Königsfrauen gewesen sein, denn Djers Gattin Merneith hatte ihr Grabmal ganz in der Nähe. Vermutlich wurde er der Mumie von frühen Grabräubern abgerissen, die ihn dann versteckten und nicht mehr abholen konnten. Auch späteren Plünderern und dem ›Kahlschlag‹ von Amélineau muß er entgangen sein. Drei der Armbänder sind aus Gold, Amethyst, Türkis und Lapislazuli gefertigt, doch als besonders interessant erwies sich das vierte. Es besteht aus dreizehn Gold- und vierzehn Türkisplatten, die einander abwechseln und in einem goldenen Zapfenpaar enden. Die Platten sind wie der königliche *serech* geformt; sie zeigen Fassade und Grundriß des Königspalasts, über denen der Horusfalke thront. Ägyptisches Museum, Kairo.

(Nr. 3504) barg eine Überraschung: Rings um die Außenmauer der Palastfassade verlief eine niedrige Bank mit Reliefs von rund dreihundert Tonstieren, jeder mit einem Paar echter Hörner. Wie bereits im Zusammenhang mit der Narmer-Palette erwähnt, war der Stier eine Insignie der Königsmacht, und es erscheint seltsam, daß er den Sockel eines Fürstengrabs schmückt.

Mit Djeds Nachfolger Den (oder Udimu) verdichten sich die historischen Fakten. Viele Tafeln und Inschriften auf Steingefäßen erwähnen diesen König und die Ereignisse unter seiner Regierung. Interessante Querverbindungen ergeben sich zum Palermo-Stein. Durch seinen Thronnamen Semti können wir Den außerdem als einen König namens Hesepti in der Abydos-Liste identifizieren. Von hier aus läßt sich wiederum eine Parallele zu Manetho ziehen, der die zwanzigjährige Regierung eines Usapaidos erwähnt. In den Annalen des Palermo-Steins finden sich mehrere Ereignisse, die mit den auf Tafeln überlieferten Taten Dens übereinstimmen. Auf dem Palermo-Stein beziehen sie sich auf einen nicht identifizierten König, nehmen aber einen Zeitraum von vierzehn Jahren ein und scheinen der späteren Regierungszeit anzugehören. Es wäre daher sehr wohl möglich, daß der Palermo-Stein von Den berichtet und die folgende Liste seine Nachfolger nennt. Diese kennen wir als Anedjib, Semerchet und Qa'a, denn in dieser Reihenfolge erscheinen sie nach Dens (Udimus) Namen auf einer Steinvase aus den Galerien unterhalb der Stufenpyramide von Saqqara. Diese Herrscherfolge wurde erst kürzlich von einer Liste bestätigt, die sich auf einem abydenischen Tonsiegel findet.

Ein hochinteressantes Elfenbein-Etikett aus Abydos, für Den geschnitzt und möglicherweise von einem Paar Sandalen stammend, erwähnt »erste Kämpfe mit dem Osten« und zeigt Den, wie er in der klassischen Pharao-

(*Rechts*) Stele der Königin Merneith aus Abydos. Die gekreuzten Pfeile sind Teil ihres Namens und zugleich das Symbol der Göttin Neith. Ägyptisches Museum, Kairo.

(*Ganz rechts*) Von schlichter Monumentalität ist die 1,43 Meter hohe Grabstele des Königs Djet in Abydos. Der königliche *serech*, über dem ein Horusfalke wacht, enthält ein Schlangen-Hieroglyph. Deutlich ist der ›Palastfassaden‹-Stil in der unteren Hälfte des *serech* zu erkennen. Louvre, Paris.

Eine Elfenbeintafel des Den aus Abydos zeigt den König mit erhobener Keule, wie er einen asiatischen Kriegsgefangenen erschlägt. Sein Horusname steht in einem *serech* über dem unglücklichen Opfer. Bemerkenswert ist das dieser Szene vorangestellte Feldzeichen mit dem Anubis. British Museum, London.

nenhaltung mit erhobener Keule einen fremden Stammeshäuptling erschlägt. Dies könnte sich mit dem Bericht des Palermo-Steins über die ›Niederwerfung der Troglodyten‹ decken, die im zweiten von vierzehn Amtsjahren eines nicht näher identifizierten Herrschers stattfand.

Professor W. B. Emery fand 1935 ein Grab in Saqqara (Nr. 3035), das wegen seiner Größe und der prächtigen Beigaben von manchen zunächst für Dens Königsgrab gehalten wurde, obschon es zahlreiche Gefäßsiegel mit dem Namen seines großen Ratgebers Hemaka barg. Inzwischen wird das Grab wieder Hemaka zugeschrieben. Die bei dieser Ausgrabung zutage geförderten Objekte sind – trotz starker Beschädigungen – die größte Sammlung frühdynastischer Fundstücke und von erstaunlich hoher Qualität.

Dens abydenisches Monument (Grab Z, 19 x 15 m) war viel kleiner als das zuvor in Saqqara vermutete (56 x 25 m) und verfügte über 174 Nebengräber. Ein nur rudimentär erhaltenes Grab in Gise, fast so groß wie das saqqarenische des Hemaka und von Gräbern geopferter Diener umgeben, hat Emery wegen der architektonischen Ähnlichkeit als das von Dens Gemahlin gedeutet, deren Name unbekannt ist.

ANEDJIB, SEMERCHET UND QA'A

Wenn wir Anedjib mit dem bei Manetho genannten Miebidos gleichsetzen dürfen, regierte der nächste König aus der 1. Dynastie 26 Jahre. In dieser Zeit deutet manches auf dynastische Auseinandersetzungen und Nord-Süd-Konflikte hin. Anedjib scheint aus Thinis in der Nähe von Abydos zu kommen. Unter seinem Nachfolger Semerchet, der seinerseits nicht in der Saqqara-Liste steht, wurde sein Name aus vielen Inschriften auf Steinvasen getilgt. Das Grab des Fürsten Nebitka in Saqqara, das früher Anedjib zugeschrieben wurde (Nr. 3038), weist ähnliche architektonische Besonderheiten auf wie das ältere Grab der Königin Merneith am gleichen Ort. Unter der üblichen *mastaba* mit ihrer rechteckigen Palastfassade fand sich ein merkwürdiges Nebeneinander unterschiedlicher Formen, der Grundriß eines Stufenbaus. (*Mastaba* ist das arabische Wort für ›Bank‹; man nannte die frühen Grabmäler so, weil ihre Flachbauten an die Bänke vor dörflichen Häusern erinnerten.) Hier und im Merneith-Grab haben wir vermutlich die Anfänge der Verquickung des nördlichen und südlichen Stils vor uns, die in letzter Konsequenz zur Stufenpyramide führte.

Anedjibs eigentliches Grabmal in Abydos (Grab X) gehört mit seinen rund 16 mal 9 Metern zu den am schlechtesten ausgeführten und kleinsten unter den abydenischen Königsgräbern, trotz seiner ganz aus Holz konstruierten Totenkammer. Anspruchslos sind auch die 64 Nebengräber der Dienerschaft.

Nach dem Palermo-Stein konnte sich sein Nachfolger Semerchet nur neun Jahre halten; Manetho billigt ihm eine Amtszeit von achtzehn Jahren zu, während der es viele Krisen gegeben habe. Sie mögen mit den Schwierigkeiten in der Beziehung zu seinem Vorgänger zusammenhängen. Man hat in Semerchet sogar einen Usurpator sehen wollen, weil er – wie bereits erwähnt – den Namen seines Vorgängers unterdrücken ließ und später selbst totgeschwiegen wurde. Sein Monument in Abydos (Grab U) ist mit 29 mal 31 Metern viel größer als das seines Vorgängers und mit einer geziegelten Totenkammer sowie stattlichen Nebenbegräbnissen versehen. Ungewöhnlich ist, daß unter seiner Herrschaft in Saqqara kein großes Grabmal entstand.

(*Oben*) Detail eines Schieferfragments mit den Namen Qa'a und Semerchet; vor ihnen in einer geschlossenen Umfriedung das Zeichen *ntr* (Gott). Ägyptisches Museum, Kairo.

(*Unten*) Die meisterhaft ausgeführte Kalksteinstele des Qa'a zeigt den König in der Umarmung mit dem falkenköpfigen Horus. Vermutlich stammt sie aus Abydos, denn eine derart prächtige Stele muß zum königlichen Grabmal gehört haben. Louvre, Paris.

Qa'a (Qa'a-hedjet), der letzte König der 1. Dynastie, soll 26 Jahre regiert haben, aber der Name Bieneches, den Manetho als letzten Herrscher dieser Dynastie anführt, kann schwerlich von ihm abgeleitet sein. Ein großes, von Emery 1954 in Saqqara aufgefundenes Grab (Nr. 3505) wurde als das des Qa'a angesehen. Heute vermuten wir, daß es einem vornehmen Priester namens Mercha gehört, dessen Kalksteinstele neben seinem Namen und Titel einen der längsten Texte aus dieser Zeit aufweist. Die Größe des Monuments von 65 mal 37 Metern hat Emery auf den Gedanken gebracht, Mercha sei die Ehre erwiesen worden, nahe seinem königlichen Herrn bestattet zu werden.

Das mächtige abydenische Grabmal des Qa'a (Grab Q) wurde 1993 durch das Deutsche Archäologische Institut in Kairo ein zweites Mal geöffnet. Dabei zeigte sich, daß die ursprünglich aus einer schlichten geziegelten Grabkammer bestehende Anlage mehrmals umgebaut und erweitert wurde. Verglichen mit den Verhältnissen in Saqqara, war sie mit 30 mal 23 Metern eher klein und wies lediglich 26 Nebengräber auf. Es ist bemerkenswert, daß die Praxis der Neben- oder Opferbestattungen im Norden unter Qa'as Herrschaft aufgehört zu haben scheint, obwohl sie im südlichen Abydos in bescheidenerem Umfang beibehalten wurde.

Petrie identifizierte Qa'as abydenische Grabstätte nicht allein mit Hilfe der üblichen Gefäßsiegel, sondern auch durch zwei Bruchstücke einer Stele auf der Ostseite, die in einem *serech* Qa'as Horusnamen trägt. Eine vortrefflich erhaltene Kalksteinstele, die der Louvre 1967 erwarb, zeigt ihn mit der hohen Weißen Krone von Oberägypten und vom falkenköpfigen Horus umarmt. Die Weiße Krone ist auch Teil seines Namens im *serech* über den beiden Köpfen, was wohl den letztendlichen Sieg des abydenischen Südens andeuten soll.

Mit dem Wechsel einer Dynastie geht normalerweise der Sturz eines Herrscherhauses einher. Doch Manetho belehrt uns, daß die Könige der folgenden, ebenso wie die letzten beiden der 1. Dynastie, Thinitenkönige waren und aus Thinis bei Abydos kamen.

2. Dynastie
2890–2686

Hetepsechemui

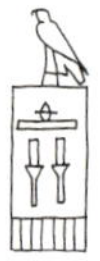

Raneb

Ninetjer

Seth-Peribsen

Chasechemui

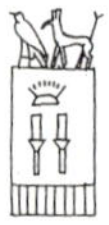

KÖNIGSNAMEN

HETEPSECHEMUI
Horusname
Hetep-sechemui (»Von erfreulicher Macht«)

RANEB
Horusname
Ra-neb (»Re ist mein Herr«)

NINETJER
Horusname
Ninetjer (»Gottähnlich«)

SETH-PERIBSEN
Ursprünglich genannt: (Horusname)
Sechemib ('Powerful in Heart')
Sechemib (»Kühn im Herzen«)
später genannt: (Sethname)
Per-ib-Sen (»Hoffnung aller Herzen«)

CHASECHEMUI
Horusname
Cha-sechemui (»Die Beiden Mächtigen erscheinen«)

Nach Manethos Bericht brachte die 2. Dynastie neun Könige hervor und dauerte insgesamt 302 Jahre. Doch diese Angaben sind mit archäologischen Befunden und schriftlichen Quellen schwer zu vereinbaren. Heute werden für die 2. Dynastie nur sechs Könige angenommen, die insgesamt wenig mehr als zwei Jahrhunderte regierten. Die Namen und Herrscherfolgen der ersten drei Herrscher finden sich auf der Rückseite der Statue eines Priesters namens Hotep-dif (s. gegenüberliegende Seite). Die Namen lauten, von rechts nach links gelesen, Hetepsechemui, Raneb und Ninetjer.

Von *Hetepsechemui* wissen wir nur wenig. In der Pyramide des Unas in Saqqara vom Ende der 5. Dynastie fanden sich Siegel mit seinem Namen; sie lassen darauf schließen, daß nicht weit davon die Reste seines Grabmals liegen könnten. Es gibt keinerlei Hinweis darauf, daß er wie seine Vorgänger im südlichen Abydos bauen ließ. Manetho gewährt ihm eine lange Amtszeit von 38 Jahren, aber sie hat nur wenig Spuren hinterlassen. Sein Nachfolger *Raneb* soll noch ein wenig länger regiert haben – 39 Jahre, wenn wir Manetho glauben wollen –, aber auch diesmal könnte allenfalls das Zeugnis der Siegel aus der Unas-Pyramide uns helfen, sein Grab zu lokalisieren. Eine Granitstele aus Abydos zeigt seinen Namen im üblichen *serech*.

Interessant ist, daß Manetho von Raneb behauptet, er habe nicht nur den Kult der Heiligen Ziege in Mendes, sondern auch den des Heiligen Stiers von Mnevis im alten Sonnentempel zu Heliopolis und den des Apis-Stiers in

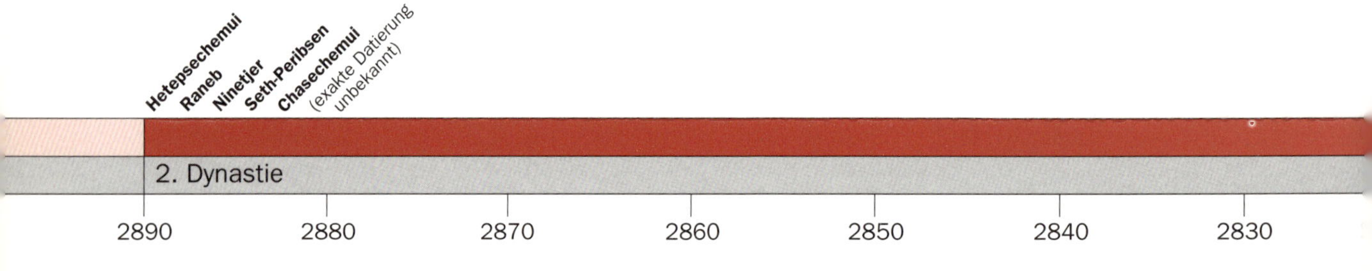

(*Gegenüberliegende Seite*) Detail des Porträtkopfs einer Kalksteinskulptur Chasechemuis aus Hierakonpolis. Der König trägt die Weiße Krone Oberägyptens und sein *heb-sed*-Festgewand. Ashmolean Museum, Oxford.

(*Links*) Statue des knienden Priesters Hotep-dif. Sein Name steht in der Sockelinschrift neben einem Titel, der als »Großer Weihrauch des Roten Hauses« gelesen werden könnte. Vielleicht war er als Priester in Saqqara mit dem Totenkult der drei Könige betraut, deren Namenszeichen über seiner rechten Schulter stehen. *(Oben)* Hetepsechemui, Raneb und Ninetjer. Ägyptisches Museum, Kairo.

Memphis eingeführt. Inzwischen sind die Gelehrten allerdings der Ansicht, daß ein früherer König den zuletzt genannten Kult eingeführt hat, wie eine Stele aus der Zeit des Den (Udimu) nahelegt.

Ninetjer, der dritte König, herrschte nach Manethos Aufstellungen 47 Jahre, in denen sich wenig ereignete. Der Palermo-Stein verzeichnet Ereignisse zwischen dem 6. und 26. Amtsjahr, darunter mehrere Götterfeste, einen »Lauf des Apis-Stiers« im neunten Jahr, eine Militärexpedition im Jahr 13, bei der es zur »Ausrottung der Stadt Shem-Re« und des »nördlichen Hauses« gekommen sein soll, und im Jahr 15 die Geburt Chasechemuis, des übernächsten Thronfolgers. Manetho fügt außerdem hinzu, daß Frauen die Möglichkeit der Königsherrschaft zuerkannt wurde, aber diese hatte offenbar schon Merneith in der vorangegangenen Dynastie beansprucht.

Der vierte König der Dynastie kam unter dem Namen Sechemib auf den Thron und hielt ihn siebzehn Jahre. Unter seiner Regierung erreichte die dauernde Rivalität zwischen Nord und Süd jedoch den Siedepunkt, und es folgte eine Periode innerer Unruhen. Es handelte sich um einen politisch-religiösen Zwist; zum Teil war er durch den mythischen Kampf der Götter Horus und Seth motiviert, die um die Führung des ägyptischen Königreichs stritten. Es war daher von höchster Bedeutung, daß Sechemib seinen Horusnamen zugunsten eines Sethnamens ablegte und sich fortan Seth-Peribsen nannte, vielleicht weil die Seth-Anhänger die Oberhand gewannen. Dieser Wechsel läßt

(*Unten*) Die beiden *serech*-Namen des Sechemib. Der *serech* links wird von einem Horusfalken bewacht. Bei seinem Namenswechsel nahm der König einen Sethnamen an, und der Falke mußte dem Seth-Tier weichen. Danach lautete sein Name Seth-Peribsen.

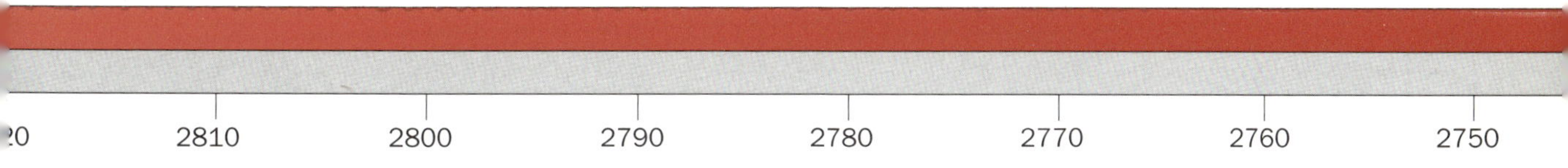

sich an Peribsens granitener Grabstele in Abydos nachweisen, wo der Falke über dem *serech* seines Horusnamens durch das Seth-Tier mit seinen charakteristischen Ohren ersetzt ist. Als religiöser Diplomat erwies sich später der König Chasechemui, denn er konnte offenbar zwischen den Parteien vermitteln und die Namen beider Götter auf sich vereinen.

Drei Könige fügt Manetho zwischen Peribsen und Chasechemui ein: Sethenes (Sened), Chaires (Neterka) und Nepercheres (Neferkare), die jeweils 41, 17 und 25 Jahre regiert haben sollen. Von diesen Königen gibt es nur spärliche Kunde und keine archäologischen Nachweise. Chasechemui war der letzte König der Dynastie, obwohl manche Fachleute einen unmittelbaren Vorgänger mit dem sehr ähnlichen Namen Chasechem vorschlagen. Andere halten die beiden für ein und dieselbe Person, die dann dreißig Jahre geherrscht hätte. Dieser Theorie zufolge soll Chasechem seinen Namen in Chasechemui geändert haben, nachdem er verschiedene Aufstände niedergeschlagen und so das Land geeint hatte. Der neue Name integrierte den Horusfalken und das Seth-Tier in den *serech* und bedeutet »Die Beiden Mächtigen erscheinen«.

Vor der Wiederherstellung des Friedens scheinen nördlich beheimatete Feinde im Süden eingefallen zu sein, denn auf einem Steingefäß steht geschrieben: »Im Jahr, als der Feind aus dem Norden in Necheb geschlagen wurde.« Als Schutzgottheit der Stadt Necheb (heute bekannt als el-Kab) auf dem östlichen Nilufer, gegenüber der alten Hauptstadt der Südkönige Hierakonpolis' (Nechen), wurde die in der Inschrift dargestellte Geiergöttin Necheb von den dortigen Herrschern sehr verehrt. Es muß ein verzweifelter Kampf gewesen sein, wenn die Nordleute so weit in den Süden und in die Hauptstadt selbst vordringen konnten. Die Zahl der erschlagenen Feinde, die auf den Sockeln zweier Statuen des sitzenden Chasechemui als verrenkte Leichname dargestellt sind, wird mit 47 209 angegeben. Diese Statuen aus Schiefer bzw. Kalkstein kommen aus Hierakonpolis und zeigen den König in sein *heb-sed*-Tuch gehüllt und mit der Weißen Krone von Oberägypten auf dem Haupt, was auf seinen Sieg über die unterägyptischen Feinde aus dem Norden hindeutet.

Chasechemui starb rund 2686 v. Chr., und sein riesiges Grab in Abydos ist einzigartig: Mit 70 Metern Länge und einer Breite von 17 Metern an der einen, 10 Metern an der anderen Seite bildet es ein Trapez mit einer steinernen Totenkammer fast genau im Zentrum. Eine Kostbarkeit ersten Ranges haben die Grabräuber bei ihren Streifzügen übersehen – das königliche Szepter aus Gold und rotem Chalzedon und einige schön gearbeitete Steingefäße mit blattvergoldeten Deckeln.

Rund einen Kilometer vom Wüstengrab in Abydos liegt Schumet el-Zebib, ein mächtiger rechteckiger Lehmziegelbau von 123 mal 64 Metern. Seine Mauern mit ihrer streng gegliederten Palastfassade sind bis zu 5 Metern stark

(*Unten*) Der Grundriß des Grabmals von Chasechemui in Abydos ist sowohl der Form als auch der immensen Größe nach einzigartig in dieser Epoche. Die zentrale Totenkammer wurde bis vor kurzem für die älteste Steinmetzarbeit gehalten, aber inzwischen wurden Steinbauten entdeckt, die bereits aus der 1. Dynastie stammen.

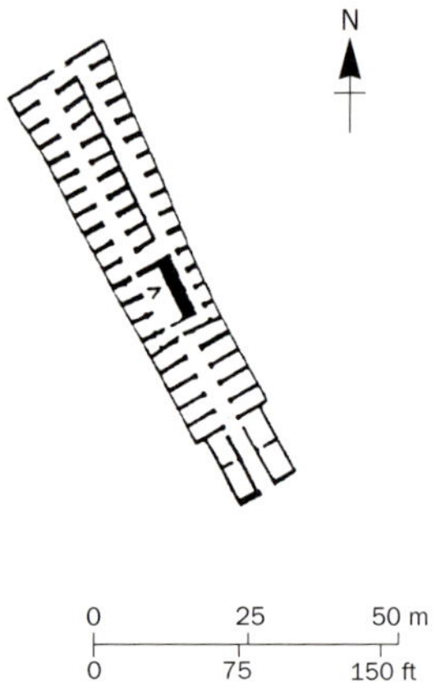

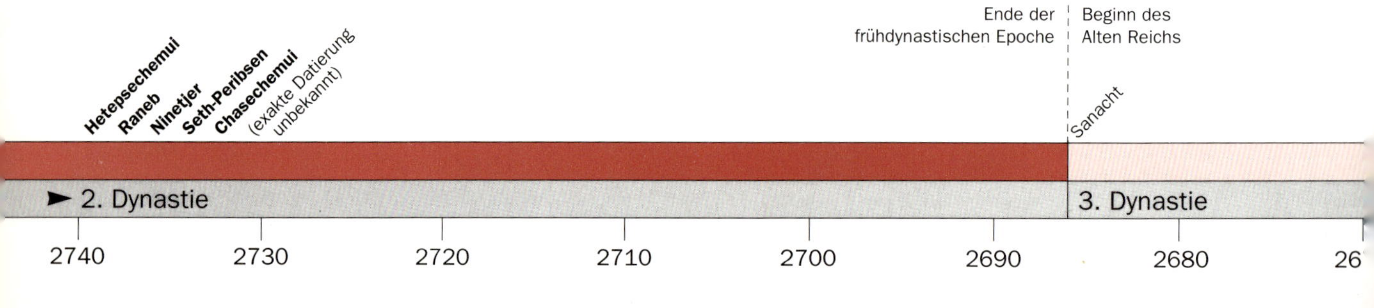

(*Oben*) Zwei der kleinen Töpfe aus Dolomit-Kalkstein mit dünnen Blattgolddeckeln an geflochtenem Golddraht aus dem Grab des Chasechemui in Abydos. British Museum, London.

(*Rechts*) Eine von zwei Kalksteinskulpturen des sitzenden Chasechemui aus Hierakonpolis (eine steht in Kairo, die andere in Oxford; vgl. S. 26).
Die stilisierte Hieroglyphen-Inschrift rund um den Sockel berichtet von seinen Siegen als König Oberägyptens (er trägt die Weiße Krone) über seine unterägyptischen Widersacher. Ägyptisches Museum, Kairo.

(*Unten*) Gefäßsiegel aus Ton. Von links nach rechts zu lesen, verleiht es der Königin Nemathap den Titel »Mutter, die mit dem König schwanger ist«.

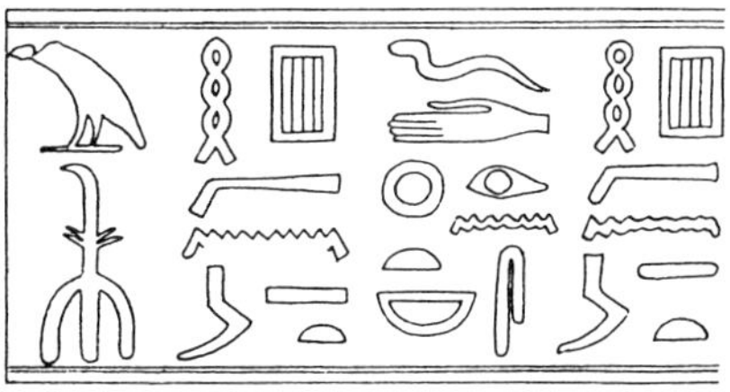

und fast 20 Meter hoch. Man weiß nicht, welchem Zweck dieses beispiellose, fast fünftausend Jahre alte Zeugnis ägyptischer Baukunst diente, das am ehesten einer Befestigungsanlage gleicht. Bei Ausgrabungen wurde ein kompliziertes System von Innenbauten freigelegt; möglicherweise hatte die ganze Anlage mit der Versorgung des *ka*, der Seele des unweit bestatteten Königs, zu tun.

Wie mit Chasechemui die Dynastie endet, so wird die nächste durch ihn eröffnet. Es hat den Anschein, als habe er eine Prinzessin aus dem Norden geehelicht, um die Beziehungen zwischen den Jüngern von Horus und Seth zu festigen – möglicherweise die erste jener ›diplomatischen‹ und ›politischen‹ Huraten, die wir in der Geschichte Ägyptens und der Pharaonen so häufig finden. Die Prinzessin hieß Nemathap, und ein Gefäßsiegel gibt ihren Titel an: »Mutter, die mit dem König schwanger ist«. Spätere Jahrhunderte bezeichneten sie als die Urmutter der 3. Dynastie – ähnlich wie Königin Aahotep, die als Ahnherrin des Neuen Reiches galt.

Djoser

Chufu (Cheops)

Djedefre

Chafre (Chephren)

3. Dynastie
2686–2613

Sanacht
2686–2668

Djoser
2668–2649

Sechemchet
2649–2643

Chaba
2643–2637

Huni
2637–2613

4. Dynastie
2613–2498

Snofru
2613–2589

Chufu
(Cheops)
2589–2566

Djedefre
2566–2558

Chafre
(Chephren)
2558–2532

Menkaure
(Mykerinos)
2532–2504

Schepseskaf
2504–2500

5. Dynastie
2498–2345

Userkaf
2498–2491

Sahure
2491–2477

Neferirkare
2477–2467

Schepseskare
2467–2460

Neferefre
2460–2453

Niuserre
2453–2422

Menkauhor
2422–2414

Djedkare
2414–2375

Unas
2375–2345

6. Dynastie
2345–2181

Teti
2345–2333

Pepi I.
2332–2283

Merenre
2283–2278

Pepi II.
2278–2184

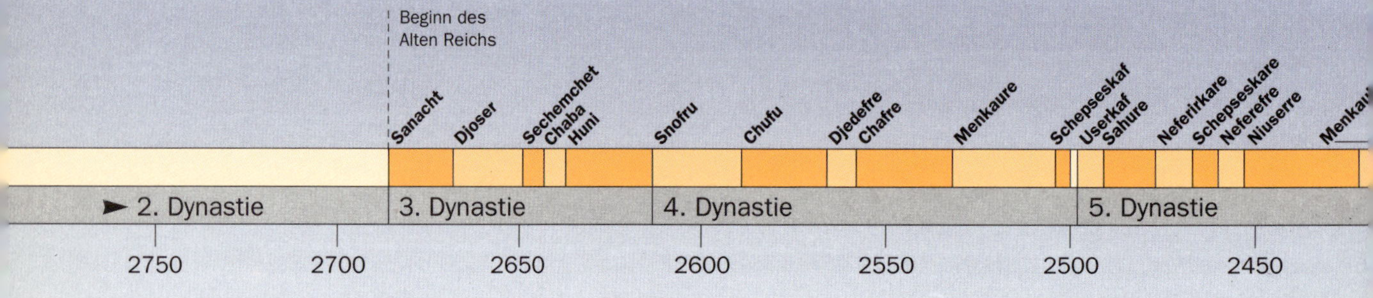

Menkaure (Mykerinos)

Userkaf

Teti

Pepi I.

DIE ERBAUER DER PYRAMIDEN

Das Alte Reich 2686–2181 v. Chr.

WÄHREND DES ALTEN REICHS wurde die ägyptische Kultur endgültig erwachsen. Seine vier Dynastien dehnten Ägyptens Macht erheblich aus, vermutlich durch zunehmende staatliche Zentralisierung und die Schaffung eines effektiven Verwaltungssystems. Auch das Konzept des Königtums änderte sich, denn auf die göttliche Natur des Amts wurde mehr Nachdruck als bisher gelegt. Nun galt der König als Inkarnation des Horus und – von der 5. Dynastie an – als Sohn des Sonnengotts Re. Zugleich erreichten die Fortschritte vergangener Jahrhunderte hinsichtlich der Baukunst, Technologie, Hieroglyphenschrift und Repräsentativkunst im Alten Reich neue Höhepunkte. Nirgendwo wurde das deutlicher als beim spektakulären Projekt des Pyramidenbaus, das während der 4. Dynastie seinen Zenit erreichte. Djosers Stufenpyramide in Saqqara, die Große Pyramide des Chufu (Cheops) in Gise und der berühmte Sphinx, der König Chafre (Chephren) darstellen soll, gehören zu den eindrucksvollsten Bauwerken der Welt.

Diese Blüte konnte freilich nicht ewig dauern, und mit der 6. Dynastie kam es zur Schwächung der zentralen Königsgewalt bei gleichzeitigem Machtzuwachs regionaler Eliten. Gegen 2181 v. Chr. endete das Alte Reich in politischer Zersplitterung und Anarchie.

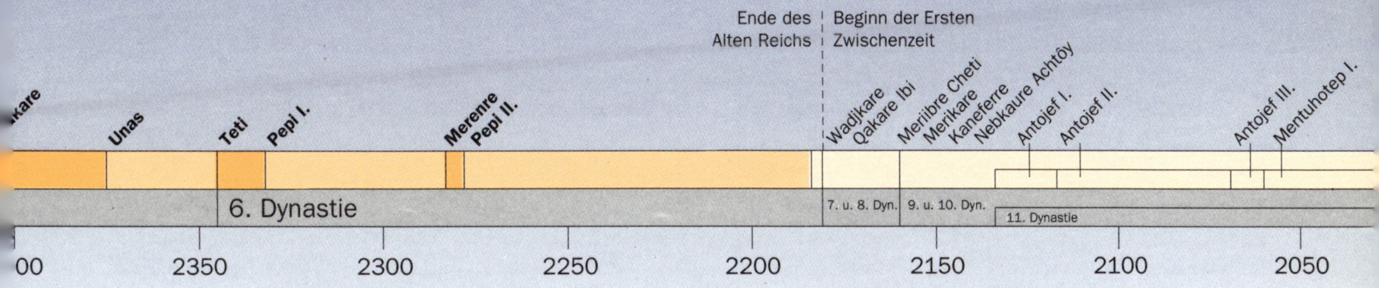

3. Dynastie
2686–2613

Sanacht
2686–2668

Djoser
Netjerichet
2668–2649

Lebensgroße Statue des Djoser, die im *serdab* seiner Pyramidenanlage gefunden wurde. Über einer schweren Perücke trägt er das königliche *nemes*-Kopftuch. Die Plünderungen durch antike Grabräuber lassen sein Gesicht noch bemerkenswerter erscheinen; die ehemals in die Skulptur eingearbeiteten Augen aus Bergkristall, Alabaster und Obsidian müssen ihm eine geradezu magische Lebendigkeit verliehen haben. Ägyptisches Museum, Kairo.

KÖNIGSNAMEN	
SANACHT	DJOSER
Horusname	*Horusname*
Sa-na-cht (»Mächtiger Schutz«)	Netjeri-chet (»Von göttlicher Gestalt«)
Auch bekannt als	*Auch bekannt als*
Nebka	Zoser, Tosorthos (griechisch)

Fragment eines Sandsteinreliefs aus dem Wadi Maghara auf dem Sinai mit Sanachts Namen in einem *serech* vor seinem Gesicht. British Museum, London.

Sanacht

Trotz seiner Amtszeit von rund achtzehn Jahren ist Sanacht, der erste König der 3. Dynastie – er begegnet uns auch unter dem Namen Nebka –, kaum bekannt. Die Gründung seines Hauses erfolgte vermutlich durch Heirat mit der Erbin des letzten Königs der 2. Dynastie. Matrilineare Elemente der altägyptischen Gesellschaft sind seit frühester Zeit feststellbar. Sanacht gilt als der Bruder seines berühmten Nachfolgers Djoser (oder Zoser), der zweiter König der Dynastie wurde und die Stufenpyramide in Saqqara bauen ließ. Beide Könige intensivierten den Abbau von Bodenschätzen auf der Sinai-Halbinsel, die besonders reich an Türkis und Kupfer war. Das Fragment eines roten Sandsteinreliefs aus dem Wadi Maghara, Sinai, zeigt uns den König mit der Roten Krone von Unterägypten beim Erschlagen eines Feindes – eine Pose, die uns aus den frühen Dynastien bereits vertraut ist.

Djoser

Wie Sanacht hatte Djoser bei seiner Thronbesteigung offenbar noch innenpolitische Krisen zu meistern. Es gelang ihm, seinen Herrschaftsbereich nach Süden bis Aswan auszudehnen, zum Ersten Katarakt, der später zur offiziellen Südgrenze Ägyptens wurde. Der Name ›Djoser‹ taucht allerdings erst in

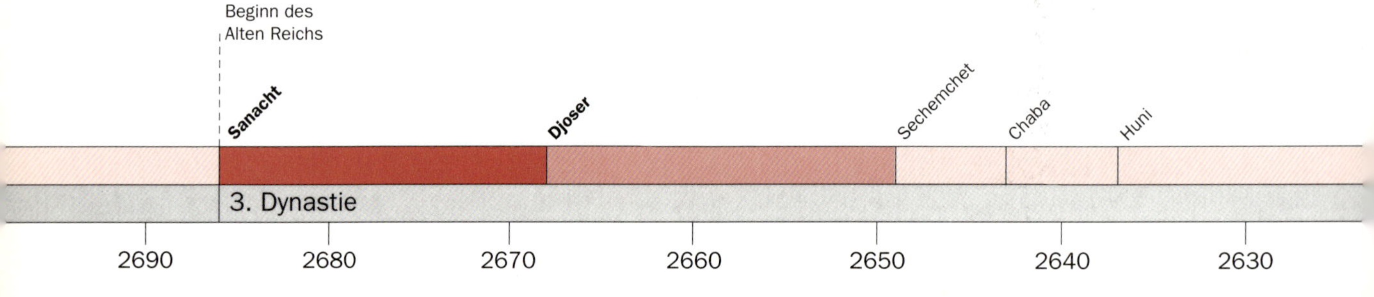

Inschrift Nr. 81, auf dem höchsten Punkt der Insel Sehel. Die ptolemäische Fälschung, die in die 3. Dynastie zurückdatiert werden sollte, zeigt König Djoser vor der Götterdreiheit von Elephantine: Chnum, seine Gemahlin Satet und ihre Tochter Anuket. Bemerkenswert ist der frühe Hinweis auf eine siebenjährige ägyptische Hungersnot.

späteren Berichten auf und war vielleicht sein Geburtsname. Zu Lebzeiten war er unter seinem Horusnamen Netjerichet bekannt, der auf all seinen Monumenten steht, einschließlich der Grabanlage in Saqqara. Während im Umkreis der Stufenpyramide beide Namen auftauchen (dortige Sgraffiti aus dem Neuen Reich erwähnen Djoser), findet sich der früheste Beleg dafür, daß es sich um den Namen desselben Königs handelt, in einer ausführlichen Inschrift auf der Insel Sehel bei Aswan. Es handelt sich um eine Fälschung aus ptolemäischer Zeit. Sie wurde von Priestern der Lokalgottheit Chnum in Elephantine vorgenommen, die eine Region 137 Kilometer südlich von Aswan, Dodekaschoinos (griech. »Zwölfmeilenland«) genannt, als Geschenk des Djoser beanspruchten. Die Priester der Göttin Isis auf der nahegelegenen Insel Philae behaupteten freilich, Djoser habe das Land ihnen gegeben. Wahrscheinlich waren beide Parteien im Unrecht, aber beide maßen dem König offenbar große historische Bedeutung bei, wenn sie mit Djosers Namen ihren Ansprüchen Dauer und Gültigkeit verleihen wollten. Die Schenkung soll aus Dankbarkeit geschehen sein, nachdem der Gott Chnum eine siebenjährige Trokkenheit und Hungersnot beendet hatte.

Die Gräber der Beamten früherer Dynastien lagen am Rande des Hochplateaus von Saqqara, hoch über den bebauten Feldern rund um die Königshauptstadt Memphis. Ihre flachen *mastabas* ließen sie am Horizont nur als niedrige Hügelkette erscheinen. Djoser wählte für sein Grabmal ein Gelände in einiger Entfernung (1,6 km) vom Abhang des Plateaus. Dort ließ er eine imposante Anlage errichten, die in architektonischer Hinsicht etwas vollkommen Neues darstellte: die berühmte Stufenpyramide.

Die Stufenpyramide von Saqqara

Heutzutage gelten Djosers Pyramide und die sie umgebende Grabanlage als erstes Steinbauwerk der Welt. (Stein fand sich zwar schon bei bestimmten Teilen früherer Grabanlagen, doch hier wurde er erstmals ausschließlich verwendet.) Der Genius, dem die Konstruktion dieses gewaltigen Monuments zu verdanken ist, war sein Ratgeber Imhotep, der ein recht vielseitiger Mann gewesen zu sein scheint. Seine hohe Stellung bei Hofe geht aus einer Inschrift am Sockel einer umgestürzten Djoser-Skulptur hervor. Dort werden nach dem Königsnamen Imhoteps Titel wie folgt angegeben: »Schatzmeister des Königs von Unterägypten, Erster nach dem König von Oberägypten, Verwalter des Großen Palasts, Erbfürst, Hoherpriester von Heliopolis, Imhotep der Baumeister, Bildhauer, Gestalter der Steinvasen ...«. In späteren Zeiten wurde dieses Allroundgenie als Gott verehrt.

Djosers Name und Titel erscheinen auf diesem zertrümmerten Statuensockel zwischen der *djed*-Säule und dem *tiet*-Amulett. Dahinter folgen die vielen Titel Imhoteps, die mit »Schatzmeister des Königs von Unterägypten« beginnen. Ägyptisches Museum, Kairo.

Der Temenos-Bezirk rings um die Djoser-Pyramide ist nur an dieser Stelle zu betreten. Die übrigen dreizehn Eingänge der Ummauerung sind alle Scheintüren.

Replik der Statue König Djosers, die innerhalb des *serdab* sitzt und neugierige Besucher durch die schmalen Sehschlitze anstarrt. Das Original wird im Ägyptischen Museum, Kairo, aufbewahrt.

Der Grundgedanke der Grabanlage für Djoser war es, einen Bereich für die Seele zu schaffen, dessen Mittelpunkt die eigentliche Pyramide war. Sie entwickelte sich aus einer herkömmlichen *mastaba,* die mehrmals erheblich erweitert wurde. Dabei wurde eine *mastaba* auf die andere geschichtet, bis die sechs ungleichen Stufen eine Höhe von insgesamt 62 Metern erreichten. Ein Fuchsbau unterirdischer Schächte und Stollen, teilweise von Grabräubern angelegt und von nicht fertiggestellten Originalschächten kaum zu unterscheiden, unterhöhlt das 109 mal 125 Meter große Fundament. Unmengen steinerner Schalen sind in der Pyramide gefunden worden, nicht selten von exquisiter Schönheit und Form, viele mit den Namen früherer Könige beschriftet. Vielleicht ließ Djoser diese Gefäße zum Andenken an seine Vorgänger hier deponieren, damit auch für ihre Grabbeigaben möglichst gut gesorgt sei. Ein mumifizierter linker Fuß, der in einer der Galerien gefunden wurde, dürfte das einzige Überbleibsel des Toten sein. Andere Mitglieder der Königsfamilie wurden in den Stollen und Schächten beerdigt, darunter ein Kind von etwa acht Jahren in einem edlen Alabastersarg. Die verschiedenen Umbauten und Vergrößerungen brachten es mit sich, daß all diese Grabstätten unzugänglich unter den Steinmassen verschlossen wurden. Ein neuer Eingang zur eigentlichen Totenkammer des Königs wurde von der Nordseite her aus dem Aswan-Granit gebrochen und nach dem Begräbnis mit einem drei Tonnen schweren Steinblock versiegelt.

In der Nähe des Nordeingangs befindet sich der *serdab* (arabisch für ›Keller‹), ein kastenförmiger Bau aus poliertem Tura-Kalkstein, dessen schräge Vorderfront nur von zwei schmalen Ritzen durchbrochen ist. Er wurde bei den Ausgrabungen von C. M. Firth entdeckt und barg eine Überraschung: Im *serdab* befand sich eine lebensgroße Sitzskulptur Djosers aus bemaltem Kalkstein, die älteste in Ägypten gefundene Königsstatue dieser Größe. Sie zeigt ihn in ein langes weißes Tuch gehüllt, vielleicht das beim Jubiläum bzw. dem *heb-sed*-Fest gebräuchliche. Auf dem Altar vor den Sehschlitzen in der Wand

(*Rechts*) In einer der Galerien tief unter dem Südgrab der Djoser-Stufenpyramide läuft der König, angetan mit der Weißen Krone, für immerdar beim *heb-sed*-Kultfest.

des *serdab* wird man Speiseopfer und Weihrauch dargebracht haben, damit das *ka,* die Seele des bestatteten Königs, an ihrer geistigen Substanz teilhaben konnte – während der materielle Genuß der Opfergaben bei Einbruch der Nacht den sterblichen Priestern zugute kam.

Die Grabanlage

Auf der Südseite des heiligen Bezirks (Temenos), vor der Pyramide, befindet sich das sogenannte Südgrab, ein Komplex reich ausgeschmückter unterirdischer Kammern, die nur durch einen steil abfallenden Tunnel zu erreichen sind. Im Rahmen seiner Scheintür zeigen drei gemeißelte Relieftafeln den König beim *heb-sed*-Ritus, bei dem er seine körperliche Tauglichkeit zum Regieren unter Beweis stellt. Auf einem der Reliefs trägt er die hohe Weiße Krone und einen gerippten Kultbart, während er die vorgeschriebene Bahn läuft. Dies unterstreicht die rein rituelle Funktion der Anlage, die Imhotep für seinen Herrn errichtet hat.

Das Genie Imhotep

Spätzeitliche Bronzestatue des Imhotep, mit geöffneter Papyrusrolle auf den Knien. Ägyptisches Museum, Kairo.

Imhotep wurde trotz seiner zahlreichen anderen Ämter vor allem als Djosers leitender Architekt berühmt und gehört zu den wenigen uns namentlich bekannt gewordenen ägyptischen Baumeistern. Überdies war er ein Mann von großer Weisheit und Bildung, der als Schreiber, Ratgeber, Arzt, Priester und Astronom wirkte und später als Gott verehrt wurde. Der Spätzeit und der klassischen Antike galt er als Schutzpatron der Architektur und Medizin; in der letzteren Funktion wurde er mit Äskulap, dem griechischen Gott der Heilkunde, gleichgesetzt. Seine Anhänger pilgerten nach Saqqara, wo Imhotep bestattet sein muß (obwohl sein Grab nie gefunden wurde), und hinterließen eingewickelte Votivgaben und Ibismumien; dieser Vogel wurde mit ihm ebenso wie mit Thoth, dem Gott der Weisheit, der Schriftkunde und des Lernens, identifiziert. Professor Emery hat auf dem Friedhof der heiligen Tiere im Nordosten des Stufenpyramidenbezirks Tausende solcher Ibisse in ihren Tontöpfen gefunden.

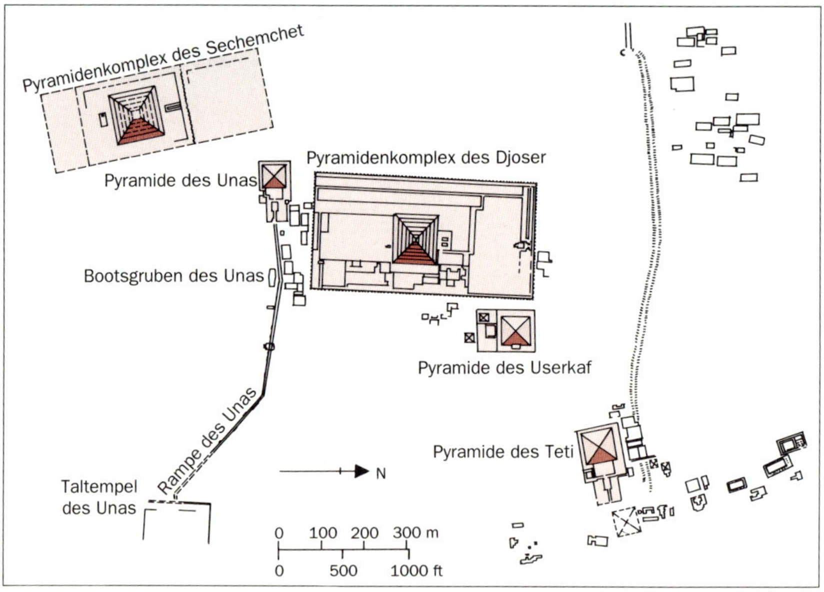

Die genaue Funktion des Südgrabs ist nicht recht klar. Man nimmt aber an, daß es auch als Begräbnisstätte für Djosers Eingeweide gedient hat. (Sie wurden traditionsgemäß dem Leichnam vor dem Einbalsamieren entnommen und getrennt davon in speziellen Gefäßen, den sogenannten Kanopen, beigesetzt.) Da sich die eigentliche Mumie in der Pyramide befand, wäre der König so nicht nur seiner Verpflichtung nachgekommen, als Symbol für die Beiden Länder Ober- und Unterägypten jeweils ein Nord- und ein Südgrab zu errichten, sondern hätte es auch geschafft, gewissermaßen in beiden zugleich bestattet zu sein.

Zwischen Südgrab und Pyramide liegt ein weiträumiger Platz; der Gebäudekomplex auf seiner Ostseite wird als *heb-sed*-Kultort angesehen. Im Laufe der letzten dreißig Jahre ist dieser Bezirk nach und nach restauriert worden. Wie alles im Bezirk des Temenos sind auch diese Gebäude Scheinbauten, was durchaus Sinn macht, denn sie sollten nur der Seele Wohnung bieten. Hohe Umfassungsmauern aus Kalkstein im Stil der bereits erwähnten ›Palastfassade‹ begrenzen ringsum den Bezirk. In sie wurden dreizehn falsche Eingänge oder Scheintüren eingelassen; nur der vierzehnte führt tatsächlich ins Innere, eine lange Säulenhalle mit Halbpfeilern. Keine der Säulen steht frei, alle sind in die dahinter stehende Stützwand eingelassen – ein Beispiel für die frühesten zögernden Versuche der Architektur, sich vom Lehmziegel zu lösen und ältere organische Formen in Stein nachzuahmen. Die säuberliche Riefelung läßt an die dorischen Säulen Griechenlands denken, doch diese hier sind fast zweitausend Jahre älter. Die Halle mündet in einen geräumigen Hof südlich der Pyramide; von den zwei Jubiläumsaltären, die hier einst standen, haben sich nur die Sockel erhalten.

An der Ostseite, in einem kleineren Hof zwischen den Ostmauern, sind drei *heb-sed*-Schreine oder Pavillons aufgereiht. Das große Podium nahe dem südlichsten Schrein mit seinen abgerundeten Stufen bot Platz zum Aufschlagen der Zelte, die zum *heb-sed* gehörten und – in stilisierter Form – die Hieroglyphe bilden, die das Fest bezeichneten. All diese Pavillons haben Eingänge, doch sie durchbrechen nur die Fassade und führen nirgendwohin. Drei un-

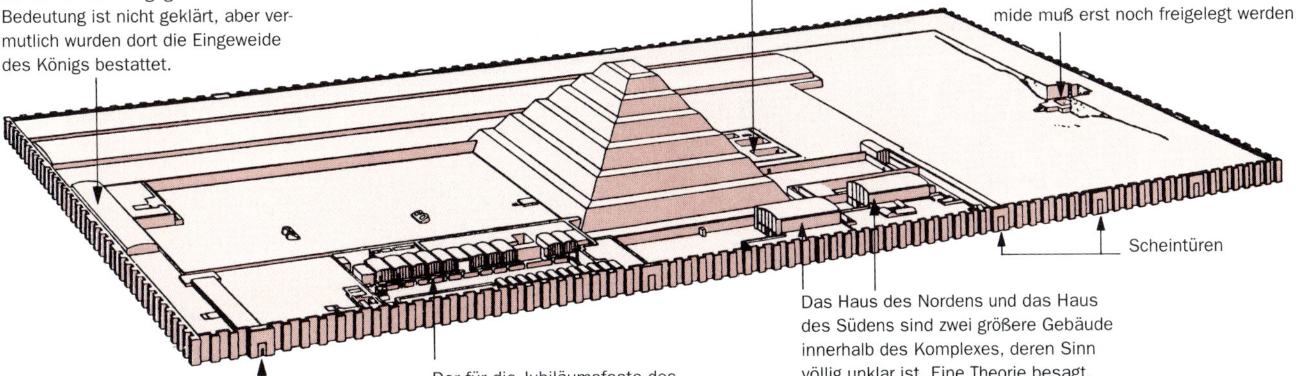

(*Oben links*) Plan der Nekropole von Saqqara.

(*Oben*) Bezirk der Stufenpyramide des Djoser in Saqqara.

Der Eingang – eher eine schmale Pforte – zum Haus des Nordens wird von mauergestützten Pfeilern flankiert, die an dorische Säulen erinnern; darüber ein stilisiertes *checher*-Fries, das auf den ersten Blick an einen Zaun denken läßt, der auf manchen kleinen Elfenbein-Etiketten in Abydos die heilige Stätte abgrenzt.

fertige, roh hingemeißelte Standbilder Djosers wurden an einer Seite des Hofs plaziert. Sie zeigen den König in ritueller Pose, angetan mit dem *nemes*-Kopftuch, langem Zeremonialbart, Szepter und Dreschflegel. Nördlich findet sich ein weiterer Hof, dessen Scheinbauten abermals die Selbständigkeit der Beiden Länder symbolisieren. Das erste Gebäude, das sogenannte Haus des Südens, trägt ein *checher*-Fries über der Tür, das einen stilisierten Schutzzaun zeigt – ein Motiv, das uns, wie so vieles aus der Frühzeit, noch Jahrhunderte, wenn nicht Jahrtausende später wiederbegegnen wird – insbesondere in den Pharaonengräbern der 18. Dynastie im Tal der Könige.

Das Haus des Nordens ist bekannt für seine Papyrussäulen mit den großen Dolden. Sie sind sämtlich in die Stützwand eingelassen, doch die schmalen Kalksteinblöcke bilden exakt den dreieckigen Papyrusstengel nach. Später, im Neuen Reich, verzichtete man zugunsten hoher, ungeschlachter Rundsäulen auf diese Akribie.

Es ist durchaus möglich, daß die Grabanlage für künftige Archäologengenerationen noch einige Überraschungen bereit hält: Der gesamte Bereich nördlich vom Haus des Nordens – gut ein Fünftel des Geländes – ist noch immer unter Sand, Geröll und Schutt begraben.

Djosers Tod

Djosers Thron wurde nach einer Amtszeit von rund neunzehn Jahren, um 2459 v. Chr., frei für Sechemchet. Um ein so bemerkenswertes Bauwerk wie die Stufenpyramide zu errichten, erscheint diese Frist kaum ausreichend, gleichwohl ist es ein Zeugnis für die Machtvollkommenheit des Königs. Der Bau einer solchen Anlage muß eine immense Konzentration von Arbeitskräften erfordert haben, was eine starke Regierung und ein gutfunktionierendes Versorgungsnetz voraussetzt. Djosers Grabanlage steht am Beginn einer langen Tradition ägyptischer Steinarchitektur. Hier wurden viele der späteren Bauformen und Stile erstmals versuchsweise angewandt, um in den folgenden zwei Jahrtausenden immer wieder kopiert oder fortentwickelt zu werden.

3. Dynastie
2686–2613

Sechemchet
2649–2643

Chaba
2643–2637

Huni
2637–2613

(Rechts) Kopf aus Rosengranit, dem Huni zugeschrieben. Brooklyn Museum, New York.

KÖNIGSNAMEN

SECHEMCHET
Horusname
S-echem-chet (»Mächtig von Gestalt«)

CHABA
Horusname
Cha-ba (»Die Seele erscheint«)

HUNI
Horusname
Huni (»Der Zerschmetterer«)

Relief im Wadi Maghara mit drei nach rechts schreitenden Verkörperungen des Sechemchet. Zwei von ihnen tragen die hohe Weiße Krone; vor den Gesichtern ihre Namen in einem *serech*. Der mittlere König trägt die Rote Krone.

SECHEMCHET

Manetho waren die verbleibenden sechs Könige der 3. Dynastie keinen Bericht wert, obwohl er ihnen insgesamt rund 157 Jahre Regierungszeit einräumt. Tatsächlich herrscht über diese Könige, deren Zahl heute nur noch auf drei mit zusammen 36 Amtsjahren geschätzt wird, weitgehend Ungewißheit.

Vor 1951 wußte man praktisch nichts über Djosers Nachfolger Sechemchet. Ein Relief im Wadi Maghara auf dem Sinai trägt seinen Namen – den man früher allerdings mit Semerchet, dem vorletzten König der 1. Dynastie, verwechselte – und belegt militärische Aktivitäten von Pharaonen der 3. Dynastie in diesem Gebiet. Den letzten König stellt das Relief in der wohlbekannten Pose dar, bei der Feinde mit der linken Hand an den Haaren geschleift und mit einer birnenförmigen Keule in der erhobenen Rechten erschlagen werden. Der Topos vom Zerschmettern der *bedu*, das heißt Wüstenbewohner, ist bereits aus der 1. Dynastie tradiert, und dies ist nur ein weiteres Beispiel dafür.

Unser Wissen über Sechemchet wuchs jedoch dramatisch an, als ein ägyptischer Archäologe namens Zakaria Goneim im Jahre 1951 bei Saqqara eine diesem König zugeschriebene unvollendete Stufenpyramide entdeckte.

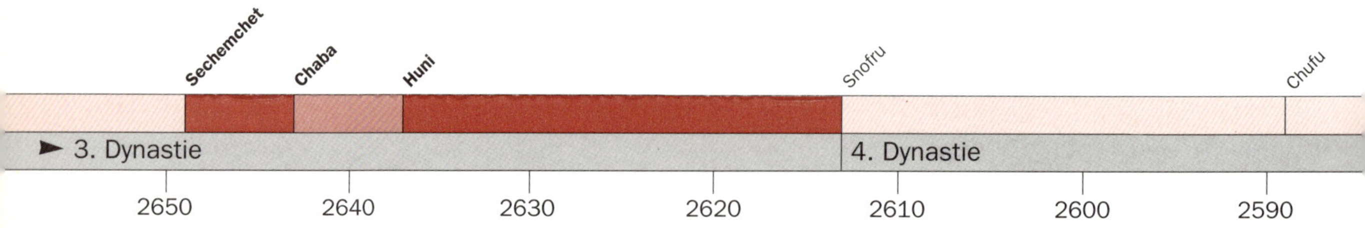

Die begrabene Pyramide

Im März 1951 wurde Goneim von der ägyptischen Antikenverwaltung zum Chefinspektor in Saqqara ernannt. Es wunderte ihn, daß sich mit Djosers Stufenpyramide offenbar nur ein einziges Denkmal aus der 3. Dynastie erhalten haben sollte. Daher untersuchte er sorgfältig das Gelände und die Bodenbeschaffenheit. Südwestlich der ummauerten Djoser-Anlage lag ein rechtwinkliges Plateau oder eine Terrasse, die in den Karten als naturwüchsig ausgewiesen war. Menge und Verteilung unterschiedlicher Steinfragmente (Granit, Kalkstein, Alabaster) ließen bei Goneim Zweifel aufkommen; für eine natürliche Terrasse waren es zu viele, außerdem ragten hier und da bearbeitete Trümmer aus dem Boden.

Daher begann Goneim Ende September 1951, eine dieser Steinmetzarbeiten näher zu untersuchen. Was er entdeckte, waren Überbleibsel einer Strebemauer, die sich beim Weitergraben als 8,20 Meter hoch erwies und auf Felsboden stand. Nach und nach wurde eine riesige Steinfläche freigelegt, die entlang der nord-südlichen Hauptachse rund 518 Meter lang und 183 Meter breit ist. Es handelte sich um das Fundament einer Pyramide, auf dem eine Ummauerung des ›Palastfassaden‹-Typs ähnlich der in Djosers Anlage stand. Doch die geplante Anlage war nicht zu Ende geführt worden – vermutlich, weil Sechemchet nach nur sechs Regierungsjahren kurz nach Beginn der Bauarbeiten starb. Hätte man weitergebaut, dann wären wohl sieben Stufen bis zu rund 70 Metern Höhe übereinandergelegt und Djosers Stufenpyramide damit um eine Etage und etwa 4,90 Meter übertroffen worden.

Der tiefe, abschüssige Graben auf der Nordseite des unfertigen Sechemchet-Monuments, der zum Eingang der Pyramide hinunterführt.

Auf der Nordseite war das Pyramidenfundament besonders gut erhalten, und von hier aus führte ein steiler, langer Graben hinunter zum Eingang, der in den Fels gehauen war. Im März 1954 wurde die versiegelte Tür aufgebrochen. Große Teile des Stollens am Eingang waren von lockeren Gesteinsbrocken versperrt, die nur schwer und unter Gefahr zu entfernen waren. Hinter dem Geröll fanden sich in einer Nische 21 goldene Armbänder und -reifen, eine hohles Goldgefäß und eine kostbare Schatulle in Muschelform, die wohl allesamt in einer inzwischen verfaulten Holzkiste gelegen hatten. Nicht weit davon stand eine große Schale aus Diorit. Die Gegenstände waren offenbar absichtlich am Fundort deponiert und nicht als Diebesbeute zurückgelassen oder weggeworfen worden.

Wer der Eigentümer dieser Anlage war, enthüllten fünf kleine Gefäßsiegel aus Ton, die den Namen Sechemchet trugen. Mit der Zeit – nachdem man weitere gefährliche Felstrümmer weggeschafft hatte – erreichten die Ausgräber eine unfertige, höhlenartige Totenkammer. In deren Zentrum stand ein Sarkophag von durchscheinendem Alabaster, der aus einem einzigen Block gearbeitet war. In der Umgebung fanden sich keine Anzeichen für das Eindringen von Grabräubern, nachdem die Kammer versiegelt worden war.

Fast drei Jahre nach Beginn der Ausgrabungen machte man sich im Juni 1954 daran, den Sarkophag vorsichtig zu öffnen. Der Schieber an der Kopfseite war noch mit dem ursprünglichen Gipsmörtel abgedichtet und ließ sich nur mühsam bewegen. Zur Enttäuschung vieler geladener Wissenschaftler und Journalisten erwies sich der Sarg als völlig leer. Über die Gründe kann man nur spekulieren. Der Sarkophag war eindeutig nicht angetastet oder geplündert worden; die einzig mögliche Erklärung wäre, daß der König anderswo bestattet wurde – vielleicht in einem der labyrinthischen Gänge, die zum großen Teil noch unerforscht sind.

(*Oben*) Die Pyramide von Meidum, gesehen von Osten her den Dammweg entlang. Zu Füßen der Pyramide, auf ihrer Vorderseite, der kleine Totentempel.

(*Unten*) Unter den königlichen Sarkophagen ist derjenige des Sechemchet von einzigartiger Form: Er war nicht mit einem Deckel verschlossen, sondern mit einem T-förmigen Schieber an der Kopfseite. Er trug noch immer die Spuren der alten Gipsversiegelung, und auf der Oberseite fanden sich organische Reste, vielleicht von Zweigen oder Blumenopfern.

CHABA UND HUNI

Die letzten beiden Könige der 3. Dynastie benutzten Saqqara nicht mehr als Friedhof. Sechemchets Nachfolger Chaba baute seine Pyramide, die sogenannte Schichtenpyramide, in Saujet el-Arjan, rund zwei Kilometer südlich von Gise. Ursprünglich war sie wohl als Stufenpyramide geplant, mit sechs oder sieben Absätzen und einem in den Stein gemeißelten Eingang auf der Nordseite. Ähnlichkeiten in Grundriß und Bautechnik mit Sechemchets Grabmonument legen nahe, sie seinen Nachfolgern zuzuschreiben (und nicht der 2. Dynastie, wie man noch vor Jahren, bevor die Parallelen in Saqqara offenbar wurden, annahm). Chabas Name wurde in roter Tintenschrift auf mehreren Steingefäßen in nahegelegenen *mastabas* aus der 3. Dynastie entdeckt. Die Pyramide selbst ist wohl nie genutzt worden.

Huni, der fünfte und letzte König der 3. Dynastie, verlegte seinen Begräbnisplatz noch ein ganzes Stück weiter. Er errichtete sein Monument in Meidum am Ostrand des Fajum, rund 80 Kilometer südlich von Kairo. Heute erhebt es sich als düsterer, pharosähnlicher Turm direkt am Rand des Ackerlands. Es war die erste Pyramide mit quadratischem Grundriß und sollte auch die erste im geometrischen Sinne ›echte‹ werden. Die Stufen wurden mit losen Ziegeln aufgefüllt, bevor die Oberfläche mit weißem Tura-Kalkstein verkleidet wurde. Heute sind nur noch drei von ursprünglich sieben mächtigen Stufen mit einer Neigung von 74 Grad und insgesamt 65 Meter Höhe erhalten. Die gegenwärtige Form ergab sich, als der mangelhaft verfugte Außenmantel in antiker Zeit einstürzte. Wann dies geschah, ist umstritten. Kurt Mendelssohn meint, es sei während des Baus der südlichen bzw. Knickpyramide des Snofru (dem ersten König der 4. Dynastie) in Dahschur geschehen und beide Bauwerke seien gleichzeitig errichtet worden; andere datieren die Katastrophe in das Neue Reich, denn im kleinen Totentempel an der Ostseite haben sich Sgraffiti von Besuchern aus der 18. Dynastie erhalten.

Im Neuen Reich hielt man die Meidum-Pyramide offenbar für Snofrus Werk: Die Sgraffiti erwähnen seinen Namen und sprechen vom »schönen Tempel des Königs Snofru«. Das wirkt reichlich übertrieben angesichts des schlichten, winzigen und fensterlosen Raums. Lediglich zwei hohe, aufrechte Säulen mit runden Kapitellen, beide unfertig und ohne Inschriften, stehen zu beiden Seiten eines niedrigen Altars in einem kleinen Kulthof zwischen Tempelrückwand und Ostseite der Pyramide. Außerdem verfügte Snofru 45 Kilometer nördlich von Meidum, in Dahschur, über zwei weitere Pyramiden, und schon das ist ungewöhnlich genug; drei wären kaum wahrscheinlich. Heute neigt man zu der Ansicht, die Meidum-Pyramide sei zwar für Huni errichtet, im großen und ganzen aber erst von seinem Schwiegersohn und Nachfolger Snofru vollendet worden.

In Meidum begegnet uns zum ersten Mal alles, was bei späteren Pyramidenkomplexen zur Norm werden sollte. Die Anlage besteht zunächst aus der Pyramide selbst mit einem Eingang in der Nordwand, der ins Innere und über einen abschüssigen Gang zur Totenkammer führt. Diese liegt normalerweise unter dem Fundament oder oberirdisch im Zentrum der Steinmassen. Es kann mehr als eine Kammer geben, auch auf verschiedenen Ebenen. Auf der Ostseite liegt eine kleinere Nebenpyramide oder ein Totentempel. Von hier aus führt ein ummauerter Dammweg ins fruchtbare Land hinunter, wo sich der Taltempel befindet. In späteren Bauten dieser Art haben sich wunderschöne

(*Oben*) Die merkwürdige Leuchtturm-Silhouette der Pyramide von Meidum ragt hoch über der Wüste und der nahegelegenen Ackerfläche empor. Die Trümmer des Einsturzes liegen rings um den Sockel verstreut und sind vom Totentempel aus deutlich zu erkennen (vgl. gegenüberliegende Seite).

(*Unten*) Haupt der Prinzessin Nofret; Detail der Doppelskulptur, bei der sie zur Linken ihres Gatten Rahotep sitzt. Das Blumenornament ihres Diadems, das im Original möglicherweise aus Silber gearbeitet war, bezeugt die Naturverbundenheit der alten Ägypter. Ägyptisches Museum, Kairo.

Reliefs gefunden. In Meidum selbst wurde der Taltempel nie freigelegt; man vermutet ihn unter einer kleinen Palmengruppe am anderen Ende des heute stark verfallenen Damms im sumpfigen Ackerboden direkt am Rande des bebauten Landes.

Merkwürdigerweise findet sich kein Hinweis, daß die unterirdische Grabkammer jemals einen Steinsarkophag enthalten haben könnte. Das hat zu der Überlegung geführt, das Begräbnis habe in der großen, nicht identifizierten *mastaba* Nr. 17 auf der Nordostseite der Pyramide stattgefunden. Dort liegt ein großer, unbeschrifteter und für das Alte Reich typischer Granit-Sarkophag, dessen schwerer Deckel von Grabräubern zur Seite geschoben wurde.

In zwei *mastaba*-Fürstengräbern im nördlichen und östlichen Hof der Huni-Pyramide entdeckte der französische Ägyptologe Auguste Mariette 1871 wahre Meisterwerke der ägyptischen Kunst: die Gänse von Meidum und die Skulpturen des Rahotep und der Nofret. Das realistische Fries mit drei wunderbar ausgeführten Gänsepaaren wurde im Grabmal von Nefer-Maat und Atet gefunden. Die feierlichen Mienen der Porträtstatuen des Rahotep und der Nofret aus ihrer *mastaba* unterscheiden sich deutlich von den Gesichtern normaler Sterblicher – hier kommt ein selbstgewisses Vertrauen in die durch ihre königliche Herkunft garantierte Unsterblichkeit gut zum Ausdruck. Unter Rahoteps Titeln findet sich der eines ›Königssohns‹ – vielleicht war er ein Sohn des Snofru –, und seine Frau Nofret war »Jene, die der König kennt«.

Hunis etwa 24jährige Regierungszeit endete gegen 2613 v. Chr. und mit ihr auch die 3. Dynastie.

4. Dynastie
2613–2498

Snofru
2613–2589

Chufu (Cheops)
2589–2566

(*Links*) Kartusche des Chufu auf einem Relief, das aus Gise stammt.

(*Rechts*) Diese winzige, nur 7,6 Zentimeter hohe Elfenbeinstatuette des Chufu wurde in Abydos gefunden. Sie zeigt den König auf dem Thron sitzend, angetan mit der Roten Krone Unterägyptens. Die Kartusche auf der linken Seite des Throns ist abgebrochen, aber glücklicherweise konnte er anhand des Horusnamens auf der anderen Seite identifiziert werden. Ägyptisches Museum, Kairo.

SNOFRU	
Geburtsname Snofru (»Von großer Schönheit«) *Auch bekannt als* Sneferu, Snefru, Soris (Manetho) *Vater* Huni *Mutter* Meresanch I.	*Gattin* Hetep-heres I. *Sohn* Chufu (Cheops) *Grabstätte* Nördliche (Rote) Pyramide, Dahschur

CHUFU	
Geburtsname Chufu (»[Chnum] schützt ihn«) *Auch bekannt als* Cheops (griechisch), Suphis I. (Manetho) *Vater* Snofru *Mutter* Hetep-heres I. *Gattinnen* unbekannte Königin, Meritates,	Henutsen, unbekannte Königin *Söhne* Djedefre, Kawab, Chafre (Chephren), Djedefhor Chufukaef *Töchter* Hetep-heres II., Meresanch II. Chamerernebti I. *Grabstätte* Große Pyramide, Gise

Snofru

Seit Gründung der 4. Dynastie durch Snofru um 2613 v. Chr. sind uns Geschichtsquellen und Königsporträts in reicherem Ausmaß überliefert. Snofru heiratete Hetep-heres, die Tochter seines Vorgängers, die als Mutter des Chufu große Berühmtheit erlangte. Nach Eusebius berichtete Manetho von siebzehn Königen dieser Dynastie, die insgesamt 448 Jahre in Memphis regiert haben sollen (die Africanus-Version nennt nur acht Könige und 277 Jahre). Auch die Könige der 3. Dynastie waren Memphiten, aber von der 4. Dynastie wird ausdrücklich gesagt, daß sie trotz ihrer Herkunft einem neuen Herrscherhaus angehörten. Es hat den Anschein, als ob Snofrus Heirat mit der Tochter Hunis zwei Stammeslinien zusammenführte; in Manethos Augen reichte dies für die Neugründung einer Dynastie aus. Als ihren ersten König nennt er Soris (= Snofru), der 29 Jahre regiert habe, obwohl man heute eher dazu neigt, ihm eine 24jährige Amtszeit zu geben. Snofru war ein Sohn des Huni, möglicherweise von einer Nebenfrau namens Meresanch. Die Heirat mit Hetep-heres, die als Tochter der höhergestellten Königin selbst von königlichem Geblüt war, wird seinen Anspruch auf den Thron gefestigt haben. Demnach wäre Snofru ihr Halbbruder gewesen. Sowohl der Königskanon von Turin als auch die jüngere Saqqara-Liste nennen Huni als letzten König der 3. Dynastie.

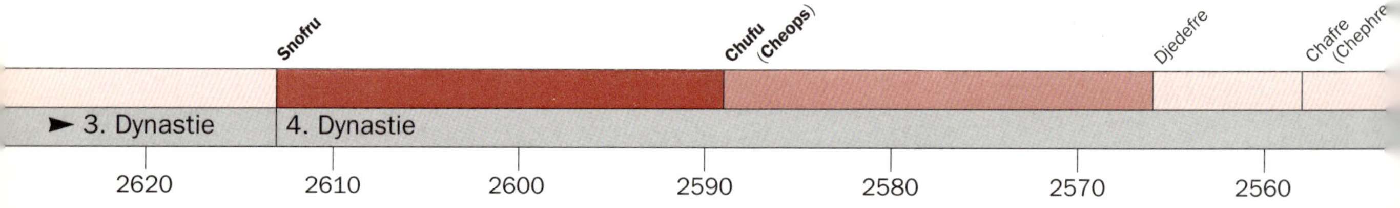

(*Rechts*) Im Süden von Saqqara heben sich die Pyramiden von Dahschur vom Horizont ab. Die Nördliche oder Rote Pyramide zur Rechten und, einige Kilometer weiter, die Knickpyramide in der Mitte sind Snofrus Werk. Das flache rechteckige Gebäude ganz links ist die Mastaba el-Fara'un, und die Trümmer neben ihr stellen die Überreste der Pyramide Pepis II. dar. Beide liegen im Süden von Saqqara.

DIE DAME VOM SEE

Nach dem Papyrus Westcar (heute in Berlin), der erst während der Hyksos-Periode entstand, soll Snofru ein liebenswerter Pharao gewesen sein. Unter anderem erzählt er die Anekdote, wie der König eines Tages, zu Tode gelangweilt, durch den Palast irrte und schließlich den obersten Vorlesepriester Djadja-em-anch rufen ließ. Der weise Mann wußte Rat: Der König solle sich, so schlug er vor, von einigen der jüngeren Hofdamen (»all den Schönheiten, welche in den Kammern Eures Palastes wohnen«) auf den See rudern lassen.

Snofru fand diese Idee großartig und verbesserte sie noch, indem er befahl: »Man bringe mir zwanzig Fischernetze und gebe sie diesen Frauen, nachdem sie sich entkleidet haben ...« So geschah es denn auch, »und der Anblick ihres Ruderns stimmte das Herz Seiner Majestät heiter.« (Dies dürfte, die späteren Netzstrümpfe vorwegnehmend, das älteste Zeugnis einer Verbindung von Fischernetzen mit Erotik sein.)

Leider wurde der Ausflug jäh unterbrochen, als eine der Damen ihre Haarspange, ein Fischamulett aus Türkis, verlor und nicht mehr weiterrudern wollte. Der König bot an, ihr den Verlust zu ersetzen, aber sie wollte sich allein mit dem Original zufriedengeben. Wieder mußte Djadja-em-anch geholt werden und Abhilfe schaffen, diesmal in seiner Eigenschaft als Magier. Er gebot dem Wasser des Sees, sich zu teilen, und fand auf dem Grund das verlorene Schmuckstück in einer Tonscherbe. Damit war alles wieder gut, und die Ruderpartie konnte fortgesetzt werden.

Es gibt Belege, hauptsächlich den Palermo-Stein, daß Snofru Expeditionen jenseits der ägyptischen Grenzen ausschickte – in den Libanon, um Zedernstämme zu holen, die für Tempeltüren und große Schiffe benötigt wurden, und auf den Sinai, um Türkis zu fördern. Obwohl bereits Quellen aus der 1. Dynastie von Karawanen auf den Sinai sprechen, scheint Snofru dieser Region besonders verbunden gewesen zu sein und wurde dort einer weit jüngeren Inschrift im Wadi Maghara zufolge als Gott verehrt. Snofru begegnet uns dort auch auf zwei Reliefs aus seiner eigenen Zeit, auf denen er mit vollem Titel und als »Zerschmetterer der Barbaren« genannt wird; sie zeigen ihn in der bereits altbekannten Pose, wie er ebendies tut.

Snofru verlegte abermals den Königsfriedhof, aber nicht, wie man vielleicht erwarten könnte, zurück nach Memphis. Die neue Ruhestätte lag in Dahschur, 45 Kilometer nördlich von Meidum. Was ihn zu dieser Wahl bewogen hat, ist unbekannt, aber er ließ dort zwei Pyramiden für sich errichten, und mehrere Könige der späteren 12. Dynastie folgten seinem Beispiel.

Die beiden Snofru-Pyramiden

Seit langem streiten sich die Gelehrten, welche der beiden Snofru-Pyramiden in Dahschur zuerst entstand. Inzwischen ist man übereingekommen, die südliche – ihrer merkwürdigen Silhouette wegen auch Knick-, Stumpf- oder Rhomboidenpyramide genannt – für die ältere zu halten. Im Alten Reich wurde sie auf Snofru zurückgeführt, denn eine Inschrift aus der Zeit der 5. Dynastie bezeichnet einen Beamten als »Aufseher der Südpyramide des Snofru«. Es gibt verschiedene Erklärungen für ihre sonderbare Form. Der deutsche Ägyptologe Ludwig Borchardt (1863–1938) hat die ›Zuwachs‹-Theorie aufgestellt, wonach der König plötzlich starb und der Pyramidenwinkel von rund 54 Grad im unteren Bereich drastisch auf die etwa 43 Grad der höheren Stufen verringert werden mußte, um schneller fertig zu werden. Diese Reduktion nimmt dem Bauwerk allerdings nicht allzuviel von seinem

(*Oben*) Die solide Konstruktion der Knickpyramide und ihr abrupter Wechsel des Neigungswinkels werden an der Südostecke besonders deutlich.

(*Unten*) Kalksteinstele auf dem Areal von Snofrus Knickpyramide. Ein differenziertes Flachrelief zeigt den König sitzend und im *heb-sed*-Gewand, mit der Doppelkrone, den Dreschflegel in der erhobenen Rechten. Darüber und vor ihm stehen Name und Titel geschrieben, und die Gestalt des Horusfalken beherrscht die ganze Szene. Ägyptisches Museum, Kairo.

Volumen (und damit vom Arbeitsaufwand); obendrein wissen wir heute, daß es vor der Nordpyramide errichtet wurde. Kurt Mendelssohn hat einen Gegenvorschlag gemacht, wonach die Pyramide von Meidum und die südliche von Dahschur zu gleicher Zeit erbaut wurden, nicht erst nacheinander. Nach der Katastrophe von Meidum – wo möglicherweise infolge schwerer Regengüsse die Verschalung barst – änderte der Architekt von Dahschur umgehend den Winkel der halbfertigen Pyramide. Diese Theorie ist allerdings nur akzeptabel, wenn der Zusammenbruch während der Bauarbeiten erfolgte und nicht, worauf einiges hindeutet, erst später im Neuen Reich.

Die Knickpyramide ist unter den Bauwerken des Alten Reichs einzigartig, weil sie nicht nur den klassischen Eingang auf der Nordseite besitzt, sondern auch einen zweiten hoch oben in der Westfassade. Der Nordeingang liegt rund 12 Meter über dem Erdboden an der Mündung eines abschüssigen Korridors, der zu zwei hohen, vorkragenden Felsgewölben führt. Von der oberen dieser beiden Kammern gelangt man durch einen Schacht und einen Durchgang in eine weitere, ebenfalls kragförmige Kammer. Diese dritte Kammer mit ihrem ungewöhnlichen Zugang von der Westseite aus wurde erst 1946/47 entdeckt. Die Ausrichtung der Eingänge nach Norden bei allen Pyramiden des Alten Reiches hat religiöse Gründe und hängt mit dem Nordstern zusammen; warum in diesem einzigen Fall ein zweiter, westlicher Eingang angelegt wurde, ist ein Rätsel. Wie in Meidum und der Nordpyramide von Dahschur fand sich auch hier keine Spur eines Sarkophags in einer der Kammern.

Snofrus Name findet sich in roter Schrift an zwei Stellen der Knickpyramide; abgesichert wurde seine Verbindung mit dem Bauwerk durch die Entdeckung einer von ehemals zwei Königsstelen in einer kleineren Pyramide des Bezirks (vgl. Abbildung links). Der dieser Pyramide zugeordnete Taltempel wurde 1951/52 ausgegraben und muß einst herrlich gestaltete Reliefs besessen haben, die bedauerlicherweise schon in antiker Zeit stark beschädigt und nahezu zerstört wurden. In den Nischen gab es auch Standbilder des Königs, wohl die Vorläufer der Serie freistehender Skulpturen, die im Taltempel des Chafre (Chephren) in Gise gestanden haben.

Die nördliche oder ›Rote‹ Pyramide in Dahschur ist die erste ›echte‹ Pyramide (selbst wenn ihr Winkel mit nur 43° 36′ von der späteren Norm von 51° 52′ abweicht); ihren Beinamen hat sie vom farbigen Glanz ihrer Steinquader im Abendlicht. Über einen steilen Korridor, der mehrere Meter über dem Boden liegt, gelangt man von der Nordseite her zu drei aufeinanderfolgenden Kammern, die heute voller Trümmer und unzugänglich sind. Einiger Fassadensteine wegen, die seinen Namen tragen, hat man auch diese Pyramide Snofru zugeschrieben. Nicht weit von hier wurde außerdem zu Beginn unseres Jahrhunderts eine Inschrift gefunden, ein Dekret Pepis I., das den Priestern der »Zwei Pyramiden des Snofru« Steuerschulden erläßt. Vermutlich wurde der König hier in der Nordpyramide bestattet, denn seine Frau Hetep-heres hatte ihr ursprüngliches Grab ganz in der Nähe.

Angesichts seiner offensichtlichen Verfügungsgewalt über Rohstoffe und Arbeitskräfte, die ihm den Bau von zwei eigenen Pyramiden und die Vollendung einer dritten für seinen Vorgänger ermöglichten, muß Snofru das Königreich erheblich ausgebaut und gefestigt haben. So konnte er seinem Sohn Chufu (den Manetho Cheops nennt) ein mächtiges Erbe hinterlassen. Chufu übertraf die Errungenschaften seines Vaters noch und führte in der Hochebene von Gise den Pyramidenbau auf seinen absoluten Gipfelpunkt.

CHUFU

Die antiken Autoren, in deren Schriften Manethos Werke überliefert sind, waren sich einig darin, wer der dritte König der 4. Dynastie war: »Suphis, Erbauer der Großen Pyramide, von der Herodot sagt, Cheops habe sie geschaffen. Suphis wollte die Götter versuchen, bereute dies dann aber und schrieb die Heiligen Bücher, welche bei den Ägyptern hohe Verehrung genießen.« Den Namen ›Suphis‹ kennen wir besser in seiner griechischen Form Cheops oder der ägyptischen, Chufu. Es ist merkwürdig, daß er als Dritter seiner Dynastie hingestellt wurde; nirgends finden sich Belege für einen Pharao, der zwischen ihm und seinem Vater Snofru regiert haben könnte. Der Hinweis auf die ›Heiligen Bücher‹, die er geschrieben haben soll, ist reizvoll, doch scheint sich nichts von ihnen in der literarischen Überlieferung erhalten zu haben, obschon spätere Chronisten Chufu viel Übles nachsagten und ihn in scharfen Gegensatz zum Charakter seiner Nachfolger Chephren (Chafre) und Mykerinos (Menkaure) stellten.

Wie sein Vater hat Chufu wohl 23 oder 24 Jahre regiert, und auch er hat offenbar Feldzüge auf die Sinai-Halbinsel unternommen. Steininschriften im Wadi Maghara berichten von der Anwesenheit seiner Truppen in der Region, zweifellos mit der doppelten Aufgabe, die Beduinen in Schach zu halten und

(*Unten*) Die drei Pyramiden von Gise, aus südöstlicher Richtung gesehen. Sie wurden – von rechts nach links – für Chufu, Chafre und Menkaure erbaut. Die kleineren Pyramiden zur Linken gehören den Gemahlinnen Menkaures. Daß die Chafre-Pyramide in der Mitte die anderen überragt, ist eine optische Täuschung – sie ist ganz einfach auf einer kleinen Anhöhe erbaut.

DIE GROSSE PYRAMIDE: EIN PAAR ZAHLEN

Ursprüngliche Höhe: 146,60 Meter

Heutige Höhe: 137,50 Meter

Neigungswinkel: 51° 52'

Orientierung: Die vier Seiten sind mit minimalen Abweichungen nach den vier Hauptrichtungen der Windrose ausgerichtet.

Seitenlänge: Im Prinzip 230 Meter; der Unterschied zwischen der längsten und kürzesten Seite beträgt ganze 20,3 Zentimeter.

Grundfläche: rund 5,3 Hektar; man hat ausgerechnet, daß der Petersdom, die Londoner St.-Pauls-Kathedrale und Westminster Abbey sowie die Dome von Mailand und Florenz alle zusammen darauf Platz fänden. Im Pyramidenkern erhebt sich ein riesiger Felsblock von unbekanntem Ausmaß.

Zahl der beim Bau verwendeten Steinblöcke: Die durchschnittliche Angabe liegt bei 2 300 000 einzelnen Quadern mit einem Durchschnittsgewicht von 2,5 Tonnen (maximal 15 Tonnen). Während seine Offiziere im Juli 1798 die Spitze erklommen, soll Napoleon im Schatten gesessen und ausgerechnet haben, daß die Steine der drei Pyramiden von Gise ausreichen würden, ganz Frankreich mit einer 3,70 Meter hohen Mauer von 30 Zentimeter Dicke zu umgeben. Man sagt, der Mathematiker Gaspard Monge, der die französischen Wissenschaftler nach Ägypten begleitete, habe Napoleons Rechnung geprüft und für richtig befunden.

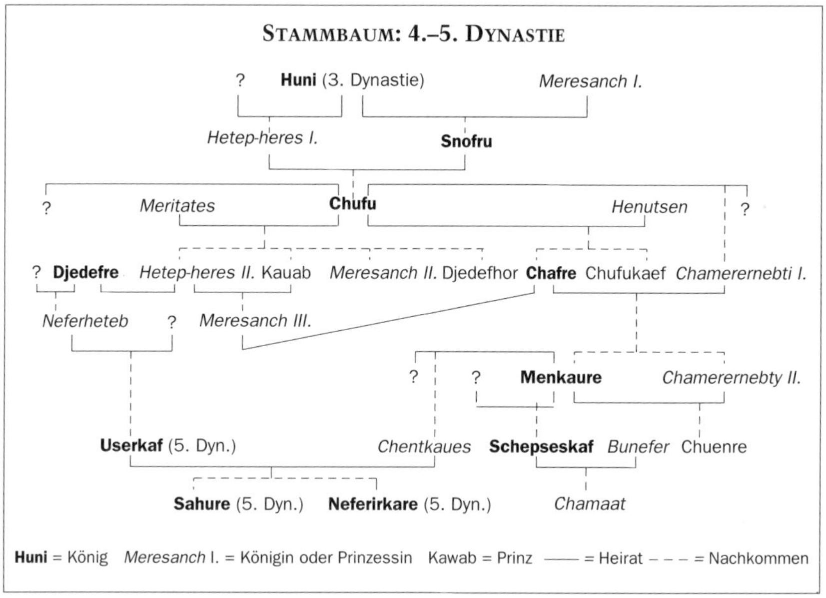

die dortigen Türkisvorkommen auszubeuten. Eine mittlerweile stark verblaßte Inschrift auf einem Findling der Insel Elephantine bei Aswan deutet darauf hin, daß der König sein Augenmerk auch dem fernen Süden des Landes widmete – dort ließ er den geschätzten Aswan-Granit brechen.

Die Große Pyramide des Chufu

Chufus wichtigste Leistung war der Bau eines Grabmals, das später als das größte und einzig erhaltene der Sieben Weltwunder Berühmtheit erlangen sollte: die Große Pyramide auf dem Kalkplateau von Gise, besser bekannt als ›Cheops-Pyramide‹. Ursprünglich war sie 146,60 Meter hoch (heute nur noch 137,50, nachdem sie ihre etwa 9 Meter hohe Spitze verlor) und galt bis ins 19. Jahrhundert als das weltweit größte Gebäude von Menschenhand – der stolze, über viereinhalb Jahrtausende gehaltene Rekord eines Architekten der ägyptischen Antike.

(*Rechts*) Süd- und Ostseite der Großen Pyramide des Chufu in Gise. Vor der Ostseite sind die leeren Bootsgruben zu erkennen; das bootsförmige Gebäude vor der Südseite beherbergt Chufus Totenschiff, das dort 1954 in einer versiegelten Grube gefunden wurde.

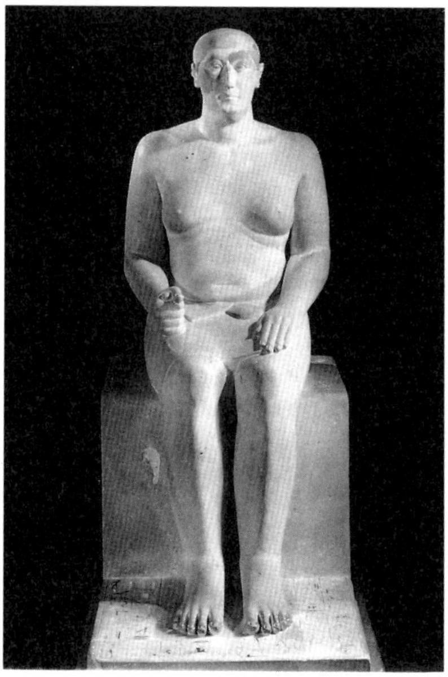

Statue des Hemon, Chufus Baumeister. Die Augen wurden von Grabräubern herausgeschlagen und wieder restauriert. Roemer- und Pelizaeus-Museum, Hildesheim.

Weshalb Chufu sich vom Begräbnisplatz seines Vaters in Dahschur und dem seiner Vorgänger in Saqqara abwandte, ist nicht bekannt. Jedenfalls entschied er sich dagegen, als er einen Streifen Land auf dem Plateau von Gise im Südwesten des heutigen Kairo wählte. Seine Bautätigkeit ist gewiß die früheste in dieser Gegend, und es mag verwundern, daß er für seine Pyramide nicht den höchsten Punkt des Plateaus ausgesucht hat. Diesen wählte erst der übernächste Pharaoh Chafre (Chephren) und erzeugte damit die optische Täuschung, seine Pyramide überrage die des Chufu.

Chufu konzentrierte sich mit voller Kraft auf ein einziges Monument, statt mehrere Pyramiden zu errichten. Wie ihre Vorläufer hat auch die Große Pyramide im Innern mehrere Umbauten erfahren, doch Ausmaße und Gestalt scheinen von vornherein festgestanden zu haben. Die Arbeiten leitete vermutlich Chufus Vetter Hemon, dessen kolossale Sitzstatue in seiner *mastaba* in der Nähe seines Meisterwerks gefunden wurde.

Bei aller Pracht und Herrlichkeit gibt uns die Große Pyramide noch immer Rätsel auf. Herodot zitiert aus dem Munde der Priester ein paar apokryphe Zahlen: Zehn Jahre sollen der Bau des Dammwegs vom Taltempel zum Temenosbezirk, zwanzig der Pyramidenbau selbst gedauert haben, und die Gesamtkosten beliefen sich (laut einer Inschrift, die man ihm zeigte) auf etwa 1600 Silbertalente – nach derzeitigem Silberpreis wären das rund 7,5 Millionen Dollar.

Es ist noch immer weitgehend ungeklärt, wie der Bau technisch bewerkstelligt wurde. Die Forscher schwanken zwischen einer Transportrampe, die sich bis weit in die Wüste hinaus erstreckte und kontinuierlich verlängert bzw. aufgestockt wurde, je höher die Pyramide wuchs, und einem umlaufenden, an jeder Ecke ansteigenden Rampensystem. Keines dieser Konzepte vermag so recht zu überzeugen, und jedes wäre auf die eine oder andere Weise ziemlich unpraktisch. Herodot behauptet, der Bau sei aus einer Reihe gestufter Terrassen entstanden, wobei die Steinblöcke auf allen vier Seiten zugleich mit »Vorrichtungen aus kurzen Baumstämmen« emporgehievt wurden. Der geniale Baumeister Peter Hodges hat diesen Ansatz mit einigem Erfolg nachzuahmen versucht, indem er kurze, metallgefaßte Balken verwendete, und diese Hypothese hat den anderen gewiß einiges voraus.

Andere Spekulationen, die sich im Laufe der Zeit um die Große Pyramide gerankt haben, dürfen wir dagegen getrost ins Reich der Phantasie verweisen. Dazu gehört etwa die Mitte des vergangenen Jahrhunderts von einem schottischen Astronomen erfundene ›Pyramidologie‹, die mit Hilfe aberwitziger Rechenkunststücke aus den Abmessungen des Monuments praktisch alles und jedes, vom genauen Wert der Zahl Pi bis zum künftigen Schicksal der Menschheit, ableiten will. Und auch die von heutigen Esoterik-Anhängern propagierten ›Pyramidenkräfte‹ (eine Art Universalheilmittel, das angeblich nicht nur Ruhe und inneren Frieden schenkt, sondern auch rohes Fleisch konserviert und stumpfe Rasierklingen wieder scharf macht) sind wohl eher eine Sache des (Aber-)Glaubens als der Physik.

Das Innere der Pyramide zeigt, daß die Pläne während der Arbeiten zumindest zweimal geändert wurden. Ursprünglich sollte die Grabkammer tief unter der Oberfläche des Plateaus liegen; dies gab man dann zugunsten einer kleinen inneren Kammer mitten im Pyramidenblock auf, die rund 15 Meter über dem Erdboden liegt, heute irrtümlich als Königinkammer bezeichnet wird und unvollendet blieb. Von der Königinkammer führt südlich ein ›Luft-

(*Oben*) Chufus Sarkophag, aus einem einzigen Granitblock gemeißelt, steht noch immer an der Westwand seiner Grabkammer in der Großen Pyramide.

(*Unten*) Blick hinauf zur Großen Galerie der Chufu-Pyramide. Sie erreicht die Höhe von 8,50 Metern; die nur leicht vorspringenden Steinblöcke formen einen Krag, der oben von horizontalen Platten abgedeckt ist.

schacht‹ ab, der 1993 durch einen kleinen ferngesteuerten Kameraroboter erforscht wurde. Dabei kam eine kleine, mit Metallriegeln gesicherte Tür zum Vorschein. Sie ist unzugänglich, da der Schacht nicht breiter als etwa 20 mal 20 Zentimeter und die Türöffnung viel zu klein ist. Auf künftige Forschungsergebnisse darf man gespannt sein. Die letzte Änderung des Plans erfolgte beim Bau der prächtigen Großen Galerie (8,50 Meter hoch und von einem kragförmigen Gewölbe überdacht). Sie geht in einen horizontalen Gang über, der zur Königskammer im Zentrum der Pyramide führt. Auf der Westseite dieser Kammer steht ein großer Sarkophag, aus einem einzigen Aswan-Granitblock gemeißelt. Dieser Sarkophag muß eingelassen worden sein, bevor die Kammer mit neun flachen Granittafeln gedeckt wurde (jede hat ein Durchschnittsgewicht von nahezu 45 Tonnen!), denn für den Transport durch den aufsteigenden Gang ist er ein paar Zentimeter zu breit – ein frühes Beispiel für ›Einbaumöbel‹.

Außen trug die Pyramide eine Verschalung aus blendendweißem Tula-Kalkstein, der – wie Herodot zutreffend berichtet – von der Spitze abwärts verlegt wurde. Später wurde diese Fassade weitgehend abgetragen, um aus den Steinen das mittelalterliche Kairo zu erbauen. Von dem riesigen Totentempel aus Kalkstein (52 x 40 m), der vor der Ostseite der Pyramide stand, fehlt außer dem schwarzen Basaltfundament jede Spur. Der Taltempel am Ende des Dammwegs ist unter einem Araberdorf verschwunden; Teile davon wurden bei der Neuverlegung der Kanalisation im Jahr 1991 entdeckt.

Rund um die Große Pyramide lagen, vorwiegend auf der Westseite, die Gräber der Hofleute, die ihrem König im Tode wie im Leben dienen wollten. Auf der Ostseite finden sich die Nebenpyramiden der Königsfrauen. Herodot überliefert die Legende, wonach die Zentralpyramide mit 46 auf 46 Metern Grundfläche der Eigeninitiative einer der Töchter des Chufu zu verdanken sei, die er ins Bordell gesteckt habe, weil er Geld für seine Große Pyramide brauchte. Die Prinzessin verlangte dann von ihren Kunden außer dem Lohn jeweils einen Steinblock, und mit den angesammelten Steinen errichtete sie ihre eigene Pyramide. Daß es für diese Geschichte keinerlei Belege gibt, versteht sich von selbst, aber tatsächlich scheint eine Halbschwester Chufus hier bestattet zu sein. Die erste Pyramide gehörte vermutlich seiner Schwester-Gemahlin, die dritte einer anderen Halbschwester, der Königin Henutsen.

Zwei für Chufu wichtige Funde wurden in der Nachbarschaft seiner Pyramide gemacht: Erstens entdeckte man 1925 auf der Ostseite nahe des Damms das Grab seiner Mutter, der Königin Hetep-heres (vgl. nebenstehenden Kasten); zweitens wurde 1954 auf der Südseite ein vollkommen intaktes Holzschiff gefunden.

Chufus Königsschiff

Während der Reinigung des Geländes knapp südlich der Großen Pyramide im Mai 1954 stieß Kamal el-Mallach auf eine Reihe von 41 Steinblöcken, die mit ihrem Durchschnittsgewicht von je 18 Tonnen eine 30,80 Meter lange Grube im Felsen hermetisch verschlossen. In deren Innerem lagen die Überreste eines prachtvollen, 43 Meter messenden Schiffes aus Zedernholz. Da es zu lang für die Grube war, hatte man es sorgfältig in 650 Teile zerlegt, die aus insgesamt 1224 Komponenten bestanden. Nach vielen Jahren geduldiger Kleinarbeit des Chefkonservators Hag Ahmed Youssef Moustafa (der auch

Das rekonstruierte Zedernholzschiff des Chufu ist verblüffend gut erhalten. Bootsmuseum, Gise.

die Möbel aus dem Hetep-heres-Grab restauriert hatte) wurde das 4500 Jahre alte Schiff im März 1982 in einem eigens rund um die Grube errichteten Museum der Öffentlichkeit zugänglich gemacht. Nicht alle Probleme bei der Konservierung des Schiffs konnten bislang gelöst werden; bis es soweit ist, will die ägyptische Antikenverwaltung die Öffnung einer zweiten, benachbarten Grube hintanstellen. Kürzlich haben Untersuchungen ergeben, daß auch hier ein freilich weniger gut erhaltenes Schiff liegt.

Eine seltsame Fügung des Schicksals will es, daß trotz all der Pracht seiner Pyramide, seines Totenschiffs und der Kostbarkeit des Mobiliars im Grab seiner Mutter von Chufu selbst nur ein winziges Porträt geblieben ist, das Flinders Petrie 1903 im alten Osiristempel von Abydos gefunden hat. In merkwürdiger Umkehrung repräsentiert die geringste Statue den Erbauer des größten und sicherlich bekanntesten Monuments von allen – jener Pyramide, die im Lauf der Jahrhunderte praktisch zum Symbol der gesamten altägyptischen Kultur wurde –, während einige der schönsten Figurengruppen aus dem Alten Reich ausgerechnet den Erbauer der kleinsten Pyramide im Bezirk von Gise darstellen: Menkaure, den fünften Herrscher der 4. Dynastie.

Das Grab der Königin Hetep-heres

Zufällig fand ein Fotograf bei Aufnahmearbeiten in Gise 1925 den versiegelten Eingang zu einem 30,20 Meter tiefen Schacht. An seinem Grund lag eine kleine Totenkammer, die – den schweren vorgelagerten Steinblöcken nach zu schließen – seit ihrer Versiegelung während des Alten Reichs unberührt geblieben war. Sie enthielt einen großen Alabaster-Sarkophag mit einem Kanopenschrein und einige Möbel, darunter ein zerlegter Baldachinrahmen, zwei Sessel, ein Bett (vgl. oben rechts die restaurierte Fassung, Ägyptisches Museum, Kairo) sowie eine Sänfte. Das Holz dieser Funde hatte zwar im Lauf der Jahrtausende gelitten, indessen konnten sie durch sorgfältige Spurensicherung vollständig restauriert werden. Es fanden sich auch verschiedene Gefäße aus Gold, Kupfer und Alabaster sowie einige persönliche Gegenstände, darunter ein goldenes Maniküre-Set und zwanzig Silberarmbänder mit akkurat eingearbeitetem Libellenmuster. Inschriften in der Goldverkleidung der Holzmöbel identifizierten Hetepheres, Gemahlin des Snofru und Chufus Mutter, als Eigentümerin des Grabmals.

Der Sarkophag erwies sich bei der Öffnung als leer. Einst muß die Königin jedoch darin gelegen haben, denn ihr Kanopenschrein enthielt in vier Fächern ihre einbalsamierten Eingeweide, und dies ist der früheste Beleg für deren gesonderte Bestattung.

Dieser merkwürdige Befund läßt sich vielleicht so erklären: Zunächst wurde die Königin in der Nähe ihres Gemahls in Snofrus Nordpyramide in Dahschur bestattet, die aber von Grabräubern geplündert wurde. Sie konnten ihre Beute nicht vollständig fortschaffen, zerstörten aber offenbar die Mumie der Königin, bevor die Wachen einschreiten und das Schlimmste verhindern konnten. Was von dem Grab und seinem Inhalt noch übrig war, wurde sichergestellt und nach Gise geschafft, in die Nähe der besser bewachten Grabanlage ihres Sohnes. (Chufu hat wahrscheinlich nie erfahren, daß die Leiche seiner Mutter nicht mehr im Sarkophag war.)

Eines Tages wird vielleicht das ursprüngliche Grab der Hetep-heres in Dahschur aufgefunden, wo das Gelände noch kaum aufgenommen und untersucht wurde.

4. Dynastie
2613–2498

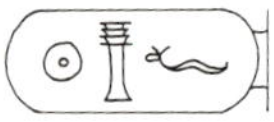

Djedefre
2566–2558

Chafre (Chephren)
2558–2532

(*Oben*) Rotes Quarzithaupt des Djedefre mit dem *nemes*-Kopfschmuck, gefunden in Abu Roasch. Louvre, Paris.

DJEDEFRE	
Geburtsname Djedef-re (»Beständig wie Re«) *Auch bekannt als* Djedefra, Redjedef, Radjedef *Vater* Chufu *Mutter* unbekannt	*Gattinnen* unbekannte Königin, Hetep-heres II. *Sohn* Setka *Tochter* Neferhetepes *Grabstätte* Pyramide, Abu Roasch

CHAFRE	
Geburtsname Cha-f-re (»Erscheint wie Re«) *Auch bekannt als* Chafra, Rachaef, Chephren (griechisch), Suphis II. (Manetho) *Vater* Chufu *Mutter* Henutsen	*Gattinnen* Meresanch III., Chamerernebti I. *Söhne* Nekure, Menkaure, etc. *Tochter* Chamerernebti II. *Grabstätte* Zweite Pyramide, Gise

Djedefre

Chufus Nachfolger, seinem Sohn Djedefre, war nur ein kurzes Leben beschieden. Er war es vermutlich, der die Bestattung seines Vaters in Gise vornahm und vor allem für die Ausstattung seiner Totenschiffe verantwortlich war. Wir wissen nicht viel mehr von Djedefre, als daß er der erste König war, der den Namen »Sohn des Re« angenommen hat. Aus unbekannten Gründen hat er für sein eigenes Grabmal die rund 8 Kilometer nördlich von Gise gelegene strategische Höhe von Abu Roasch gewählt und ist zu einem früheren Baustil zurückgekehrt. Statt seine Pyramide zu erbauen und anschließend die Totenkammer ins Fundament zu meißeln, folgte er der Praxis der 3. Dynastie und ließ einen riesigen offenen Graben ausheben, der in einen vertikalen Schacht mündet.

Das Gelände ist mit den Jahrhunderten so abgetragen worden, daß es nicht leichtfällt, aus Djedefres Anlage klug zu werden. Es gab einen Dammweg, der jedoch von Nord nach Süd verlief statt, wie üblich, von Ost nach West. Ein Taltempel wurde nicht gefunden, und die wenigen Spuren deuten allenfalls den rohen Grundriß eines Totentempels aus Lehmziegeln an, der auf dem üblichen Platz vor der Ostseite der Pyramide stand. Im Süden könnte eine tiefe Grube darauf hinweisen, daß der Tote mit einem Schiff ausgestattet werden sollte. Deswegen – und aufgrund der Tatsache, daß von der Pyramide

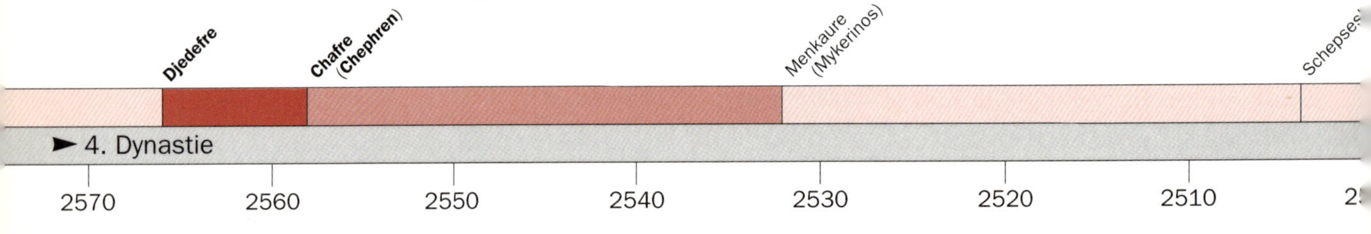

Schwarzrotgefleckte Granitstatue des in Schreiberpose sitzenden Setka, Sohn des Djedefre, aus Abu Roasch. Louvre, Paris.

selbst nur karge Überreste vorhanden sind – dürfen wir vermuten, daß am Ende der kurzen Amtszeit mit Planung und Bau der Pyramide und ihrer Nebengebäude gerade erst begonnen worden war.

Französische Grabungen in Abu Roasch haben 1907 einen faszinierenden Porträtkopf aus dunklem Rosenquarzit zutage gefördert, der Djedefre mit dem *nemes*-Kopfschmuck zeigt; ferner eine Statuette seines Sohnes Setka in Gestalt eines Schreibers im traditionellen Lotussitz sowie die untere Hälfte einer Doppelskulptur des Königs mit seiner Gattin. Qualität und Formschönheit der drei Funde, die heute im Pariser Louvre aufbewahrt werden, zeigen, wie fest die künstlerische Tradition der 4. Dynastie unter seiner Regierung etabliert war.

Drei Kilometer südlich von Gise, in Saujet el-Arjan, liegt ein nicht identifiziertes Monument, das auf einem ähnlichen Entwurf basiert wie Djedefres Pyramide und mit dieser den offenen Graben gemeinsam hat. Auf dem Grund eines Schachts, tief im Boden eingelassen, fand sich ein unbeschrifteter ovaler Granitsarkophag. Zwei Namen wurden in der Umgebung gefunden: Einer, in roter Farbe auf einigen Steinblöcken, könnte als »Nebka« gelesen werden, der andere, in eine Schieferplatte geritzt, lautet Djedefre. Beides sind keine stichhaltigen Belege für eine Zuschreibung des Grabs, aber die Konstruktion könnte es zeitlich eher an Djedefre heranrücken. Vielleicht gehörte es einem unbekannten König der 4. Dynastie, aber das Problem ist, den Betreffenden zu identifizieren und herauszufinden, an welche Stelle der gesicherten Herrscherfolge er gehört.

CHAFRE

Es war ein weiterer Sohn Chufus, der als Chafre (Chephren) bekannte Erbauer der Zweiten Pyramide und des Großen Sphinx in Gise, der Djedefre um 2558 v. Chr. auf den Thron folgte. Manetho setzt Chafre mit Suphis II. gleich und gewährt ihm eine Amtszeit von 66 Jahren, was allerdings kaum den Tatsachen entsprechen dürfte. Dennoch regierte Chafre recht lang – der Königskanon von Turin spricht von 24 Jahren (eine Angabe, die durch eine Inschrift im nahegelegenen *mastaba*-Grab des Prinzen Nekure gestützt wird), andere Quellen von 26. Auf jeden Fall reichte seine Regierungszeit hin, in Gise einen großartigen Grabkomplex zu hinterlassen.

Unter Chafre erlebte das Land eine Blüte, wie sich an den *mastabas* seiner Höflinge zeigt. In demjenigen, das Prinz Nekure, einem »Königssohn«, gehörte, findet sich ein in die Wand gemeißeltes Testament, das einzige seiner Art aus dieser Epoche. Darin vermacht der Prinz seinen Erben vierzehn Städte, von denen mindestens elf (drei Namen sind unleserlich) nach seinem Vater Chafre benannt sind. Nekure teilt die Hinterlassenschaft unter fünf Erben auf, aber zwölf seiner Städte waren ausdrücklich dazu bestimmt, für den Totenkult im Grab des Prinzen aufzukommen.

Die Zweite Pyramide von Gise

Die Ausstattung von Chafres Grabanlage – Taltempel, Dammweg, Totentempel und Pyramide – sollte für die übrigen Gräber des Alten Reichs stilbildend werden. Der Taltempel am Rand des fruchtbaren Ackerlandes ist ein Bauwerk von beeindruckender Schmucklosigkeit, der größte Steinbau, der aus dem Alten Reich außer den Pyramiden erhalten ist. Errichtet aus Kalk-

Der Große Sphinx hat stark unter Sandstürmen und Erosion gelitten. Seine Nase fiel nicht, wie immer wieder behauptet wird, 1798 den Schießübungen französischer Truppen zum Opfer; Nase und königlicher Kultbart gingen viel früher verloren. Religiöse Fanatiker demolierten im Jahr 1380 das Antlitz und Teile des Barts; Giovanni Battista Caviglia fand 1818 ein meterhohes Sandstein-Bruchstück mit gekreuztem Rippmuster zwischen den Klauen des Sphinx, das heute im British Museum aufbewahrt wird.

stein der Region, wurden seine Wände geradezu furniert mit großen Platten aus Rosengranit, den die Steinbrüche von Aswan 965 Kilometer weiter südlich lieferten. Die Pfeiler im Innern sind Monolithe aus dem gleichen Material. Zwar ist der Tempel nicht mehr überdacht, aber man nimmt an, daß die Lichtschächte nicht weniger als etwa 23 Diorit-, Schiefer- und Alabasterskulpturen Helligkeit spendeten, die der einen ähnelten, die Auguste Mariette 1860 in einer Grube gleich neben dem Eingang versteckt fand. Diese überlebensgroße Statue des Chafre aus poliertem Diorit, mit dem schützenden Horusfalken im Hintergrund seines *nemes*-Kopfschmucks, ist ein herausragendes Meisterwerk ägyptischer Plastik.

Der Taltempel spielte eine wichtige Rolle in den Bestattungszeremonien für den verstorbenen König. Tatsächlich scheinen manche Handlungen – besonders das Reinigungsritual – auf dem Dach unter einem aufgespannten Baldachin stattgefunden zu haben. Eine Passage führt aus dem Innern des Taltempels steil aufwärts zum Damm, der seinerseits in den oberhalb gelegenen Totentempel auf der Ostseite der Pyramide mündet. Von diesem Tempel ist nicht viel geblieben.

Chafres Pyramide steht auf etwas höherem Baugrund als die seines Vaters und erweckte die Illusion, sie sei größer als die Große Pyramide des Chufu. In Wahrheit war sie mit 136,40 Metern ursprünglich 10,20 Meter niedriger

(Rechts) Das Gesicht der imposanten Dioritstatue des Chafre aus seinem Taltempel gibt einen guten Eindruck von der gottähnlichen Selbstgewißheit der Pharaonen. Ägyptisches Museum, Kairo.

(Unten) Giovanni Belzoni veröffentlichte 1820 eine Farblithographie, die ihn beim Betreten der Grabkammer der Chafre-Pyramide am 2. März 1818 zeigt. Nähere Einzelheiten und das Datum seiner Entdeckung schrieb er mit Ruß hoch oben an die Südwand der Kammer.

als ihre ältere Nachbarin. Trotz der Tatsache, daß die Große Pyramide ihre Spitze verloren hat, ist die Zweite Pyramide noch immer rund einen Meter kleiner. Allerdings bewahrte sie unterhalb der Spitze einen breiten Streifen ihrer ursprünglichen Verkleidung aus Tura-Kalkstein.

In antiker Zeit hielt man Chafres Pyramide allgemein für einen unzugänglichen massiven Steinklotz ohne Innenräume. Daß es in der Nordwand des Bauwerks keinen den Konventionen des Alten Reichs entsprechenden Eingang gab, täuschte darüber hinweg, daß sie auf derselben Seite deren zwei hatte: einen an der Unterkante, im Steinboden eingelassen, den anderen in der äußeren Verschalung, rund 13 Meter über der Grundfläche und ein wenig weiter westlich von der Mitte. Der berühmte italienische Archäologe Giovanni Belzoni merkte als erster, daß sich an der Nordseite die Trümmer höher stapelten, als der Eingang auf der Nordseite der Großen Pyramide liegt.

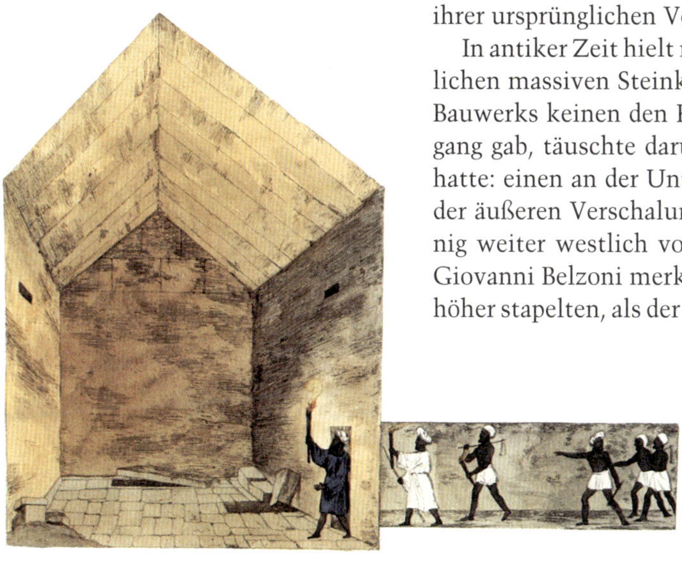

(*Links*) Lebensgroße Dioritstatue des Chafre, gefunden in seinem Taltempel. Die Kraft und Selbstbeherrschung, mit der er als göttlicher Pharao regierte, und die schützende und bindende Macht des Horus über den König wurden von einem namenlosen altägyptischen Meister brillant nachempfunden. Ägyptisches Museum, Kairo.

(*Unten*) Detail von Chafres Füßen, daneben die Kartusche mit seinem Namen. Ägyptisches Museum, Kairo.

Nachdem er das *firman* (Genehmigung) erhalten hatte, räumte er die Trümmer weg und entdeckte am 2. März 1818 den abschüssigen oberen Eingang zur Pyramide.

Die von beiden Zugängen hinunterführenden Gänge treffen sich und münden schließlich in der Grabkammer, die fast genau in der Mitte des Scheitelpunkts in Bodenhöhe in den Stein gehauen wurde. Das Gewölbe der Kammer besteht aus schweren Kalksteinblöcken, die mit rund 52 Grad einen Giebel im gleichen Winkel bilden wie die äußere Verschalung der Pyramide. Belzoni entdeckte zu seiner Enttäuschung, daß ihm mittelalterliche Grabräuber zuvorgekommen waren und nichts in der Totenkammer gelassen hatten als einen in den Boden eingelassenen schlichten Sarkophag aus poliertem Rosengranit, der nur ein paar Tierknochen enthielt. Belzoni schrieb mit Ruß seinen Namen und das Datum seiner Graböffnung an die Südwand der Grabkammer und hinterließ die gleiche Botschaft auch auf dem Granitblock über dem von ihm entdeckten Eingang. Erst einige Jahre später wurde auch der untere Korridor bis zum Eingang vor der Pyramide freigelegt.

Der Große Sphinx

Der Sphinx (in der Ägyptologie männlich, im Gegensatz zur griechischen Sphinx der Ödipus-Sage, mit der er gemeinhin verwechselt wird) ist ein integraler Bestandteil von Chafres Grabanlage und wurde offenbar aus einem

(*Rechts*) Querschnitte der wichtigsten Pyramiden der 3. und 4. Dynastien im maßstäblichen Vergleich.

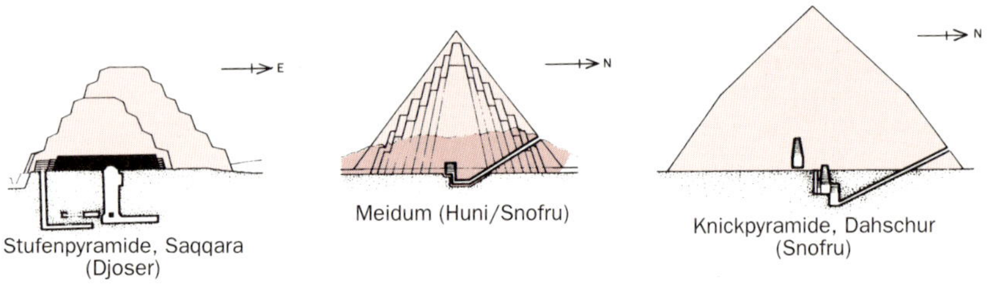

(*Oben*) Die vollendete Virtuosität der alten Ägypter in der Steinbearbeitung zeigt sich bei der Innenkonstruktion von Chafres Taltempel. Die großen Granitblöcke mit ihren raffinierten, nahezu zapfenähnlichen Verfugungen sind nicht selten über Eck miteinander verbunden, statt flach aneinanderzustoßen.

(*Rechts*) Plan der Pyramidenanlage auf dem Gise-Plateau.

der Kalksteinfelsen gemeißelt, die in den Steinbrüchen aus der Umgebung der Großen Pyramide des Chufu liegenblieben. Es handelt sich um einen kauernden, menschenköpfigen Löwen, der Re-Harachte darstellen soll, den Sonnengott beim morgendlichen Aufgang im Osten. Der Sphinx war seit jeher Zielscheibe der merkwürdigsten Spekulationen. In neuerer Zeit kursieren widersinnige Theorien, wonach er viele tausend Jahre älter sein soll als die Pyramiden, aber für derartige Spinnereien gibt es nicht den geringsten Anhaltspunkt. Sein Antlitz soll Chafres Züge tragen und wäre, wenn dies zutrifft, das älteste Monumentalporträt eines Königs.

Der Sphinx ist etwa 20 Meter hoch und 73 Meter lang. In den letzten viereinhalb Jahrtausenden war er die meiste Zeit über bis zum Hals im Sand begraben; erst im Lauf des vorigen Jahrhunderts wurde er endgültig freigeschaufelt. Eine große Stele vor seiner Brust besagt, daß schon der junge Prinz Thutmosis (der spätere Thutmosis IV.) ihn im Jahre 1419 v. Chr. vom angewehten Sand befreit habe. In jüngster Zeit und ohne die schützende Sandhülle schreitet sein Verfall zügig fort, besonders durch steigendes Grundwasser, und im Februar 1988 fiel ein großer, 30 Kilogramm schwerer Steinbrocken von seiner rechten Schulter ab. Er wurde wieder eingesetzt, und man nahm die Gelegenheit wahr, ein großangelegtes Untersuchungs- und Restaurierungsprogramm ins Leben zu rufen.

Die Nekropolis von Gise wurde von Chafres Sohn Menkaure (Mykerinos) vollendet, der gegen 2532 v. Chr. auf den Thron kam.

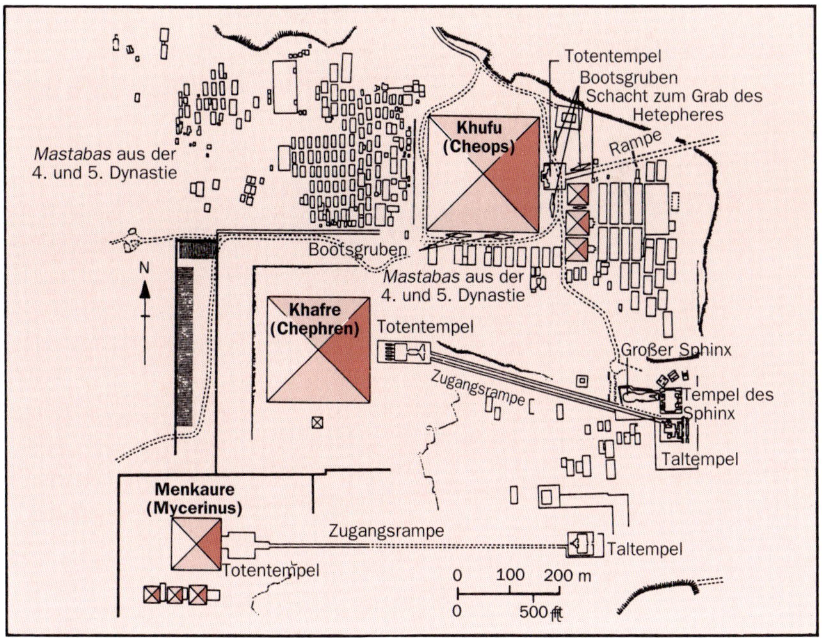

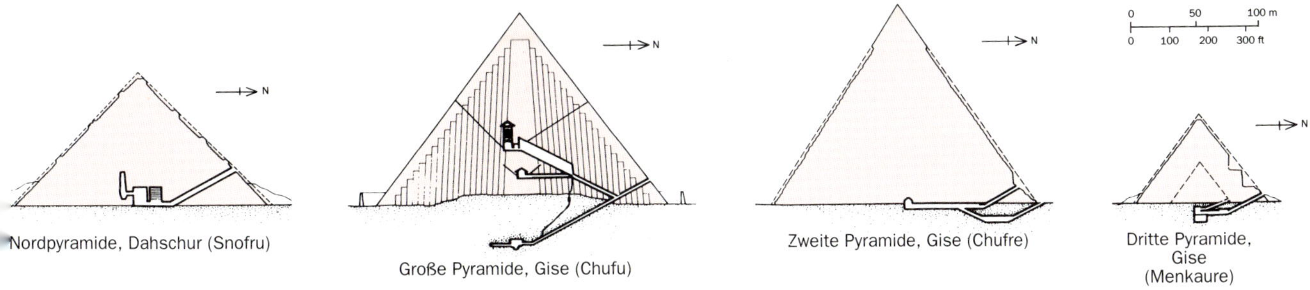

4. Dynastie
2613–2498

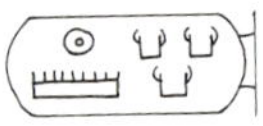

Menkaure (Mykerinos)

2532–2504

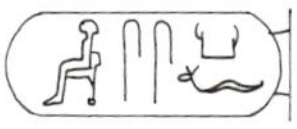

Schepseskaf

2504–2500

(*Rechts*) Porträt des Menkaure, Detail einer Dreiergruppe aus Schiefer. Museum of Fine Arts, Boston.

MENKAURE	
Geburtsname Men-kau-re (»Ewig wie die Seelen des Re«) *Auch bekannt als* Menkaura, Mykerinos (griechisch), Mencheres (Manetho) *Vater* Chafre	*Mutter* Chamerernebti I. *Gattinnen* 2 unbekannte Königinnen, Chamerernebti II. *Söhne* Chuenre *Tochter* Chentkaues *Grabstätte* Dritte Pyramide, Gise

SCHEPSESKAF	
Geburtsname Schepses-ka-f (»Von edler Seele«) *Vater* Menkaure *Mutter* unbekannt *Gattin*	Bunefer *Tochter* Chamaat *Grabstätten* Pyramide, Süd-Saqqara, Dritte Pyramide, Gise

MENKAURE

Menkaure (auch als Mykerinos bekannt) folgte seinem Vater um 2532 v. Chr. auf den Thron. Der Legende nach provozierte Menkaures gütige Regierung die Götter. Diese hatten eine 150jährige Leidenszeit über Ägypten verhängt, die unter den Königen Chufu und Chafre, die während des Baus ihrer Pyramiden mit ausgesprochen harter Hand regiert haben sollen, wohl auch eingetreten war. Menkaure hatte sich dagegen weit milder gezeigt (was sich wohl auch in seinen Porträts niederschlug), die Tempel wiedereröffnet, drückende Maßnahmen seiner Vorgänger zurückgenommen und sich damit dem göttlichen Ratschluß widersetzt. Durch das Orakel von Buto (der alten Hauptstadt im Delta mit der Schutzpatronin Wadjet, die als Heilige Kobra oder *uraeus* über den Pharao wachte) billigten die Götter Menkaure daher nur eine Herrschaft von sechs Jahren zu, der sich eine neue Zeit der Unterdrückung anschließen sollte. Menkaure hielt dies für eine unbillige Härte und nahm sich vor, den Spruch zu umgehen. Wenn der Abend dämmerte, befahl er, Kerzen zu entzünden, und blieb Tag und Nacht wach, wodurch er seine Regierungszeit theoretisch von sechs auf zwölf Jahre ausdehnte. Die Götter ließen jedoch nicht mit sich spaßen: Wie die Legende sagt, starb Menkaure nach den festgelegten sechs Kalenderjahren – ob an totaler Erschöpfung, ist allerdings nicht näher überliefert.

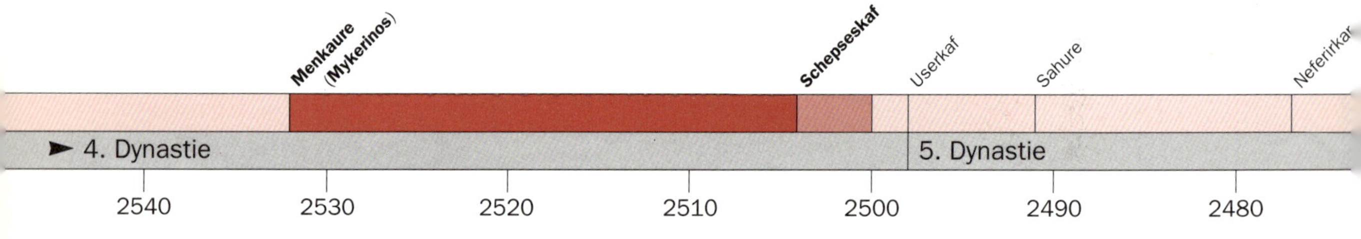

(*Oben*) Die Nord- und Ostseiten der Dritten Pyramide von Gise, erbaut von Menkaure, von der Südostecke der Chafre-Pyramide aus gesehen.

(*Unten*) Ein alter Kupferstich zeigt den mit Palastfassaden-Ornamenten verzierten Sarkophag, der in der Grabkammer von Menkaures Pyramide entdeckt wurde. Vermutlich handelte es sich dabei um eine Restaurierungsarbeit aus der Saïtenzeit (6. Jh. v. Chr.); auf dem Transport nach England versank er später im Meer.

Manetho berichtet dagegen, Menkaure habe 63 Jahre regiert. Heute nimmt man an, daß es nur 28 waren – was immerhin lange genug wäre, um ein weit größeres Monument als die kleine Pyramide am Südrand des Plateaus von Gise zu bauen. Mit ihren ursprünglichen 70 Metern Höhe – mittlerweile nur noch knapp 62 – ist die sogenannte Dritte Pyramide weniger als halb so groß wie Chufus Große Pyramide. Diese Selbstbeschränkung wurde unterschiedlich kommentiert. Unter zahlreichen Erklärungsversuchen ist die wahrscheinlichste, daß innenpolitische Probleme einen Ausbau verhinderten – möglicherweise weil die gigantischen Bauprojekte von Menkaures Vater und Großvater ein derartiges Unmaß an Arbeitskräften und Ressourcen verschlungen hatten.

Die Dritte Pyramide von Gise

Obwohl die Dritte Gise-Pyramide von den klassischen Autoren übereinstimmend Menkaure zugeschrieben wird, konnte dies erst Anfang des 19. Jahrhunderts verifiziert werden. 1838/39 entzifferte Colonel Howard Vyse den Königsnamen in rotem Ocker an der Decke einer der drei für die Königsfrauen bestimmten Nebengräber der Anlage.

Bei dieser Pyramide bestand der untere, überwiegend erhaltene Teil der Verschalung aus rötlichem Aswan-Granit. Die oberen Fassadenblöcke aus leuchtendweißem Tura-Kalkstein bildeten dazu einen heftigen Kontrast. Selbst die einstige Höhe von 70 Metern stellt eine nachträgliche Ausdehnung dar; ursprünglich sollten es nur 30 Meter sein. Geplant war ein Eingang in Bodenhöhe auf der Nordseite, dieser wurde jedoch zugemauert, als das Gebäude seine jetzige Ausdehnung erhielt. Ein neuer Durchbruch wurde auf der Nordseite vorgenommen, und was zunächst als Grabkammer vorgesehen war, wurde zum schlichten Vorraum.

Als Vyse die Grabkammer betrat, lehnte ein unbeschrifteter Basaltsarkophag ohne Deckel an der Wand, den das im Alten Reich gebräuchliche ›Palast-

(*Oben*) Profil der Schiefer-Doppelskulptur von Menkaure und seiner Gemahlin Chamerernebti II. Bemerkenswert ist die Geste, mit der ihr rechter Arm ihn umfängt und ihre Linke auf seinem linken Arm ruht. Museum of Fine Arts, Boston.

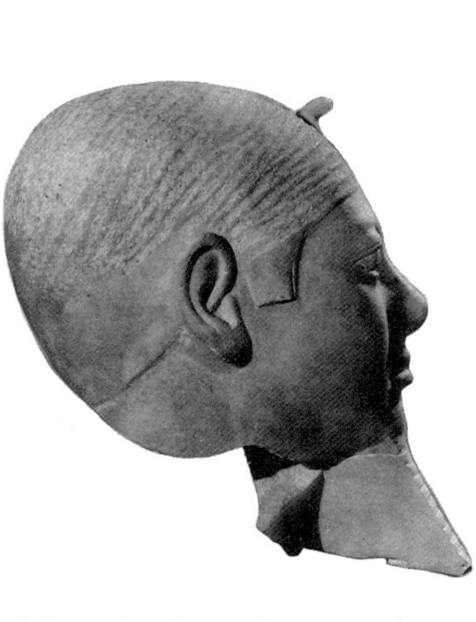

Alabasterkopf eines Königs aus dem Taltempel der Dritten Pyramide. Im allgemeinen wird er als Schepseskaf gedeutet, aber man hat auch eine weitere Darstellung Menkaures darin sehen wollen. Museum of Fine Arts, Boston.

fassaden‹-Muster schmückte. Im Innern fand sich ein Sarg mit menschlichen Umrissen, der Menkaures Kartusche trug. Die Form paßte nicht zur Epoche, denn im Alten Reich zimmerte man die Särge gewöhnlich rechteckig. Es scheint daher, daß es sich bei dem Sarg, und höchstwahrscheinlich auch bei dem verzierten Sarkophag, um Restaurierungsmaßnahmen aus der Saïtenzeit im späteren 6. und 5. Jahrhundert v. Chr. handelte. Beide Funde wurden 1838 auf dem Seeweg nach England ans British Museum geschickt, zum Glück in verschiedenen Frachten: Der Sarg erreichte sein Ziel, aber das Schiff mit dem Sarkophag ging kurz nach der Abfahrt aus Livorno in einem Sturm unter. In den letzten Jahren unternommene Versuche, das Wrack zu orten, schlugen trotz modernster Technik fehl.

Von 1905 bis 1927 arbeitete eine Kommission der Harvard-Universität und des Bostoner Kunstmuseums unter George A. Reisner auf dem Pyramidengelände und räumte das Tal und die Totentempel von Trümmern frei. Reisner fand einige bemerkenswerte Schieferskulpturen im Taltempel, unter anderen die exzellente Dreiergruppe, bei der Menkaure von der Göttin Hathor (die wohl seiner Gattin Chamerernebti II. nachempfunden ist) und der göttlichen Personifikation eines Verwaltungsbezirks (*nomos*) flankiert wird; ferner eine prächtige Doppelstatue des Königspaars. Merkwürdigerweise sind von Menkaure weit mehr Statuen erhalten als von seinen Vorgängern aus der 4. Dynastie, in umgekehrtem Verhältnis zur Größe der Monumentalbauten. Seine Darstellungen tragen zwar die für das Alte Reich typischen ätherischen, göttergleichen Züge, doch die Stupsnase und die leicht vorgewölbten Augen machen sie als echte Porträts des Königs kenntlich. Vier, die ihn in Gemeinschaft mit einer *nomos*-Gottheit zeigen, sind vollständig, weitere fragmentarisch erhalten. Vielleicht sollten die Personifikationen aller Provinzen eine Serie von Dreiergruppen in Schiefer bilden. Die bildhauerische Qualität ist angesichts des schwer zu bearbeitenden Steins sehr hoch einzuschätzen, ebenso die der gelegentlich auftauchenden Politur. Dennoch weist die Mehrheit der Skulpturen unterschiedliche Stadien der Fertigung auf, was der Legende von Menkaures jähem Tod eine gewisse Glaubwürdigkeit verleiht.

Menkaures Hauptfrau Chamerernebti II. gehört die größte der drei Nebenpyramiden, die mit seiner eigenen Grabanlage verbunden sind. Ihr eindrucksvoller Granitsarkophag steht noch immer in der Totenkammer. Sie war die älteste Tochter des Chafre von seiner Gemahlin Chamerernebti I., die wiederum eine Tochter des Chufu und einer unbekannten Königin war. Ganz entschieden gab es innerhalb der königlichen Familie starke Blutsbande.

SCHEPSESKAF

Menkaures ältester Sohn mit Chamerernebti II., Prinz Chuenre, starb möglicherweise früher als sein Vater; jedenfalls wurde er nicht sein Nachfolger. Eine kleine Steinskulptur im Bostoner Museum zeigt den Prinzen in der Hockstellung eines Schreibers, den Rock zwischen den Knien zur Unterlage für seine Schreibtafel gespannt – dies sollte die nächste Dynastie als klassische Pose adliger Schreiberstatuen übernehmen. Doch auf den Thron gelangte Schepseskaf, ein anderer Sohn Menkaures mit einer unbekannten Königin. Ihm waren nur vier Jahre der Herrschaft beschieden. Nach Chufus ›großem Werk‹ waren die königlichen Finanzen der 4. Dynastie weitgehend erschöpft, und es ging zunehmend bergab. Besonders eindringlich zeigt sich dies in

(*Rechts*) Dreiergruppe aus Schiefer. Menkaure mit der Weißen Krone, rechts neben ihm die Göttin Hathor mit Sonnenscheibe und Kuhhörnern als Kopfschmuck, links die Personifikation der Hathor-Provinz mit ihrem *nomos*-Zeichen über dem Haupt. Die beiden Gottheiten ähneln Chamerernebti II., der Gemahlin Menkaures. Ägyptisches Museum, Kairo.

Schepseskafs Grabmal. Er verschmähte das Gise-Plateau und kehrte auf den Friedhof der 3. Dynastie in Saqqara zurück, wo er ein höchst seltsames Bauwerk errichtete. Bekannt als die Mastaba el-Fara'un (Bank des Pharao), hatte es zunächst die Form eines großen rechteckigen Sarkophags, ist aber heute größtenteils zerfallen. Seine Halbschwester Chentkaues (Tochter einer weiteren unbekannten Gemahlin Menkaures) entschied sich für eine ähnliche Gestaltung ihres Monuments, das aber in Gise errichtet wurde. Sie heiratete Userkaf, den ersten König der nachfolgenden Dynastie.

5. Dynastie
2498–2345

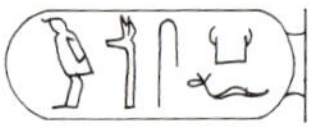

Userkaf
2498–2491

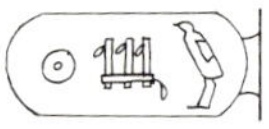

Sahure
2491–2477

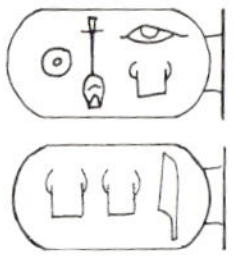

Neferirkare
Kakai
2477–2467

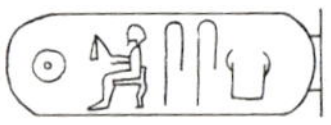

Schepseskare
2467–2460

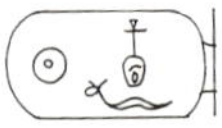

Neferefre
2460–2453

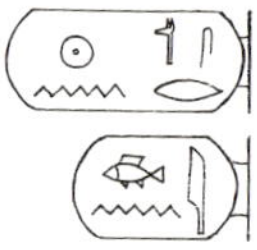

Niuserre
Ini
2453–2422

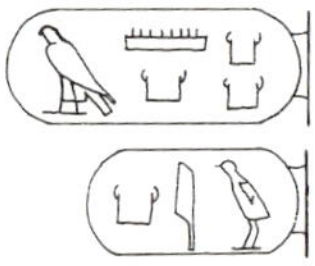

Menkaure
Kaiu
2422–2414

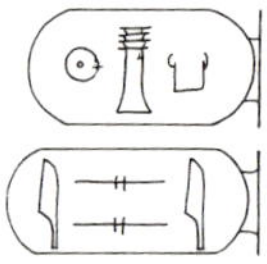

Djedkare
Asosi
2414–2375

Unas
2375–2345

Zwei Porträtköpfe des Userkaf im Profil. Der kleinere von ihnen trägt die Rote Krone, der andere den *nemes*-Kopfschmuck. Ägyptisches Museum, Kairo.

Der Papyrus Westcar, den das Ägyptische Museum in Berlin aufbewahrt, informiert über die Herkunft der Könige der 5. Dynastie. Niedergeschrieben wurde dieser Text wohl in der Hyksos-Periode (um 1600 v. Chr.). Zusammengestellt wurde er jedoch offenbar erst in der 12. Dynastie – rund fünfhundert Jahre nach den Ereignissen, die er schildert –, wobei er die Gründe des Thronwechsels erörtert, der die Gründung der 5. Dynastie mit sich brachte. Vornehmlich handelt es sich um Geschichten, die von einem gewissen Djedi erzählt werden, einem Zauberer oder Vorlesepriester am Hof des Chufu. In einer der Geschichten prophezeit Djedi, daß drei noch ungeborene Kinder der Dame Reueddjeted (Gemahlin des Re-Hohenpriesters in Heliopolis) Könige werden sollen. Freilich beeilt er sich, gegenüber Chufu zu versichern, daß dessen Sohn und Enkel – Chafre und Menkaure – zuvor herrschen werden. In allen Einzelheiten wird geschildert, wie die wichtigen Göttinnen Isis, Nephtys, Mesechnet und Heket, denen der Schöpfergott Chnum aufwartet, Reueddjeted bei den Geburten unterstützen. Der Erstgeborene ist Userkaf, »ein Knabe von der Länge einer Elle und mit festem Knochenbau, dessen Glieder mit Gold bedeckt waren und der einen Kopfschmuck aus lauter Lapislazuli trug«. Die nächsten beiden Kinder, Sahure und Neferirkare, sind ähnlich ausgestattet. Trotz des heliopolitanischen Ursprungs der Dynastie behauptet Manetho, die Könige stammten aus Elephantine, was sich nur schwer mit den wenigen bekannten Tatsachen vereinbaren läßt.

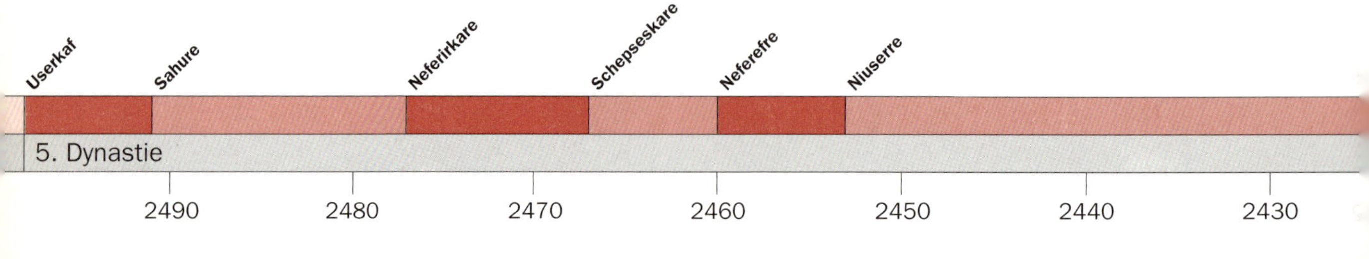

KÖNIGSNAMEN UND -GRÄBER

USERKAF
Geburtsname
User-ka-f (»Seine machtvolle Seele«)
Auch bekannt als
Weserkaf
Vater
unbekannt
Mutter
Neferhotep
Gattin
Chentkaues
Grabstätte
Pyramide, Nord-Saqqara

SAHURE
Sahu-re (»Er, der dem Re nahe ist«)
Grabstätte
Pyramide, Abusir

NEFERIRKARE
Thronname
Nefer-ir-ka-re (»Schön ist die Seele des Re«)
Geburtsname
Kakai
Grabstätte
Pyramide, Abusir

SCHEPSESKARE
Geburtsname
Schepses-ka-re (»Edel ist die Seele des Re«)
Grabstätte
Abusir (?)

NEFEREFRE
Geburtsname
Nefer-ef-re (»Schön ist Re«)
Auch bekannt als
Raneferef
Grabstätte
Pyramide, Abusir

NIUSERRE
Thronname
Niuser-re (»Ergriffen von der Macht des Re«)
Geburtsname
Ini
Grabstätte
Pyramide, Abusir

MENKAURE
Thronname
Men-kau-hor (»Ewig sind die Seelen des Re«)
Geburtsname
Kaiu
Grabstätte
Pyramide, Dahschur

DJEDKARE
Thronname
Djed-ka-re (»Beständig ist die Seele des Re«)
Geburtsname
Asosi
Grabstätte
Pyramide, Süd-Saqqara

UNAS
Geburtsname
Unas
Auch bekannt als
Wenis, Unis
Grabstätte
Pyramide, Nord-Saqqara

Sonnentempel des Niuserre, nach dem Vorbild des Heiligtums in Heliopolis errichtet, und der am besten erhaltene in der Reihe von Abu-Gurob.

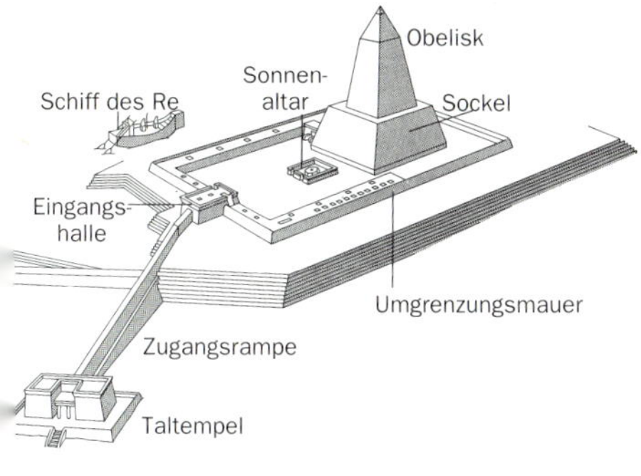

USERKAF

In Wahrheit war Userkaf ein Enkelsohn von Djedefre, dem frühverstorbenen Nachfolger Chufus. Seine Mutter war die Königin Neferhetep, sein Vater ist unbekannt, und er heiratete Chentkaues, die Tochter des Menkaure. Durch diese Heirat wurden also die beiden auf Chufu zurückgehenden Abstammungslinien wieder vereinigt. Man hat die These aufgestellt, daß Reueddjeted ein Pseudonym für Chentkaues darstellt, was bedeuten würde, daß kein so gravierender Wechsel des Herrscherhauses stattfand, wie man zunächst glauben mag.

Die Könige der 5. Dynastie gaben die Tradition ihrer Vorgänger auf, sich in Gise bestatten zu lassen, und verlagerten ihre Monumente weiter nach Süden – zuerst nach Saqqara, wo Userkaf seine Pyramide gleich nordöstlich der Temenosmauer des Djoser-Bezirks errichtete. Als einziger ließ er den Taltempel nicht auf der gewohnten Ost-, sondern auf der Südseite der Pyramide errichten, vielleicht weil die Bodenbeschaffenheit im Osten ungünstig war. Angesichts der überragenden Bedeutung des Sonnenkults unter Userkaf und seinen Nachfolgern (den ›Sonnenkönigen‹ der 5. Dynastie) könnte der Grund allerdings auch darin gelegen haben, daß der Tempel auf der Südseite ganztägig ins Sonnenlicht getaucht war. Die Überbleibsel der Reliefs an den Tempelwänden zeugen von der großen Fertigkeit der Bildhauer. Das im Tempelhof entdeckte Haupt des Userkaf (vgl. gegenüberliegende Seite) mit dem *nemes*-Kopfschmuck, beeindruckend und überlebensgroß aus Rosengranit gemeißelt, ist – vom Sphinx einmal abgesehen – die größte erhaltene Porträtskulptur des Alten Reichs. Doch die ganze Anlage verfällt zusehends, und das Innere der Pyramide ist unzugänglich.

Der Sonnentempel von Abu-Gurob

Weiter südlich, in Abu-Gurob, erbaute Userkaf den ersten von später fünf Sonnentempeln oder -heiligtümern, die zu den wichtigsten architektonischen Besonderheiten der frühen 5. Dynastie zählen. In diesem entlegenen Wüstenfleck ließ er ein massives Podium aus Lehmziegeln und Kalkstein errichten und darauf ein weiteres Podium an der Westseite, auf dem ein gedrungener Obelisk, der *benben*, emporragte – Vorläufer der schlankeren Obelisken des Neuen Reichs. Vor dem Obeliskenpodium stand ein Sonnenaltar, wie er später in Echnatons scheinbar neuartigem Aton-Tempel zu finden war (14. Jh. v. Chr.). Ein Dammweg führte nordwestlich zu einem Taltempel, und im Süden gab es ein aus Ziegelsteinen nachgebautes Boot des Re. Beim Taltempel wurde ein weiterer Porträtkopf Userkafs gefunden, diesmal mit der Roten Krone und in Schiefer ausgeführt.

Nördlich von Userkafs Sonnentempel haben seine Nachfolger ihre eigenen in eine Reihe nebeneinandergesetzt. Wenig mehr ist von ihnen geblieben als ein paar Hügel und im Wüstensand verstreute Steintrümmer.

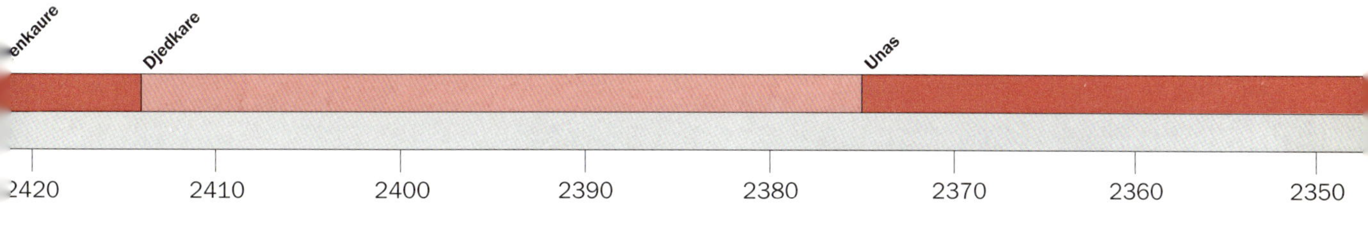

Detail der Doppelstatue Sahures, die ihn neben einer Personifikation des Koptos-Numens sitzend zeigt. Metropolitan Museum, New York.

VON SAHURE BIS DJEDKARE-ASOSI

In Abusir, noch ein Stück weiter südlich, liegen die Pyramidenkomplexe von Neferirkare, Niuserre und Sahure, von denen der letztgenannte der größte und am besten erhaltene ist. Wie andere Pyramiden der 5. Dynastie stellt die des zweiten Herrschers Sahure einen rohen Trümmerberg dar, aber sein Totentempel auf der Ostseite ist noch gut erkennbar und weist Treppen auf, die zum Dach oder in ein Obergeschoß führten. Charakteristisch für die Tempelarchitektur sind die akkurat in den roten Granit geschnittenen Dattelpalmensäulen und der kühne Schwung der Hieroglyphen, mit denen Namen und Titel des Königs auf den riesigen Steinblöcken verewigt sind. Die Wände sind mit feingemeißelten Eroberungs-, Jagd- und Kriegsszenen dekoriert, die heute in beklagenswertem Zustand und bis auf einige Museumsstücke fast gänzlich verschwunden sind. Die Rekonstruktionen der Pyramiden, die das deutsche Ausgräberteam unter Ludwig Borchardt vorgenommen hat, ermöglichen einen guten Eindruck von der früheren Pracht der Anlage mit ihren ausgedehnten, bis hinunter zu den Taltempeln an der Vegetationsgrenze reichenden Dämmen.

Die Reliefs im Totentempel von Abusir bieten einige der frühesten bildlichen Darstellungen des Handels über das Niltal hinaus. Große Schiffe mit Ägyptern und Asiaten an Bord sind im Sahure-Komplex abgebildet. Man vermutet, daß sie zu einer Handelsflotte gehören, die mit einer Ladung des für den Tempelbau später so wichtigen Zedernholzes vom Hafen Byblos im Libanon zurückkehren. Daß sich Könige der 5. Dynastie dort aufgehalten haben, bestätigen libanesische Funde, darunter Steingefäße mit ihren Kartuschen sowie der Namen des Sahure auf einem dünnen, goldenen Möbelbeschlag aus dem ›Schatz von Dorak‹ in der Türkei. Anscheinend nehmen der Fernhandel, die Karawanen in den Süden und weiter in den Nahen Osten in der folgenden Dynastie noch zu, aber das mag mit den reichlicher fließenden Quellen und Berichten späterer Epochen zusammenhängen.

Eine Neuerung dieser Dynastie unter ihrem dritten König Neferirkare war der Gebrauch einer zweiten Kartusche. Sie enthielt den Namen Kakai, der vielleicht sein Geburtsname war. Danach scheinen die meisten Könige eine zweite Kartusche geführt zu haben, die aber nicht immer überliefert ist. In Neferirkares Totentempel in Abusir fand sich die früheste erhaltene hieratische Papyrusschrift – eine Sammlung von Rechnungen des Tempels, täglichen Dienstplänen und Inventarlisten.

Rückkehr nach Saqqara

Die letzten Könige der Dynastie kehrten an den Begräbnisplatz von Saqqara zurück. Ein Trümmerhaufen von nur 24 Metern Höhe am Rand des Plateaus deutet auf die Pyramide des vorletzten Herrschers Djedkare-Asosi hin; sein Totentempel, in der Zweiten Zwischenzeit weitgehend zerstört und danach während der 18. Dynastie als Friedhof genutzt, liegt ganz in der Nähe. Erst 1946 während der Ausgrabungen rund um den Tempel hat man den Eigentümer der dazugehörigen Pyramide als Djedkare-Asosi identifizieren können. In der Pyramide selbst hatte es keinen Hinweis auf seinen Namen gegeben, da Steinräuber die Blöcke der Vor- und Totenkammer entfernt und den Sarkophag zerstört haben. Im Totentempel fanden sich Fragmente herrlicher Reliefs sowie Teile von Skulpturen fremder Kriegsgefangener und verschiede-

DAS GRAB EINES EDELMANNES

Eine große Scheintür aus Kalkstein vor dem *mastaba*-Grab eines Höflings namens Ptahschepses in Saqqara (heute im British Museum, London) ist im Hinblick auf den *Papyrus Westcar* Interessant. Ptahschepses wurde unter Menkaures Regierung geboren, im Königspalast erzogen und mit Schepseskafs Tochter, der Prinzessin Chamaat, vermählt. Statt der eher förmlichen religiösen Texte geben die Inschriften rings um die Scheintür, was recht ungewöhnlich ist, eine Reihe biographischer Informationen. Ptahschepses hat vier aufeinanderfolgenden Königen der 5. Dynastie gedient und sein Leben unter sieben Königen – den letzten beiden der 4. und den ersten fünf der 5. Dynastie – verbracht. Er starb unter der Herrschaft Niuserres.

ner Tiere. Die Pyramide der Königin und ihr Totentempel wiesen eine ähnlich schöne Dekoration auf, als sie zu Beginn der fünfziger Jahre unseres Jahrhunderts entdeckt wurden.

UNAS

Der letzte König der 5. Dynastie hieß Unas, und seine Trümmerpyramide steht südlich der Temenos-Ummauerung des Djoser-Bezirks in Saqqara. Obwohl sie weitgehend verfallen ist, läßt sich der Kernbestand der Anlage noch erkennen. Dazu gehören auch ein Taltempel am Wüstenrand und ein langer Dammweg mit einem merkwürdigen Knick darin, der zum Totentempel auf der Ostseite und zum Nordeingang der Pyramide führt. In der Neuzeit hat erstmals Gaston Maspero 1881 das Grabmal betreten, wo er – damals eine Sensation – dekorierte Innenwände entdeckte. Die Vorkammer und die meisten Wände der Grabkammer waren mit langen Schriftkolumnen bedeckt, den sogenannten ›Pyramidentexten‹.

Ein kleiner Abschnitt des Damms, der zu Unas' Pyramide hinaufführt, wurde wieder zu seiner vollen Höhe aufgeschüttet und bis auf einen schmalen lichtspendenden Schlitz überdacht. An den Innenwänden wurden die gemeißelten Reliefs restauriert, die eher an *mastaba*-Fürstengräber erinnern mit ihren Marktszenen, Segelschiffen, Wüstenjagden, kleinen Vignetten des Wüstenlebens und – besonders interessant – Szenen einer Hungersnot, die möglicherweise unter Unas' Regierung ausbrach. Südlich des Dammwegs liegen zwei mit Stein ausgekleidete Schiffsgruben, aber ob sie tatsächlich hölzerne Boote wie das des Chufu enthielten oder nur symbolischen Charakter haben, ist umstritten. Der Damm wurde über einer Reihe älterer Gräber errichtet und trug dazu bei, diese mitsamt ihren Dekorationen zu erhalten. Leider blieb von ihren Beigaben nur wenig übrig, da die meisten wohl schon beim Dammbau ausgeraubt wurden, wenn nicht früher.

Die Verschalung auf der Südseite der Pyramide trägt eine Inschrift, in der von der Restauration der baufälligen Pyramide die Rede ist und von der Wiedereinsetzung des Königsnamens. Dies fiel in der 19. Dynastie dem Chaemwaset zu, dem Hohenpriester von Memphis und einem der vielen frühverstorbenen Söhne Ramses' II.; er kann als einer der ersten Konservatoren antiker Bauwerke gelten. Nachdem man ihre Bruchstücke in den späten vierziger Jahren unseres Jahrhunderts aus dem Wüstensand gegraben hatte, wurde die Inschrift wieder zusammengesetzt und hoch oben auf der Pyramide angebracht.

Es scheint, als habe Unas keinen Erben hinterlassen, was zu einer kurzfristigen Periode politischer Instabilität führte. Überwunden wurde sie wohl, als mit Teti der erste Herrscher der 6. Dynastie den Thron bestieg.

DIE PYRAMIDENTEXTE

Als Gaston Maspero 1881 die Pyramide des Königs Unas betrat, fand er die Wände mit Kolumnen hieroglyphischer Inschriften bedeckt. Diese *Pyramidentexte* enthalten 228 Zaubersprüche, die der Seele des Verstorbenen auf ihrer Reise ins Jenseits helfen sollen; manche wurden wohl bei der Bestattungszeremonie rezitiert. Es sind die frühesten Zeugnisse dieser Art, aber die Gepflogenheit verbreitete sich rasch und wurde in der folgenden Dynastie zur Norm.

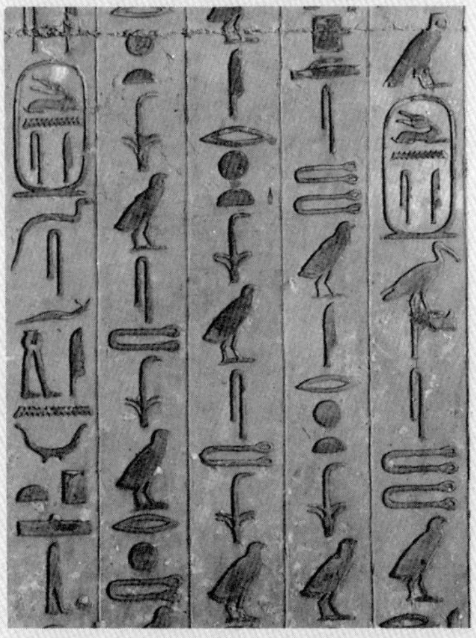

Detail der Pyramidentexte aus der Unas-Pyramide. Die Königskartusche erscheint in den Spalten ganz links und rechts.

In keiner der Pyramiden ist der Kanon vollständig, doch insgesamt wurden in den Pyramiden Unas' und seiner Nachfolger in der 6. Dynastie 400 Zaubersprüche überliefert. Im Mittleren Reich wichen diese den *Sargtexten*, aus denen im Neuen Reich schließlich der *Totenbuch*-Papyrus kompiliert wurde.

6. Dynastie
2345–2181

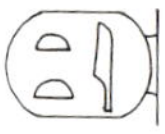

Teti
2345–2333

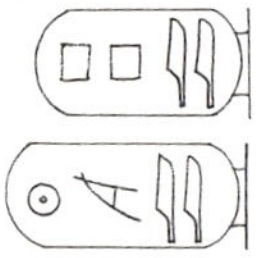

Pepi I.
Merire
2332–2283

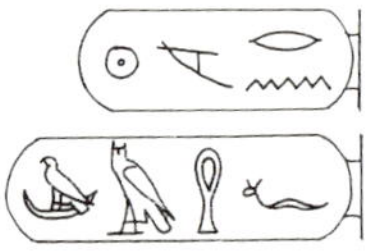

Merenre
Nemtiemsaf
2283–2278

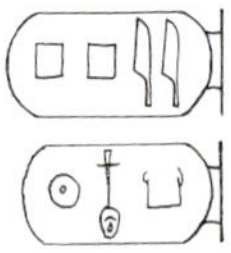

Pepi II.
Neferkare
2278–2184

KÖNIGSNAMEN UND -GRÄBER

TETI
Geburtsname
Teti
Gattinnen
Iput, Kauit, Weret-Imtes
Sohn
Pepi I.
Tochter
Sescheschet
Grabstätte
Pyramide, Nord-Saqqara

PEPI I.
Geburtsname
Pepi
Auch bekannt als
Pepi I., Piopi I., Phiops I. (griechisch)
Thronname
Meri-re (»Geliebter des Re«)
Gattinnen
Anchnesmerire I., II., Weret-Imtes
Söhne
Merenre, Pepi II.
Tochter
Neith
Grabstätte
Pyramide, Süd-Saqqara

MERENRE
Thronname
Mer-en-re (»Von Re geliebt«)
Auch bekannt als
Merenra
Geburtsname
Nemti-em-sa-f (»Nemti ist sein Schutz«)
Tochter
Ipwet
Grabstätte
Pyramide, Süd-Saqqara

PEPI II.
Geburtsname
Pepi
Thronname
Nefer-ka-re (»Schön ist die Seele des Re«)
Gattinnen
Neith, Ipwet
Grabstätten
Pyramiden, Süd-Saqqara

TETI

Manetho zufolge kamen die Könige der 6. Dynastie aus Memphis, was vermutlich aus der Lage ihrer Grabmäler in Saqqara oberhalb der Hauptstadt geschlossen wurde. Tetis Thronbesteigung als erster König der neuen Dynastie scheint die Krise der ägyptischen Monarchie und Innenpolitik gelöst zu haben, die auf Unas' Ableben folgte. Durch die Heirat mit Iput, einer Tochter des Unas, legitimierte er seinen Machtanspruch, und seine Annahme des Horusnamens Seheteptaui (»Der die Beiden Länder befriedet«) symbolisiert die erneuerte politische Einheit des Landes. Er suchte auch den zunehmend einflußreichen Adel und die Oberschicht der Provinzen für sich zu gewinnen, indem er seine Tochter Sescheschet dem Wesir Mereruka (sein *mastaba*-Grab gleich neben der Teti-Pyramide ist das bekannteste Monument dieser Zeit) zur Frau gab.

Die überlieferten Stellen aus Manethos Werk berichten übereinstimmend, daß Teti (der gelegentlich auch Othoes genannt wird) von seinem Leibwächter ermordet wurde. Einen direkten Nachweis dafür gibt es nicht, doch könnte sein gewaltsamer Tod die Erwähnung eines weiteren Königs namens Userkare erklären, der im kurzen Interregnum zwischen Teti und seinem Sohn Pepi I. geherrscht haben soll. Jedenfalls konnte Teti rund zwölf Jahre lang regieren und setzte währenddessen den Handel mit Byblos und Nubien fort.

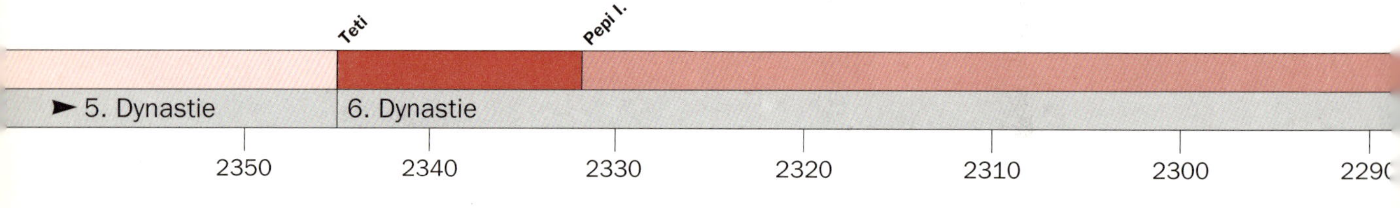

(Linke Seite) Alabaster-Statuette von Pepi I. Auch Pepi hat, wie Chafre, den Horusfalken bei sich. Doch statt sein Haupt schützend zwischen die Schwingen zu nehmen, steht der Vogel mit gefalteten Flügeln seitab, hinter der hohen Thronlehne, und blickt schräg am König vorbei. Brooklyn Museum, New York.

(Links) Eine fast dreidimensionale *ka*-Statue von Tetis Wesir und Schwiegersohn Mereruka schreitet von der Scheintür in die zentrale Opferhalle seines 32-Kammer-Grabs. Es ist dies die größe *mastaba* in Saqqara, denn es handelte sich um ein Familiengrab mit einer gesonderten Abteilung für die Gemahlin Sescheschet und den Sohn Meri-Teti. Die Wandreliefs *(oben)* zeigen märchenhafte Szenen aus dem ägyptischen Alltagsleben, zum Beispiel von der Nilpferdjagd.

(Unten) Grüne Schieferstatue des knienden Pepi I. In den vorgestreckten Händen, die auf dem gefalteten Lendenschurz ruhen, hält er zwei Kugelvasen. Vielleicht bringt er der Gottheit ein Wein- oder Trankopfer dar; dann wäre dies das früheste Beispiel eines nachmals überaus beliebten Motivs der Königs- und mehr noch der Laiendarstellung bis in die Spätzeit hinein. Brooklyn Museum, New York.

Von dem einst prächtig verschalten, heute jedoch in Trümmern liegenden Pyramidenhügel am Nordrand des Saqqara-Plateaus abgesehen, ist nur wenig aus der Ära des Königs Teti auf uns gekommen. Wie üblich liegt der Eingang auf der Nordseite und führt in eine nur rudimentär erhaltene Grabkammer, in der sich ein Auszug der Pyramidentexten und noch immer ein deckelloser Sarkophag aus Basalt befinden. Ein 1881 entdeckter Holzsarg wird im Ägyptischen Museum zu Kairo aufbewahrt. Obwohl noch Reste des Totentempels auf der Ostseite stehen, ist der zum Taltempel führende Dammweg verschwunden, und der Taltempel selbst wurde nie gefunden. Im Norden liegen, halb begraben vom Wüstensand, die kleineren Pyramiden von Iput und Kauit, zwei Gattinnen des Teti. Iput war die Mutter des nächsten Königs, Pepis I., und ihr Skelett wurde in einem Holzsarg in ihrer Pyramide gefunden, obwohl zahlreiche weitere Gegenstände zur Beute der Grabräuber wurden.

Von Pepi I. zu Pepi II.

Tetis Sohn Pepi I. hat vermutlich sehr jung den Thron bestiegen, denn er scheint fünfzig Jahre regiert zu haben. Eine Reihe zeitgenössischer Inschriften berichtet vom wachsenden Ansehen und Wohlstand Adliger, die nicht unmittelbar zum Königshof gehörten, unter Pepi I. Diese Fürsten begannen, sich luxuriöse Gräber in den Provinzen Oberägyptens errichten zu lassen, und ta-

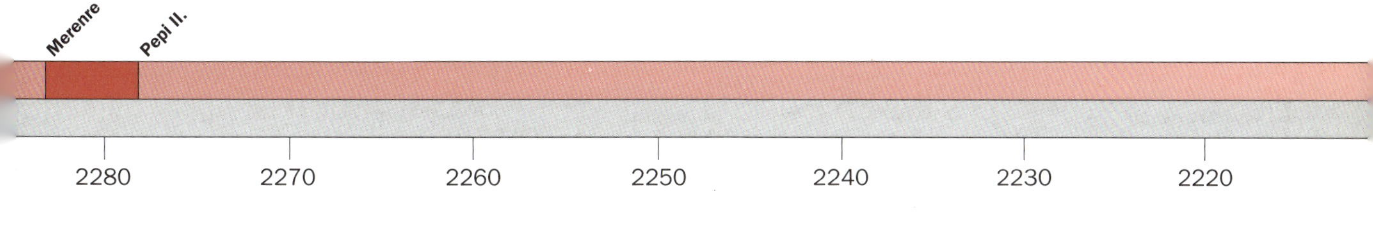

Große Kupferstatue Pepis I. aus dem Tempel von Hierakonpolis. Der König hat keine Krone, und auch sein Unterleib mit dem Lendenschurz fehlt; die fehlenden Teile bestanden wohl aus einem anderen Material wie etwa vergoldetem Gips. Neben ihm steht Merenre, der Sohn seiner Gattin Anchnesmerire I. Ägyptisches Museum, Kairo.

ten sich viel auf Privilegien zugute, die sich aus ihren guten Beziehungen zum König ergaben. Der König selbst hatte andere Sorgen, nicht zuletzt wegen einer gegen ihn gerichteten Verschwörung, die von seiner Nebenfrau Weret-Imtes ausging, aber der Plan wurde aufgedeckt und die Gemahlin bestraft. Trotz solcher Widrigkeiten konnte der König mehrere Handelskarawanen entsenden, meist zur Beschaffung kostbaren Gesteins für seine vielen Bauprojekte. Von Pepis Grabmal leitet sich die heutige Bezeichnung der Stadt Memphis ab. Seine Pyramide wurde *mn-nfr* genannt (»[Pepi ist] mächtig und wohltätig«), und eine Verballhornung dieses Titels durch antike Schriftsteller ergab den Namen in seiner jetzigen Form. Die Pyramide selbst liegt in Süd-Saqqara und ist fast völlig zerstört, wenngleich die erhaltenen Textfragmente der eingestürzten Grabkammer von hoher Qualität sind.

Aus dem Tempel von Hierakonpolis (Nechen) in Oberägypten kommen zwei bemerkenswerte Kupferstatuen, die frühesten lebensgroßen Skulpturen aus diesem Metall. Die größere stellt einen schreitenden Pepi I. dar, der einen langen Stab in der Linken hält, während die kleinere neben seinem rechten Bein seinen Sohn Merenre zeigt. Eine genauere Vorstellung von Pepis Zügen gibt ein kleines grünes Schieferporträt des Königs mit dem *nemes*-Kopfschmuck; eine kleine Alabasterfigur zeigt ihn dagegen mit den königlichen Insignien, dem gekreuzten Dreschflegel und dem Szepter (Krummstab) sowie der Weißen Krone von Oberägypten.

Pepi I. heiratete die beiden Töchter eines abydenischen Provinzfürsten namens Chui; verwirrenderweise trugen die Damen beide den gleichen Namen, Anchnesmerire. Eine davon wurde die Mutter des Merenre, die andere gebar Pepi II.

Merenre folgte seinem Vater nur für kurze fünf Jahre auf den Thron, bevor sein Bruder Neferkare (Pepi II.) an die Macht kam. Obwohl er erst sechs Jahre alt war, wurde Pepi II. wie jedes Königskind von Geburt an als Herrscher anerkannt. Tatsächlich zeigt ihn eine entzückende alabasterne Sitzstatue seiner Mutter Anchnesmerire auf ihrem Schoß, als kleinen Erwachsenen mit dem königlichen *nemes*-Kopfschmuck. Eine andere bildet den König als nacktes Kleinkind ab, das mit den Händen die Knie umklammert und den *uraeus* auf dem Kopf trägt.

Pepi II. heiratete mehrmals: zunächst Neith, die Tochter seines Vaters Pepi I. und der Anchnesmerire (also seine Halbschwester und Kusine), ferner seine Nichte Ipwet, die Tochter seines Bruders Merenre; obendrein gab es mindestens zwei ältere Königinnen. Seine Amtszeit ist die längste in der ägyptischen Geschichte (wenn wir voraussetzen, daß der Schreiber, der uns Einzelheiten überliefert hat, nicht die in hieratischer Kursivschrift sehr ähnlichen Zahlen ›64‹ und ›94‹ verwechselte), und diese Langlebigkeit war vielleicht mitverantwortlich für den Niedergang der ägyptischen Staatsmacht.

Während dieser Epoche verdichten sich die Belege für eine Dezentrali-

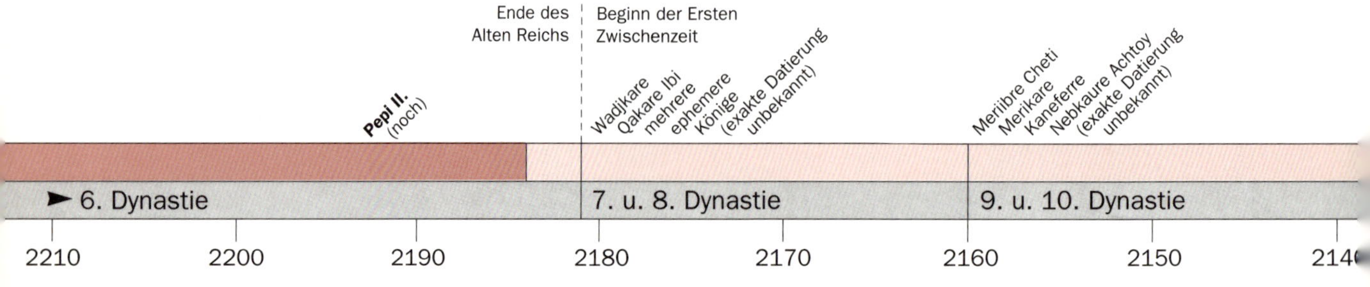

Vom Türsteher zum Statthalter – die Karriere des Weni

Als einer der längsten erzählenden Inschriften der Epoche schildert Wenis Autobiographie auf den Wänden seines Grabs in Abydos, wie er sich aus kleinsten Verhältnissen in der Palasthierarchie hochgearbeitet hat. Ursprünglich nur ein ›einfacher Türwächter‹, wurde er später zum Freund Pepis und Obersten Richter in Nechen (Hierakonpolis), dem wichtigen Kultzentrum der Geiergöttin Nechbet. Später ernannte ihn Merenre zum Statthalter des Südens. Als weithin respektierter Mann (»ich stand dem Herzen Seiner Majestät näher als jeder andere Beamte«) war er der Richter bei einer Haremsverschwörung, in die auch die Königin Weret-Imtes verstrickt war: »Nie hatte einer meinesgleichen die Geheimnisse des Königsharems vernommen, aber Seine Majestät vertraute sie mir an.« Bedenkt man, daß nach Manethos Bericht der Vorgänger Teti (Pepis Vater) umgebracht worden war, wird der Urteilsspruch für die Königin nicht günstig ausgefallen sein.

Nach diesem Erfolg erhielt Weni eine neue Stellung als General einer Armee von »vielen Zehntausenden« und zog in den Krieg gegen die Beduinen auf dem nördlichen Sinai. Er tut sich viel darauf zugute, daß dank seiner Requirierungsstrategie trotz der großen Zahl unterwegs niemand darben mußte. Insgesamt hat er fünf regionale Aufstände niedergeschlagen, und sein Feldzug gipfelte im ersten ägyptischen Angriff auf das südliche Palästina. Zuletzt, in seiner Eigenschaft als Statthalter des Südens, stellte Weni für die Pyramide des Merenre Baumaterial aus den Steinbrüchen des Ersten Katarakts bereit und ließ bei dieser Gelegenheit fünf Kanäle ausheben, um die Fahrt durch den Katarakt zu erleichtern.

Der junge Pepi II.

Alabasterstatue der Königin Anchnesmerire mit ihrem Sohn Pepi II. auf dem Schoß, der wie ein kleiner Erwachsener wirkt und den königlichen nemes-*Kopfschmuck trägt. Brooklyn Museum, New York.*

Eine hübsche Vignette des begeisterungsfähigen achtjährigen Königs Pepi II. findet sich in einer Inschrift an der Fassade des Grabes eines vornehmen Karawanenführers namens Harchuf in Aswan. Auf der Suche nach Elefantenzähnen, Ebenholz, Räucherwerk und anderen seltenen Gütern hatte Harchuf vier Handelsreisen in die gefährlichen Länder südlich von Aswan unternommen. Doch nichts davon war so kostbar wie der kleine Pygmäe, den er auf dem Weg nach Darfur im Jahr 2 der Regierung Pepis II. einfing. Seiner Rückkehr ging eine Nachricht an die königliche Residenz in Memphis voraus, und in einem Brief des jungen Königs erhielt er genaue Instruktionen: »Komm ohne Säumen nach Norden an meinen Hof ... Mehr als alle Schätze vom Sinai und aus dem Lande Punt wünscht Meine Majestät diesen Zwerg zu sehen!« Harchuf sollte dafür sorgen, daß der Zwerg auf dem Schiff gut behütet wurde, damit er nicht über Bord fiel und im Nil ertrank, und nachts zehnmal nach ihm gesehen wurde, damit ihm nichts zustieß. Offenbar hat Harchuf seine Mission erfüllt und den Zwerg zum Entzücken seines Königs an den Hof gebracht.

sation der ursprünglich allein in Memphis liegenden Macht. Lokale Statthalter (Nomarchen) ließen sich selbst riesige und eindrucksvoll dekorierte Grabmäler in den Provinzen bauen und zollten der Hauptstadt im Norden nur widerwilligen Respekt. Der Wohlstand, den der König unter seinen Hofleuten verteilte, schwächte das Staatsvermögen und stärkte zugleich ihren Einfluß zu seinen Ungunsten. Gleichzeitig beschleunigte der erhebliche Aufwand für die auswärtigen Interessen Ägyptens den politischen Zusammenbruch.

Einige Quellen erwähnen einen Nachfolger Pepis II. namens Merenre II. (vielleicht den Sohn Pepis II. und seiner Gemahlin Neith); andererseits soll Königin Nitokris, die man für seine Frau hält, nach ihm den Thron bestiegen haben. Manetho beispielsweise beschreibt Nitokris als »tapferer denn alle Männer ihrer Zeit, mit heller Haut und roten Wangen«. Archäologisch ist ihre Herrschaft bislang ebensowenig nachweisbar wie der Bericht des Herodot, wonach sie die Ermordung ihres Bruders (Teti, weil er der ermordete König war?) vereitelt haben soll, indem sie die Verschwörer durch eine List ertränkte, bevor sie Selbstmord beging.

Wie dem auch sei – mit dem Abtreten der 6. Dynastie um 2181 v. Chr. endete nach fast genau einem halben Jahrtausend auch jene glanzvolle Epoche, die man heute das Alte Reich nennt.

Mentuhotep I.

Mentuhotep III.

Senwosret I.

Amenemhet II.

Erste Zwischenzeit
2281–2040 v. Chr.

7./8. Dynastie
2181–2161

Wadjkare

Qakare Ibi

9./10. Dynastie
2160–2040

Meriibre Cheti

Merikare

Kaneferre

Nebkaure Achtoy

Mittleres Reich
2040–1782 v. Chr.

11. Dynastie
2134–1991

Antef I.
2134–2117

Antef II.
2117–2069

Antef III.
2069–2060

Mentuhotep I.
2060–2010

Mentuhotep II.
2010–1998

Mentuhotep III.
1997–1991

12. Dynastie
1991–1782

Amenemhet I.
1991–1962

Senwosret I.
1971–1926

Amenemhet II.
1929–1895

Senwosret II.
1897–1878

Senwosret III.
1878–1841

Amenemhet III.
1842–1797

Amenemhet IV.
1798–1786

Königin Sobeknofru
1785–1782

Zweite Zwischenzeit
1782 v. Chr.–1570 v. Chr.

13. Dynastie
1782–1650

Ugaf
1782–1778

Ameni Antef IV.
(?)–1760

Hor
um 1760

Sobekhotep II.
um 1750

Chendjer
um 1747

Sobekhotep III.
um 1745

Neferhotep I.
1741–1730

Sobekhotep IV.
1730–1720

Aja
um 1720

Neferhotep II.

14. Dynastie
Nehsi

15. Dynastie
(Hyksos)
1663–1555

Scheschi

Jakobher

Chian

Apopi I.

Apopi II.

16. Dynastie
1663–1555

Anather

Jakbam

17. Dynastie
1663–1570

Sobekemsaf I.

Sobekemsaf II.

Antef VII.

Ta'a I.
um 1633

Ta'a II.
um 1574

Kamose
1573–1570

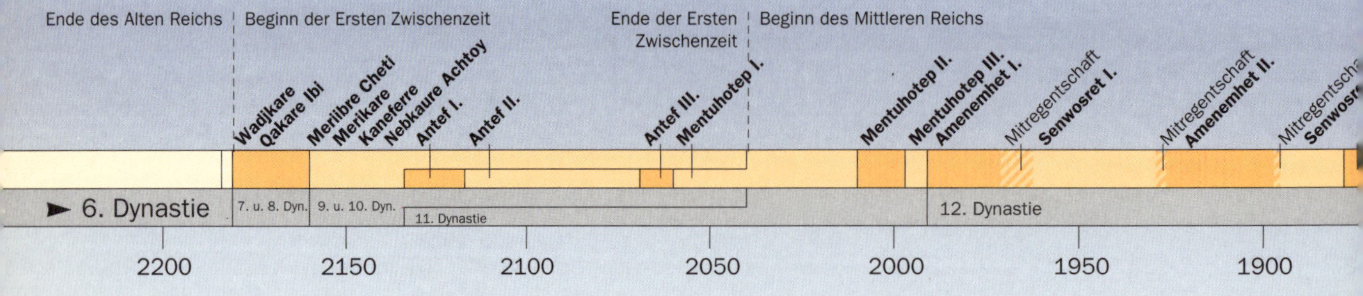

Senwosret III.

Amenemhet III.

Hor

Sobekemsaf I.

Chaos und Wiedergeburt

Erste Zwischenzeit 2181–2040 v. Chr.
Mittleres Reich 2040–1782 v. Chr.
Zweite Zwischenzeit 1782–1570 v. Chr.

Seit ihren Anfängen gegen Ende des vierten vorchristlichen Jahrtausends hatte die ägyptische Kultur in nahezu jeder Beziehung – Kunst, Wissenschaften, Technologie – epochale Leistungen erbracht; mit Chufus gewaltigem Grabmal in Gise war der Zenit erreicht. Kein Wunder, daß sich die alten Ägypter im Niltal, umgeben von Wüstensand und schützenden Klippen, wohl fühlten. Desto größer war der Schock, als mit dem Ende des Alten Reichs um 2181 v. Chr. das Unvorstellbare geschah: *ma'at*, das Konzept von Stabilität und Gleichmaß, auf dem ihre Weltanschauung fußte, geriet aus den Fugen, und für 140 Jahre herrschte Anarchie. Erst einer unverbrauchten Linie oberägyptischer Prinzen aus Theben gelang es, sie wie ein durchgegangenes Pferd zu bändigen. Keine 250 Jahre später scheiterte das *ma'at*-Konzept erneut. Dieses Auf und Ab, das Umkippen von einem Extrem ins andere war auch der Gesellschaftsstruktur im Niltal abträglich. Dennoch gingen aus dieser im Rückblick so dunklen und schwer zu deutenden Epoche des Zusammenbruchs schließlich auch jene drei glanzvollen Dynastien hervor, die das Neue Reich konstituierten.

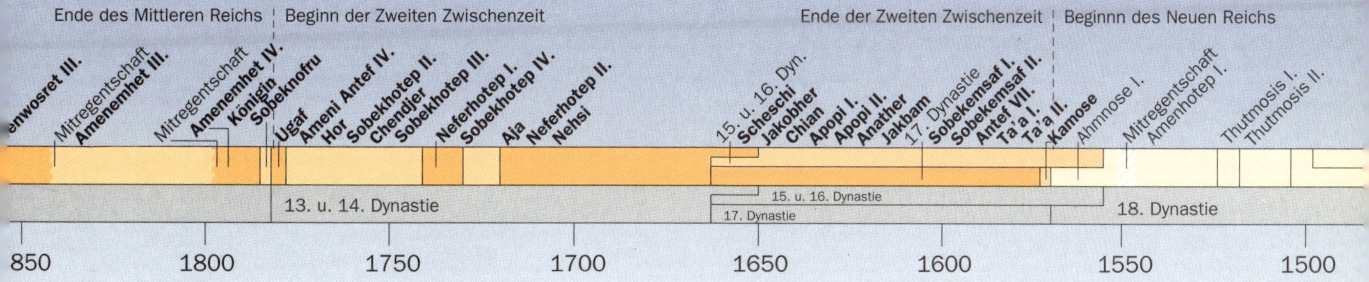

7./8. Dynastie
2181–2161

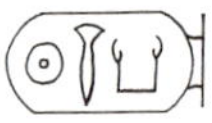

Wadjkare

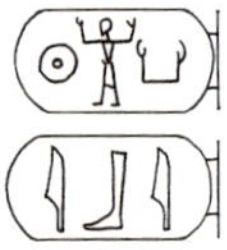

Qakare
Ibi

9./10. Dynastie
(Herakleopolitische)
2160–2040

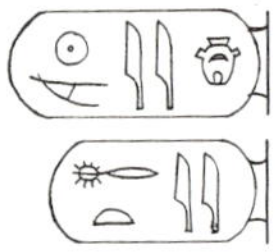

Meriibre
Cheti

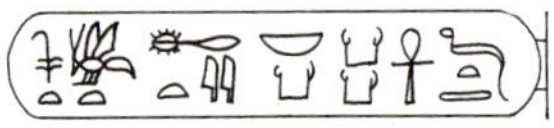

Nebkaure
Achtoy

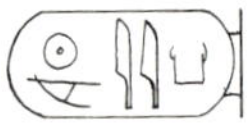

Merikare

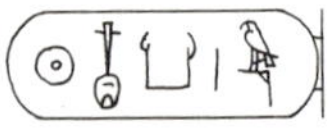

Kaneferre

KÖNIGSNAMEN

WADJKARE
Thronname
Uadj-ka-re
(»Blühend ist die Seele des Re«)

QAKARE IBI
Thronname
Qa-ka-re (»Stark ist die Seele des Re«)
Geburtsname
Ibi

MERIIBRE CHETI
Thronname
Meri-ib-re
(»Geliebt ist das Herz des Re«)
Geburtsname
Cheti

MERIKARE
Geburtsname
Meri-ka-re
(»Geliebt ist die Seele des Re«)

KANEFERRE
Geburtsname
Ka-nefer-re
(»Schön ist die Seele des Re«)

NEBKAURE ACHTOY
Thronname
Neb-kau-re
(»Golden sind die Seelen des Re«)
Geburtsname
Achtoy

Der Tod Pepis II. brachte den völligen Zusammenbruch der Königsmacht mit sich, und die fragile Einheit, die Ägypten während des Alten Reichs zusammengehalten hatte, brach auseinander. Papyri aus dem späteren Mittleren Reich beklagen die Wirren der Ersten Zwischenzeit, als das Land in eine tiefe politische und monarchische Krise stürzte.

Sie klingt auch in späteren historischen Rückblicken auf diese Epoche nach. Manetho erwähnt eine 7. Dynastie, in der siebzig Könige in siebzig Tagen regiert haben sollen; dabei dürfte es sich wohl weniger um echte Könige denn um eine Mystifikation der antiken Geschichtsschreibung handeln, die den Zerfall der Zentralgewalt am Ende des Alten Reichs veranschaulicht. Gewissere Nachrichten erhalten wir von der Existenz einer 8. Dynastie. Ihre rund siebzehn Könige waren möglicherweise Nachkommen Pepis II., die ihren Anspruch von Memphis aus durchsetzen wollten. Ihr Einfluß blieb freilich größtenteils auf das Umland dieser Stadt beschränkt, denn ins Delta waren sogenannte ›Asiaten‹ aus dem Osten eingedrungen, Theben (Luxor) war nicht länger Hauptstadt des vierten oberägyptischen *nomos*, und die Kontrolle über das mittlere Ägypten fiel an das dem heutigen Beni Suef benachbarte Herakleopolis. Mit rund zwanzig Jahren war der 8. Dynastie keine lange Dauer beschieden. Die Könige hinterließen nur wenige Zeugnisse ihres Wirkens, darunter ein von König Wadjkare (Horusname: Demedjibtaui) erlassenes Ausnahmedekret und die kleine Pyramide eines Pharaohs namens Qaqare Ibi.

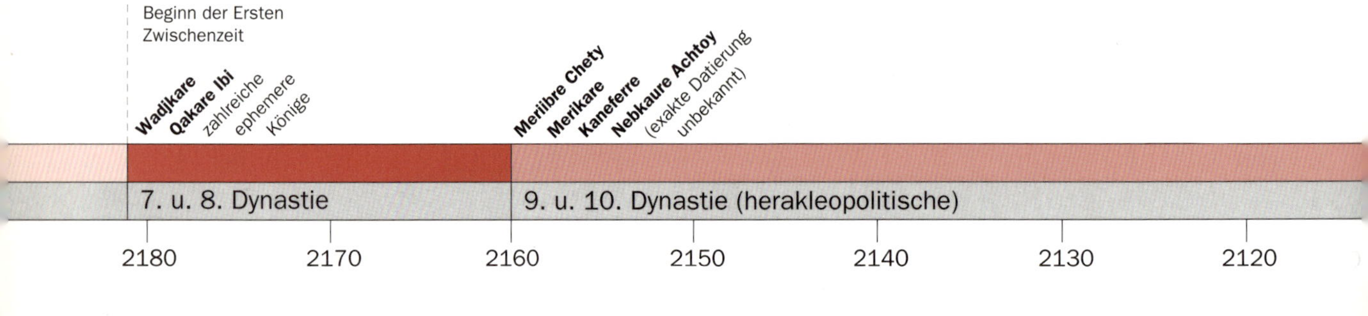

Nachdem Memphis als Regierungszentrale weggefallen war, konkurrierten die Städte untereinander um die Macht, und einzelne Nomarchen schwangen sich zu Kleinkönigen empor. In dieser Zeit etabliert sich ein Herrscherhaus in Herakleopolis als 9. Dynastie, das wohl von einem gewissen Meriibre Cheti gegründet wurde. Vielleicht hat diese Dynastie vorübergehend das ganze Land kontrolliert. Als sie jedoch rund dreißig Jahre später vom zweiten herakleopolitischen Königshaus abgelöst wurde (der 10. Dynastie), war das Doppelkönigtum bereits fest etabliert, und mit der 11. Dynastie herrschte eine rivalisierende Familie von Theben aus über Südägypten.

Häufige Thronwechsel lassen die beiden herakleopolitischen Dynastien als wenig stabil erscheinen. Manetho berichtet von der grausamen Herrschaft eines Achthoes in der 9. Dynastie, schildert aber auch, wie die Götter fürchterliche Rache an ihm übten: Der König sei vom Wahnsinn ergriffen worden, und anschließend habe ihn ein Krokodil gefressen. Den König Meriibre Cheti nennt eine Quelle mit voller Titulatur in zwei Kartuschen; ein anderer schriftlich überlieferter und kartuschierter Name ist der eines Königs Merikare.

Das wichtigste der wenigen aus diesem kriegerischen Zeitraum erhaltenen Bauwerke ist wohl das Grab des Fürsten Anchtifi aus el-Moalla, 32 Kilometer südlich von Theben. Er war kein gemeiner Krieger und identifiziert sich als »großer Häuptling« (vermutlich Provinzfürst) des *nomos* von Herakleopolis (el-Kab). In chaotischen Zeiten wie diesen dürften seine Stellung gottgleich und sein Wort Gesetz gewesen sein: »Ich bin der Anfang und das Ende der Menschheit, denn meinesgleichen gab es nie und wird es nie geben …« Vielleicht waren ihm bei allem Größenwahn auch menschliche Regungen nicht vollkommen fremd; jedenfalls legt dies ein Bericht nahe, wonach er eine Speisung der von Hungersnöten geplagten Bevölkerung angeordnet hat. Allerdings geschah dies auf Geheiß des Kaneferre, der möglicherweise dritter König der 9. Dynastie war.

Der Name eines weiteren Königs taucht in der berühmten ›Klage eines redegewandten Bauern‹, einer Handschrift aus dem Mittleren Reich auf. Ein Oasenbewohner wird auf dem Weg zum Markt von einem rücksichtslosen Grundbesitzer all seiner Güter beraubt und bringt seinen Fall vor die höchste Instanz. Seine Prozeßreden kommen – »in der Spätzeit der Regierung seiner Majestät Nebkaure« – dem König selbst zu Ohren, der sich an der Beredsamkeit des schlichten Mannes ergötzt und ihn veranlaßt, den Streitfall wieder und wieder vorzutragen. Der fragliche König war wahrscheinlich Nebkaure Achtoy aus der späteren 9./10. Dynastie.

Zugleich mit der Autorität der herakleopolitischen Regierung wuchs auch die der thebanischen Dynastie. Wachsende Feindseligkeiten zwischen beiden Mächten führten häufig zu Grenzzwischenfällen (zumeist nördlich von Abydos), die erst aufhörten, als Ägypten unter der 11. Dynastie wieder geeint wurde.

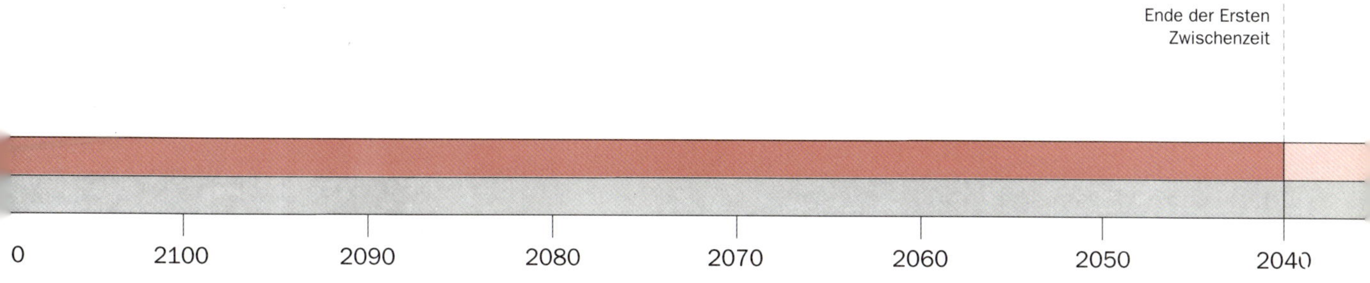

11. Dynastie
(Thebanische)
2134–1991

Antef I.
Sehertaui
2134–2117

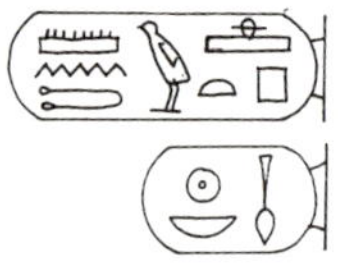

Mentuhotep I.
Nebhetepre
2060–2010

Antef II.
Wahanch
2117–2069

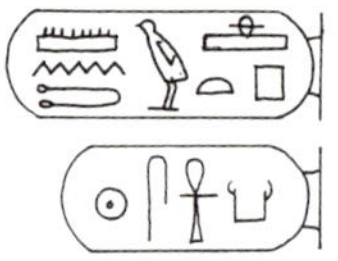

Mentuhotep II.
Sanchkare
2010–1998

Antef III.
Nachtnebtepnefer
2069–2060

Mentuhotep III.
Nebtauire
1997–1991

KÖNIGSNAMEN UND -GRÄBER

ANTEF I–III
Geburtsname
Sa-re Antef (»Sohn des Re Antef«)
Auch bekannt als
Anjotef I., II., III.
Horusname (I.)
Seher-taui (»Der den Beiden Ländern Frieden bringt«)
Horusname (II.)
Wah-anch (»Dessen Leben reich an Kraft ist«)
Horusname (III.)
Nacht-nebtep-nefer (»Schöner und starker Sieger«)
Grabstätten (I.–III.)
Dira Abu 'n-Naga (Theben)

MENTUHOTEP I.
Geburtsname
Mentu-hotep (»Die Gottheit Month ist zufrieden«)
Auch bekannt als
Mentuhotpe
Thronname
Neb-hetep-re (»Der Re, unseren Herrn, erfreut«)
Grabstätte
Tempelgrab in Deir el-Bahari (Theben)

MENTUHOTEP II.
Geburtsname
(wie Mentuhotep I.)
Thronname
Sanch-ka-re (»Er gibt der Seele des Re Leben«)
Grabstätte
Deir el-Bahari bei Theben (?)

MENTUHOTEP III.
Geburtsname
(wie Mentuhotep I.)
Thronname
Neb-taui-re (»Herr der Beiden Länder ist Re«)
Grabstätte
unbekannt

Strenggenommen beginnt das Mittlere Reich erst mit der Wiedervereinigung Ägyptens unter Mentuhotep I., dem vierten König der 11. Dynastie. Das Herrscherhaus selbst wurde von drei Königen gegründet, die von Theben aus regierten und eigentlich nicht viel mehr als Nomarchen waren. Alle drei hießen Antef (oder Anjotef) und waren in ständige Kämpfe mit dem nördlichen Königshaus von Herakleopolis verwickelt. Kein Wunder, daß ihre Horusnamen mehr den Anspruch bezeichnen als die Wirklichkeit: Antef II. nannte sich »König von Ober- und Unterägypten«, obwohl sein Einfluß kaum über das thebanische Umland hinausging, und Antef III. wählte den Namen Nachtnebtepnefer oder »Schöner und starker Sieger«. Merkwürdigerweise kamen sie davon ab, den Horusnamen in einen *serech*-Ring zu schreiben; die Kartuschen zeigen nur ihre Geburtsnamen.

Beigesetzt wurden die drei Antefs in den Gräbern von Dira Abu 'n-Naga, im Norden der thebanischen Ebene auf dem Westufer, nahe der Straße ins spätere Tal der Könige. Wegen ihrer Aneinanderreihung von Vorhallen oder Portiken nennt man sie *saff*-Gräber, vom arabischen Wort für ›Reihe‹. Von ihrer einstigen königlichen Bestimmung ist nicht mehr viel zu erkennen. Nach den sogenannten ›Grabräuber‹-Papyri soll zur Zeit Ramses' IX. (ca. 1115 v. Chr.) eine Überprüfung des Grabs von Wahanch Antef II. ergeben haben, daß es noch intakt war. Weiter wird berichtet, daß eine Stele vor dem Eingang den König mit seinem Lieblingsjagdhund Becha zeigte. 1860 fand Au-

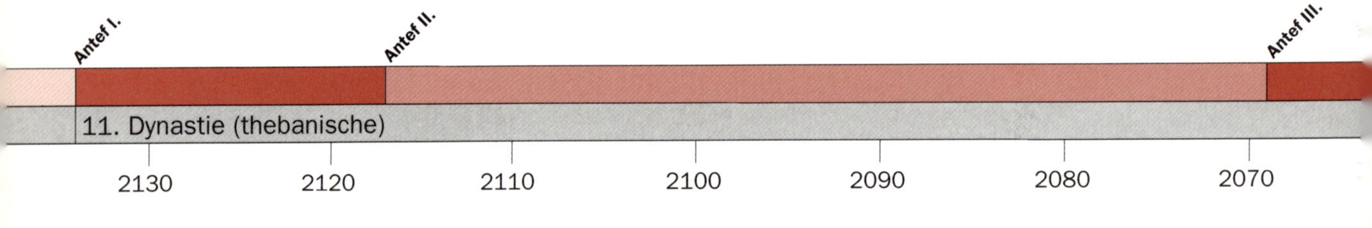

(*Oben*) Deir el-Bahari von Süden her gesehen, mit dem Terrassentempel Mentuhoteps I. im Vordergrund.

(*Unten*) Detail der Sitzstatue Mentuhoteps I. aus einer Kammer unter seinem Tempelgrab. Ägyptisches Museum, Kairo.

guste Mariette die umgestürzte untere Hälfte der Stele, die in Wirklichkeit nicht einen, sondern gleich fünf Hunde zeigt. Was von der Inschrift geblieben ist, deutet darauf hin, daß Antef II. seine thebanische Grenzlinie im Norden bis zum 10. *nomos* (Antaeopolis) ausdehnte und dabei auch den 8. *nomos*, das geheiligte Abydos, eroberte. Sein Nachfolger Antef III. verschob die Grenze noch weiter nordwärts, fast bis Assiut, und es war dieses Gebiet, in dem Mentuhotep (der bisweilen Mentuhotep II. genannt wird) die Herrschaft über ganz Ägypten errang.

Mentuhotep I.

Die Regierung Mentuhoteps I. erreichte ihren Höhepunkt einige Jahre nach seiner Thronbesteigung mit der Wiedervereinigung Ägyptens. Die eindrucksvolle Serie der von ihm angenommenen Horusnamen bezeichnet die Stationen seiner politischen Karriere: erst »Er, der das Herz den Beiden Ländern gibt«, dann »Herr der Weißen Krone« (Oberägypten) und schließlich »Der die Beiden Länder eint«.

Der Geburtsname des Königs Mentuhotep bedeutet »Month ist zufrieden« – Month ist der thebanische Kriegsgott – und scheint ebenfalls passend, denn zumindest der Beginn seiner Amtszeit war von schweren Kämpfen überschattet. In den zwanziger Jahren unseres Jahrhunderts hat der amerikani-

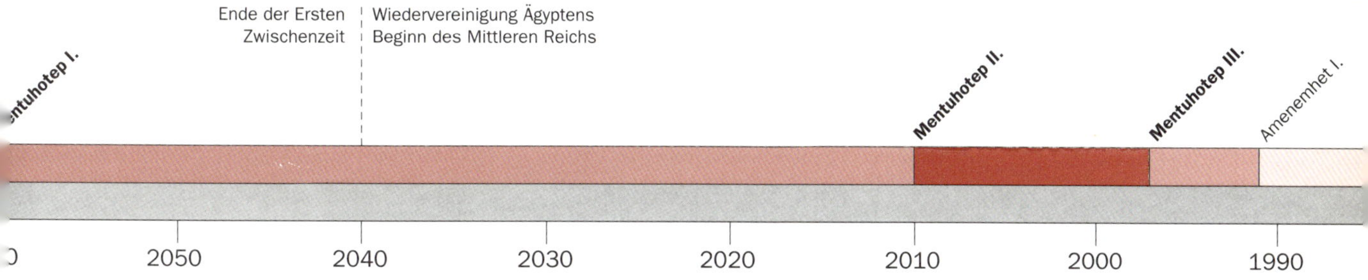

Zwei detaillierte Holzmodelle von Soldaten aus einem Privatgrab der 11. Dynastie. Um 2000 v. Chr. dem Grab des Mesehti in Assiut beigegeben, stellen sie je vierzigköpfige Einheiten von ägyptischen Speerträgern und nubischen Bogenschützen dar. Ägyptisches Museum, Kairo.

sche Archäologe Herbert Winlock bei Theben gar ein Massengrab gefunden. Es lag unweit von Mentuhoteps Totentempel und enthielt die Leichen von sechzig in der Schlacht getöteten Kriegern. Mit an Sicherheit grenzender Wahrscheinlichkeit waren sie in Nubien gefallen und wurden nach Ägypten überführt, zur Beerdigung auf dem wohl ältesten Soldatenfriedhof der Welt. Auf das Thema Militär beziehen sich auch zwei 1894 in Assiut gefundene Holzmodelle aus dem Grab eines Provinzfürsten oder Generals namens Mesehti. Eines davon stellt vierzig marschierende ägyptische Soldaten dar, jeder mit Speer und Schild gerüstet, das andere eine gleich große Truppe von nubischen Bogenschützen.

Der Wendepunkt im Kriegsglück der Thebaner bahnte sich im 14. Jahr der Regierung Mentuhoteps an, als im thinitischen *nomos* (Abydos) eine Rebellion ausbrach. Mentuhotep leitete sofort Gegenmaßnahmen ein und siegte in mehreren Schlachten, die ihm später die Gesamtherrschaft über Ägypten eintrugen. Im 39. Jahr seiner Regierung saß er als »Der die Beiden Länder eint« fest im Sattel. Aus demselben Jahr belegt eine dort eingekratzte Inschrift seinen Feldzug nach Abisko, 27 Kilometer südlich des Ersten Katarakts. Ähnliche Quellen begegnen uns im Schatt er-Rigale, wohin sich der König von seinem Kanzler Achtoy begleiten ließ, sowie in den Steinbrüchen des Wadi Hammamat.

Der Totentempel Mentuhoteps I.

In einer Epoche, da den meisten Königen kein langes Leben beschieden war, konnte Mentuhotep I. auf eine Regierungszeit von fünfzig Jahren zurückblicken. Vor allem ihre letzte Phase nach der wiedergewonnenen Einheit war von der Rückkehr zum inneren Frieden und relativem Wohlstand geprägt. Seine Bauwerke an zahlreichen Stätten, darunter el-Kab, Gebelein, Tod, Deir el-Ballas, Dendera und Abydos, bezeugen die erneut gefestigte Königsmacht. Doch Mentuhoteps größtes Projekt war das Tempelgrab, das er auf dem Westufer bei Theben, südlich der *saff*-Gräber seiner Vorgänger in der Gebirgskette bei Deir el-Bahari errichten ließ. Ein Rätsel bleibt, weshalb er sich ausge-

Teilansicht einer Jubiläumsszene des Mentuhotep II. aus Amant. Sein Thronname Sanchkare erscheint in der Kartusche; der König trägt die Rote Krone (*links*) und den *nemes*-Kopfschmuck (*rechts*). Im Text werden ihm Wohlstand, Gesundheit und ein langes Leben gewünscht. Brooklyn Museum, New York.

rechnet diesen Fleck ausgesucht hat und nicht den naheliegenden Platz vor der beeindruckenden Felsenkulisse, den später, in der 18. Dynastie, Königin Hatschepsut wählte. Immerhin bot die Gestaltung seines Tempelgrabs etwas völlig Neues: ein großes, gestuftes Podium, umgeben von viereckigen Säulen, und eine benachbarte Terrasse, die am hinteren Ende in eine Säulenhalle führte, am Fuß der Klippen.

Vor dem Tempel liegt der Eingang zu einem tiefen Tunnel, der Bab el-Hosan genannt wird, das Tor des Reiters (so genannt, weil Howard Carters Pferd hier strauchelte, wodurch der Stollen entdeckt wurde). Der Tunnel führt zu einer unter dem Tempel gelegenen Kammer, die eine imposante Sitzstatue des Königs barg. Sie zeigt ihn im strammsitzenden *heb-sed*-Gewand und mit der Roten Krone, aber mit schwarzem Gesicht und damit Osiris als dem Gott der Unterwelt und der Fruchtbarkeit angenähert.

Von Mentuhoteps höchsten Beamten, darunter der Kanzler Achtoy, die Wesire Dagi und Ipi sowie der Hofverwalter Henenu, ließ sich eine ganze Reihe in der Nähe ihres Herrn bestatten. Manche von ihnen hatten auch seinem Sohn gedient. Dagis fürstlicher Kalksteinsarkophag zeigt im Innern eine besonders vollständige Version der sogenannten Sargtexte. Diese Zaubersprüche wurden im Mittleren Reich eingeführt; ähnlich wie die Pyramidentexte sollten sie die Seele des Verstorbenen auf der Reise ins Totenreich schützen.

MENTUHOTEP II.

Die lange Regierung Mentuhoteps I. wurde gut genutzt, und seinem Sohn Sanchkare Mentuhotep II. konnte der König den Thron eines blühenden Landes hinterlassen. Sie führte allerdings auch dazu, daß Mentuhotep II. relativ alt war, als er um 2010 v. Chr. den Thron bestieg, und tatsächlich regierte er nur zwölf Jahre. Bei aller Kürze seiner Amtszeit setzte der neue König das Werk seiner Vorgänger fort. Er sicherte die Grenze gegen die nördlichen Nachbarn und warf begehrliche Blicke nach Süden zu den Handelswegen jenseits des Ersten Katarakts.

Mentuhotep II. errichtete eine Reihe von Bauwerken, darunter Tempel und Schreine, und nachweislich entsandte er Expeditionen zur Beschaffung seltener Rohstoffe. Eine von ihnen wurde im Jahre 8 seiner Regierung (wie eine Inschrift im Wadi Hammamet ausführlich berichtet) von seinem Haushofmeister Henenu geleitet, der nach passendem Gestein für die Aufstellung von Statuen in den Tempelbezirken suchte. Diese Expedition war anscheinend die erste, die sich seit langem in diese Gegend wagte, denn Henenu nahm 3000 Soldaten mit (und das erst nachdem andere Truppen die Strecke von lokalen Aufständischen gesäubert hatten). Henenu ließ unterwegs zwölf Brunnen graben und sorgte für ausreichende Verpflegung seiner Leute, die je eine Lederflasche, eine Traglatte, zwei Krüge Wasser und zwanzig Laib Brot tragen mußten; außerdem waren der steinigen Gegend wegen »die Maultiere mit Sandalen beladen«.

Nach seinem Tod um 1998 v. Chr. wurde Mentuhotep II. vermutlich im Felsgebirge südlich des großen Monuments seines Vaters in Deir el-Bahari beigesetzt. Außer einem Damm, der zu einem abschüssigen Korridor im Gestein zu führen scheint, ist von seinem Grabmal nichts geblieben. Von den Priestern des Totenkults auf die Felsen gekritzelte Sgraffiti deuten zumindest darauf hin, daß der König irgendwo hier in der Nähe seine letzte Ruhestätte gefunden hat.

Mentuhotep III.

Mentuhotep II. wird in den Königslisten von Saqqara und Abydos als letzter König der 11. Dynastie genannt, als direkter Vorgänger Amenemhets I., des

Die Gräber der Königsdamen

(Oben) Königin Kauit läßt sich frisieren; Relief auf der Außenwand ihres Sarkophags.

1920 wurden unter dem Pflaster hinter dem Grabtempel Mentuhoteps I. die Schreine und Schachtgräber von sechs jungen Mädchen aus der Königsfamilie gefunden: Henhenet, Kemsit, Kauit, Sadeh, Aschajt und Mujet. Die Jüngste von ihnen, Mujet, war nicht älter als fünf, und keine hat das zwanzigste Lebensjahr überschritten. Henhenets Sarkophag wurde aus sechs Kalksteinplatten über einem Sandsteinboden zusammengefügt; sein Deckel trägt Kauits Namen und war eindeutig nicht für ihn bestimmt.

In der Umgebung wurden zahlreiche weitere Hofdamen bestattet, darunter Königin Tem, die Mutter des Mentuhotep II. Sanchkare. Das Grab einer anderen Gemahlin Mentuhoteps I., Neferu (die auch seine Schwester war), liegt ein wenig weiter nördlich. Später behinderte es den Bau des Hatschepsut-Tempels, doch es wurde sorgfältig konserviert und war in der 18. Dynastie offenbar eine Touristenattraktion. Trotz dieser frühen Denkmalpflege konnte Herbert Winlock nur noch fragmentarische Reliefs und einige traurige Überreste der Grabbeigaben ausgraben, darunter kleine *uschebti*-Figuren.

(Oben) Prinzessin Aschajt genießt den Duft einer Lotusblume; Innenseite ihres Sarkophags. Beide Stücke: Ägyptisches Museum, Kairo.

DIE HOLZMODELLE DES KANZLERS MEKETRE

Als Kanzler unter Mentuhotep I. wurde Meketre in der Nähe seines Herrn beigesetzt. Sein Grabmal war nach zeitgenössischer Mode mit steiler Rampe und riesigem, tief in die Felswand gehauenen Steinportal ausgestattet. Trotz der Plünderungen und schweren Zerstörungen schon in antiker Zeit konnte Herbert Winlock 1919/20 eine kleine versiegelte Nebenkammer aufspüren, die 25 wunderschöne Holzmodelle von Alltagsszenen barg. Dazu gehörten unter anderen eine Herde bei der Zählung, zwei Opferträgerinnen, Modelle von Bäckerei und Metzgerei, Kornspeicher, Tuchmacher- und Schreinerwerkstatt, Fischer im Nachen und die Privatflotte des Kanzlers, einschließlich eines Küchenboots, das offenbar dezent auf der windabgewandten Seite segelte. Gleich zwei Modelle zeigen das Haus des Meketre, komplett mit Säulenhalle, Lustgarten und Teich unter schattigen Bäumen.

Detailliertes Modell einer Schreinerwerkstatt aus dem Grab des Kanzlers Meketre; selbst an die Ersatzwerkzeuge in der großen Kiste wurde gedacht. Ägyptisches Museum, Kairo.

Gründers der 12. Dynastie. Doch der fragmentarische Kanon von Turin berichtet von einem siebenjährigen Interregnum nach Mentuhotep II. In diese Lücke müssen Mentuhotep III. und seine sechsjährige Amtszeit fallen.

Über diesen obskuren König gibt es nur spärliche Nachrichten. Auf der Scherbe einer Schieferschale aus Lischt im ersten *nomos* steht sein Name neben dem Amenemhets I. Vermutlich ist sie auf die Regierungszeit des ersten Königs der 12. Dynastie zu datieren. Der Wesir und Statthalter des Südens unter Mentuhotep III. hieß ebenfalls Amenemhet, und mit großer Wahrscheinlichkeit ist er mit dem späteren König identisch. Dieser Wesir ist durch eine ausführliche Inschrift bezeugt, die er im Wadi Hammamat hinterlassen hat. Darin wird berichtet, er sei mit einer Armee von 10 000 Mann in das Wadi gekommen, um einen schönen Steinblock für den Deckel des königlichen Sarkophags zu suchen. Eine trächtige Gazelle, die ihr Junges auf ebendiesem Felsen bekam und dort auf der Stelle geopfert wurde, habe ihm den Weg gewiesen. Ein weiteres Wunder bestand aus einem plötzlichen Regenschauer. Nach und nach wurde der riesige Block aus dem Fels gehauen, und Amenemhet kehrte mit ihm nach Theben zurück. Unglücklicherweise sind weder das Grab noch der Sarkophag des Mentuhotep III. je entdeckt worden. Möglicherweise konnte der König gar keinen Gebrauch mehr von seinem Stein machen, denn es scheint, als habe der Wesir seinen Herrn mit Hilfe der 10 000 Mann gestürzt und sich selbst zum König ausrufen lassen. Auf diese Weise, die nur allzu rasch Nachahmer finden sollte, schuf er eine neue Dynastie.

12. Dynastie
1991–1782

Amenemhet I.
Sehetepibre
1991–1962

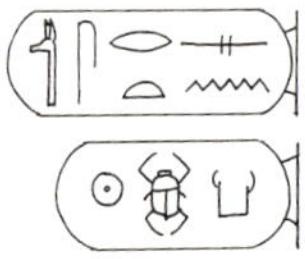

Senwosret I.
Cheperkare
1971–1926

Amenemhet II.
Nubkaure
1929–1895

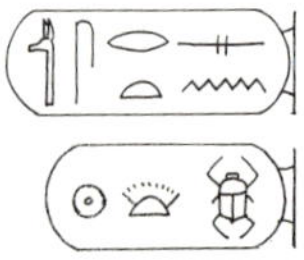

Senwosret II.
Chacheperre
1897–1878

KÖNIGSNAMEN UND -GRÄBER

AMENEMHET I.
Geburtsname
Amen-em-het (»Amun geht ihm voraus«)
Auch bekannt als
Amenemhat I., Ammenemes I. (griechisch)
Thronname
Sehetep-ib-re (»Befriedigt ist das Herz des Re«)
Grabstätte
Pyramide, el-Lischt

SENWOSRET I.
Geburtsname
S-en-wosret (»Mann der Göttin Wosret«)
Auch bekannt als
Senusret I., Sesostris I. (griechisch)
Thronname
Cheper-ka-re (»Die Seele des Re erwacht zum Leben«)
Grabstätte
Pyramide, el-Lischt

AMENEMHET II.
Geburtsname
(wie Amenemhet I.)
Auch bekannt als
Amenemhat II., Ammenemes II. (griechisch)
Thronname
Nub-kau-re (»Golden sind die Seelen des Re«)
Grabstätte
Pyramide, Dahschur

SENWOSRET II.
Geburtsname
S-en-usret (»Mann der Göttin Wosret«)
Auch bekannt als
Senusret II., Sesostris II. (griechisch)
Thronname
Cha-keper-re (»Die Seele des Re erwacht zum Leben«)
Grabstätte
Pyramide, el-Lahun

Amenemhet I.

Nach Manetho wurde die 12. Dynastie von sieben Königen aus Theben gebildet. Die überlieferten Listen stimmten damit überein, fügen jedoch am Ende der Herrscherfolge eine Königin Sobeknofru ein. Der erste König der Dynastie war Amenemhet I., und falls er derjenige ist, der als Wesir unter Mentuhotep III. diente, kam er anscheinend aus einfachen Verhältnissen. Eine Inschrift in Karnak nennt den Bürger Senwosret als »Vater des Gottes« und Erzeuger Amenemhets; seine Mutter Nefert stammte aus der Gegend von Elephantine. Demnach war Amenemhet von oberägyptischer Herkunft und in religiöser Hinsicht dem Gott Amun verbunden. In dieser Epoche beginnt der Aufstieg des Amun, dessen Priesterschaft in späteren Jahrhunderten eine Schlüsselrolle in der ägyptischen Innenpolitik spielen sollte. Er löste den Kriegsgott Month als thebanische Lokalgottheit ab, und seine große Stunde schlug, als sich in der 21. Dynastie der Amunspriester Herihor zum Pharao erklärte.

Amenemhets fast dreißigjähriges Regiment brachte eine Periode der Stabilität mit sich, wie sie Ägypten in den letzten zweihundert Jahren nicht mehr erlebt hatte. Sie wurde auch zur Grundlage der gefestigten Königsmacht der 12. Dynastie, die ihrerseits zwei Jahrhunderte währte – bis zum Zusammenbruch unter Königin Sobeknofru und den Wirren der Zweiten Zwischenzeit.

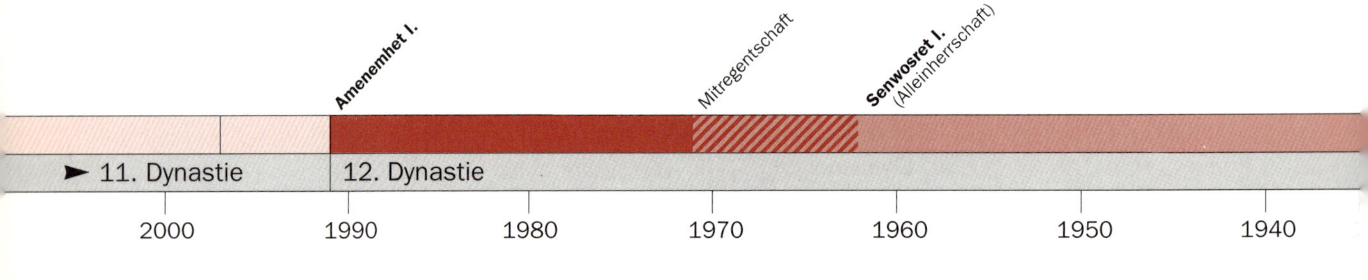

(Links) Granitbüste des Senwosret I., aus Memphis. British Museum, London.

(Oben) Haupt des Amenemhet I. Detail aus einem bemalten und gemeißelten Türsturz seines Totentempels in Lischt. Metropolitan Museum, New York.

(Unten) Senwosret I. umarmt den Schöpfergott Ptah auf einer Säule des zerstörten königlichen *heb-sed*-Tempels in Karnak. Ägyptisches Museum, Kairo.

Nach seiner Inthronisierung um 1991 v. Chr. war es Amenemhets erster Schritt, seine Nilflotte zu entsenden und widerspenstige Nomarchen, Asiaten und Nubier an den südlichen Grenzen niederzuschlagen. Dann gründete er, fern von Theben und Herakleopolis, fast 32 Kilometer südlich von der alten Hauptstadt Memphis ein neues Machtzentrum. Diesen Ort wählte der König, um zugleich die ober- und unterägyptischen Provinzen im Auge behalten zu können, und passenderweise nannte er ihn Itj-taui, ›Der die Beiden Länder ergreift‹. Die genaue Lage dieser Festung konnte noch nicht ermittelt werden.

Unter Amenemhets Regierung änderte sich manches, und um diese Renaissance zu unterstreichen, nahm der König den zusätzlichen Titel Wehem-meswet an – »Wiederholer der Geburten«, was andeuten sollte, daß er sich als erster einer neuen Herrscherlinie verstand. Amenemhets wichtigste Tat bestand freilich in der Einführung einer Mitregentschaft; diese Institution sollte die gesamte 12. Dynastie überdauern. Im zwanzigsten Amtsjahr ernannte er seinen Sohn Senwosret zum Nebenkönig und teilte für ein Jahrzehnt den Thron mit ihm, bevor Amenemhet ermordet wurde. Während dieser Zeit wurde der Jüngere vorwiegend mit militärischen Unternehmungen zur Befriedung der Ost- und Westgrenzen und weiteren Ausdehnung nach Süden betraut. Eine Inschrift aus dem 24. Jahr Amenemhets und vierten Jahr Senwosrets berichtet beispielsweise von einer Strafexpedition gegen die ›Sandbewohner‹ – die Asiaten, die an der nordöstlichen Grenze unfern des Gasa-Streifens lauerten.

Der Königsfriedhof wurde abermals verlagert, diesmal nach Lischt, nicht weit von der neuen Hauptstadt an der Pforte des Fajum. Amenemhets Pyramide ist denen des Alten Reichs ähnlich, nur kleiner. Ihr Kern besteht aus kleinen Kalksteinquadern, von denen viele aus den verfallenden Monumenten Gises und Abusirs stammten. Außen war sie mit Tura-Kalkstein verkleidet, der längst von Steinräubern abgetragen wurde. Auch der einst mit schönen Reliefs dekorierte Totentempel auf der Ostseite ist weitgehend zerstört. Da einsickerndes Grundwasser den Zutritt erschwert, ist von der inneren Einrichtung der Pyramide nur wenig bekannt; die Grabkammer wurde vermutlich schon im Altertum geplündert, doch das muß noch verifiziert werden.

Senwosret I.

Wollen wir dem Sinuhe-Roman glauben, dann befand sich Prinz Senwosret in der westlichen Wüste auf einem Kriegszug gegen die Libyer, als Amenemhet ermordet wurde. Offenbar eilte Senwosret in die Hauptstadt zurück und brachte die Lage rasch unter Kontrolle, verhinderte eine Ausweitung der Verschwörung und sorgte für die Bestattung seines Vaters in Lischt. Der weise Entschluß des alten Königs, seinen Sohn für eine Dekade mitregieren zu lassen, zahlte sich aus, und Senwosret trat für weitere 34 Jahre die Alleinherr-

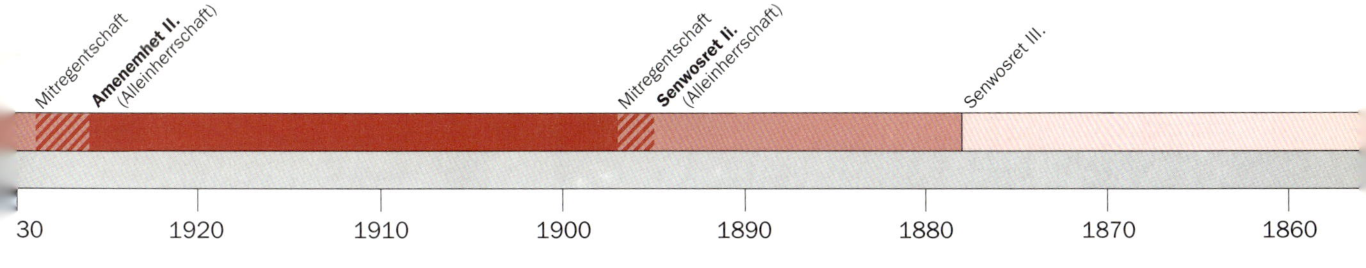

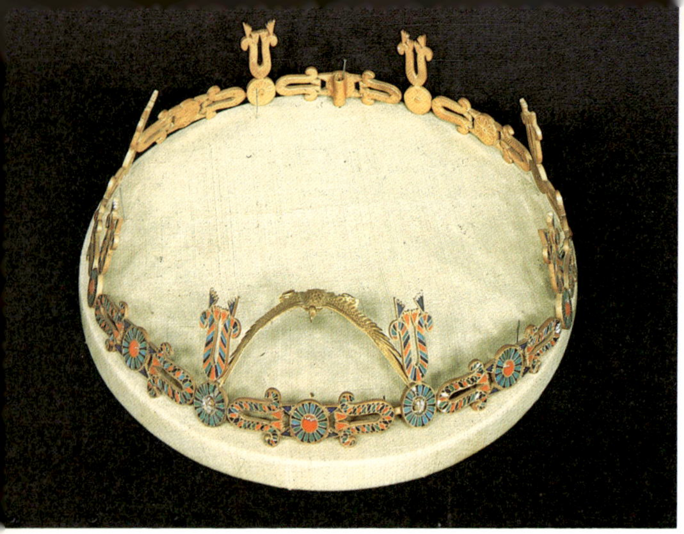

De Morgans Ausgrabungen westlich der Pyramide Amenemhets II. in Dahschur förderten 1895 kostbaren Schmuck der Königsfrauen zutage, darunter zwei Armreifen der Prinzessin Chnumet – einer eher schlicht (*oben links*), der andere ein Kranzgeflecht aus goldenem Schilfgras und Blumen (*oben rechts*). Bei ihrem Gürtel aus Kaurimuscheln lag ein Brustschild mit der Kartusche Senwosrets II. (*unten rechts*). Seine Kartusche ziert auch ein Brustschild der Prinzessin Sit-Hathor-Junet (*ganz unten*), das Petrie in Lahun entdeckte; in der dortigen Pyramide fand sich auch der königliche *uraeus* (*unten*). Ägyptisches Museum, Kairo, Sit-Hathor-Junets Schild: Metropolitan Museum, New York.

schaft an. Literatur und Kunsthandwerk erlebten an der Wende vom 20. zum 19. Jahrhundert v. Chr. eine Hochblüte, wie etwa die exquisiten Schmuckbeigaben von Königsfrauen der 12. Dynastie in Dahschur und Lahun zeigen.

Senwosret I. hielt sich an die von seinem Vater eingeleitete Politik. Auf der Suche nach Gold und Naturalien mußte sich Ägypten stärker nach Süden orientieren; mindestens dreizehn Befestigungsanlagen bis hin zum Zweiten Katarakt sicherten das Gebiet. Im ganzen Land wurden Steinbrüche und Bergwerke angelegt, Grauwacke und Schiefer aus dem Wadi Hammamat, Gold aus den Minen bei Koptos geholt. Senwosret leitete Feldzüge südwärts und – wie die Inschriften und Stelen von Beni Hassan und Assuit in Mittelägypten bezeugen – erstmals auch in die Wüstenoasen. Seine unumschränkte Herrschaft über Ägypten geht aus den Bauwerken hervor, die er in mindestens drei Dutzend Städten von Alexandria bis Aswan hinterließ.

(*Rechts*) Von den Bauten Senwosrets I. sind die meisten zerstört oder verschwunden, aber dieser kleine Kiosk, der bei Prozessionen eine Rolle spielte, konnte aus Trümmern rekonstruiert werden, die in der späteren 18. Dynastie für einen Tempelturm in Karnak als Füllmaterial benutzt wurden.

(*Oben*) Detail einer Säule des Kiosks, das Senwosret beim Darbringen von Opfergaben für den ithyphallischen Fruchtbarkeitsgott Amun-Min zeigt. Die großen Pflanzen hinter dem Gott sind sein Wahrzeichen: Lattich, dem auch heute noch starke aphrodisiakische Kräfte zugeschrieben werden.

Das Grab des Hohenpriesters von Heliopolis, Imhotep, auf der Ostseite der Pyramide Senwosrets I. barg zwei 59 Zentimeter große Holzfiguren des Königs, der einen großen Krummstab (*hekat*) und jeweils die Rote und Weiße Krone trägt. Ägyptisches Museum, Kairo (*links*), und Metropolitan Museum, New York (*rechts*).

Im dritten Regierungsjahr restaurierte Senwosret den Tempel des Re-Atum in Heliopolis, dem alten Zentrum des Sonnenkults, und war vermutlich auch selbst an der Zeremonie der Wiedereröffnung beteiligt. Als er dreißig Jahre regierte und sein Jubiläum feierte, errichtete er hier zwei Obelisken aus Rosengranit, je 20 Meter hoch und 121 Tonnen schwer. Einer von ihnen steht noch und ist der älteste noch in Ägypten stehende Obelisk. Obwohl der Tempel gänzlich verschwunden ist, überliefert eine fragmentarisch erhaltene Schriftrolle aus Leder den Text der großen Widmungsstele des Senwosret, der vermutlich rund fünfhundert Jahre später als Schreibübung kopiert wurde.

Mindestens drei Jahre vor seinem Tod setzte Senwosret seinen Sohn Amenemhet II., den ihm seine Gemahlin Nefru geboren hatte, als Mitregenten ein – so überliefert es die Privatstele eines gewissen Simonth, die heute im British Museum steht. Senwosret starb etwa 1926 v.Chr., doch zuvor hatte er noch seine Pyramide errichtet, rund zwei Kilometer südlich vom Grabmal seines Vaters in Lischt. Wie in diesem hindert uns Grundwasser am Betreten der Grabkammer. Auf dem Gelände ringsum befinden sich neun kleine Nebenpyramiden der Königsfrauen. Einige ihrer Namen wurden bei Ausgrabungen des New Yorker Metropolitan Museum zwischen 1908 und 1934 entziffert, bei anderen fehlt jeder identifizierende Hinweis auf den Sarkophagen oder Beigaben. Die Pyramide der Königin Nefru überragt die andern ein wenig; sie liegt im Südosten, während Senwosrets Tochter Itekujet im Süden der Königspyramide begraben ist. Weitere Töchter waren vermutlich die Prinzessinnen Nefru-Sobek, Nefru-Ptah und Nenseddjedet.

AMENEMHET II.

Nachdem Senwosret um 1926 v.Chr. gestorben war, stellte Amenemhet II. mit einer Amtszeit von 34 Jahren erneut die Langlebigkeit seiner Familie unter Beweis. In diesem Zeitraum entdeckten die Ägypter erstmals die Jagd-

Zwei literarische Meisterwerke

Während der frühen 12. Dynastie wurden zwei der wichtigsten Werke der altägyptischen Literatur geschrieben. In den ›Lehren des Amenemhet‹ (durch sieben Papyrusrollen aus späterer Zeit überliefert) erscheint der Geist Amenemhets I. seinem Sohn und Nachfolger Senwosret I. im Traum, gibt ihm gute Ratschläge und warnt ihn, sich mit seinem Volk nicht allzu gemein zu machen. Der Geist schildert, wie er als greiser Herrscher von seiner eigenen Leibwache überfallen und ermordet wurde, als er nach dem Essen im Bett ruhte.

Das andere Werk, die ›Sinuhe-Erzählung‹, kennen wir aus vielen hieratischen Papyri sowie von beschrifteten Tonscherben (deren größte, in Oxford, felsengroß ist). Offenbar wurde es als Übungstext in altägyptischen Schreibschulen verwendet. Aus der romanhaften Schilderung erhalten wir ein hervorragendes Bild der Lebensumstände und Hoffnungen eines ägyptischen Auswanderers. Sinuhe, ein junger Mann, der im Palast aufgewachsen ist, belauscht Verschwörer, die ein Attentat auf den König planen. Aus Angst, mit hineingezogen zu werden, flieht er in die Wüste und schlägt sich bis Palästina und Syrien durch. (Die Namen der Befestigungsanlagen, an denen er sich vorbeischleicht, sind im Hinblick auf die ägyptische Militärpräsenz gegenüber den östlichen Nachbarstaaten interessant.) Sinuhe findet freundliche Aufnahme beim palästinensischen Prinzen Retenju, macht eine gute Partie und bekommt Kinder. Im Alter sorgt er sich, auf fremdem Boden sterben zu müssen, aber alles geht gut aus, als Senwosret I. ihn nach Ägypten zurückruft, ihm viele Ehren erweist und für sein Grabmal sorgt.

und Fischgründe und die Möglichkeiten des Ackerbaus im Fajum. Durch Ausbau und Verbreiterung des natürlichen Bahr-Yussuf-Kanals, der den Fajum von Nil her versorgt, wurde die Bewässerung optimiert.

Die Außenpolitik Amenemhets II.

Obwohl die Quellen Expeditionen ans Rote Meer und, im 28. Amtsjahr, in das Land Punt erwähnen, gab sich Amenemhet II. vor allem Mühe, das Werk seiner Vorgänger zu festigen. Viele Funde zeigen, daß in diesem Zeitraum zwischen Ägypten und der Levante diplomatische Geschenke ausgetauscht wurden. Schmuck mit der Königskartusche wurde in den Königsgräbern von Byblos im Libanon gefunden (namentlich in dem des dortigen Prinzen Ipschemuabi), zusammen mit libanesischen Kopien typischer Goldschmiedearbeiten der 12. Dynastie. In Ägypten wurde in den Fundamenten des Month-Tempels in et-Tod, südlich von Luxor (Theben), ein großer Schatz entdeckt; er enthielt unter anderem vier Bronzekästen, auf deren Deckeln in Hieroglyphenschrift der Name Amenemhet II. steht. Die Kästen bargen levantinische und ägäische Silberbecher in großer Zahl, ferner Zylindersiegel aus Babylon und mesopotamische Amulette aus Lapislazuli. Vermutlich stellte der Schatz entweder einen Tribut oder ein diplomatisches Geschenk dar. Die Silberbecher müssen zu damaliger Zeit schon allein vom Materialwert her überaus wertvoll gewesen sein, denn Silber war in Ägypten viel kostbarer als Gold.

Zu dieser Zeit nimmt auch die Zahl der levantinischen Namen deutlich zu, die in ägyptischen Aufzeichnungen erwähnt werden, vielleicht wegen der von dort stammenden Haussklaven. Daß Beziehungen zu Kreta im Nordwesten des »Großen Grünen« (*wdj-wr*) bestanden, wie die Ägypter das Mittelmeer nannten, ist durch ägyptische Funde im kretischen Knossos (darunter die untere Hälfte der Statue eines Mannes namens User) belegt, ebenso durch typisch minoische Töpferei – Kamares-Ware –, die man in ägyptischen Städten wie Lahun und in einem abydenischen Grab entdeckt hat.

Amenemhet II. errichtete seine Pyramide in Dahschur, östlich der Snofru-Pyramiden aus der 4. Dynastie. Warum er sich dorthin wandte, wissen wir nicht, doch hing die Wahl vielleicht mit den Bauprojekten im nahegelegenen Fajum zusammen. Übrig blieb nur ein großer Haufen zerbröckelter Lehmziegel, ursprünglich der Kern einer Pyramide von rund 80 mal 80 Metern Grundfläche.

Senwosret II.

Die Familientradition wechselnder Namen setzte Senwosret II. fort, als er seinem Vater Amenemhet II. um 1895 v.Chr. auf den Thron folgte, nachdem er für mindestens drei Jahre dessen Mitregent gewesen war. Es war der Beginn einer Friedenszeit, während der die Kultivierung des Fajum fortgesetzt und gute Beziehungen zu den Provinzeliten aufgebaut wurden. Die Inschriften der großen Nomarchengräber von Beni Hassan in Mittelägypten, besonders das des Chnumhotep II., bezeugen das herzliche Einvernehmen mit dem König und die Ehrungen, mit denen die Eigentümer bedacht wurden.

Senwosret II. wählte Lahun als Standort seiner Pyramide; abermals wurde sie aus Lehmziegeln errichtet, die rasch verwitterten, nachdem die äußere Kalksteinschicht abgetragen war. Eine Neuerung zur Abwehr von Grabräubern war es, den Eingang von der üblichen Nordseite des Bauwerks nach

(*Oben*) Sitzstatue aus Diorit, die Senwosret II. als jungen Mann zeigt; bei Ausgrabungen im Tempel von Nag-el-Medamud nördlich von Theben gefunden. Ägyptisches Museum, Kairo.

Süden ins umliegende Steinpflaster zu verlegen. Doch selbst davon ließen sich die Plünderer nicht abhalten, obwohl Flinders Petrie 1889 in der überfluteten Grabkammer noch einen herrlichen *uraeus* fand, eine Gold- und Einlegearbeit, die zur zerstörten Königsmumie gehört haben muß.

Als er 1913 nach Lahun zurückkehrte, legte Petrie in einer Schlucht südlich der Pyramide vier Schachtgräber frei, die Mitgliedern der königlichen Familie gehörten. Sie waren alle ausgeraubt worden, bis auf das der Prinzessin Sit-Hathor-Junet. Hier konnte eine erstaunliche Kollektion persönlicher Schmuck- und Kosmetikgegenstände geborgen werden, die in drei Ebenholzkästen in einer Nische der Seitenwand lagen. Eine frühere Überschwemmung der Kammer hatte Schlamm in die Nische gespült, und die Grabräuber, die den Sarkophag der Königin aufbrachen, fanden den Schatz nicht. Zu den Kostbarkeiten gehören zwei Kragenketten aus feinstem Gold mit Einlegearbeiten und ein herrliches Diadem mit hauchdünnen Goldfedern und in den Stirnreifen eingelegten Rosetten.

In der Nähe der Pyramide entdeckte Petrie die ›Pyramidenstadt‹ der Arbeiter, die den Bau errichteten. Heute ist sie als Kahun bekannt, doch ihr ursprünglicher Name lautete *Hetep-Senwosret* (»Senwosret ist zufrieden«). Kahun ist eine Art ägyptisches Pompeji, denn es scheint abrupt verlassen worden zu sein, wobei zahlreiche Besitztümer zurückblieben. Die Ausgrabungen haben faszinierende neue Informationen über die Wirtschafts- und Sozialstruktur des alten Ägypten zutage gefördert. So drückt sich das Wohlstandsgefälle innerhalb der Siedlung in der unterschiedlichen Größe und Qualität der Häuser aus. Dutzende von Papyri, deren Themenvielfalt von Rechnungen und Gesetzestexten über Geburtshilfe bis hin zu Veterinärmaßnahmen reicht, werfen neues Licht auf Verwaltung und Logistik eines disziplinierten Arbeitsprojekts, an dem zahlreiche Menschen aus allen Gegenden des Nildeltals beteiligt waren.

(*Oben*) Schwarze Granitskulptur der Nofret, Hauptfrau Senwosrets II., aus Tanis. Die Königin trägt einen Brustschild (mit der Kartusche ihres Gatten) von ähnlicher Verarbeitung wie der ihrer Töchter aus Dahschur und Lahun (vgl. S. 80). Ägyptisches Museum, Kairo.

(*Rechts*) Die Lehmziegelmauern im Inneren der Pyramide Senwosrets II. in Lahun waren mit steinernen Kreuzstreben abgestützt, doch als Kalksteinräuber erst einmal die Verschalung abgetragen hatten, verfiel der innere Kern sehr rasch.

12. Dynastie
1991–1782

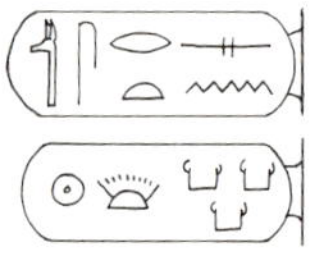

Senwosret III.
Chakaure
1878–1841

Amenemhet III.
Nimaatre
1842–1797

Amenemhet IV.
Maacherure
1798–1786

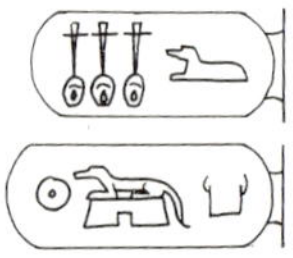

Königin Sobeknofru
Sobekkare
1785–1782

KÖNIGSNAMEN UND -GRÄBER

SENWOSRET III.
Geburtsname
S-en-wosret (»Mann der Göttin Wosret«)
Auch bekannt als
Senusret III.
Sesostris III. (griechisch)
Thronname
Cha-kau-re (»Erscheint wie die Seelen des Re«)
Grabstätte
Pyramide, Dahschur

AMENEMHET III.
Geburtsname
Amen-em-het (»Amun geht ihm voraus«)
Auch bekannt als
Amenemhat III., Ammenemes III. (griechisch)
Thronname
Ni-maat-re (»Zur Gerechtigkeit des Re gehörend«)
Grabstätte
Pyramide, Hawara

AMENEMHET IV.
Geburtsname
(wie oben)
Thronname
Maa-cheru-re (»Wahr ist die Stimme des Re«)
Grabstätte
Pyramide, Masghuna bei Süd-Dahschur (?)

KÖNIGIN SOBEKNOFRU
Geburtsname
Sobek-nofru (»Schöne des Gottes Sobek«)
Auch bekannt als
Nefrusobek
Thronname
Sobek-ka-re (»Sobek ist die Seele des Re«)
Grabstätte
Pyramide, Masghuna bei Süd-Dahschur (?)

Senwosret III.

Der dritte Senwosret kam um 1878 v. Chr. auf den Thron und soll 37 Jahre regiert haben. Dank der überwiegend in schwarzem Granit ausgeführten Statuen, die ihn mit nachdenklichen, sorgenzerfurchten Zügen und verhangenem Blick darstellen, ist er uns vom Aussehen her wohl vertrauter als jeder andere Pharao des Mittleren Reichs. Dies sind nicht mehr die nichtssagenden, gottähnlichen und selbstgefälligen Gesichter des Alten Reichs; die Königsdarstellungen dieser Periode nähern sich einer realistischen Porträtähnlichkeit. Dem liegt gewiß auch die Erkenntnis zugrunde, daß der König – obschon nach wie vor ein Gott auf Erden – sich eben auch um die irdische Wohlfahrt seines Volkes kümmern muß. Die eher bescheidenen Pyramiden des Mittleren Reichs zeigen, daß die Ägypter nicht mehr alle Kräfte und Mittel darauf konzentrierten, den unsterblichen König im Totenreich mit riesigen Denkmälern zu verherrlichen. Dafür rückt das Diesseits stärker ins Bewußtsein: landwirtschaftliche Reformen und innovative Projekte, für die der große Bahr-Yussuf-Kanal das beste Beispiel abgibt.

Manetho schildert Senwosret als tapferen Krieger und erwähnt ausnahmsweise auch die königliche Statur: »4 *cubiti*, 3 Handspannen und 2 Finger groß« – über zwei Meter soll er gemessen haben. Seine beeindruckende Erscheinung muß mit zum Erfolg seiner inneren Reformen beigetragen haben.

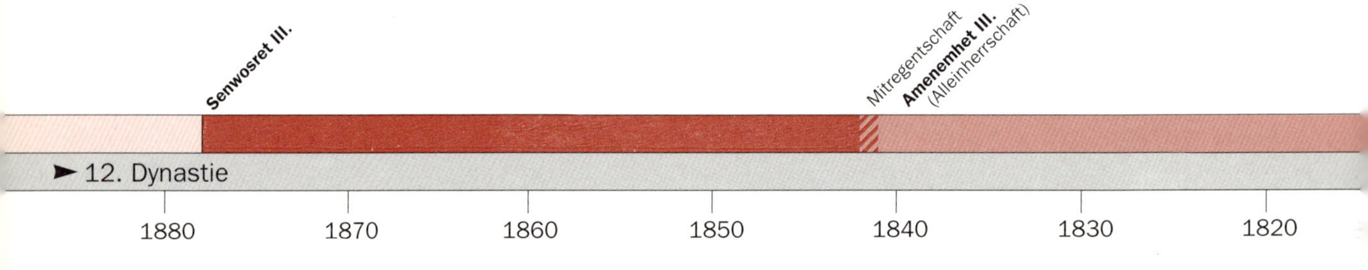

(*Links*) Sitzstatue des Senwosret III. aus schwarzem Granit, leicht erkennbar an seinen schwermütigen Gesichtszügen und durch die in den Gürtel geritzte Kartusche belegt. Ägyptisches Museum, Kairo.

Insbesondere gelang es ihm, durch ein neues Verwaltungssystem den Handlungsspielraum der Regionalfürsten zu schmälern, deren wachsender Einfluß allmählich wieder zur Gefahr für die Monarchie wurde. Der König nahm ihnen die Autonomie, teilte das Land in drei Regierungsbezirke – Norden, Süden und den südlichen Brückenkopf (Elephantine und Unternubien) – und setzte jeweils ein Direktorium ein, das einem seiner Wesire rechenschaftspflichtig war.

Senwosret III. als Militärführer

Nachdem die inneren Verhältnisse gefestigt waren, konnte sich Senwosret III. auf die Außenpolitik konzentrieren. Schon zu Beginn seiner Regierungszeit hatte er mehrere verheerende Feldzüge nach Nubien unternommen, um die ägyptische Südgrenze gegen Übergriffe kriegerischer Nachbarn zu schützen und die Handelsstraßen und Versorgungswege zu sichern. Bei Aswan ließ er einen Kanal anlegen, der den Ersten Katarakt umging und so das rasche Eingreifen seiner Flotte gewährleistete. Schon im Alten Reich hatte es hier einen Kanal gegeben, aber Senwosret III. verbreiterte, vertiefte und begradigte die Wasserstraße, die nach einer Inschrift im achten Jahr seiner Regierung wiedereröffnet wurde. Senwosret mußte die Nubier mehrmals abstrafen, so in den Jahren 12 und 15 seiner Amtszeit, und offensichtlich war er stolz auf seine Erfolge bei der Züchtigung widerspenstiger Stammeshäuptlinge: »Ich verschleppte ihre Frauen, ich verschleppte ihre Untertanen«, heißt es auf einer Stele in Semna (jetzt in Berlin), »fiel über ihre Brunnen her, erschlug ihre Bul-

(*Links*) Kopf des Senwosret III. aus Rosengranit; dieses vielleicht eindrucksvollste Porträt des Königs wurde 1970 in Karnak gefunden. Museum Luxor.

(*Rechts*) Stele des Senwosret III. aus Elephantine, mit seinem Namen in der Kartusche und in einem *serech*. Der Text berichtet von Bauarbeiten an der dortigen Festung während einer Militäraktion weiter südlich in Kusch. British Museum, London.

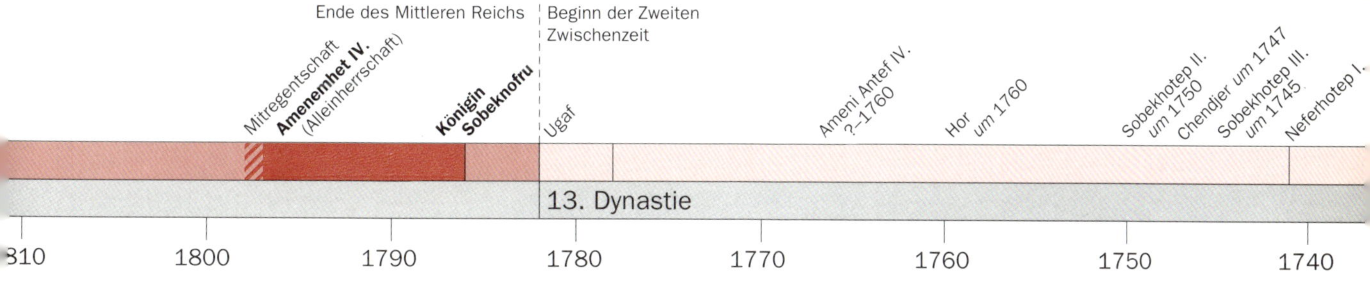

Zwei der in Dahschur gefundenen Brustschilde der Königin Mereret verdienen besondere Aufmerksamkeit wegen ihrer handwerklichen Verarbeitung. Eine Kartusche auf dem ersten (*ganz oben*) erweist ihn als Geschenk ihres Gatten Senwosret III. Der zweite (*oben*), der ein Geschenk ihres Sohns Amenemhet III. darstellt (und nahelegt, daß sie ihren Mann überlebte), ist von weit schlechterer Qualität; seine Ornamentik zeigt einen *horror vacui*, der von der symbolischen Bildsprache ablenkt. Ägyptisches Museum, Kairo.

len, riß ihr Getreide aus dem Boden und legte Feuer in den Feldern.« Er verschob die ägyptische Grenze weiter südwärts als irgendeiner seiner Vorgänger und hinterließ künftigen Königen die Mahnung: »Für jeden meiner Söhne, der diese Grenze verteidigt, die Meine Majestät gezogen hat, gilt, daß er mein Sohn ist, geboren von Meiner Majestät, das Ebenbild eines siegreichen Sohns, der Augapfel seines Vaters, der die Grenze dessen sichert, der ihn gezeugt hat. Jener aber, der sie vernachlässigt und nicht für sie kämpft, der ist mein Sohn nicht, der ist mir nicht geboren.« Kein Wunder, daß Senwosret in Nubien von späteren Generationen als Gott verehrt wurde und es seinen Söhnen und Enkeln gelang, ihr Erbe zu wahren.

Zwar richteten sich die meisten militärischen Aktivitäten Senwosrets gegen Nubien, doch auch eine Expedition nach Syrien ist belegt. Dabei handelte es sich allerdings wohl mehr um einen Beutezug und eine Vergeltungsmaßnahme als darum, die ägyptische Gebietshoheit in dieser Richtung auszudehnen.

Der König als Bauherr

Ein großer Teil der in den nubischen Feldzügen eroberten Reichtümer kam den ägyptischen Tempeln und ihrer Restaurierung zugute. Nach seiner abydenischen Inschrift wurde der Beamte Ichernofret vom König beauftragt, Barke, Schrein und Kapellen des Osiris wiederherzustellen und dabei mit Gold, Elektron (eine Gold-Silber-Legierung), Lapislazuli, Malachit und anderen Edelsteinen nicht zu sparen. Der Tempel des Mentuhotep I. in Deir el-Bahari bei Theben erhielt sechs lebensgroße Granitskulpturen des Königs im *nemes*-Kopfschmuck, die auf der unteren Terrasse aufgestellt wurden. Dort vorgefundene Sgraffiti erwähnen ein vielköpfiges Priesterkollegium, das hier zur Pflege des Amun-Kults unterhalten wurde; Interesse und Respekt für die religiösen Zentren von Theben waren offenbar nicht geschwunden, obschon Hauptstadt und Königsfriedhof nach Norden verlegt worden waren.

Gleich nördlich von Karnak (Theben) bei Nag-el-Medamud errichtete Senwosret der alten thebanischen Gottheit, dem Kriegsgott Month, einen mächtigen Tempel. Im Neuen Reich und später noch einmal in ptolemäischer und römischer Zeit wurde er umgebaut, und von der Anlage aus dem Mittleren Reich ist nichts geblieben. Dennoch wurden 1920 noch die Trümmer zweier kunstvoll behauener Türpforten des ursprünglichen Tempels gefunden, dazu einige schöne Statuen und eine Reihe von Inschriften.

Detailliertes Relief vom Tempel in Medamud, nördlich von Theben. Es zeigt Senwosret III. beim *heb-sed*-Fest, auf einem Thron im eigens errichteten Pavillon sitzend, jeweils mit der Roten Krone von Unterägypten und der oberägyptischen Weißen Krone. Ägyptisches Museum, Kairo.

MILITÄRAKTIONEN IN NUBIEN

Ägyptens militärische Interessen konzentrierten sich während der 12. Dynastie weitgehend auf Nubien (bzw. Kusch, wie sie das Land selbst nannten). Die Südgrenze wurde durch eine Serie von Forts geschützt, von denen einige den ersten beiden Senwosrets, die meisten aber Senwosret III. zu verdanken sind. Zeitgenössische Papyrusdepeschen berichten von den kleinsten Truppenbewegungen in dieser Region. Überliefert ist auch eine Liste von dreizehn Festungen, alle aus soliden Lehmziegeln erbaut und an strategischen Punkten zwischen Elephantine (Aswan) – der offiziellen Südgrenze Ägyptens – und Semna, weit jenseits des Zweiten Katarakts, plaziert.

Bei der Anlage des großen Nasser-Stausees in den sechziger Jahren wurde Nubien überflutet und die meisten dieser Bauwerke zerstört, doch konnten noch viele Informationen durch den Noteinsatz internationaler Archäologenteams sichergestellt werden. Die Festungen waren offenbar groß genug, um autark zu sein und Wohnraum für die gesamte Besatzung zu bieten; erst im europäischen Mittelalter sollte es wieder vergleichbare Burganlagen geben. Die stattlichen Rundtürme der Festung Buhen hatten Schießscharten, deren Winkel erlaubte, die Angreifer über einen breiten Wassergraben hinweg mit Pfeilen einzudecken – um so bedauerlicher, daß sie nur ausgegraben wurden, um abermals gut 61 Meter unter dem Wasserspiegel des Assuan-Stausees zu versinken.

Die Lehmziegelwälle der Festung Buhen aus dem Mittleren Reich nehmen mit ihren Bastionen, von denen aus sich das gesamte Vorfeld unter Beschuß nehmen ließ, ihre mittelalterlichen europäischen Gegenstücke um gut 3200 Jahre voraus.

Seine Pyramide ließ Senwosret III. in Dahschur, dem Friedhof des Mittleren Reichs, bauen. Mit ihrer Basis von 107 Metern im Geviert ist sie die größte der 12. Dynastie, aber das Verschwinden der Kalkstein-Verschalung hat ihren Lehmziegelkern stark verwittern lassen. Wie sein Vater hat auch Senwosret III. versucht, den Eingang zu verbergen, und ihn diesmal unter das Pflaster des Hofbezirks an der Westseite gelegt. Daß auch dies die Grabräuber nicht täuschen konnte, braucht kaum hervorgehoben zu werden. Die Grabmäler seiner Gemahlin Mereret und der Prinzessin Sit-Hathor – seiner Schwester und vermutlich auch Nebenfrau – entdeckte Jacques de Morgan 1894/95 bei seinen Ausgrabungen im Norden des Pyramidenbezirks. In beiden kam kostbarer Schmuck zum Vorschein, der erhalten blieb, weil er nicht bei den später geraubten Mumien, sondern anderswo im Grab deponiert lag.

VON AMENEMHET III. BIS KÖNIGIN SOBEKNOFRU

Senwosrets Sohn Amenemhet III. regierte 45 Jahre und hinterließ wie sein Vater eine Reihe von Porträts, die ihrer Individualität und bildhauerischen Qualität wegen bemerkenswert sind. Unter seiner Regierung erreichte das wirtschaftliche Wachstum des Mittleren Reichs seinen Höhepunkt. Das Interesse an den fruchtbaren Ackerböden des Fajum wuchs, und in Kiman Faris wurde ein riesiger Tempel für den dortigen Krokodilgott Sobek errichtet, um ihn mit der Falkengottheit Horus dem Älteren gemeinsam zu verehren. Vor allem beutete Amenemhet III. die Steinbrüche Ägyptens und die Türkisminen des Sinai aus, wie zahlreiche Felsinschriften berichten.

(*Oben*) Die sanften Züge einer Kalksteinstatue Amenemhets III. aus Hawara – wo seine Pyramide vermutet wird – kontrastieren mit der priesterlichen Strenge eines Porträts, das bei Medinet el-Fajum gefunden wurde (*unten rechts*). Ägyptisches Museum, Kairo.

Merkwürdig ist, daß in Ägypten selbst trotz seiner langen Herrschaft nur wenige Inschriften Amenemhets III. existieren; über 90 Prozent wurden jenseits der Grenzen gefunden, beispielsweise auf dem Sinai. Dennoch geben sie einen brauchbaren Überblick seiner Regierungstätigkeit und listen ausführlich seine Beamten und die in den Steinbrüchen vorgenommenen Arbeiten auf.

Amenemhets Pyramiden

Eine ungewöhnliche Tat Amenemhets war, für sich selbst zwei Pyramiden zu errichten, was es seit dem Alten Reich unter Snofru nicht mehr gegeben hatte. Eine liegt in Dahschur und hat eine Grundfläche von 104 Metern im Geviert, bei der anderen in Hawara sind die Seiten zwei Meter kürzer. Von der ersten ist man anscheinend wieder abgekommen, denn bestattet wurde der König in Hawara, wo seine Pyramide und die dazugehörige große Tempelanlage auf der Südseite das Interesse einiger antiker Schriftsteller erregte. Seit Herodot (Mitte des 5. Jahrhunderts v.Chr.) wurde das 305 mal 244 Meter große Gebäude als Weltwunder betrachtet, als veritables Labyrinth, das mit dem legendären Bau in Knossos verglichen wurde. Strabo beschrieb minuziös die vielen Kammern und Korridore. Doch die Anlage wurde schon in antiker Zeit so stark zerstört, daß Petrie größte Mühe hatte, seine karge archäologische Ausbeute mit Strabos Schilderung in Einklang zu bringen, als er die verwüstete Stätte 1888/89 ausgrub.

Amenemhets Pyramide war, wie in dieser Epoche üblich, aus Lehmziegeln erbaut und mit Kalkstein verschalt. Einmal mehr wurde der Eingang abgesichert, indem man ihn weitab vom Zentrum auf die Südseite verlegte. Die innere Ausstattung der Amenemhet-Pyramide war ziemlich ungewöhnlich, enthielt Sackgassen, verborgene Falltüren und verschiebbare Deckenplatten in den Gängen. Eine raffinierte Verfugung von drei Quarzitblöcken mit zwei entlastenden Hohlräumen aus Kalksteinquadern, von einem Bogen aus Ziegelsteinen gekrönt, beschließt das Ganze. Die Grabkammer, ein riesiger ausgehöhlter Quarzitblock (7 x 2,50 m), ähnelt einer deckellosen Kiste, die in den Boden versenkt wurde, um darüber die Pyramide zu errichten. In dieser ›Kiste‹ lagen, zusammen mit Kanopenschreinen aus demselben Material, zwei Quarzitsarkophage; der größere für den König, der kleinere für seine

(*Links*) Detail der Kartuschen Amenemhets III. auf der Schulter eines löwenmähnigen Sphinx mit dem Gesicht des Königs aus Tanis. Ägyptisches Museum, Kairo.

(*Rechts*) Amenemhet III. wird in dieser einzigartigen Statue aus Medinet el-Fajum als *setem*-Priester dargestellt. Seine Insignien: schwere Perücke, Halsschmuck und ein Gewand aus Leopardenfell. Ägyptisches Museum, Kairo.

Wenn die Kalkstein-Verschalung der Pyramiden aus dem Mittleren Reich erst einmal von Steinräubern abgetragen war, fiel der Lehmziegelbau im Innern rasch der Erosion zum Opfer, wie hier bei der Pyramide Amenemhets III. in Dahschur.

Tochter, Prinzessin Neferu-Ptah. Nach der Bestattung war die Kammer mit einer einzigen Felsplatte von rund 45 Tonnen Gewicht versiegelt und die Grube wieder aufgefüllt worden, um jede Spur zur verwischen. Solche Sicherheitsmaßnahmen (sie erinnern ein wenig an die Falltüren und Attrappen in Horrorfilmen vom ›Fluch der Pharaonen‹) oder die wüsten Abenteuer des Indiana Jones hätten eigentlich das Bauwerk einbruchsicher machen sollen; dennoch gelang es Grabräubern, einzudringen, die Mumien auszuplündern und ihre Holzsärge zu verbrennen.

Das Ende der Dynastie

Amenemhet III. war der letzte große Herrscher des Mittleren Reichs, wie von Syrien bis zum Dritten Katarakt zahlreiche Inschriften bezeugen. Über seinen Nachfolger Amenemhet IV. ist wenig bekannt. Es könnte sein, daß er gar nicht selbständig regiert hat, sondern nur Mitregent seines betagten Vaters war. Man nimmt an, daß er in noch jugendlichem Alter starb und eine Königin namens Sobeknofru die Regentschaft übernahm, die später kurzzeitig alleine das Szepter führte. Amenemhet IV. und Sobeknofru finden nur wenig Erwähnung in schriftlichen Quellen, und eine Pyramide konnte weder für ihn noch für sie durch eindeutige Inschriften nachgewiesen werden. Man hat ihnen jedoch zwei Pyramiden in Masghuna zugeschrieben, knapp fünf Kilometer südlich von Dahschur. Diese Hypothese beruft sich darauf, daß diese Bauwerke der Pyramide Amenemhets III. in Hawara technisch überlegen sind und daher aus späterer Zeit stammen müssen. Da keine anderen Herrscher zwischen Amenemhet III. und dem Ende der Dynastie bekannt geworden sind, ist sie nicht ganz unwahrscheinlich.

Ein Zylindersiegel aus Steatit trägt die Zeichen der Königin Sobeknofru in einer Kartusche, gefolgt von ihrem Horusnamen »Falkenweibchen, Geliebte des Re« in einem *serech* und ihrem Titel »Herrscherin des Südens und Nordens«. British Museum, London.

13. Dynastie
1782–1650

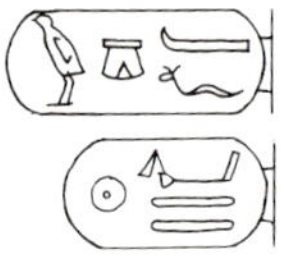

Ugaf
Chutauire
1782–1778

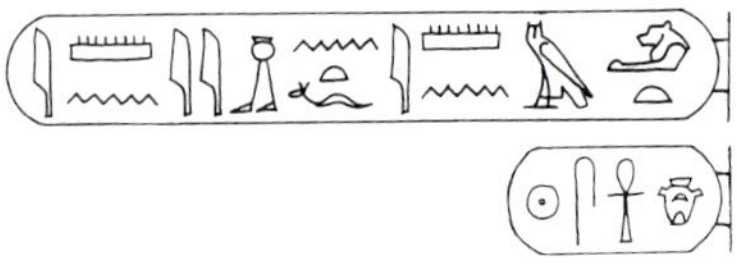

Ameni Antef IV.
(Amenemhet V.)
Sanchibre
(?)–1760

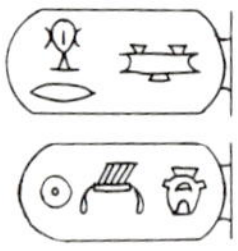

Hor
Auibre
um 1760

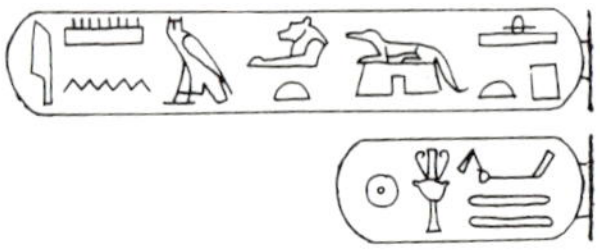

Sobekhotep II.
(Amenemhet VI.)
Sechemre Chutaui
um 1750

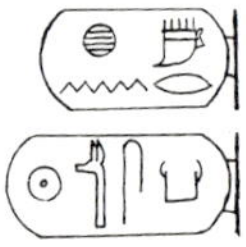

Chendjer
Userkare
um 1747

Sobekhotep III.
Sechemre Sewadjtaui
um 1745

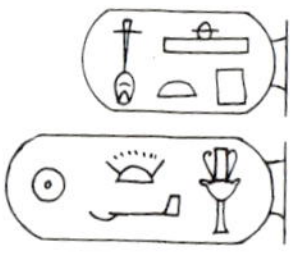

Neferhotep I.
Chasechemre
1741–1730

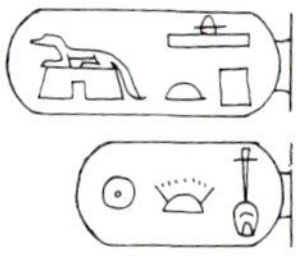

Sobekhotep IV.
Chaneferre
1730–1720

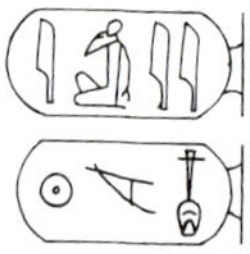

Aja
Merneferre
um 1720

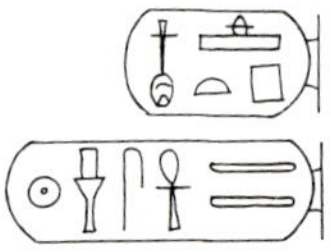

Neferhotep II.
Sechemre Sanchtaui

14. Dynastie

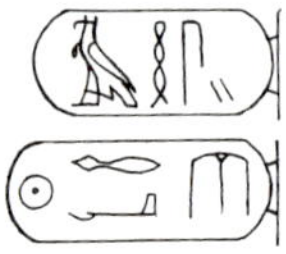

Nehsi
Aasehre

Trotz der Nachfolgeprobleme, die sich angesichts einer Frau auf dem Thron gegen Ende der 12. Dynastie einstellten, erfolgte der Übergang zu einem neuen Herrscherhaus anscheinend reibungslos. Zehn Könige wurden für die 13. Dynastie aufgelistet, die knapp siebzig Jahre währte, und offenbar gelang es ihnen, von ihrem Regierungssitz Itj-taui nahe dem Fajum aus bis hin zum vorletzten Herrscher Merneferre Aja (um 1720 v. Chr.) die Kontrolle über Ober- und Unterägypten zu behaupten. Tatsächlich waren die Unruhen, die dieser Periode in der frühen Forschung nachgesagt wurden, nicht so ernst wie

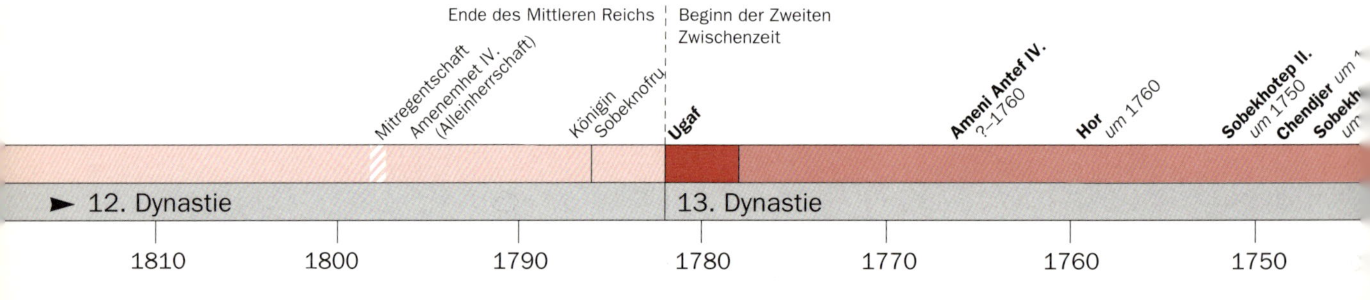

KÖNIGSNAMEN UND -GRÄBER

UGAF
Geburtsname
Ugaf
Thronname
Chu-taui-re
(»Re schützt die Beiden Länder«)

AMENI ANTEF IV.
Geburtsname
Ameni Antef Amen-em-het (»Ameni Antef, Amun geht ihm voraus«)
Thronname
Sanch-ib-re (»Das Herz des Re lebt«)

HOR
Geburtsname
Hor
Thronname
Au-ib-re
(»Re steht dem Herzen bei«)
Grabstätte
Dahschur

SOBEKHOTEP II.
Geburtsname
Amen-em-het Sobek-hotep (»Amun geht ihm voraus, die Gottheit Sobek ist zufrieden«)
Auch bekannt als
Sobekhotpe II.
Thronname
Sech-em-re Chu-taui (»Mächtig ist Re, Beschützer der Beiden Länder«)
Grabstätte
Dahschur (?)

CHENDJER
Geburtsname
Chendjer
Thronname
User-ka-re
(»Machtvoll ist die Seele des Re«)
Grabstätte
Pyramide, Süd-Saqqara

SOBEKHOTEP III.
Geburtsname
Sobek-hotep (»Der Gottheit Sobek wohlgefällig«)
Thronname
Sech-em-re Se-wadj-taui
(»Machtvoll ist Re, er läßt die Beiden Länder erblühen«)

NEFERHOTEP I.
Geburtsname
Nefer-hotep
(»Schön und erfreuend«)
Auch bekannt als
Neferhotpe I.
Thronname
Cha-sech-em-re
(»Mächtig ist die Seele des Re«)

SOBEKHOTEP IV.
Geburtsname
Sobek-hotep (»Die Gottheit Sobek ist zufrieden«)
Thronname
Cha-nefer-re
(»Schön ist die Seele des Re«)

AJA
Geburtsname
Aja
Auch bekannt als
Aja
Thronname
Mer-nefer-re
(»Schön ist die Sehnsucht des Re«)

NEFERHOTEP II.
Geburtsname
Nefer-hotep (»Schön und erfreuend«)
Thronname
Sech-em-re S-anch-taui (»Mächtig ist Re, Er schenkt den Beiden Ländern Leben«)

NEHSI
Geburtsname
Nehsi
Thronname
Aa-seh-re (»Re, der gewaltige Ratgeber«)

ursprünglich angenommen: Die Zentralregierung blieb nahezu über die gesamte Dauer der Dynastie erhalten, und im Land herrschten einigermaßen stabile Verhältnisse. Aus zeitgenössischen Inschriften über den Wasserstand des Nils geht hervor, daß einige der Könige im Süden Präsenz zeigten, was für eine starke monarchische Autorität im Norden spricht.

Die genaue Chronologie der 13. Dynastie läßt sich nur schwer ermitteln, denn aus dieser Epoche stammen nur wenige Bauwerke. Viele der Königsnamen sind nur in einer einzigen fragmentarischen Inschrift überliefert, später auch auf Skarabäen. Merneferre Aja war der letzte Herrscher dieser Dynastie, dessen Name auf Monumenten in Ober- und Unterägypten erscheint, und nach seinem Tod scheint das östliche Delta unter eigenen Kleinkönigen abgefallen zu sein. Von den sich anschließenden Zwistigkeiten zeichnen die Klagen in zeitgenössischen Papyri ein düsteres Bild.

Unsere Kenntnisse über die ersten Monarchen sind ziemlich dürftig, aber das Grab des dritten Königs Hor wurde in Dahschur unweit der Pyramide Amenemhets III. entdeckt. Mit der Wahl des Orts sollten vermutlich Kontinuität und innere Verbundenheit mit der vorausgehenden Dynastie betont werden. Nach dem fragmentarischen Königskanon des Turiner Papyrus soll die Herrschaft Hors nur ein paar Monate gedauert haben, und seine Bestattung fiel dementsprechend mittelmäßig und bescheiden aus. Nichtsdestoweniger blieb das Grab unberührt und schenkte der Wissenschaft einen hölzernen Schrein mit einer beeindruckenden lebensgroßen hölzernen *ka*-Statue des Königs.

In Saqqara gibt es vier kleine, ursprünglich mit Kalkstein verkleidete Ziegelpyramiden, die Königen dieser Epoche zugeschrieben werden; wenigstens eine davon läßt sich mit dem fünften Herrscher Chendjer Userkare in Zusammenhang bringen. Der Schweizer Archäologe Gustave Jéquier fand in dieser Pyramide eine gut erhaltene Innenausstattung vor. Zwei mächtige Fallgatter aus Quarzit schützten den im Westen gelegenen Zugang; in die aus einem einzigen Quarzitblock gemeißelte Grabkammer führt ein weitläufiger, verwirrender Fuchsbau von Korridoren. Trotz all dieser Vorsichtsmaßnahmen schlugen Grabräuber einen schmalen Durchschlupf in das Gestein und drangen bis zur Kammer vor. Ob jemand darin bestattet war, ist unklar; auf die Identität des Bauherrn deuten nur Bruchstücke von Palmblättersäulen im nahegelegenen Totentempel hin, die Chendjers Kartusche tragen. In den Tempelruinen lag außerdem ein beschriftetes, aber arg zertrümmertes Pyramidion des Königs, die pyramidenförmige Spitze eines Obelisken aus schwarzem Granit. Ein benachbarter Bezirk wies drei Schächte auf, die in unterirdische Kammern mit je einem roh zusammengehauenen Quarzitsarkophag führen, sowie eine weitere kleine Ziegelpyramide. Diese Anlage war zweifellos für die Bestattung der Königsfrauen vorgesehen, wurde aber anscheinend nie benutzt. Sgraffiti auf einigen Steinblöcken lassen für Chendjer auf eine Regierungszeit von vier Jahren schließen.

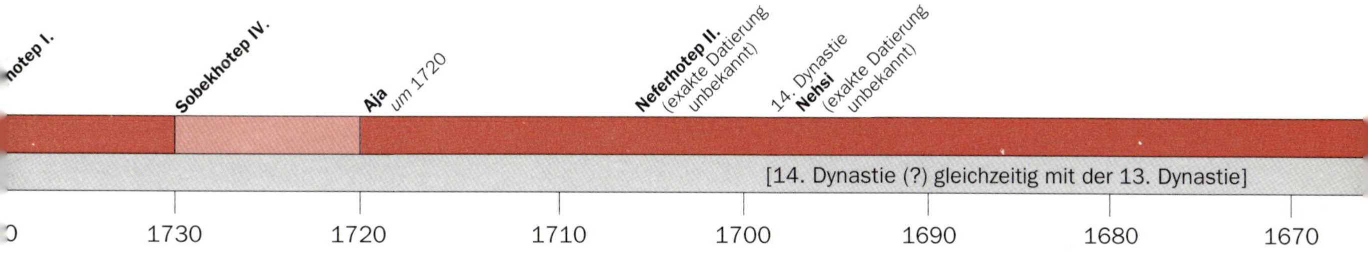

Um die Mitte der Dynastie haben offenbar drei Brüder regiert – Neferhotep I., Sobekhotep IV. und Sihathor –, wobei der letztere möglicherweise kein echter König war, sondern lediglich ein Prinz. Verbindungen zur Mittelmeerregion werden durch verschiedene Inschriften und ein Relief bezeugt, das Neferhotep und seinen vor ihm sitzenden Vasallen, Prinz Yantin von Byblos, darstellt. Außerdem gibt es Berichte über eine Expedition zu den Minen der östlichen Wüste. Eine figurale Grabbeigabe aus Holz (*uschebti*), die in Lischt gefunden wurde (heute in New York), zeigt Neferhoteps Sohn Wahneferhotep, der wahrscheinlich früher als sein Vater starb. Von Sobekhotep sind mehrere riesige Granitstatuen erhalten, darunter drei in Tanis, wohin sie aber wohl erst später in der 21. oder 22. Dynastie entweder von Memphis oder Auaris (Tell el-Daba) verbracht wurden.

Mit den letzten Jahren der 13. Dynastie fiel auch die nebulöse 14. Dynastie zusammen, die vom östlichen Delta aus regierte. Sie dauerte etwa 57 Jahre, obschon nur zwei Könige durch Monumente belegt sind.

(*Rechts*) Die lebensgroße hölzerne *ka*-Statue des Königs Hor aus Dahschur trägt die erhobenen Arme des *ka*-Zeichens für ›Seele‹ auf dem Haupt und wirkt frappierend lebensecht durch die in Kupfer gefaßten Augen aus Bergkristall und weißem Quarz. Ägyptisches Museum, Kairo.

(*Ganz rechts*) Lebensgroße Sitzstatue des Sobekhotep IV. aus Rosengranit, eines der wenigen Königsporträts aus dieser Epoche. Louvre, Paris.

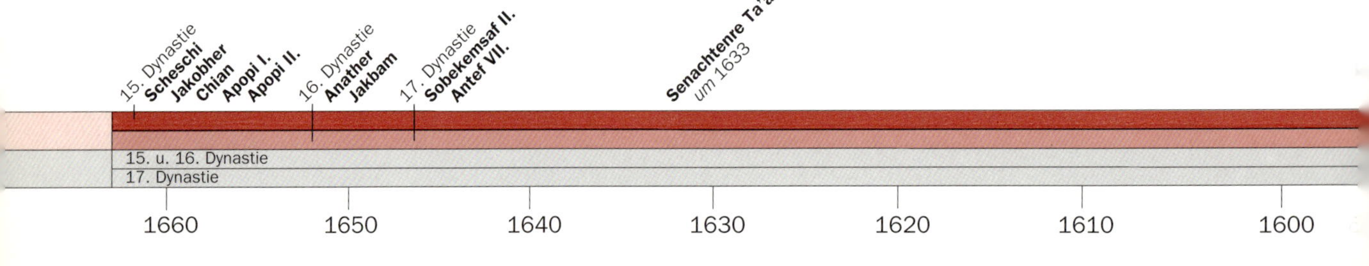

15. Dynastie (Hyksos)
1663–1555

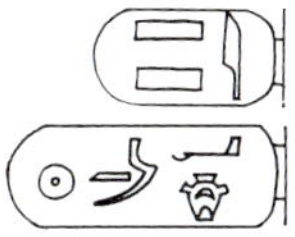

Scheschi
Maaibre

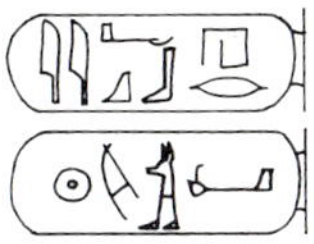

Jakobher
Meruserre

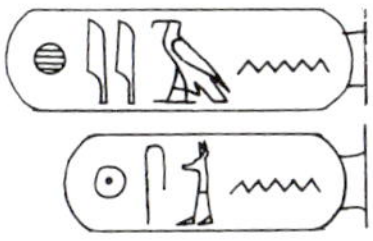

Chian
Seuserenre

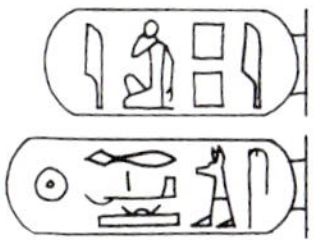

Apopi I.
Auserre

Apopi II.
Aqenenre

16. Dynastie
1663–1555

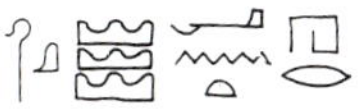

Anather

Jakbam

17. Dynastie (Theben)
1663–1570

Sobekemsaf II.
Sechemre Schedtaui

Antef VII.
Nubcheperre

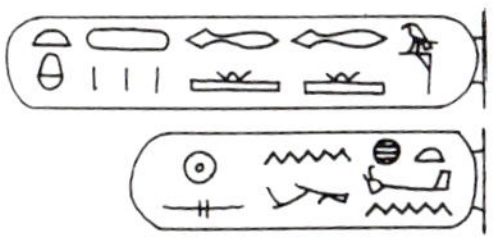

Ta'a I.
Senachtenre
um 1633

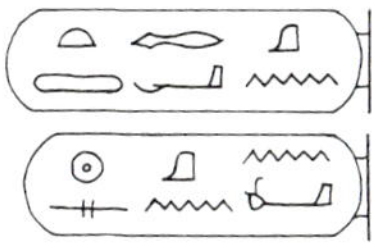

Ta'a II.
Seqenenre
um 1574

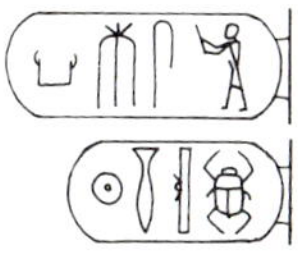

Kamose
Wadjcheperre
1573–1570

Skarabäen (*v. l. n. r.*) des Scheschi, Chian und Apopi I.

Die ephemeren Könige der 14. Dynastie waren nicht die einzigen, die sich gegen Ende der 13. Dynastie parallel zur Hauptlinie durchsetzten; ein Geschlecht semitischer Könige begann, sich die Kontrolle über die Ostwüste und Ägyptens Deltaregion zu verschaffen. Diese Herrscher der 15. Dynastie bezeichneten sich selbst als Hyksos, ›Wüstenprinzen‹ (*hikau-choswet*). In der Fachliteratur erscheinen sie vielfach – und unrichtig – auch als ›Hartenkönige‹.

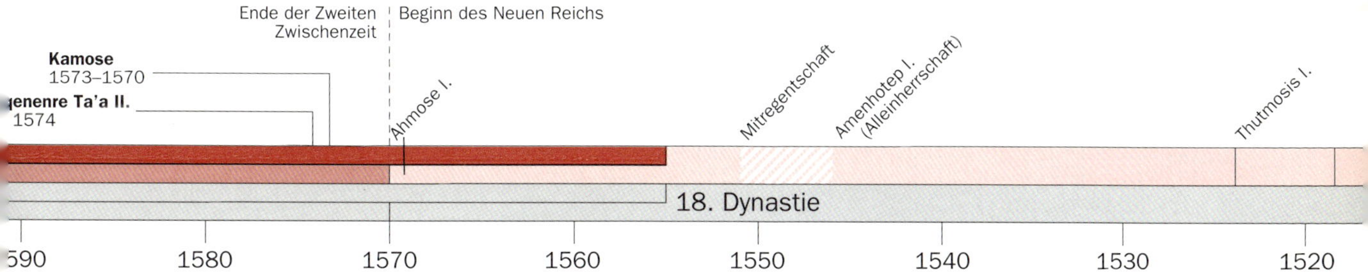

KÖNIGSNAMEN

SCHESCHI
Geburtsname
Scheschi
Thronname
Maa-ib-re
(»Weitblickend ist das Herz des Re«)

JAKOBHER
Geburtsname
Jakobher
Thronname
Mer-user-re (»Stark ist die Liebe des Re«)

CHIAN
Geburtsname
Chian
Auch bekannt als
Chyan
Thronname
Se-user-en-re
(»Machtvoll wie Re«)

APOPI I.–II.
Geburtsname
Apopi
Auch bekannt als
Apophis I.–II. (griechisch)
Thronname (I.)
Au-ser-re (»Groß und mächtig wie Re«)
Thronname (II.)
Aqen-en-re
(»Geist des Re«)

ANATHER
Geburtsname
Heka Chaswt Anather (»Anather, Beherrscher der Wüstenländer«)

JAKBAM
Geburtsname
Jakbaam

SOBEKEMSAF II.
Geburtsname
Sobek-em-sa-f
(»Sobek ist sein Schutz«)
Auch bekannt als
Sebekemsaf II.
Thronname
Sech-em-re
Sched-taui (»Mächtig ist Re, Retter der Beiden Länder«)

ANTEF VII.
Geburtsname
Antef
Auch bekannt als
Anjotef VII.
Thronname
Nub-cheper-re
(»Golden ist die Erscheinung des Re«)

TA'A I.–II.
Geburtsname
Ta'a
Auch bekannt als
Tao I., II.
Thronname (I.)
Se-nacht-en-re
(»Dauerhaft wie Re«)
Thronname (II.)
Seqen-en-re
(»Zerschmetternd wie Re«)

KAMOSE
Geburtsname
Kamose
Thronname
Wadj-cheper-re
(»Blühend ist die Erscheinung des Re«)

Manethos Schilderung dieser Epoche wird ausführlich von Flavius Josephus, dem Historiker des Judentums, in seiner Schrift *Contra Apionem* zitiert. Doch muß man bedenken, daß Manetho als Gräko-Ägypter über das schrieb, was er für die größte Katastrophe hielt, die Ägypten jemals heimgesucht hatte – von Fremdvölkern beherrscht zu werden. In späteren ägyptischen Quellen wird dies meist als Ansturm barbarischer Horden ausgemalt; in Wahrheit waren semitische Stämme über einen längeren Zeitraum hinweg nach Ägypten eingewandert. Das geht nicht nur aus Stelen des Mittleren Reichs und einigen Sklavenlisten, sondern auch aus den Abbildungen von Asiaten hervor, mit denen in der 12. Dynastie das Grab des Fürsten Chnumhotep II. im mittelägyptischen Beni Hassan ausgemalt wurden. Diese Siedler gewannen nach und nach an Einfluß, doch erst im späten 18. Jahrhundert v. Chr. begannen sie ihre Herrschaft über ihre Machtbasis Auaris (das heutige Tell el-Daba, erst kürzlich durch Manfred Bietak von der Universität Wien ausgegraben) hinaus auszudehnen.

Den fünf (vielleicht auch sechs) von Manetho identifizierten Hyksos-Herrschern gibt der Turiner Königskanon eine Zeitspanne von 108 Jahren; ihre einzelnen Regierungszeiten sind ungewiß. Bedauerlicherweise ist der Papyrus an dieser Stelle schadhaft, und die Zahl für den nominellen Gründer Scheschi könnte dreizehn oder dreiundzwanzig Jahre bedeuten; aus demselben Grund könnte sein Nachfolger Jakobher acht oder achtzehn Jahre regiert haben. Am längsten konnte sich mit rund vierzig Jahren Amtszeit der vierte König dieser Linie halten, Auserre Apopi I. (griechisch Apophis).

Die Hyksos plünderten um 1720 v. Chr. die oberägyptische Hauptstadt Memphis, aber statt sich dort einzurichten, operierten sie vorzugsweise von Stützpunkten im östlichen Delta wie Auaris oder Tell el-Jehudija aus. Passenderweise galt die besondere Verehrung dieser Wüstensöhne dem Gott Seth, der in unfruchtbaren Regionen heimisch war. Aus ihrer phönizischen Heimat führten sie auch andere fremdländische Kulte ein, darunter die der Muttergottheit Astarte und des Kriegs- und Sturmgotts Reschep.

Diplomatische Beziehungen außerhalb Ägyptens

Neuere Funde in Tell el-Daba (Auaris) im nordöstlichen Delta belegen, daß die dortigen Paläste in antiker Zeit furchtbar verheert wurden. Fragmente vorzüglicher Wandmalereien im minoischen Stil (womöglich älter als die im Minos-Palast von Knossos auf Kreta) wurden in einem Gartengelände verstreut entdeckt. Sie sind nicht nur beredte Zeugnisse für die Zerstörungswut, sondern – wichtiger noch – für die Verbindungen zur minoischen Kunst und Kultur. Auf enge Kontakte zu Kreta läßt auch ein Gefäßdeckel aus Alabaster schließen, der in Knossos gefunden wurde; er trägt die Kartusche des dritten Hyksos-Königs Chian. Seinen Namen nennt auch ein Sgraffito aus dem Mittleren Reich, das in die Schulter einer kauernden Sphinxfigur aus Rosengranit gekratzt wurde. Sie wurde merkwürdigerweise in Bagdad gefunden. Chians Name ist häufiger schriftlich überliefert als der seiner Mitkönige; sie kennen wir vor allem von Skarabäen, den typischen Kunsterzeugnissen jener Zeit.

Daß die Nachrichten über die Hyksos-Epoche so spärlich sind, ist hauptsächlich auf zwei Faktoren zurückzuführen. Erstens war ihr Einfluß weitgehend auf das Delta und die nördliche Region Ägyptens beschränkt, wo das Zentrum ihrer Macht lag. Zweitens galt den alten Ägyptern die Fremdherr-

Bei Ausgrabungen in Tell-el-Daba im östlichen Delta (*rechts*, späte Hyksos-Periode) wurde eine Reihe bemerkenswerter farbiger Freskenfragmente entdeckt. Parallelen zu den bekannten minoischen Wandmalereien in Knossos sind deutlich erkennbar, beispielsweise der Wettkampf im Stiersprung, bei dem der Athlet einen Salto über den Rücken eines angreifenden Stiers macht (*unten*).

schaft als fürchterliche Schmach, und als das existentiell notwendige Gleichgewicht wiederhergestellt war, gab es nachweislich einen Trend zur ›Vergangenheitsbewältigung‹, in deren Verlauf das Andenken und die Monumente der Hyksos-Dynastie verdrängt oder bewußt zerstört wurden.

Von der ephemeren 16. Dynastie (Kleinkönige, die mit großer Wahrscheinlichkeit im Windschatten und mit Beistand der Hyksos-Herrscher in Auaris regierten) sind nur zwei Namen überliefert – Anather und Jakbam. Sie erscheinen nicht in Kartuschen und sind vor allem von Skarabäen bekannt, die in Nordägypten und im südlichen Palästina gefunden wurden.

NEUERUNGEN IM KRIEGSWESEN

Ihre militärische Überlegenheit hat zweifellos dazu beigetragen, daß die Hyksos den ägyptischen Widerstand so mühelos überwinden konnten. Sie haben nicht nur den pferdegezogenen Streitwagen eingeführt, was ihnen immense taktische Vorteile verschafften, sondern waren auch zielsichere Bogenschützen. Die Ägypter begriffen rasch, wie wichtig diese Neuerungen für die Kriegführung waren; im Neuen Reich spielten sowohl Bogen wie Streitwagen eine wichtige Rolle bei den Eroberungszügen der Pharaonen.

Der Aufstieg der 17. Dynastie

Während die Hyksos-Könige die Kontrolle über den Norden des Landes übernahmen, trat in Theben mit der 17. Dynastie ein neues Herrscherhaus in Erscheinung. Die thebanischen Könige regierten über das Land zwischen Elephantine und Abydos, und trotz der spärlichen Ressourcen, die ihnen zur Verfügung standen, vermochten sie die Kultur des Mittleren Reichs weitgehend zu bewahren. Die frühen Herrscher dieser Dynastie stellten die Autorität der Hyksos nicht in Frage, und eine Zeitlang bestand ein trügerischer Waffenstillstand zwischen beiden Linien. Dies geht aus einem fragmentarischen Brief hervor (heute im British Museum), in dem sich der Hyksos-König Apopi I. bei seinem thebanischen Amtsbruder Seqenenre Ta'a II. darüber beklagt, er könne in Auaris wegen des Gebrülls der Nilpferde im 800 Kilometer ent-

(*Rechts*) Die schweren Verletzungen auf Seqenenres Schädeldecke stammen von mindestens zwei Angreifern, die ihn mit Dolch, Axt, Speer und vielleicht auch einer Keule attackierten. Vier der fünf Wunden belegen durch ihre horizontale Richtung, daß der König auf der rechten Seite lag, entweder schlafend oder von einem Schlag niedergestreckt. Die Leiche wurde in aller Eile mumifiziert (vielleicht noch auf dem Schlachtfeld) und ohne die übliche Sorgfalt bei der Vorbereitung und Streckung der Glieder. Ägyptisches Museum, Kairo.

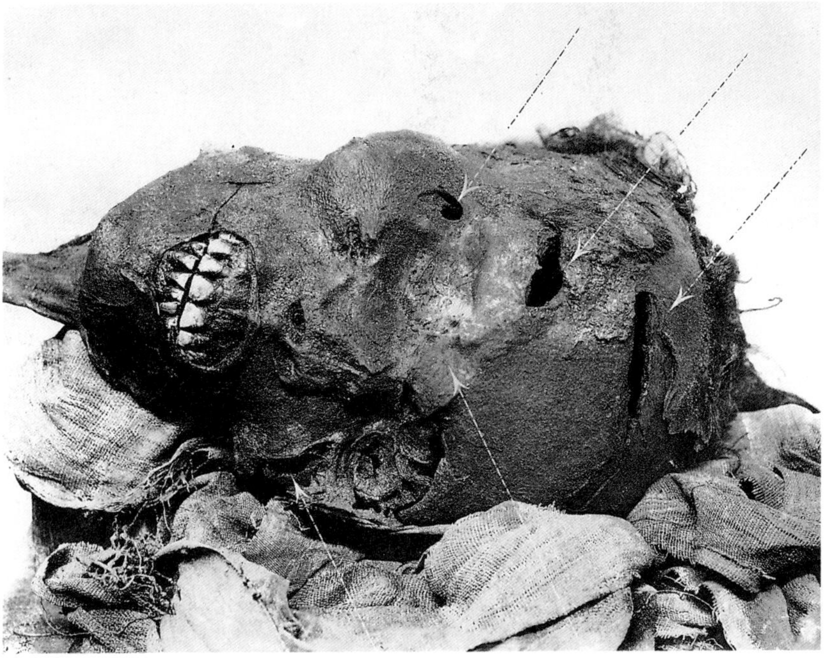

fernten Theben nicht schlafen; Seqenenre solle etwas dagegen unternehmen. Leider ist der Ausgang der Geschichte nicht überliefert. Später zeigten sich die Mitglieder der thebanischen Dynastie streitbarer. Sie lieferten den Hyksos eine Serie von Schlachten und vertrieben schließlich die Eindringlinge aus dem Delta. Seqenenre selbst wurde vielleicht in einer dieser Schlachten getötet, denn seine Mumie trug Zeichen schwerer Verwundungen an der Stirn, als sie 1881 in der Königsgruft von Deir el-Bahari entdeckt wurde. Die Art der Verletzungen läßt vermuten, daß gleich mehrere Angreifer mit einem ganzen Arsenal tödlicher Waffen auf den Pharao losgegangen und auch nicht von ihm abließen, als er schon am Boden lag – Pardon wurde offenbar nicht gegeben. Zumindest starb er nicht vergebens – Ahmose, einer seiner Söhne, verdrängte die Hyksos endgültig und gründete die 18. Dynastie.

Mehrere Könige der frühen 17. Dynastie trugen den Namen Antef, und ihre schweren, großen Särge mit Geierflügel-Dekoration (sogenannte *rischi*-Särge) wurden auf dem thebanischen Westufer in der Umgebung von Dira

(*Links*) Von den Antef-Königen sind mehrere Särge bekannt, aber es fällt schwer, sie zu unterscheiden. Dieses Exemplar könnte zu Antef VII. (Nubcheperre) gehören. British Museum, London.

(*Rechts*) Ein grüner Steinskarabäus auf goldenem Sockel, der auf der Unterseite mit Kapitel 30 B des *Totenbuchs* und der Kartusche eines Königs Sobekemsaf beschriftet ist, vielleicht demselben, dessen Grab um 1124 v. Chr. vom Steinmetz Amun-pnufer geplündert wurde. British Museum, London.

Abu 'n-Naga beigesetzt. Die Gräber selbst waren schlicht; sie wurden in die Felsen des thebanischen Umlands geschlagen und waren gewöhnlich durch steile Ziegelpyramiden markiert.

Das Grab eines weiteren Königs der 17. Dynastie, Sobekemsafs II., und seiner Gattin Nubhka-es blieb anscheinend bis zur Regierungszeit Ramses' IX. aus der 20. Dynastie unangetastet, doch dann wurde es um 1124 v. Chr. von einem gewissen Amun-pnufer und seinen sieben Komplizen ausgeraubt. Ein goldgefaßter Skarabäus, der den Namen eines Sobekemsaf trägt, könnte zu diesem Herrscher gehören. Er befindet sich heute im British Museum und wurde im 19. Jahrhundert zusammen mit dem Sarg seines Nachfolgers Nubcheperre erworben; möglicherweise wurden sie zusammen gefunden, und in diesem Fall könnte der Skarabäus umgewidmet worden sein.

Die Autobiographie von Ahmose, Sohn des Ebana

Der Fürst Ahmose entstammte einer Familie von Militärs. Sein Vater hatte unter Seqenenre II. gedient, und Ahmose selbst wurde schon in jungen Jahren Soldat. In seiner Autobiographie (festgehalten auf den Wänden seines Grabmals in el-Kab) teilt er der Nachwelt mit, daß er unter drei aufeinanderfolgenden Königen gedient hat: Ahmose I., Amenhotep I. und Thutmosis I., deren Regierungszeit insgesamt von 1570 bis 1524 v. Chr. reichte. Die stolzen Worte der Einleitung setzen uns ins Bild:

»Ich will euch berichten, ihr Völker; ich will euch die Ehren aufzählen, mit denen ich überhäuft wurde. Siebenmal wurde ich vor den Augen aller meiner Landsleute mit Gold belohnt [vom König, für Tapferkeit]; ich erhielt Männer und Frauen als Sklaven und viele Felder zum Geschenk. Der Ruhm eines Helden mit all seinen Verdiensten wird in diesem Land in alle Ewigkeit nicht untergehen.«

Ahmose wurde zum Offizier befördert und machte zahlreiche Feldzüge zur Vertreibung der Hyksos mit. »Ich habe dort [in Auaris] Gefangene gemacht«, prahlt er, »einen Mann und drei Frauen, insgesamt vier Köpfe, und Seine Majestät gab sie mir zu Sklaven.« Auch in Nubien hat er gekämpft und an insgesamt zehn Feldzügen teilgenommen – kein Wunder, daß er zweimal das ›Gold der Tapferkeit‹ einheimste. Dies war der ›Orden der Goldenen Fliege‹ – eine Art antikes Ritterkreuz –, von dem drei Exemplare an einer Goldkette im Grab der Königin Aahotep gefunden wurden (vgl. S. 102). Ahmose starb als hochgeehrter Veteran, mit Wohltaten und Ländereien reich beschenkt.

Die Vertreibung der Hyksos

Die schwelende Feindschaft zwischen den Thebanern und ihren nördlichen Rivalen kam, wie gesagt, schon unter Seqenenre Ta'a offen zum Ausbruch, und sein Sohn Kamose sollte den Kampf um die Gesamtherrschaft über Ägypten fortführen. Einen offiziellen Bericht vom Feldzug des Kamose bieten zwei Stelen in Karnak. Die eine ist zwar stark beschädigt, aber der einleitende Text ist glücklicherweise in einer anderen Quelle überliefert, einer Schreibtafel, die als Carnarvon-Tablett bekannt ist und heute im British Museum liegt. Die Präambel auf der ersten Stele beschreibt die zeitgenössische Situation: Nominell herrschte Frieden im Land, Kamose regierte über Mittelägypten, die Hyksos kontrollierten den Norden, und das Gebiet südlich von Elephantine gehörte den Prinzen von Kusch. Es kann kaum überraschen, daß der Hof sich gegen die von Kamose gewünschte Änderung des Status quo sträubte, aber Kamose war zum Kampf entschlossen. Der Stele zufolge nutzte er das Überraschungsmoment aus und konnte einigen Erfolg verbuchen – die Hyksos hatten offenbar nicht mit einem offenen Angriff gerechnet. Allerdings währte die Regierung des Königs nur kurz: ganze drei Jahre sind verzeichnet. Er wurde in Theben in einem unscheinbaren *rischi*-Sarg beerdigt, den man 1857 im Geröll verscharrt fand, unweit der Stelle, die von Friedhofswächtern unter Ramses IX. als sein Grab bezeichnet wurde.

In einem kleinen Privatgrab bei el-Kab, nördlich von Aswan, wird der Bericht von den Kämpfen gegen die Hyksos fortgesetzt. In vertikalen Kolumnen von Hieroglyphen gleich innerhalb des Eingangs findet sich die Autobiographie eines Regionalfürsten der Stadt Necheb (el-Kab) namens Ahmose, Sohn des Ebana. Sie ist die einzige zeitgenössische Quelle vom Endkampf gegen die Hyksos. Ahmose diente in der Armee unter Kamoses Nachfolger, Ahmose I. Der neue König hatte den Krieg ungefähr in der Mitte seiner 24jährigen Regierungszeit wiederaufgenommen und eine Reihe von Feldzügen gegen Memphis, Auaris und andere Stützpunkte der Hyksos geführt. Ahmose, der Sohn Ebanas, nahm nicht nur an der Belagerung von Auaris, der zweiten und dritten Schlacht um diese Stadt und an ihrer schließlichen Eroberung teil, sondern verfolgte die Hyksos auch bis nach Palästina und belagerte ihre Stadt Scharuhen.

Schließlich wurden die Hyksos nach harten Kämpfen aus Ägypten vertrieben, und die Prinzenlinie von Theben, verkörpert von Ahmose I., gründete die 18. Dynastie und das Neue Reich.

Thutmosis I.

Königin Hatschepsut

Thutmosis III.

Amenhotep III.

18. Dynastie
1570–1293

Ahmose I.
1570–1546

Amenhotep I.
1551–1524

Thutmosis I.
1524–1518

Thutmosis II.
1518–1504

Thutmosis III.
1504–1450

Königin Hatschepsut
1498–1483

Amenhotep II.
1453–1419

Thutmosis IV.
1419–1386

Amenhotep III.
1386–1349

Amenhotep IV.
(Echnaton)
1350–1334

Semenchkare
1336–1334

Tutanchamun
1334–1325

Aja
1325–1321

Haremhab
1321–1293

19. Dynastie
1293–1185

Ramses I.
1293–1291

Setoy I.
1291–1278

Ramses II.
1279–1212

Merenptah
1212–1202

Amenmesse
1202–1199

Setoy II.
1199–1193

Siptah
1193–1187

Königin Tausret
1187–1185

20. Dynastie
1185–1070

Sethnacht
1185–1182

Ramses III.
1182–1151

Ramses IV.
1151–1145

Ramses V.
1145–1141

Ramses VI.
1141–1133

Ramses VII.
1133 -1126

Ramses VIII.
1133–1126

Ramses IX.
1126–1108

Ramses X.
1108–1098

Ramses XI.
1098–1070

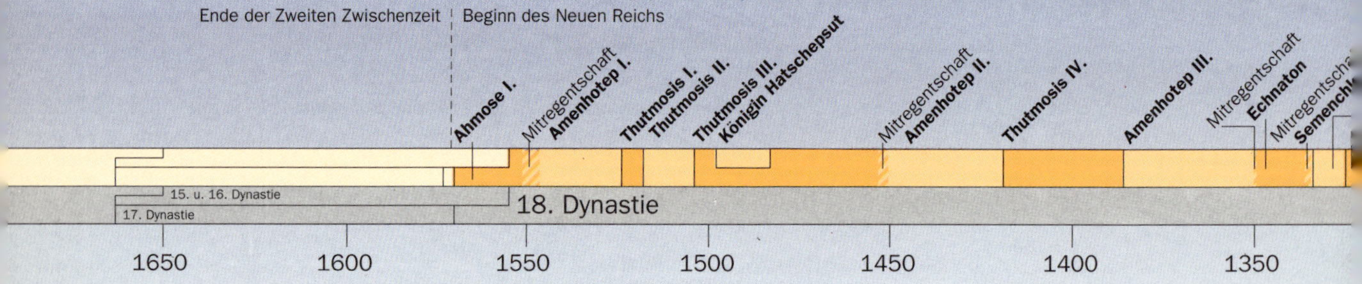

Echnaton

Tutanchamun

Ramses II.

Ramses VI.

HERRSCHER EINER GROSSMACHT

Neues Reich 1570–1070 v. Chr.

DIE PHARAONEN des Neuen Reichs, das ein halbes Jahrtausend ägyptischer Geschichte umspannt, wandelten unzweifelhaft als gottähnliche Wesen auf Erden. Ihre kolossalen Bauwerke, Tempel und Festungen, haben Ägypten bis heute ihren Stempel aufgedrückt. Vielen dieser Gottkönige können wir noch heute ins Antlitz schauen, denn wie durch ein Wunder blieben die geplünderten Mumien der wichtigsten dieser Herrscher in zwei großen Depots bewahrt, die im vorigen Jahrhundert in Deir el-Bahari und dem Grab Amenhoteps II. im Tal der Könige entdeckt wurden. Dort lagen Thutmosis III., der altägyptische ›Napoleon‹, Ramses II., der große Krieger und Baumeister, den Shelley in *Ozymandias, König der Könige* verewigt hat, und schließlich Ramses III., der die Seevölker zurückdrängte und bildhafte Darstellungen seiner Land- und Seeschlachten in Medinet Habu hinterließ. Weitere Namen wären zu nennen, die nach wie vor die Phantasie vieler Menschen beschäftigen: Echnaton – war er nun ein Häretiker, der Erfinder des Monotheismus oder ganz einfach ein religiöser Wirrkopf? Und der berühmteste von allen – das früh verstorbene, bemitleidenswerte Kind unter den Pharaonen: Tutanchamun, dessen Leichnam inmitten seiner Schätze völlig unberührt 1922 im Tal der Könige gefunden wurde, ein schlanker Knabenleib, eingesargt in massives Gold.

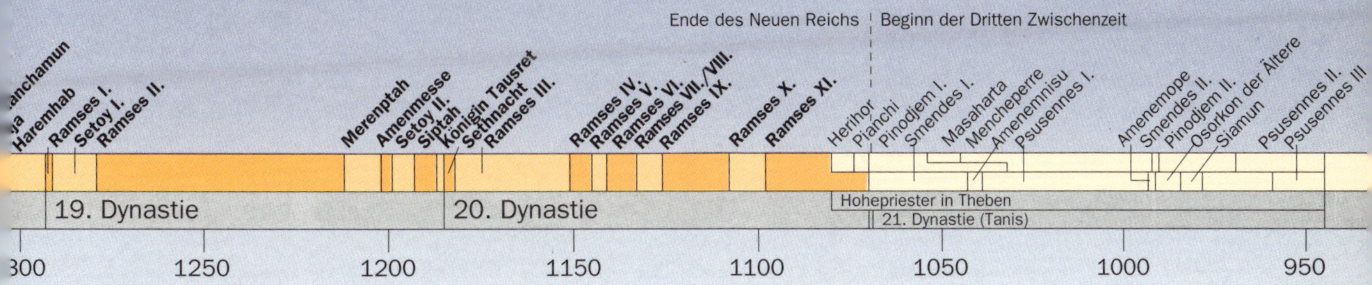

18. Dynastie
1570–1293

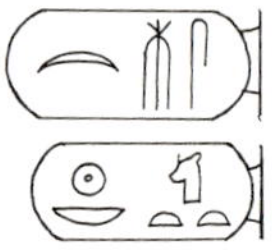

Ahmose I.
Nebpehtire
1570–1546

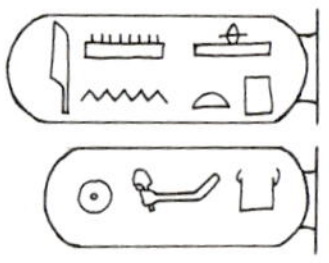

Amenhotep I.
Djoserkare
1551–1524

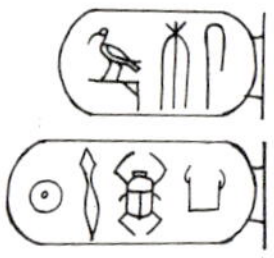

Thutmosis I.
Aacheperkare
1524–1518

Thutmosis II.
Aacheperenre
1518–1504

KÖNIGSNAMEN UND -GRÄBER

AHMOSE I.
Geburtsname
Ah-mose (»Der Mond wird geboren«)
Auch bekannt als
Ahmosis I.
Thronname
Neb-pehti-re (»Der Herr der Stärke ist Re«)
Grabstätte
Dira Abu 'n-Naga (?) (Theben)

AMENHOTEP I.
Geburtsname
Amen-hotep (»Amun ist zufrieden«)
Auch bekannt als
Amenhotpe I., Amenophis I.
Thronname
Djoser-ka-re (»Heilig ist die Seele des Re«)
Grabstätte
Dira Abu 'n-Naga (Theben) oder Grab KV 39 (?), Tal der Könige (Theben)

THUTMOSIS I.–II.
Geburtsname
Thutmosis (griechisch) (»Der Gottheit Thoth geboren«)
Auch bekannt als
Thutmose I., II.
Tuthmosis I., II. (griechisch)
Djehutimes I., II. (ägyptisch)
Thronnamen
Aa-cheper-ka-re (»Groß ist die Seele des Re«) (I.),
Aa-cheper-en-re (»Dauerhaft ist die Form des Re«) (II.)
Grabstätten
Gräber KV 20 u. KV 38 (I.), KV 42 (?) (II.), Tal der Könige (Theben)

Ahmose I.

Nach der Vertreibung der Hyksos fiel den Prinzen von Theben die unumschränkte Macht im Reich zu. Der Krieg hatte schmerzliche Wunden geschlagen: Ahmose verlor im Abstand von etwa drei Jahren den Vater Seqenenre II. und seinen Bruder Kahmose, was ihn – selbst fast noch ein Kind – zum Thronerben machte. Seine Mutter, die legendäre Königin Aahotep, war eine einflußreiche Person bei Hofe und zu Beginn seiner Ära vielleicht seine Mitregentin.

Ahmose I. sah sich vor die Aufgabe gestellt, nach dem Sieg über die Hyksos die ägyptischen Grenzen zu festigen. Er führte mehrere Blitzkriege zur Absicherung gegen Syrien und zur Unterwerfung Nubiens (Kusch). Zugleich muß es innere Unruhen gegeben haben, und Ahmose scheint ein Großteil der Verantwortung an die Provinzstatthalter in den *nomoi* delegiert zu haben. Für die Unterstützung seiner Politik warb er durch die Belehnung mit Ländereien, wie sein Namensvetter Ahmose, der Sohn Ebanas, in seinem Grabmal von el-Kab dokumentierte. Seine Projekte für den Tempelbau sind durch die Überreste und Inschriften von Abydos bezeugt.

Manetho nennt für Ahmose I. eine Regierungszeit von 25 bis 26 Jahren, was durch Josephus bestätigt wird, der von 25 Jahren und vier Monaten spricht. Bestattet wurde Ahmose in Dira Abu 'n-Naga, dem Areal der theba-

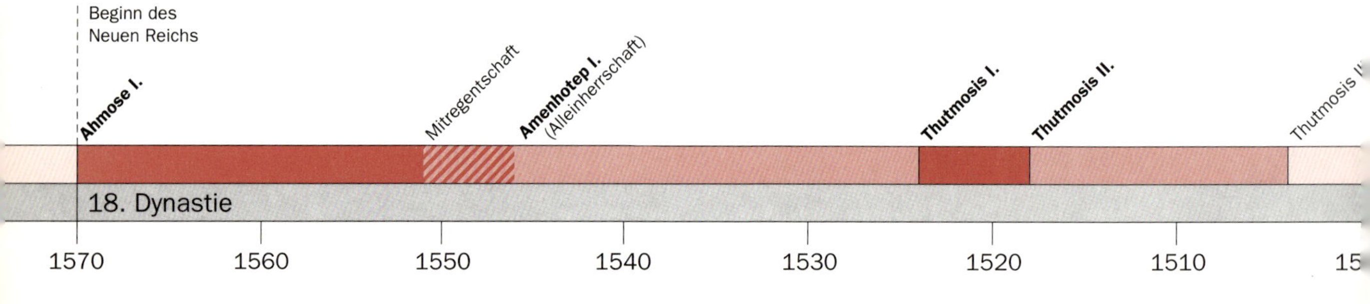

(*Links*) Bemalte Sitzstatue des Amenhotep I. Museo Egizio, Turin.

DAS MYSTERIÖSE GRAB THUTMOSIS' I.

Es hat den Anschein, als sei Thutmosis I. in gleich zwei Gräbern des Königstals – KV 20 und KV 38 – bestattet worden. KV 20 wurde 1903 von Howard Carter freigelegt und erwies sich als Doppelgrab, das offenbar nicht allein für Thutmosis, sondern auch für seine Tochter Hatschepsut vorgesehen war. Neben ihrem Kanopenschrein enthielt dieses Grab zwei Sarkophage aus gelbem Quarzit, jeweils mit Widmungen für Thutmosis I. und Königin Hatschepsut. Allerdings hatte Victor Loret 1899 bereits einen Sarkophag des Königs in KV 38 entdeckt. Für diese Merkwürdigkeit gibt es zwei mögliche Erklärungen. Der einen zufolge hat Hatschepsut den Leichnam ihres Vaters von KV 38 in ihr eigenes Grab, KV 20, umgebettet, denn KV 38 galt nach allgemeiner Überzeugung als ältestes Pharaonengrab im Tal der Könige. Andererseits ähnelt der Grundriß von KV 38 durchaus Gräbern der späteren Dynastie. Ein Gegenvorschlag läßt Thutmosis III. (den Hatschepsut entmachtet hatte) die Mumie seines Großvaters aus dem Grab der verhaßten Stiefmutter entfernen und ihm mit KV 38 ein neues Monument setzen. Ineni, der Hofarchitekt unter Thutmosis I., berichtet von einem Grab, das er seinem Herrn an einem geheimen Ort im Tal der Könige bauen sollte, »ohne daß jemand es sieht oder hört«. Ungewiß ist, ob es sich dabei um KV 20 oder KV 38 handelt. Doch wo auch immer Thutmosis I. zuerst bestattet wurde, 1881 wurde sein Leichnam im Depot der Königsmumien gefunden.

Auf diesem Skarabäus, der seine kriegerische Tapferkeit preisen soll, verfolgt Thutmosis I. einen Feind. British Museum, London.

nischen Totenstadt unterhalb des Hügellands bei Theben. Sein guterhaltener Leichnam fand sich 1881 im Depot der Königsmumien, und Wallis Budge konnte das einzige Porträt, ein Kalkstein-*uschebti,* für das British Museum erwerben – doch die exakte Lage seines Grabs blieb seltsamerweise unbekannt.

AMENHOTEP I.

Von Amenhotep I., der wie sein Vater ein Vierteljahrhundert lang herrschte, sind nur wenige Nachrichten auf uns gekommen. Wie Ahmose, Sohn des Ebana, erzählt, führte der König einen Feldzug gegen Kusch, wo »Seine Majestät jenen nubischen Höhlenmenschen aus der Mitte seiner Krieger gefangennehmen ließ«. Auch ein Zeitgenosse des Ahmose, ein gewisser Ahmose Pen-Nechbet, erwähnt eine Schlacht mit den Nubiern, vielleicht auch eine mit libyschen Feinden. Der König ließ den Tempel von Karnak erweitern, wie die autobiographischen Inschriften im thebanischen Grab Nr. 81 des Architekten Ineni, des »Aufsehers aller Arbeiten in Karnak«, bezeugen.

Amenhotep war wohl der erste König, der die radikale Entscheidung traf, seinen Totentempel weit entfernt vom Ort seiner Bestattung zu errichten. Die Lage des letzteren ist allerdings ungewiß. Zwar wurde ihm bereits ein namenloses Grab in Dira Abu 'n-Naga zugeschrieben, doch halten andere ein kleines, schmuckloses und in antiker Zeit ausgeplündertes Grab im Tal der Könige für seine letzte Ruhestätte. Wie dem auch sei, dem Papyrus Abbot zufolge bestätigte eine Untersuchungskommission im Jahr 16 der Regierung Ramses' IX. die Unversehrtheit des Grabes. Wie die Mumie seines Vaters Ahmose wurde auch diejenige Amenhoteps I. in erstklassigem Zustand 1881 im Königsmumien-Depot vorgefunden.

THUTMOSIS I.

Auf Amenhotep I. folgte nicht sein Sohn (ein Traditionsbruch, der normalerweise den Wechsel des Herrscherhauses nach sich gezogen haben würde), sondern ein hochrangiger Offizier namens Thutmosis, der als Mann in mittleren Jahren an die Macht kam. Vermutlich legalisierte er seine Herrschaft zum Teil durch eine Mitregentschaft in den letzten Jahren des greisen Königs Amenhotep. Doch in erster Linie fußte sein Anspruch auf den Thron auf der Heirat mit Prinzessin Ahmose, der Tochter Ahmoses I. Da im alten Orient das Prinzip der matrilinearen Herrscherfolge galt, hatte er sich auf diese Weise in die Königsfamilie emporgeheiratet.

Trotz seiner kurzen sechsjährigen Regierungszeit profilierte sich Thutmosis mit einer Serie glänzender Siege, von deren Erträgen fast die gesamte 18. Dynastie zehren sollte. Angesichts der raschen und effektiven Feldzüge müssen wohl schon in den letzten Jahren Amenhoteps I. entsprechende Vorbereitungen getroffen worden sein. Ahmose, der Sohn des Ebana, war zu diesem Zeitpunkt noch immer im aktiven Dienst und berichtet von seiner Beförderung zum Admiral. Die Nubier wurden vernichtend geschlagen, und bei seiner Rückkehr »hing jener elende nubische Höhlenmensch mit dem Kopf nach unten am Bug der königlichen Barke« – noch ein uralter Topos ägyptischer ›Kriegsberichterstattung‹, der uns in diesem Buch schon wiederholt begegnet ist.

Zwei Hofdamen

Zu Ahmoses engster Familie gehörten zwei ehrgeizige und einflußreiche Frauen. Die erste war seine Großmutter Tetischeri, die Gründermutter der Dynastie. Als sie starb, ehrten ihre Nachfahren sie nicht nur durch ein prunkvolles thebanisches Begräbnis, sondern auch mit einer Pyramide und einem Altar in Abydos, wo sich ein eigener Stab von Priestern ihrem Totenkult widmete. Tetischeri brachte Ahmoses Vater Seqenenre II. wie auch seine Mutter Aahotep zur Welt, die ihrerseits eine nicht weniger imposante Persönlichkeit war.

Die große Stele des Ahmose in Karnak preist sie auf höchst ungewöhnliche Weise: »Sie, deren Fürsorge Ägypten galt; sie war immer für ihre Soldaten da, beschützte die Truppen, hielt die Fliehenden zurück und ließ Deserteure aufgreifen; sie befriedete Oberägypten und vertrieb die Aufständischen.« Sie war daher wohl nicht nur die mutmaßliche Mitregentin ihres Sohnes, sondern auch eine aktive Befehlshaberin in der Armee. Dies legen auch die prächtige Streitaxt (*unten*) sowie die drei Tapferkeitsorden nahe, die 1859 aus ihrem unversehrten Sarg in Theben geborgen wurden.

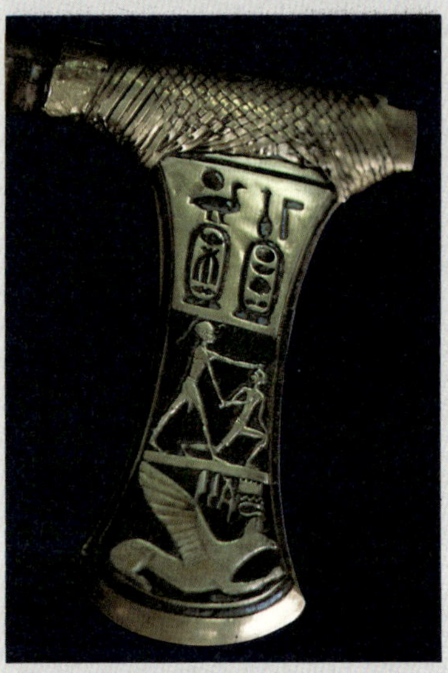

Klinge einer rituellen Streitaxt des Königs Ahmose, entdeckt im Sarg seiner Mutter. Abgebildet ist er selbst beim Niederstrecken eines asiatischen Feindes. Ägyptisches Museum, Kairo.

Unter Thutmosis wuchs der Einfluß der Amunspriester in Karnak, wo der König im Tempel des Herrn der Götter durch seinen Architekten Ineni erhebliche Instandsetzungen und Neubauten vornehmen ließ. Auf der großen Stele von Abydos zählt Thutmosis nicht nur die dortigen gewaltigen Bauwerke auf, sondern stellt auch fest: »Ich dehnte die Grenzen Ägyptens aus, so weit die Sonne reicht ... Ich habe Ägypten zur Krone über alle Länder der Erde gemacht.«

Thutmosis II.

Als Thutmosis I. gegen 1518 v. Chr. starb, hinterließ er eine komplizierte Situation in bezug auf die Thronfolge. Seine beiden ältesten Söhne, die Prinzen Wadjmose und Amenmose, hatten vor ihrem Vater das Zeitliche gesegnet, so daß ihr jüngerer Bruder das Erbe antrat. Er hieß ebenfalls Thutmosis und war der Sohn einer minder bedeutenden Nebenfrau des Königs, der Prinzessin Mutnefert (Schwester der Gemahlin Thutmosis' I., Ahmose). Um die Position des Jüngsten zu stärken, wurde er mit seiner Halbschwester Hatschepsut verheiratet, der älteren Tochter von Thutmosis I. und Königin Ahmose. Gemeinsam regierten Thutmosis II. und Hatschepsut etwa vierzehn Jahre, dann starb er mit Anfang Dreißig. Trotz seiner offenbar schwachen Kondition führte er erfolgreiche Feldzüge nach Syrien und Nubien, wie eine knappe Inschrift im Tempel von Deir el-Bahari und eine andere in Aswan bezeugen. Veteranen wie der Architekt Ineni dienten noch immer bei Hofe: »Ich war in jeder Hinsicht der Liebling Seiner Majestät ... Als ich das ehrwürdige Alter des Greises erreichte, erwies Seine Majestät mir tägliche Ehrungen, indem ich das Brot der königlichen Tafel speiste.«

Mit Isis, einer Haremsdame, hatte Thutmosis II. einen Sohn, der ebenfalls Thutmosis hieß, und möglicherweise gebar ihm Hatschepsut auch eine Tochter. Der König muß den politischen Ehrgeiz seiner Gemahlin und Halbschwester klar erkannt haben und versuchte, ihm einen Riegel vorzuschieben, indem er vor seinem Tod ausdrücklich seinen Sohn zum Nachfolger bestimmte. Doch Thutmosis III. war noch ein kleines Kind, als er auf den Thron kam, und seine Stiefmutter und Tante Hatschepsut übernahm zunächst die Regenschaft für ihn. Ineni faßt es in seiner Autobiographie kurz und bündig zusammen: »Sein Sohn [Thutmosis III.] übernahm seinen [Thutmosis' II.] Platz als König der Beiden Länder, er wurde Herrscher auf dem Thron dessen, der ihn gezeugt hatte. Seine Schwester, die göttliche Gemahlin Hatschepsut, führte die Regentschaft nach eigenem Gutdünken. Ganz Ägypten mußte ihr gesenkten Hauptes dienen, ihr, der vortrefflichen Frucht jenes Gottes, der sie erzeugt hat.« Ineni blieb freilich in der Gunst der Königin: »Ihre Majestät pries mich, liebte mich, erkannte meine Stellung bei Hof an, sie beschenkte mich mit Gütern, erhob mich zu hohen Würden ... Ich wuchs über alles Maß empor.«

Im zweiten Regierungsjahr des jungen Thutmosis III., als Hatschepsut eine gutfunktionierende Propagandamaschinerie hinter sich wußte, verdrängte sie ihren Stiefsohn vom Thron.

Das Depot der Königsmumien

Immer wieder wurde die Totenruhe der Pharaonen aus dem Neuen Reich in antiker Zeit durch Grabräuber beeinträchtigt. Um 1000 v. Chr. entschlossen sich die mit der Wiedereinwicklung und -bestattung der geschändeten Mumien beauftragten Priester, sie zu sammeln und in zwei Depots zu verbergen, wo sie rund zweitausend Jahre lagerten. Die erste Mumiensammlung wurde in den siebziger Jahren des vorigen Jahrhunderts in Deir el-Bahari bei Theben von drei Brüdern entdeckt, die das Grab (DB 320) heimlich plünderten, bevor sich 1881 Ägyptologen dorthin führen ließen. Das Depot enthielt die erstaunliche Anzahl von vierzig Mumien, darunter viele berühmte Pharaonen. Eine zweite Sammlung von sechzehn Mumien wurde 1898 im Grab Amenhoteps II. (KV 35) im Tal der Könige entdeckt. Einige werden heute in einem Sondersaal des Ägyptischen Museums in Kairo gezeigt.

Mumien aus dem Depotfund von 1881 (DB 320)
Ahmose Hentempet (P)
Ahmose Henuttimehu (Kgn)
Ahmose Inhapi (Kgn)
Ahmose Merietamun (Kgn)
Ahmose Nefertari (Kgn)
Ahmose Sipair (P)

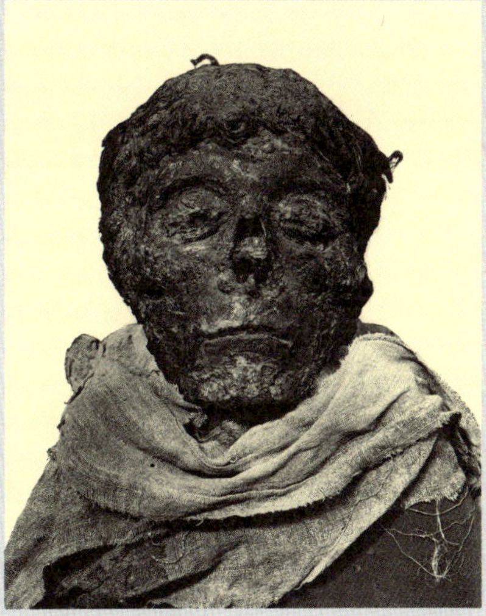

Ahmose I., Gründer des Neuen Reichs.

Ahmose Sitkamose (Kgn)
Amenhotep I. (K)
Ahmose I. (K)
Bakt (w)
Djedptahaufanch (m)
Henuttaui (Kgn)
Isiemcheb (P)
Maatkare Mutemhet (Kgn)
Masaharta (m)
Neschons (Kgn)
Nestanebtischru (P)
Nodjmet (Kgn)
Pinodjem I. (K)
Pinodjem II. (K)
Rai (w)
Ramses II. (K)
Ramses III. (K)
Ramses IX. (K)
Seqenenre Ta'a (K)
Setoy I. (K)
Siamun (K)
Sitamun (P)
Taueret (Kgn)
Thutmosis I. (K)
Thutmosis II. (K)
Thutmosis III. (K)
Acht anonyme Mumien, nicht unbedingt alle aus der Königsfamilie, aber die ›unbekannte Frau B‹ könnte Königin Tetischeri sein

Mumien aus dem Depotfund von 1898 (KV 35)
Amenhotep II. (K)
Amenhotep III. (K)
Merenptah (K)
Ramses IV. (K)
Ramses V. (K)
Ramses VI. (K)
Setoy II. (K)
Siptah (K)
Teje (?) (Kgn), die ›Ältere Frau‹
Thutmosis IV. (K)
Sechs anonyme Leichen, nicht unbedingt alle aus der Königsfamilie

Abkürzungen
K = König *m = männlich*
Kgn = Königin *w = weiblich*
P = Prinzessin

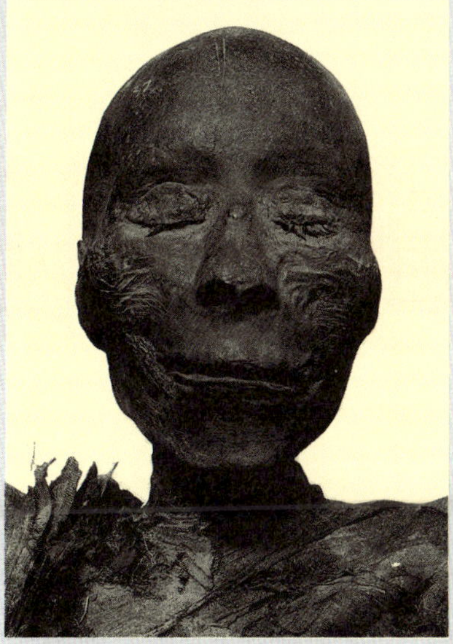

Thutmosis I.

Thutmosis II.

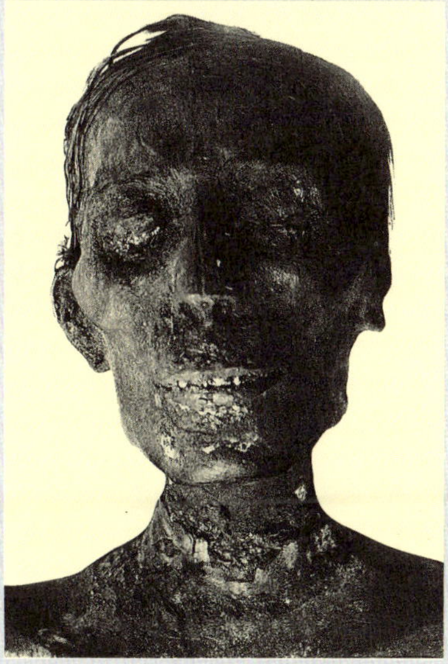

Thutmosis IV.

18. Dynastie
1570–1293

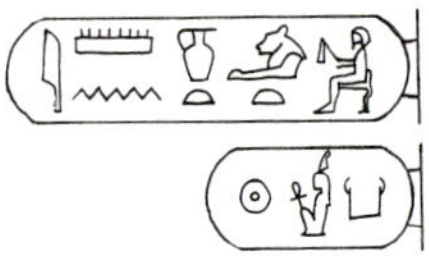

Königin Hatschepsut
Maatkare
1498–1483

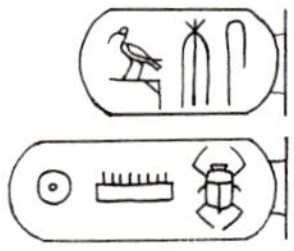

Thutmosis III.
Mencheperre
1504–1450

Einige schöne Standbilder und Sitzskulpturen Hatschepsuts blieben im Steinbruch vor ihrem Tempel bei Deir el-Bahari, wo sie unter Thutmosis III. umgestürzt worden waren, in fast neuwertigem Zustand erhalten. Metropolitan Museum of Art, New York.

KÖNIGIN HATSCHEPSUT

Geburtsname
Hat-schepsut (»Erste der vornehmen Frauen«)
Thronname
Maat-ka-re (»Wahrheit ist die Seele des Re«)
Vater
Thutmosis I.
Mutter
Ahmose
Ehegatte
Thutmosis II.
Tochter
Neferure
Grabstätte
Grab KV 20, Tal der Könige (Theben)

THUTMOSIS III.

Geburtsname
Thutmosis (griechisch) (»Der Gottheit Thoth geboren«)
Auch bekannt als
Thutmose III., Tuthmosis III. (griechisch), Djehutimes III. (ägyptisch)
Thronname
Men-cheper-re (»Dauerhaft ist die Erscheinung des Re«)
Vater
Thutmosis II.
Mutter
Isis
Gattinnen
Neferure, Hatschepsut-Meritre, Menhet, Menui, Merti
Sohn
Amenhotep II.
Grabstätte
Grab KV 34, Tal der Könige (Theben)

HATSCHEPSUT

Wie Thutmosis II. schon früh erkannt hatte, war Hatschepsut eine willensstarke Frau, die – zumindest im metaphorischen Sinne – notfalls über Leichen ging. Im zweiten Jahr ihrer Regentschaft für den Kinderpharao Thutmosis III. begann sie, seine Position zu untergraben. Ursprünglich war sie zufrieden gewesen, auf Reliefs hinter Thutmosis III. stehend dargestellt und einfach als »Königin« und »Große königliche Gemahlin des Thutmosis II.« bezeichnet zu werden. Dies änderte sich, als sie die Unterstützung hochrangiger Beamter gewinnen konnte, und schon bald darauf begann sie mit dem Bau ihres herrlichen Totentempels am Fuß der Klippen von Deir el-Bahari.

Das unter der Aufsicht ihres Haushofmeisters Senenmut (den die Herrschaft Hatschepsuts in die höchsten Staatsämter katapultierte) errichtete Bauwerk wurde zunächst nach dem Vorbild des unmittelbar südlich angrenzenden Mentuhotep-Tempels aus der 12. Dynastie konzipiert. Doch schon der Bauplan des fertigen Tempels macht ihn einzigartig in der ägyptischen Architektur: Vorwiegend aus Kalkstein errichtet, stieg er in drei breiten Stufen mit säulenumgrenzter Vorderfront empor zu einem zentralen Heiligtum, das auf der obersten Terrasse in den Fels geschlagen wurde. An erster Stelle der hier verehrten Götter stand Amun, doch Nebenaltäre, die jeweils auf der Süd-und Nordflanke der mittleren Terrasse liegen, sind der Göttin Hathor

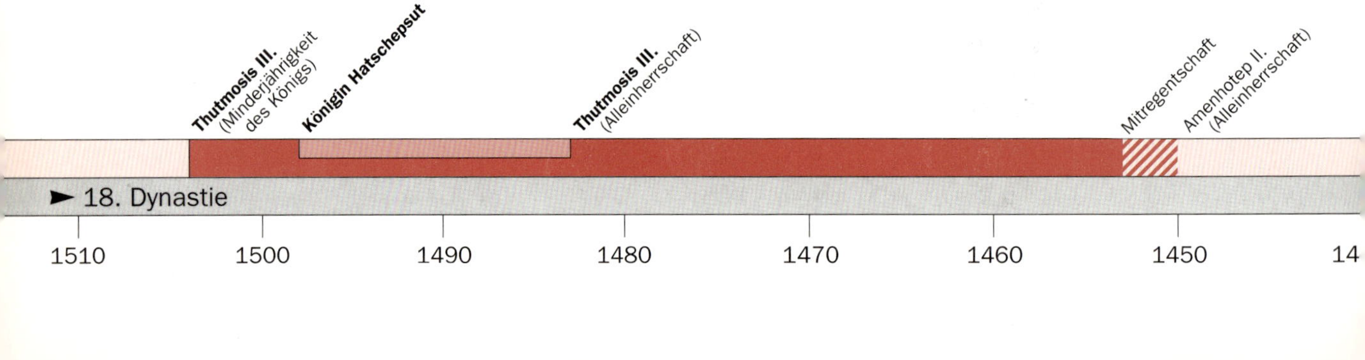

Detail vom gestürzten Obelisken der Hatschepsut im Amunstempel von Karnak: Sie wird als Mann dargestellt, kniend und von Amuns Geste gestützt.

(die auf dem Gelände bereits einen kleinen Höhlentempel hatte) und dem Anubis geweiht. Eine Besonderheit des Tempels war seine Ausrichtung nach Osten, die genau parallel zum mächtigen Amunstempel bei Karnak auf dem anderen Nilufer verlief.

Die Königin legitimiert ihre Macht

Hatschepsut hatte ihren Totentempel zum »Garten meines Vaters Amun« erklärt. In der Tat wurde ein Garten daraus, mit schlanken Bäumen und Buschgrün entlang der Rampen, die zum Tempeleingang führten. Im Innern betont ein propagandistisches Relief ihren Bezug zu Amun, das berühmte ›Geburtsrelief‹ an den Wänden im Nordteil der mittleren Terrasse. Es zeigt Amun, der Königin Ahmose besucht, die Mutter Hatschepsuts, während in unmittelbarer Nähe die für Empfängnis und Geburt zuständigen Gottheiten (der widderköpfige Chnum und die Froschgöttin Heqet) und die sieben ›guten Feen‹ der Hathor stehen. All dies zielte auf den Nachweis ab, daß Hatschepsut von Amun persönlich mit der Absicht gezeugt und auserwählt worden sei, als Königin zu herrschen. Dementsprechend wurde sie mit allen Zeichen der Königswürde dargestellt, einschließlich des traditionellen falschen Kultbarts.

Um ihre neue Stellung als Herrscherin Ägyptens zu symbolisieren, nahm Hatschepsut den Titel eines weiblichen Horus Wosretkau an, nannte sich »König von Ober- und Unterägypten«, Maat-ka-re (»Wahrheit ist die Seele des Re«) und Chnemetamun Hatschepsut (»Sie, die den Amun umarmt, Erste unter den vornehmen Frauen«). Ihre Krönung als Säugling in Gegenwart der Götter, anschließend bestätigt durch Aton in Heliopolis, wird in direkter Fortsetzung des Geburtsreliefs in Deir el-Bahari dargestellt. Die Propaganda behauptete auch, sie sei vor dem Hof in Anwesenheit ihres Vaters Thutmosis I. inthronisiert worden; der Inschrift zufolge soll er sogar als gutes Omen

Einige der Statuen des Senenmut zeigen ihn, wie er behutsam sein königliches Mündel, die Prinzessin Neferure, im Arm hält. Ägyptisches Museum, Kairo.

SENENMUT, VERWALTER DES KÖNIGSHOFS

Trotz seiner bescheidenen Herkunft machte Senenmut am Hof Karriere, wurde engster Berater der Königin Hatschepsut und Lehrer ihrer Tochter Neferure. Es wurde gemunkelt, daß er seine privilegierte Position einer heimlichen Liebesbeziehung zur Königin verdankte. Was immer an diesem Gerücht dran sein mag: Senenmut war nicht nur ihr Hofarchitekt, sondern wirkte als Vorsteher des Amunstempels, Aufseher der Barke ›Amen-userhet‹ sowie Verwalter der Kornspeicher, Felder, Herden, Gärten und Webstühle des Amun. Die Verwaltung des Landes lag ausschließlich in seinen Händen; nur Hapuseneb als Hoherpriester des Amun (zugleich Wesir und Grabarchitekt der Hatschepsut) konnte ihm in religiösen Dingen das Wasser reichen.

Senenmut errichtete zwei Gräber für sich selbst. Eines hat den im Neuen Reich üblichen T-förmigen Grundriß und liegt wie andere vornehme Privatgräber in Schech Abd el-Qurna (Nr. 71). Das andere ist weit anspruchsvoller gestaltet. Sein Zugang wurde im Steinbruch nördlich der Straße zum Tempel von Deir el-Bahari und direkt vor dessen Temenos in den Fels gemeißelt. Eine breite Vortreppe führt in nord-nordwestlicher Richtung in das Grab, so daß die Totenkammer unter dem Außenhof des Tempels liegt. Eine skizziertes Porträt des Senenmut begegnet uns auf der Nordwand des Treppeneingangs, aber er ließ sich auch in kniender Gebetshaltung auf einem Relief darstellen, das hinter den aufgeklappten Türen des Altars im oberen Heiligtum des Hatschepsut-Tempels verborgen war.

(Rechts) Hatschepsuts Totentempel im Schatten der Klippen von Deir el-Bahari, das Meisterwerk des Architekten Senenmut, ist einzigartig unter den ägyptischen Bauwerken. Seine bemerkenswerte Lage zeigt sich am deutlichsten aus der Luft. Unmittelbar hinter ihm liegt das Tal der Könige; vorn, im Asasif, reihen sich dicht an dicht die Gräber vornehmer Hofleute des Neuen Reichs und der Spätzeit.

(Oben) Ein Relief auf der Südseite der zweiten Säulenterrasse des Hatschepsut-Tempels schildert die berühmte Expedition nach Punt. Hier sehen wir die stattliche Eti, die Königin von Punt mit ihrem Fettsteiß; daneben ihr weit schmächtigerer Gatte Perehu sowie ein winziges Lasttier, das die Hieroglyphen als »den Esel der Königin von Punt« bezeichnen. Ein Künstler des späteren Neuen Reichs fand die Szene offenbar höchst amüsant und fertigte eine rasch hingeworfene Skizze auf einer Kalksteinscherbe (Ostrakon), die heute in Berlin aufbewahrt wird. Ägyptisches Museum, Kairo.

den Neujahrstag dafür gewählt haben! Der gesamte Text ist jedoch fiktiv, genau wie ihre wundersame Empfängnis, und allein vom politischen Interesse bestimmt. Zu diesem Zweck machte Hatschepsut auch viel Wesens um das Andenken ihres längst verstorbenen, aber noch immer hochverehrten Vaters.

Tempelkult und Handelswesen

Während des Mittleren Reichs hatte der Kult des Amun, wohlwollend gefördert durch die Prinzen von Theben, zunehmend an Bedeutung gewonnen. Jetzt verknüpften die mächtigeren Könige des Neuen Reichs ihre eigene Geschicke mit der Gottheit. Hatschepsut hatte ihren Totentempel auf dem Westufer des Nils Amun gewidmet und auch seinen riesigen Tempel auf dem Ostufer weiter ausgeschmückt. Zuständig für all diese Bauprojekte war ihr Majordomus Senenmut, der auch die Aufstellung zweier Obelisken aus Rosengranit für den Gott in Karnak leitete. Dortige Inschriften berichten von ihrem Abtransport aus den Steinbrüchen in Aswan, während Reliefs im Tempel von Deir el-Bahari zeigen, wie sie mit dem stumpfen Ende voran auf Flößen von über 100 Metern Länge und 30 Metern Breite verschifft wurden. Später wurde in Aswan ein zweites Paar aus dem Stein gehauen und unter der Auf-

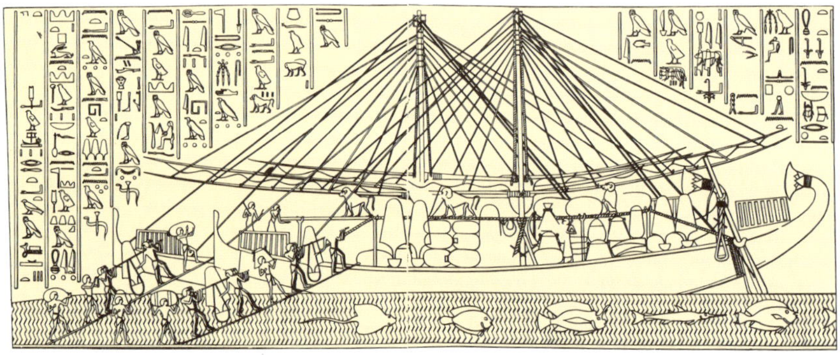

(Rechts) Ein ägyptisches Frachtschiff wird mit Gütern aus Punt beladen.

(*Oben*) Säule mit Hathorkopf an einer kleinen Kapelle der Göttin, die auf der Südseite des Hatschepsut-Tempels steht (vgl. gegenüberliegende Seite).

(*Unten*) Hatschepsut als löwenmähnige Sphinx, eine der in der ägyptischen Plastik seltenen Sphinx-Darstellungen mit weiblichem Gesicht. Ägyptisches Museum, Kairo.

sicht Amunhoteps, eines Kollegen des Senenmut, in Karnak aufgerichtet; einer dieser Obelisken steht noch immer.

Die Königin hat freilich nicht nur in Theben zum Ruhme Amuns bauen lassen; zahlreiche Quellen bezeugen, wie sie auch in Mittelägypten die unter den Hyksos verwüsteten Tempel wieder instand setzte.

Von bedeutenden kriegerischen Unternehmungen der Hatschepsut wird nichts vermeldet. Dafür ist ihre Regierungszeit für die zahlreichen Handelsexpeditionen bekannt, speziell für jene in das Land Punt (es wird in Nordsomalia oder Dschibuti vermutet), die an den Wänden ihres Totentempels dargestellt ist. Dort wird gezeigt, wie die Gesandtschaft in See sticht, das (von akkurat wiedergegebenen Fischen bevölkerte) Rote Meer durchquert und in Punt eintrifft, wo sie ihre Waren gegen duftende Weihrauchbäume eintauscht. Andere Handels- und Erkundungsreisen wurden zu den Türkisminen auf dem Sinai unternommen, besonders in die Gegend von Serabit el-Chadim, wo Hatschepsuts Name überliefert ist.

Das Grabmal der Königin

Bestattet wurde Hatschepsut von dem Wesir und Amun-Hohenpriester Hapuseneb im Tal der Könige (KV 20). Vorsorglich hatte sie schon als Regentin unter Thutmosis II. ihr Grabmal errichten lassen; sein Eingang liegt 72 Meter über dem Boden in der 91 Meter hohen Felswand eines entlegenen Tals im Westen. 1916 wurde es von Einheimischen gefunden und von Howard Carter unter erheblichen Risiken erforscht. Das Grab ist nie benutzt worden und enthielt nur den leeren Sandstein-Sarkophag mit dem Namen der Königin. Carter schrieb später: »Als ›Königin‹ war es für sie unverzichtbar, wie ihre Amtsvorgänger ein Grab im Tal der Könige zu haben – und tatsächlich habe ich selbst es dort 1903 entdeckt –, so daß der frühere Platz aufgegeben wurde. Sie wäre besser bei ihrem ursprünglichen Plan geblieben. An diesem versteckten Ort hätte ihre Mumie gute Chancen gehabt, ungestört zu überdauern – im Tal selbst war das unmöglich. König wollte sie sein, und so erlitt sie das Schicksal der Könige.«

Hatschepsuts zweites Grab lag am Fuß der Klippen im östlichen Kessel des Tals der Könige. Man hat offenbar ursprünglich einen Durchgang durch den Fels schlagen wollen, um die Grabkammer unter das Heiligtum des Amunstempels auf der gegenüberliegenden Seite zu legen. Doch dann stieß man auf schwieriges Gestein, und so beschreibt der Stollen eine weite, U-förmige Kurve, bevor er in eine Kammer mündet, die zwei gelbe Quarzit-Sarkophage enthielt: einen für Thutmosis I., der andere für Hatschepsut in ihrer Rolle als ›König‹! Ihr Leichnam wurde nie gefunden, doch kürzlich hat man eine weibliche Mumie, die 1991 in KV 21 (dem Grab von Hatschepsuts Amme) gefunden wurde, mit der Königin identifizieren wollen.

Hatschepsut starb um 1483 v. Chr., und es wird vermutet, daß Thutmosis, der so lange im Wartestand bleiben mußte, an ihrem Tod nicht ganz unschuldig war. Auf jeden Fall ließ er sich in seinem Haß hinreißen, viele Denkmäler der Königin und ihrer nächsten Verwandten zu zerstören. Die wohl größte Demütigung, die sie dabei erfuhr, war das Verschweigen ihres Namens in den Königslisten – späteren Generationen galt die Episode ihrer Regierung als zu entehrend, um überliefert zu werden.

(*Oben*) Mit diesem uralten Bildmotiv des Pharao, der seine Feinde zerschmettert, ließ Thutmosis III. auf der Rückseite des 7. Pylons in Karnak seine erfolgreichen Feldzüge verewigen.

(*Unten*) Exzellente Porträtstatue von Thutmosis III., die anhand der Kartusche auf seinem Gürtel identifiziert werden kann. Ägyptisches Museum, Kairo.

Thutmosis III.

Erst nach Hatschepsuts Tod konnte Thutmosis sein rechtmäßiges Erbe antreten. Der mächtige Serenmut, Hatschepsuts Wesir und Stütze bei Hof, war bereits im Jahr zuvor gestorben und stand dem jungen Herrscher nicht länger im Weg. Hatschepsut hatte ihre Position auch mit der Unterstützung weiterer Minister aufrechterhalten, doch vor allem aufgrund ihrer makellosen königlichen Herkunft. Auch Thutmosis konnte sich auf familiäre Bindungen berufen, denn er war mit Prinzessin Neferure verheiratet gewesen, der Tochter Hatschepsuts und Thutmosis' II. – Neferure verstarb einige Zeit vor dem Jahr 11, und so war Thutmosis Witwer, als er den Thron bestieg. Zu seiner Hauptfrau erwählte er dann Hatschepsut-Meritre, die auch die Mutter seines Erben Amenhotep II. werden sollte.

Während Hatschepsuts Regentschaft war der junge Thutmosis sorgfältig im Hintergrund gehalten worden. Seine spätere Kühnheit auf dem Schlachtfeld könnte ein Zeichen dafür sein, daß er ein Großteil dieser Zeit in der Armee verbrachte. Unter Hatschepsut war den Ägyptern die Oberhoheit über Syrien und den Libanon entglitten; eine Reihe von Regionalfürsten hatten ihre Gefolgschaft aufgekündigt und hielten sich lieber an das ihnen näherliegende mächtige Königreich Mitanni. Dies sollte sich unter dem neuen König radikal ändern.

Sobald er erst einmal freie Bahn hatte, ließ Thutmosis III. das Andenken seiner Stiefmutter Hatschepsut von den meisten Denkmälern tilgen. Besondere Rache übte er an ihrem Tempel in Deir el-Bahari, wo er viele der Reliefs vernichten und zahlreiche Statuen zu einem Trümmerhaufen zerschlagen ließ, der später als Steinbruch diente. Selbst die Gräber ihrer Hofleute schonte er nicht. Schlimmer noch, die von Senenmut aus Aswan mühsam hergeschafften Obelisken von Karnak wurden eingemauert, um ihre Inschriften unzugänglich zu machen. Die tiefergelegenen Inschriften blieben dadurch hervorragend erhalten und konnten inzwischen wieder freigelegt werden.

Auf einem Felsvorsprung in Deir el-Bahari, zwischen der Südhälfte des Hatschepsut-Monuments und Mentuhoteps Tempel aus dem Mittleren Reich, errichtete Thutmosis einen eigenen kleinen Tempel. In den letzten Jahren wurde er von einem polnischen Archäologenteam ausgegraben; seine

(*Oben*) Thutmosis III. bringt den Göttern in demütiger Pose zwei kleine Krüge mit Wasser oder Wein als Trankopfer dar. Steinskulpturen mit diesem Motiv wurden sehr beliebt; ein Beispiel aus Hohlgußbronze taucht erstmals unter Thutmosis IV. auf. Ägyptisches Museum, Kairo.

(*Links*) Eine ungewöhnliche Strichzeichnung auf einer der Säulen in der Begräbnishalle Thutmosis' III. zeigt den König, wie er von seiner Mutter Isis gestillt wird. Letztere wird als Göttin des Maulbeerfeigenbaums dargestellt; normalerweise eine Anspielung auf die Göttin Hathor.

unglaublich frisch erhaltenen Reliefs deuten darauf hin, daß der Tempel bald nach seiner Fertigstellung durch eine Felslawine von den darüberliegenden Klippen her zerstört wurde.

Unweit davon liegt ein Heiligtum, das Thutmosis für die Kuhgöttin Hathor in den Fels hauen ließ. Es wurde im vorigen Jahrhundert von dem Schweizer Ägyptologen Edouard Naville zufällig bei Räumarbeiten entdeckt. Ein Steinschlag legte unversehens den Eingang zu einem bemalten Altar frei, der einigen Sgraffiti zufolge noch zur Ramessidenzeit zu Kultzwecken benutzt wurde, bevor ein Erdbeben ihn zerstörte. Dieser Schrein wurde von Thutmosis III. gestiftet, den die Wandmalereien in Begleitung seiner Frau Meritre zeigen. Innerhalb des Heiligtums befand sich eine eindrucksvolle Statue der als Kuh einherschreitenden Göttin; unter ihrer Wamme steht der König, und eine kniende und am Euter saugende Figur ist im Profil als Amenhotep II., Sohn und Nachfolger des Thutmosis, zu erkennen.

Der Napoleon des alten Ägypten

Im zweiten Jahr seiner souveränen Regierung – nominell sein 23. Amtsjahr – eröffnete Thutmosis die Kampagne im Nahen Osten. Ihr Verlauf wird auf den Innenwänden des Granit-Heiligtums zu Karnak glaubwürdig geschildert. Der Autor dieser sogenannten Annalen war Thanuni, seines Zeichens Archivar, königlicher Schreiber und militärischer Befehlshaber. In einer Inschrift seines Grabs auf dem Westufer von Theben (TT 74) heißt es: »Ich verfolgte die Siege, die er [der König] in allen Ländern errungen hat, ließ sie den Tatsachen gemäß aufzeichnen.« Thanuni dürfte wohl einer der ersten offiziellen Kriegsberichterstatter gewesen sein. Wenn Thutmosis III. seine Feldzüge im Haupttempel von Karnak in allen Einzelheiten dokumentieren ließ, wollte er nicht nur seinen eigenen Namen verherrlichen, sondern auch dem Gott Amun huldigen, unter dessen Banner er marschierte und dessen Tempel so reich von der Kriegsbeute profitieren sollten.

Der gesamte Feldzug war ein Meisterstück an Kaltblütigkeit und sorgfältiger Planung. Binnen zehn Tagen stand der König vor Gasa, nahm die Stadt ein und eilte weiter nach Jehem. Sein Ziel war Megiddo, wo sich der aufsässige Prinz von Kadesch verschanzt hatte. Nach Meggido konnte man auf drei verschiedenen Wegen gelangen: Zwei davon waren offene Straßen und hätten die Truppen in den Norden der Stadt gebracht, der dritte führte durch einen engen Gebirgspaß. In diesem war man, wie die Offiziere sofort erklärten, großen Gefahren ausgesetzt und riskierte einen Hinterhalt, denn er war gerade breit für einen einzelnen Mann. »Wird nicht auf diese Weise Pferd hinter Pferd und Mann hinter Mann marschieren müssen?« fragten sie. »Soll unsere Vorhut angreifen, während die Entsatztruppen noch kampflos jenseits in Aruna stehen?« Doch der König glaubte fest, daß Amun-Re auf seiner Seite sei, und stellte seine Offiziere vor die nominelle Wahl, ihm entweder durch den Paß zu folgen oder den einfacheren Umweg zu nehmen. Daß alle sich dem königlichen Plan anschlossen, versteht sich von selbst.

Thutmosis marschierte an der Spitze der Kolonne, unbekümmert um seine persönliche Sicherheit, doch das Wagnis sollte sich auszahlen. An der Mündung des Wadis konnte er feststellen, daß ihn seine Feinde irrtümlich auf einer der bequemeren Routen vermutet hatten – und er so genau zwischen die Nord- und Südflanke ihrer Armee gelangt war. Anderntags wurde die Schlacht eröffnet und der Feind vernichtend geschlagen. Seine Truppen zogen

Die Säulen in der Festhalle des Thutmosis III. in Karnak sind wie Zeltstangen geformt.

Die Eroberung von Joppa

Ein Ereignis der syrischen Feldzüge, das auch Eingang in die Legende gefunden hat, war die Eroberung der Stadt Joppa (heute Jaffa bei Tel Aviv) durch Djehuti, einen General unter Thutmosis III. Einem Papyrus im British Museum, London, zufolge, griff Djehuti, nachdem ein direkter Angriff gescheitert war, zu einer List, die Ali Babas und der vierzig Räuber würdig gewesen wäre. In Körben, die angeblich Kriegsbeute des Prinzen von Joppa enthielten, ließ er zweihundert bewaffnete Männer in die Stadt schmuggeln. Bei Anbruch der Nacht kamen die Soldaten hervor und öffneten die Stadttore. Im Louvre steht eine kostbare Goldschale mit dem Namen Djehutis, die aus seinem heute verschollenen Grab stammt.

Goldschale des Djehuti. Louvre, Paris.

sich in verzweifelter Flucht nach Megiddo zurück; wer nicht mehr durch die Stadttore kam, wurde an den Kleidern über die Mauer gehievt. Wie der Schreiber berichtet, unterbrachen die Ägypter unglücklicherweise die Verfolgung, um Beute zu machen. Auf diese Weise konnte der Feind entkommen und seine Stellung in Megiddo festigen, das dann einer siebenmonatigen Belagerung standhielt.

In weniger als fünf Monaten zog Thutmosis III. von Theben die syrische Küste entlang, focht mehrere entscheidende Schlachten aus, eroberte drei Städte und kehrte zur Siegesfeier in seine Hauptstadt zurück. In den folgenden achtzehn Jahren wiederholte er den Feldzug nach Syrien jeden Sommer. Den Höhepunkt seines Tatenruhms erlebte Thutmosis im Jahr 42 seiner Regierung mit der Einnahme von Kadesch, doch zählen die Listen in Karnak über 350 Städte auf, die ebenfalls unter ägyptische Herrschaft fielen. Mächtige Stelen erinnerten an diese Siege; eine ausführliche Inschrift auf dem 7. Pylon in Karnak, die von diesen militärischen Triumphen berichtete, ist heute leider weitgehend zerstört.

Die siebzehn Feldzüge in den Vorderen Orient stellten die kriegerische Apotheose der Regierung Thutmosis' dar, und nicht zu Unrecht hat ihn der US-Archäologe James Henry Breasted als den Napoleon des alten Ägyptens bezeichnet. Der König entsandte auch Strafexpeditionen nach Nubien, wo er in Amada und Semna Tempel bauen und im Jahr 50 den Kanal Senwosrets III. reinigen ließ, damit ihn das Heer auf dem Rückzug leichter passieren konnte (der König muß inwischen Mitte Achtzig gewesen sein). Im letzten Jahrzehnt seiner Amtszeit konnte er sich in dem Bewußtsein Ruhe gönnen, seinem Sohn Amenhotep II. ein mächtiges, wohlgeordnetes Reich zu hinterlassen.

Die Beute seiner Feldzüge ermöglichte ihm die Ausstattung und Verschönerung vieler Tempel, vor allem desjenigen in Karnak. Wandreliefs in der Nähe des Heiligtums zeigen uns Goldschmuck, kostbare Möbel, wertvolle Öle und Salben und andere Schenkungen des Thutmosis. Auch zwei Obelisken ließ er aufstellen, von denen einer heute im Hippodrom von Istanbul steht. Eine beeindruckende Siegesstele aus schwarzem Granit berichtet in 25 Zeilen, daß der König all seine Feinde zu Paaren trieb und erschlug, so wie es auf der Rückseite des 7. Pylons zu sehen ist.

Am Ostrand des Tempelbezirks von Karnak errichtete Thutmosis einen neuen Tempel, dessen Gestaltung in der ägyptischen Architektur einzigartig ist. Die ungewöhnlich geformten Säulen dieser sogenannten ›Festhalle‹ sollen wohl die Masten des königlichen Militärzelts darstellen. Hinter der Halle befindet sich ein kleiner Saal, der als ›Botanischer Garten‹ bezeichnet wird. Seine Säulen haben die Form von Papyrusbündeln, und die Wandmalereien zeigen Tiere und Pflanzen, die Thutmosis im 25. Jahr aus Syrien mitgebracht hatte.

Königinnen und Grabmäler

Thutmosis' Hauptfrau war Hatschepsut-Meritre, doch gab es auch mehrere Nebenköniginnen, von denen einige sozusagen diplomatische Geschenke waren. Ferner lebten vorübergehend eine Reihe ausländischer Prinzen am Hof, die als Geiseln gehalten und streng ägyptisch erzogen wurden; nach der Rückkehr in ihre Heimatländer sollten sie sich als treue Vasallen Ägyptens erweisen.

(*Rechts*) Innenseite eines ausgemalten Schreins, den Thutmosis III. der Göttin Hathor in Deir el-Bahari widmete. Sie zeigt den König, dem Amun opfernd. Ägyptisches Museum, Kairo.

(*Unten*) 1916 entdeckten Fellachen auf den Klippen westlich von Deir el-Bahari ein vom Wasser stark angegriffenes Grab. Es gehörte drei syrischen Mädchen, vermutlich Häuptlingstöchter, aus dem Harem Thutmosis' III. Sie hießen Menhet, Menui und Merti, und jede von ihnen trug den Titel einer »Königlichen Gemahlin«. Zu ihren Grabbeigaben gehörte der Kopfputz – zwei langmähnige, perückenähnliche Hauben waren fast vollständig erhalten; die Stirnreifen des dritten Exemplars tragen winzige, naturgetreue Gazellenköpfe. Solche waren bei unbedeutenderen Haremsdamen üblich, während hochrangigen Königinnen der Geier-Kopfschmuck der Göttin Mut vorbehalten war. Metropolitan Museum, New York.

Die Regierungszeit Thutmosis' III. zeichnete sich durch Prunk und Wohlstand aus, und dies schlägt sich auch in den Gräbern wichtiger Hofbeamter nieder. Von den erhaltenen ist dasjenige des Wesirs Rechmire (TT 100) das bei weitem schönste. Lebendige Szenen aus Handwerk und Alltagsleben zieren seine Wände, und zwei ausführliche Inschriften informieren uns über Ernennung und Amtspflichten eines Wesirs. Ganz in der Nähe liegt auch das Grab Mencheperresenebs (TT 86), der als Hoherpriester des Amun-Re den Gegenpart Rechmires auf religiösem Gebiet spielte.

Als Thutmosis III. gegen 1450 v. Chr. starb, überlebte ihn Hatschepsut-Meritre, seine Hauptfrau und Mutter seines Thronerben. Thutmosis wurde im Tal der Könige beigesetzt; sein Grab liegt auf halber Höhe der Felswand. Nach der Versiegelung der Ruhestätte schlugen Steinmetze die Treppe weg, die zum Eingang geführt hatte. Dennoch konnten zu antiker Zeit Grabräuber eindringen und die Totenkammer, das Hauptbegräbnis und die vier Seitenkammern verwüsten. Bei der Wiederentdeckung im Februar 1898 fand Victor Loret nur noch den gemeißelten Sarkophag und die traurigen Reste zerbrochener Möbel und Holzstatuen. Merkwürdig ist, daß in all dem Durcheinander keine *uschebti*-Figur des Königs lag, nicht einmal Fragmente einer solchen, und ihm bisher keine zugeschrieben werden konnte. Der Leichnam fehlte; er war schon siebzehn Jahre zuvor im Depot der Königsmumien von Deir el-Bahari entdeckt worden, wohin offenbar Pharao Scheschonq I. ihn nach dem Jahr 11 der 22. Dynastie (um 934 v. Chr.) umgebettet hatte. Er lag in seinem ursprünglichen – seiner Vergoldung allerdings entkleideten – Sarg und konnte anhand von Resten der Mumienbinden als Thutmosis identifiziert werden.

18. Dynastie
1570–1293

Amenhotep II.
(heqaiunu)
Aacheprure
1453–1419

Thutmosis IV.
Mencheprure
1419–1386

Amenhotep III.
(heqauaset)
Nebmaatre
1386–1349

KÖNIGSNAMEN UND -GRÄBER

AMENHOTEP II.
Geburtsname + (Epitheton)
Amen-hotep (heqaiunu) (»Amun ist zufrieden, Herrscher von Heliopolis«)
Auch bekannt als
Amenhotpe II., Amenophis II. (griechisch)
Thronname
Aa-chepru-re (»Groß sind die Erscheinungen des Re«)
Grabstätte
Grab KV 35, Tal der Könige (Theben)

THUTMOSIS IV.
Geburtsname
Thutmosis (griechisch) (»Dem Gotte Thoth geboren«)
Auch bekannt als
Thutmose IV., Thutmosis IV. (griechisch), Djehutimes IV. (ägyptisch)
Thronname
Men-chepru-re (»Von ewiger Dauer ist die Erscheinung des Re«)
Grabstätte
Grab KV 43, Tal der Könige (Theben)

AMENHOTEP III.
Geburtsname + (Epitheton)
Amen-hotep (heqauaset) (»Amun ist zufrieden, Herrscher von Theben«)
Thronname
Neb-maat-re (»Herr der Wahrheit ist Re«)
Grabstätte
Grab KV 22, Tal der Könige (Theben)

Amenhotep II.

Anscheinend war Amenhotep II. ein athletischer junger Mann. Mehrere Darstellungen des Königs zeigen ihn bei sportlichen Aktivitäten, und einen ähnlich guten Ruf wollte er sich auf militärischem Gebiet erwerben. Die Gelegenheit dazu stellte sich schon frühzeitig ein, als bei der Nachricht vom Ableben des Thutmosis III. die asiatischen Städte in Aufruhr gerieten. Umgehend ließ Amenhotep die Rebellen spüren, daß mit ihm nicht zu spaßen war.

Im April seines zweiten Regierungsjahrs führte er seine Armee in einem Blitzfeldzug nach Nordpalästina – vielleicht, weil die Mittelmeerstädte ebenfalls revoltierten –, zog über den Fluß Orontes und warf seine Feinde nieder. Die Einwohner der Stadt Nij hatte ihre Lektion bereits unter Thutmosis III. gelernt und hießen seinen Sohn willkommen. Die Unruhen konzentrierten sich auf die Region Tichsi, wo Amenhotep II. sieben Prinzen gefangennahm. Als der Herbst kam, mußten sie ihn in den Tempel seines Gottes Amun nach Karnak begleiten, und die mitgeführte Beute ließ Amuns Opferstöcke überquellen.

Als nächstes widmete der König seine Aufmerksamkeit Nubien, wohin er im dritten Amtsjahr aufbrach. Er vollendete die von seinem Vater bei Aswan auf der Insel Elephantine und in Amada begonnenen Tempelbauten. Die Ste-

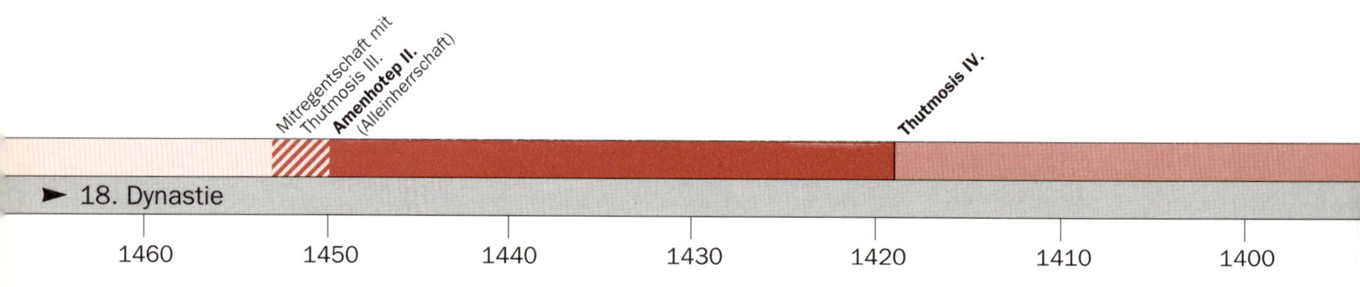

(*Links*) Schieferstatue des Amenhotep II. Ägyptisches Museum, Kairo.

(*Oben*) Eine Granitstele aus dem Amunstempel in Karnak (heute im Garten des Luxor-Museums) zeigt Amenhotep II. als sportlichen Bogenschützen; vom dahinrasenden Streitwagen aus schießt er mit tödlicher Treffsicherheit auf einen als Zielscheibe dienenden Kupferbarren. Daß er etwas von Pferden versteht, geht schon daraus hervor, daß sein Vater Thutmosis III. die besten Tiere des königlichen Reitstalls seiner Obhut anvertraute. Auch als Ruderer war er unschlagbar; er hantierte mit Riemen von fast zehn Metern Länge und ruderte sechsmal schneller als die normalen Sterblichen der Besatzung.

len, die der König in beiden Tempeln hinterließ, berichten vom Schicksal der gefangenen Prinzen: Der König opferte alle sieben nach traditioneller Manier dem Amun, indem er sie mit der Keule erschlug und mit dem Kopf nach unten am Bug seines Schiffes aufhängen ließ. Sechs von ihnen knüpfte man anschließend an der Wand auf, die den Tempel von Theben umgab; die Leiche des siebten wurde nach Nubien verbracht, um dort an der Stadtmauer von Napata zu hängen – »damit die siegreiche Macht seiner Majestät in Ewigkeit sichtbar sei«.

Das Jahr 9 brachte einen weiteren Feldzug des Königs nach Palästina, freilich nur bis zum See Genezareth. Für den Rest seiner 34jährigen Herrschaft hatte er damit offenbar die Fronten abgesteckt, und es herrschte Frieden im Land.

Amenhotep II. fand seine Ruhestätte im Tal der Könige, doch nicht für lange, denn sein Grab wurde noch vor dem Ende der 20. Dynastie geplündert. Als Victor Loret es im März 1898 öffnete, stieß er auf die üblichen Verwüstungen, doch der König lag noch teilweise eingewickelt im Sarkophag, wohin ihn die Priester nach der Entweihung gebettet hatten. Abdrücke in der Harzschicht lassen darauf schließen, daß die Mumie ursprünglich mit Schmuck bedeckt war. Übrigens blieb Amenhotep in seinem Grab nicht lange allein: In antiker Zeit wurde es von den Priestern als Versteck für andere Königsmumien benutzt.

THUTMOSIS IV.

Es scheint einige Zweifel an der Legitimität der Thronfolge von Thutmosis IV. gegeben zu haben, denn eine ausführliche Inschrift auf einer Stele zwischen den Pfoten des Sphinx riecht nach Propaganda zu seinen Gunsten. Sie

(*Rechts*) Bis zur Entdeckung von Tutanchamuns Grab im Jahr 1922 war Amenhotep II. der einzige ägyptische Pharao, der je in seinem eigenen Grab und Sarkophag angetroffen wurde. Dort verblieb er, bis man ihn 1928 nach Kairo ins Ägyptische Museum schaffte. Sicher war Amenhotep selbst nach 1898 nicht gewesen: Banditen aus dem Umland brachen während der Kampagne 1900/01 in das Grab ein. Doch ihre antiken Vorgänger hatten allzu gute Arbeit geleistet und nichts Lohnendes übriggelassen, obschon die modernen Grabräuber nicht versäumten, auch die Leiche zu filzen. Bei dieser Gelegenheit verschwand leider der mächtige Langbogen Amenhoteps II., den man in seinem Sarg entdeckt hatte; er ähnelte demjenigen, den er auf der Karnak-Stele (*oben*) benutzt.

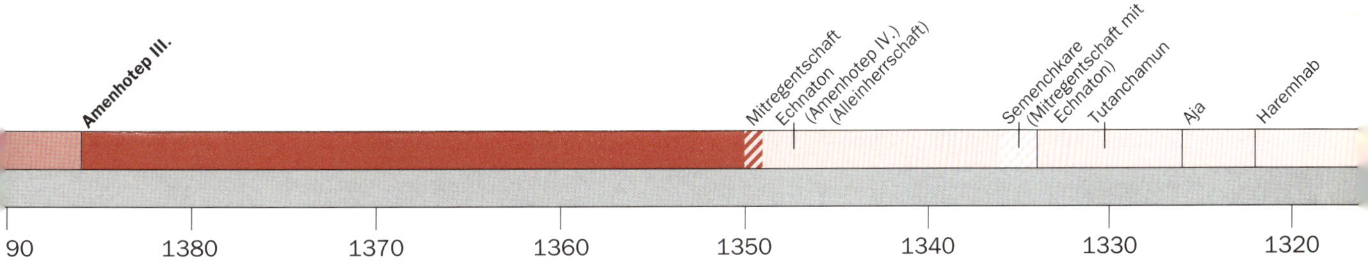

(*Rechts*) Schwarze Granitstatue des Thutmosis IV. mit seiner Mutter, der Königin Tio. Trotz der auffallend weiten Distanz zwischen den beiden betont die Darstellung den königlichen Thronanspruch. Ägyptisches Museum, Kairo.

(*Unten*) Einen interessanten Bericht über die Regierungszeit Thutmosis' IV. überliefern die Wände des Obelisken auf der Piazza San Giovanni vor dem Lateran in Rom, den 1588 Papst Sixtus V. wieder aufrichten ließ. Obwohl bei dieser Gelegenheit rund ein Meter von der Basis abgeschlagen wurde, ist er mit über 32 Metern der größte erhaltene Obelisk überhaupt. Er wurde unter Thutmosis III. aus den Steinbrüchen von Aswan geschlagen und sollte – was höchst ungewöhnlich war – ohne das übliche Gegenstück vor dem Tempel von Karnak aufgestellt werden. Rund 35 Jahre lag er unvollendet auf der Südseite von Karnak, bis Thutmosis IV. ihm pietätvoll die geplante Inschrift seines Großvaters gab und seinen eigenen Text hinzufügte.

wird die ›Traumstele‹ genannt und erzählt, wie der junge Thutmosis, der zur Jagd in die Wüste ausgeritten war, im Schatten des Sphinx einschlief. Im Traum erschien ihm Re-Harachte, der im Sphinx verkörperte Sonnengott, und versprach dem Prinzen die Königswürde, sobald seine steinerne Löwengestalt vom Sand gereinigt wäre. Versteht sich, daß die Reinigungsarbeiten umgehend begannen, und der Prinz wurde der vierte seines Namens.

Wenig Kriegerisches ist uns aus der Ära Thutmosis IV. bekannt, doch dies ist möglicherweise auf die magere Quellenlage zurückzuführen. Im achten Regierungsjahr ist von einem nubischen Feldzug die Rede, der – wie könnte es anders sein – von Erfolg gekrönt war. Auch in Syrien muß es Kämpfe gegeben haben, denn zweimal wird der König als »Eroberer Syriens« apostrophiert. Doch handelte es sich dabei wohl eher um unbedeutende Strafexpeditionen denn um großangelegte militärische Unternehmungen.

Unter Thutmosis IV. entstanden einige der schönsten und bekanntesten Privatgräber der thebanischen Nekropole, beispielsweise das des Nacht (TT 52) und des Menna (TT 69). Thutmosis' eigenes, in alter Zeit geplündertes Grab im Tal der Könige (KV 43) wurde 1903 von Howard Carter entdeckt. Es enthielt zertrümmerte Möbelbeigaben in großer Zahl, *uschebtis*, Lebensmittel und einen Streitwagen. Die Zerstörung scheint vor dem Jahr 8 des Haremhab (1321 – 1293 v.Chr.) stattgefunden zu haben, aus dem zwei datierte Sgraffiti von der Wiederherstellung des Grabs durch den Beamten Maja und seinen Assistenten Djehutimose berichten. In dem prächtig geschmückten Sarkophag fehlte allerdings die Königsmumie – sie war fünf Jahre zuvor gefunden worden, versteckt im Grab Amenhoteps II.

Standbild des Amenhotep III. neben dem Krokodilgott Sobek aus orangefarbenem Alabaster. Diese herrliche Plastik wurde später von Ramses II. beansprucht, der sie mit seinen eigenen Kartuschen versah. Entdeckt wurde sie in Dahamscha, am Boden eines Schachts im Tempel des Sobek. Museum Luxor.

Hochzeits-Skarabäus Amenhoteps III., einer seiner fünf großen Gedächtnis-Skarabäen. Er nennt die Namen seiner Königin Teje und ihrer Eltern. British Museum, London.

AMENHOTEP III.

Die fast vierzig Jahre währende Regierung Amenhoteps III. brachte eine Zeit der Stabilität und wirtschaftlichen Blüte, wie sie die ägyptische Geschichte nur selten gesehen hat. Sein Urgroßvater, Thutmosis III., hatte mit seinen Kriegen in Syrien, Nubien und Libyen die Grundlagen des ägyptischen Reichs geschaffen. Unter Amenhotep waren kaum noch militärische Unternehmungen nötig, und wenn doch – wie kurzfristig in Nubien –, wurden sie von seinem Sohn Merimose, dem Vizekönig von Kusch, geleitet.

Amenhotep III. war der Sohn Thutmosis' IV. mit einer seiner Hauptfrauen, der Königin Mutemuija. Obschon das in neuerer Zeit gelegentlich bezweifelt wird, könnte sie eine Tochter des mitannischen Königs Artatama gewesen sein, die im Rahmen eines diplomatischen Austauschs an den ägyptischen Hof entsandt wurde, um das Bündnis zwischen Ägypten und dem mächtigen Militärstaat Mitannien in Syrien zu festigen. Eine Serie von Reliefs in einem Saal auf der Ostseite des Tempels von Luxor, den Amenhotep für Amun errichtete, stellt die königliche Geburt des Herrschers dar. Unter den Augen der Göttin Isis erzeugt der widderköpfige Schöpfergott Chnum von Elephantine den jungen König und sein *ka* (den seelischen Doppelgänger) auf einer Töpferscheibe. Dann wird Gott Amun vom ibisköpfigen Thoth, dem Gott der Weisheit, zu seinem Treffen mit der Königin geführt. Schließlich hätschelt Amun in Gegenwart der Göttinnen Hathor und Mut das von Chnum geschaffene Kind.

Die Königsfrauen

Amenhotep III. hatte eine eindrucksvolle und stets wachsende Schar von Frauen in seinem Harem. Manche von ihnen waren Prinzessinnen aus fremden Ländern, mit denen er sich aus Gründen der Staatsräson verband, aber seine Hauptfrau, die er lange vor der Thronbesteigung geehelicht hatte, war nicht von königlichem Blut. Sie hieß Teje und war die Tochter eines Fürsten namens Juja und seiner Frau Tuja. Ihre Familie war recht einflußreich; sie verfügte über Ländereien im Delta, und Juja war ein hochrangiger Militärführer. Tejes Bruder Anen machte unter Amenhotep III. Karriere und wurde Kanzler des Königs von Unterägypten, Zweiter Prophet des Amun, *sem*-Priester von Heliopolis und Göttlicher Vater. (Das schmucklose und fast unberührte Grab von Juja und Tuja wurde 1905 von Theodore Davis in einem Neben-Wadi des Königstals entdeckt. Ihre Mumien gehören zu den besterhaltenen im Ägyptischen Museum von Kairo.)

Teje gebar sechs oder mehr Kinder, mindestens zwei Söhne und danach vier Töchter. Der Älteste starb, bevor er die Nachfolge antreten konnte, und überließ damit den Thron seinem jüngeren Bruder (dem künftigen Amenhotep IV., später Echnaton genannt). Amenhotep III. hat auch zwei seiner eigenen Töchter geheiratet, zunächst Isis, dann im dreißigsten Jahr seiner Regierung Sitamun. Dies geht aus mehreren Gefäßen mit der Lidschminke *kuhl* hervor, die den Herrscher zusammen mit einer Kartusche der jeweiligen Königsgemahlin nennen.

Die Anfänge

Amenhoteps Regierung zerfällt in zwei ungleiche Phasen. Im ersten Jahrzehnt stellt er sich uns als junger und agiler Herrscher dar, der bei nur mäßi-

Gesicht des vergoldeten Holzsargs der Tuja, Mutter der Königin Teje. Ägyptisches Museum, Kairo.

gen kriegerischen Neigungen den sportlichen Idealen seiner Vorgänger nacheifert. Inschriften auf den Felswänden bei Aswan und Konosso bezeugen, daß er im fünften Amtsjahr eine Expedition nach Nubien unternahm. Die gewohnt überschwenglichen Lobsprüche können nicht darüber hinwegtäuschen, daß es sich wohl um ein ziemlich belangloses Ereignis handelte. Eine undatierte Stele aus Semna (heute im British Museum, London) berichtet ebenfalls von einem nubischen Feldzug, doch ob dieser oder ein späterer gemeint war, ist ungewiß. Demnach wurde eine Rebellion in Ibhet vom Vizekönig Nubiens, dem »Königssohn von Kusch« Merimose, gewaltsam niedergeschlagen. Zwar wird der König als »kräftiger Stier, stark und machtvoll« und »wildäugiger Löwe« geschildert, der binnen einer einzigen Stunde ein grausames Blutbad angerichtet habe, doch war er vermutlich nicht einmal zugegen. Gleichwohl wurden, wie es heißt, insgesamt 740 Personen gefangengenommen – 150 nubische Männer, 250 Frauen, 175 Kinder, 110 Bogenschützen, 55 Sklaven. Dazu kamen 312 rechte Hände, die man den erschlagenen Feinden abgehackt hatte.

Die fetten Jahre

Das verbleibende Vierteljahrhundert der Regierung Amenhoteps war eine Zeit ungeheurer Prachtbauten und des verschwenderischen Luxus am Hof und in den Künsten. Die Lobreden, die den Namen des Königs begleiten, enthalten mehr blumige Metaphern als harte Tatsachen. Er wählte den Horusnamen »Mächtig in seiner Stärke, Zerschmetterer der Asiaten«, obwohl dieser Anspruch durch nichts gerechtfertigt scheint; ebenso unglaubwürdig wirken die Attribute »Plünderer von Schinar« und »Zerstörer Naharins« –

Die Gedächtnis-Skarabäen Amenhoteps III.

Die ersten zwölf Regierungsjahre Amenhoteps sind recht gut auf einer Serie von fünf großen Gedächtnis-Skarabäen dokumentiert, von denen jeweils mehrere Kopien angefertigt wurden. Der früheste aus dem Jahr 2 ist als Hochzeits-Skarabäus bekannt (vgl. S. 115) und berichtet von der Heirat des Königs mit Teje. Der zweite aus demselben Jahr preist Amenhoteps sportliche Leistungen. An einem einzigen Tag soll der König 56 wilde Rinder aus einer Herde von 170 gefangen haben. Der dritte, sogenannte ›Löwenjagd‹-Skarabäus berichtet, er habe in den ersten zehn Amtsjahren 102 grimmige Löwen erlegt. Dieser Skarabäus fand größte Verbreitung und diente als eine Art regierungsamtliches Flugblatt.

Der vierte Skarabäus aus dem zehnten Regierungsjahr dokumentiert die Ankunft der Prinzessin Giluchepa, Tochter des Königs Schuttama II. von Mitannien, in Amenhoteps Harem. Sie wurde von einem 317köpfigen Hofstaat begleitet. Interessant ist, daß sogar bei einem solchen Ereignis der Name der Königin Teje direkt auf den des Königs folgt. Der fünfte Skarabäus schildert, wie Amenhotep im Jahr 11 einen künstlichen See anlegen ließ, damit sich die Königin beim Segeln vergnügen könne. Dieser See soll über anderthalb Kilometer lang und 400 Meter breit gewesen sein; vielleicht lag er beim königlichen Malkata-Palast im Süden von Medinet Habu, am Westufer von Theben. König und Königin feierten die Eröffnung des Sees auf ihrer königlichen Barke namens »Funkelnder Aton« – ein Name, der im Hinblick auf die religiösen Anschauungen ihres Sohnes Echnaton zu denken gibt.

Rückseite des Löwenjagd-Skarabäus (links) mit dem Text auf seinem Sockel (rechts).

(*Rechts*) Die 20 Meter hohen Sitzstatuen Amenhoteps III. werden auch ›Kolosse des Memnon‹ genannt. In antiker Zeit gab die nördliche der beiden (rechts im Bild) in der Morgen- und Abenddämmerung einen Klagelaut von sich, und man glaubte, Memnon grüße und verabschiedete seine Mutter Eos, die Göttin der Dämmerung. Das Phänomen läßt sich vielleicht mit der Wirkung des radikalen Temperaturwechsels auf den Stein erklären. Was immer es gewesen sein mag, nachdem Septimius Severus an den Standbildern Reparaturen durchführen ließ (193–211 n. Chr.), waren keine Geräusche mehr zu hören. Die Unterschenkel und das Podest des nördlichen Kolosses tragen die Kritzeleien zahlreicher Touristen, von der Antike bis ins 19. Jahrhundert, einschließlich eines Gedichts in griechischer Sprache, das die offizielle Hofpoetin des Septimius Severus verfaßte.

(*Unten*) Kopf einer schönen Quarzit-Skulptur des Amenhotep III., die 1989 im Tempeldepot von Luxor gefunden wurde. Vielleicht handelte es sich um eine Kultplastik. Museum Luxor.

namentlich das letztere, denn eine seiner Frauen, Giluchepa, war eine naharinische Prinzessin.

Seinen Wohlstand verdankte Ägypten zu dieser Zeit nicht mehr Beutezügen wie unter Thutmosis III., sondern dem internationalen Handel und den gewaltigen Vorräten an Gold, das aus den Minen des Wadis Hammamat und den Goldwäschereien im fernen Süden des Landes Kusch stammte. Dieser Reichtum und die blühende Wirtschaft führten zu einer bemerkenswerten Entfaltung von Talent in allen Bereichen der Kunst.

Da die Häuser oder Paläste der Lebenden den Sakralbauten gegenüber als nebensächlich angesehen wurden, können wir uns von der Pracht eines Bauwerks wie dem Amenhotep-Palast in Malkata leider kaum eine Vorstellung machen. Immerhin läßt sich aus den Trümmern schließen, daß die Wände ehemals verputzt und mit lebendigen Szenen nach der Natur bemalt waren. Auch von seinen Tempelbauten wurden viele zerstört. Bei Karnak ließ er die ohnehin weitläufige Anlage des Amun noch weiter ausbauen; einen anderen Tempel, deren Säulenhof noch immer steht, errichtete er dem Gott in Luxor. Ein Namensvetter des Königs – Amenhotep, Sohn des Hapu – zeichnete für dieses Meisterwerk an Eleganz und der Raumgestaltung als Architekt verantwortlich.

Der Totentempel des Königs auf dem Westufer wurde in der folgenden (19.) Dynastie zerstört und – wie die vieler Vorgänger – als Steinbruch benutzt. Alles, was davon geblieben ist, sind zwei imposante Königsstatuen, die als ›Kolosse des Memnon‹ bekannt sind. Diese Bezeichnung ist allerdings mehr als irreführend – sie rührt von der antiken Gleichsetzung des Dargestellten mit dem äthiopischen Prinzen Memnon her, der in Troja kämpfte. Die südlicher gelegene der beiden ist am besten erhalten. Zu Füßen des Königs stehen, wie Zwerge von ihm überragt, die beiden wichtigen Frauen seines Lebens: seine Mutter Mutemuija und seine Frau, Königin Teje. Achthundert Meter hinter den Kolossen erhebt sich eine große restaurierte Stele, die einst

(*Rechts*) Luftaufnahme des Tempels von Luxor. Er wurde im Laufe von zweitausend Jahren immer wieder umgebaut und erweitert – von Amenhotep III. (Kolonnadenhof, hinten links) über Ramses II. (Pylone) bis hin zur islamischen Moschee Abu Hagag (Vordergrund).

das Heiligtum zierte, und ringsum finden sich Bruchstücke von Skulpturen, deren schönste vor Jahren in einer Grube gefunden wurde: ein Sphinx mit Krokodilsschwanz.

Gipfelpunkte künstlerischen Schaffens

Aus der Regierungszeit Amenhoteps III. datiert eine Reihe imposanter Statuen, darunter die beiden gewaltigen schlafenden Löwen aus Rosengranit, die ursprünglich vor dem Tempel im nubischen Soleb standen (später aber weiter südlich in den Sudan, zum Tempel bei Gebel Barkal, verlegt wurden). Außerdem wurden zahlreiche Skulpturen von Privatleuten gefertigt, besonders die des Architekten Amenhotep, Sohn des Hapu, aber auch von vielen anderen Fürsten und Würdenträgern.

Doch die wahre Bildhauerkunst zeigt sich in der großartigen Serie der Königsporträts. Zu den wichtigsten gehört – von den ›Memnons-Kolossen‹ einmal abgesehen – die riesige Kalksteinskulptur von König und Königin mit den drei kleineren stehenden Prinzessinnen aus Medinet Habu. Es gibt noch viele weitere Darstellungen des Herrschers, und sie alle zeigen ihn in tiefer Kontemplation versunken, mit fast überirdisch entrückter Miene. Sitzstatuen des Amenhotep mit dem *nemes*-Kopfschmuck, aus erstklassig verarbeitetem schwarzen Granit, stammen aus Belzonis Grabungen hinter den Memnon-Kolossen und aus Tanis im Delta. Einige der Königsskulpturen wurden von späteren Nachfolgern überarbeitet, die oft bloß ihre Kartuschen hinzufügten oder gelegentlich Gesichtszüge und Körperdetails veränderten. Dazu gehört beispielsweise der riesige Kopf aus Rosengranit (ebenfalls von Belzoni entdeckt und heute im British Museum), von dem inzwischen feststeht, daß er Thutmosis III. darstellt und unter Ramses II. nachbearbeitet wurde. Mehrere Plastiken, Reliefs und Wandmalereien zeigen den König mit dem helmähnlichen *chepresch*, der sogenannten Blauen oder Kriegskrone.

Einen der unglaublichsten Statuenfunde der letzten Zeit gab 1989 der Kolonnadenhof Amenhoteps III. im Tempel von Luxor frei. Er barg eine vortreffliche, 1,83 Meter hohe Skulptur aus rosafarbenem Quarzit; sie zeigt den König auf einem Schlitten stehend und angetan mit der Doppelkrone. Den einzigen Schaden erlitt dieses Prachtstück unter Echnaton, als die verhaßte Hieroglyphe Amuns säuberlich aus den Kartuschen, wo sie Teil des

Zu den wenigen Architekten, die uns namentlich bekannt sind, gehört Amenhotep, Sohn des Hapu, der Baumeister Amenhoteps III. Er erhielt das große Privileg, Statuen von sich selbst vor dem 10. Pylon im Tempel von Karnak aufzustellen. Sie zeigen ihn als Schreiber, die Schreibtafel über die linke Schulter gehängt. Wie Imhotep, der berühmte Baumeister der dritten Dynastie, wurde in ptolemäischer Zeit auch Amenhotep, Sohn des Hapu, zum Gott erhoben. Ägyptisches Museum, Kairo.

Reich detailliertes Kalksteinrelief vom Grab des königlichen Schreibers Chaemhet in Theben (TT 57), auf dem Amenhotep III. die Blaue Krone (*chepresch*) trägt. Das dazugehörige Porträt der Königin Teje wird in Brüssel aufbewahrt. Äyptisches Museum, Berlin.

Kleiner Kopf aus grünem Stein, der den Kartuschen und dem doppelten *uraei*-Kopfschmuck nach die Königin Teje darstellt. Flinders Petrie fand ihn 1904 im Tempel von Serabid el-Chadim. Ägyptisches Museum, Kairo.

Königsnamens war, entfernt wurde. Die Inschriften auf der Statue und ihre Ikonographie lassen darauf schließen, daß sie trotz der idealisierten Jugendlichkeit des Dargestellten aus Amenhoteps letzten Regierungsjahren stammt. Vielleicht handelte es sich auch um eine Kultstatue.

Die beiden bekanntesten Porträts seiner Gemahlin Teje sind der kleine Ebenholzkopf in Berlin, der in der Vergangenheit so viele Forscher vermuten ließ, daß sie aus aus der Gegend südlich von Aswan stammte, sowie das schmalgesichtige, gekrönte Haupt, das Petrie im Tempel von Serabit el-Chadim auf dem Sinai entdeckte; die Kartusche vorn auf der Krone enthält den Namen der Königin. Weitere schöne Reliefs finden sich in manchen Gräbern ihrer Hofleute, etwa denen des Userhet (TT 47) und des Cheruef (TT 192).

Tod und Begräbnis

Datierungen auf den Tonetiketten des Malkata-Palasts, die bis ins 38. Jahr der Regierung Amenhoteps reichen, lassen vermuten, daß er im 39. Amtsjahr starb, also mit etwa 45 Jahren.

Sein geplündertes Grab wurde von der französischen Expedition 1799 im Westteil des Königstals freigelegt (KV 22). Unter dem Schutt fanden sich *uschebtis* in großer Zahl aus schwarzem und rotem Granit, Alabaster und Zedernholz, einige gut erhalten, doch die meisten zerbrochen. Einige waren bedeutend größer als sonst üblich. Ausgrabungen und Räumarbeiten Howard Carters förderten 1915 Beigaben im Fundament des Grabs zutage, aus denen hervorging, daß es ursprünglich für Thutmosis IV. vorgesehen war. Dennoch wurde es später für Amenhotep III. sowie für Teje benutzt, wie die Fragmente mehrerer *uschebtis* der Königin nahelegen.

Sie überlebte ihren Gemahl um einige Jahre, vielleicht ein ganzes Dutzend, denn ein Relief aus einem der Gräber in Amarna, das zwischen dem neunten und zwölften Regierungsjahr ihres Sohnes datiert wird, zeigt sie mit ihrer jüngsten Tochter Beket-Aton. Diese wird als kleines Kind dargestellt und dürfte entweder kurz vor Amenhoteps Tod oder erst postum geboren sein. Aus höflichen Erkundigungen nach Tejes Gesundheit in den Amarna-Briefen wissen wir, daß sie eine Weile in Achet-Aton lebte (dem modernen el-Amarna), der neuen Hauptstadt ihres Sohnes Echnaton. In der Forschung wurde die These vertreten, daß der alte König seinen Nachfolger eine Zeitlang mitregieren ließ, aber ein Nachweis dafür steht noch aus. Eine bemalte Sandsteinstele am Altar eines Privathaushalts in el-Amarna zeigt den gealterten, ziemlich fettleibigen Amenhotep III., neben der Königin Teje thronend. Ob er tatsächlich eine Weile in dieser Stadt lebte, läßt sich nur vermuten; bei Teje ist es erwiesen, und sie dürfte dort auch gestorben und dann zur Bestattung nach Theben überführt worden sein.

Bislang glaubte man, die Mumie Amenhoteps III. sei mit den anderen von Loret 1898 im Grab Amenhoteps II. gefundenen (KV 35) aufbewahrt worden, doch neuerdings wird behauptet, die Priesterschaft habe bei der Umbettung die Leiche verwechselt. Mit Argumenten aus der Biologie vertreten die Professoren Ed Wente und John Harris die Ansicht, es handle sich um die Leiche Echnatons oder die des Aja. Eine zuvor nicht identifizierte weibliche Mumie (die Alte Frau) aus demselben Depot wird mit einigem Vorbehalt der Königin Teje zugeschrieben; die Zuordnung ergab sich in erster Linie aus einem Vergleich ihres Haars mit einer Locke aus dem kleinen Sarg im Grabmal Tutanchamuns, der laut Inschrift ihr gehörte.

18. Dynastie
1570–1293

Echnaton
(Amenhotep IV.)
Nefercheprure
1350–1334

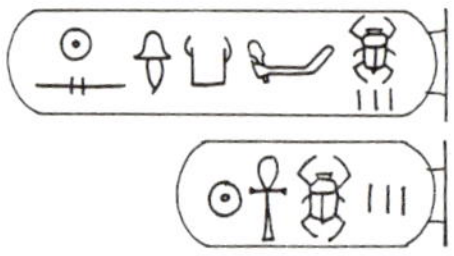

Semenchkare
Anchcheprure
1336–1334

Sitzstatue des Echnaton aus gelbem Steatit, ursprünglich vereint mit Nofretete (von der nur der linke Arm um seine Hüfte geblieben ist). Der König ließ sich im kargen Spätstil seiner letzten Regierungsjahre darstellen. Louvre, Paris.

AMENHOTEP IV./ECHNATON

Geburtsname
Amen-hotep (»Amun ist zufrieden«)
Auch bekannt als
Amenhotpe IV., Amenophis IV. (griechisch)
Angenommener Name (im 5. Amtsjahr)
Ach-en-aton (»Diener des Aton«)
Thronname
Nefer-chepru-re (»Schön ist die Erscheinung des Re«)
Vater
Amenhotep III.
Mutter
Teje
Gattinnen
Nofretete, Meritaton, Kija, Maketaton, Anchesenpaaton
Sohn
Tutanchamun (?)
Töchter
Meritaton, Maketaton, Anchesenpaaton, Meritaton-tascherit (?) und andere
Grabstätte
Achet-Aton (el-Amarna), später Tal der Könige (?).

SEMENCHKARE

Geburtsname + (Epitheton)
Semench-ka-re (Djoser-chefru) (»Kraftvoll ist die Seele des Re, Heilig durch seine Erscheinung«)
Auch bekannt als
Semenchkara
Thronname
Anch-chepru-re (»Lebendig ist die Erscheinung des Re«)
Gattin
Meritaton
Grabstätte
Grab KV 55 (?), Tal der Könige (Theben)

ECHNATON

Mit Amenhotep IV. – den wir besser unter dem neuen Namen Echnaton kennen, den er bald nach Beginn seiner Regierung annahm (eigentlich: Achenaton) – begann eine Epoche revolutionärer Umwälzungen in der ägyptischen Geschichte. Das sogenannte Zwischenspiel von Amarna brachte die Verlegung des Regierungssitzes in die kurzzeitige neue Hauptstadt Achet-Aton (heute el-Amarna), die Einführung eines neuen künstlerischen Stils und die Aufwertung des Aton, der Sonnenscheibe, und des ihr geltenden Kults zur Vorrangstellung in der ägyptischen Religion. Diese Häresie war es in erster Linie, die Echnaton und seinen unmittelbaren Nachfolgern die Verdammung durch spätere Könige eintrug.

Der junge Prinz war der zweite, eventuell auch ein späterer Sohn Amenhoteps III. und seiner Hauptfrau Teje; ein älterer Bruder, Prinz Thutmosis, war vorzeitig gestorben (sonderbarerweise fand sich eine mit seinen Namenszeichen versehene Geißel im Grab des Tutanchamun). Ob der alte König seinen Sohn zur Mitregentschaft heranzog, ist umstritten; das Für und Wider wird mit gleichermaßen stichhaltigen Argumenten vertreten. Für eine gemeinsame Herrschaft spricht der in der Spätzeit Amenhoteps III. eintretende Stilwandel, der später als Teil der von Echnaton eingeführten ›revolutionären‹ Amarna-Kunst aufgefaßt wurde. Andererseits hätten während Echna-

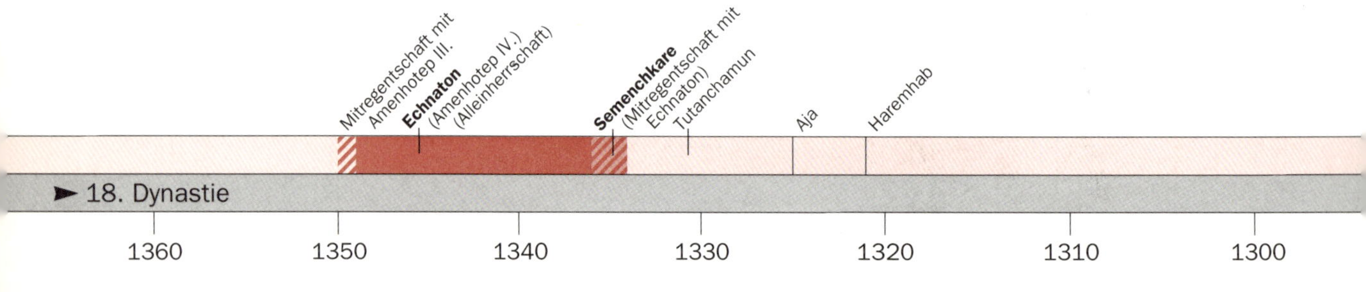

ECHNATON: MANN ODER FRAU?

Als gegen Anfang der 1880er Jahre in Amarna das Grab des Echnaton wiederentdeckt wurde, hielt man die Porträts des Königspaars wegen der seltsam androgynen Körperformen zunächst für Darstellungen zweier Frauen. Eine mögliche Erklärung für die sonderbare Gestalt des Königs wäre, daß er an einem Tumor der Hirnanhangdrüse litt, der zur sogenannten ›Fröhlichschen Krankheit‹ führte. Einige Symptome dieser Funktionsstörung sind in den Darstellungen des Königs deutlich auszumachen: deformierter Schädel, Nußknakkerkinn, übergroß wirkender Kopf auf einem unnatürlich verlängerten Hals, Fettablagerungen, die eher weibliche Formen begünstigen, das heißt im Schenkel-, Gesäß- und Brustbereich, sowie spindeldürre Beine. Allerdings ist Unfruchtbarkeit eine weitere Nebenwirkung dieses Zustands, und Kritiker haben darauf hingewiesen, daß Echnaton dann wohl kaum die sechs Töchter gezeugt haben könnte, mit denen er immer wieder abgebildet ist. Andererseits könnte ihn die Krankheit erst in einer späteren Lebensphase befallen haben.

tons erster Regierungszeit ›traditionelle‹ und ›revolutionäre‹ Kunstformen durchaus nebeneinander existieren können. Wenn überhaupt, kann seine Mitregentschaft nur bis zur Übernahme des neuen Namens Echnaton (»Diener des Aton«) im fünften Amtsjahr gedauert haben.

Zu Beginn seiner Herrschaft ließ Echnaton keinen Bruch mit den Gepflogenheiten seiner Vorgänger erkennen. Wie sie wurde er zu Karnak im Tempel des Gottes Amun gekrönt, und wie sein Vater heiratete er eine nicht von der Königslinie abstammende Adlige: Nofretete, die Tochter seines Wesirs Aja. Dieser scheint ein Bruder der Königin Teje und damit der Sohn Jujas und Tujas gewesen zu sein. Nofretetes Mutter ist unbekannt – vielleicht starb sie im Kindbett oder kurz danach, denn erzogen wurde Nofretete von Tiji, einer anderen Frau des Aja, die damit ihre Stiefmutter sein dürfte.

Der Kult des Aton

Unbestritten war der neue König im Gegensatz zu seinen Vorgängern eher ein Denker und Philosoph. Bereits Amenhotep III. hatte die wachsende Macht der Amunspriesterschaft mit Sorge verfolgt und versucht, sie einzuschränken; sein Sohn ging in dieser Sache viel weiter, indem er einen neuen, monotheistischen Sonnenkult ins Leben rief, der dem in der Sonnenscheibe verkörperten Aton galt. Die Idee selbst war nicht neu: Als Nebenaspekt des Son-

Bemalte Kalkstein-Doppelstatue von Echnaton und Nofretete, die wegen der Form des Atonsnamens auf der Rückseite nach seinem neunten Amtsjahr entstanden sein muß. Die Plastik ist von nahezu rührender Naivität, doch auch sie hält sich an die kanonische Regel, wonach die Königin kleiner als ihr Gemahl dargestellt werden muß. Louvre, Paris.

(*Rechts*) Dieses Detail zweier aneinandergefügter Blöcke aus Hermopolis zeigt Nofretete aus ganz neuer Perspektive, wie sie in einer kleinen Kabine am Heck des Schiffes einen Gefangenen mit der Keule erschlägt. Boston Museum.

(*Unten*) Eine von mehreren monumentalen Sandsteinskulpturen des Echnaton, die in einem Säulenhof östlich vom Amunstempel in Karnak gefunden wurde. Die merkwürdige Physiognomie des Königs hat zu vielen Spekulationen Anlaß gegeben. Ägyptisches Museum, Kairo.

nengottes Re-Harachte war Aton schon im Alten Reich verehrt worden, und ein großer Skarabäus von Echnatons Großvater Thutmosis IV. (heute im British Museum) erwähnt ihn in seiner Aufschrift. Echnatons eigentliche Innovation bestand darin, den Aton als eigenständige Gottheit zu verehren. Als Sonnenscheibe dargestellt, deren schützende Strahlen in Hände münden und die *anch*-Hieroglyphe für ›Leben‹ halten, war Aton nur dem Echnaton selbst zugänglich; einer vermittelnden Priesterkaste wie bei den herkömmlichen Kulten bedurfte es also nicht.

Zunächst ließ der König einen Tempel für seinen Gott Aton direkt vor den Toren des Amunstempels in Karnak errichten, doch dieses Nebeneinander zweier Kulte konnte logischerweise nur von kurzer Dauer sein. Also verbot er den Kult des Amun, ließ seine Tempel schließen, übernahm ihre Einkünfte und besiegelte den Bruch mit der Vergangenheit, indem er im sechsten Amtsjahr seine Residenz nach Mittelägypten verlegte, auf halben Weg zwischen Memphis und Theben. Es war eine unberührte Gegend, noch keinen anderen Göttinnen oder Göttern geweiht, und er nannte die Neugründung Achet-Aton, ›Horizont des Aton‹; heute ist sie als el-Amarna bekannt.

(*Ganz oben*) Die bemalte, aber unvollendete Kalksteinbüste der Nofretete aus der Werkstatt des Bildhauers Thutmose ist zu einer Ikone der Amarna-Kunst geworden. Äyptisches Museum, Berlin.

(*Oben*) Kalksteinplatte aus dem Königsgrab in Amarna, auf der das Gitternetz des Zeichners noch zu erkennen ist. Der Stil ist charakteristisch für die Frühzeit der Regierung Echnatons. Der König ist neben Nofretete und nur zwei ihrer Töchter zu sehen; es müssen dennoch nicht die ältesten sein, denn der Künstler könnte weitere der sechs Schwestern weggelassen haben. Ägyptisches Museum, Kairo.

Im Grab von Echnatons oberstem Minister Aja (der nach Tutanchamun selbst König werden sollte) findet sich die längste und beste Wiedergabe einer *Hymne an Aton*, die Echnaton selbst verfaßt haben soll. Diese bewegende Dichtung ähnelt, wie man längst erkannt hat, dem biblischen Psalm 104 und könnte ihn möglicherweise inspiriert haben. Das ganze Ethos der Atonverehrung und besonders die Idee, daß nur Echnaton Zugang zu diesem Gott hat, werden darin zusammengefaßt: »Schön gehst Du am Rand des Himmels auf, o lebender Aton, Ursprung des Lebens … keiner ist, der Dich kennt, außer Deinem Sohn Echnaton. Du hast ihn Deine Pläne wissen lassen und ihm Deine Kraft geschenkt.« Die Toten rufen nicht mehr Osiris an, um sie durch die Nachwelt zu führen, denn allein ihrer Treue zum König und seiner Fürbitten wegen dürfen sie hoffen, über das Grab hinaus weiterzuleben.

Nach der heutigen Beweislage scheinen allerdings lediglich die oberen Zehntausend den neuen Glauben mit nennenswertem Eifer angenommen zu haben (und auch das vielleicht nur nach außen hin). Ausgrabungen in Amarna haben ergeben, daß selbst hier die Bevölkerung bei ihren gewohnten Bräuchen blieb. Im ganzen gesehen hat sich der neue Kult offenbar kaum auf das übrige Ägypten ausgewirkt, von Tempelschließungen und der Entmachtung der Priester einmal abgesehen. Doch das einfache Volk kam außerhalb der Feste und Feiertage, wenn die Götterstatue zur Prozession aus den Mauern des heiligen Tempelbezirks geholt wurde, ohnehin nur wenig mit Vertretern der religiösen Hierarchie in Berührung.

Während der König unangefochten seinem Gott huldigte, trug die Hauptlast der ägyptischen Angelegenheiten die überkommene Beamtenschaft. Schon in der Spätzeit Amenhoteps III. mögen erste Brüche spürbar geworden sein, die offen zutage traten, als Echnaton das Regieren weitgehend Hofleuten und Diplomaten überließ. Die zivile und militärische Autorität fiel zwei selbstbewußten Persönlichkeiten in die Hände: Aja, der den Titel »Vater des Gottes« führte (und wahrscheinlich Echnatons Schwiegervater war), und General Haremhab (Ajas Schwiegersohn, denn er heiratete seine Tochter Mutnodjme, die Schwester Nofretetes). Beide Männer erlangten noch im Laufe der 18. Dynastie die Königswürde. Dieses ominöse Gespann einander versippter Hofbeamter zog zweifellos diskret die Fäden, während Echnaton seinen philosophischen und religiösen Neigungen frönte.

Eine neue Kunstauffassung

Die Kunstwerke der Amarna-Periode lassen erkennen, daß man bei Hofe die physischen Eigenheiten des Königs quasi zum offiziellen Stil erklärte. Einzelpersonen wie die Prinzessinnen werden mit verlängerten Schädeln und extremem Leibesumfang dargestellt, während sich Bek, der Chefbildhauer und Baumeister, selbst mit den Hängebrüsten und dem Trommelbauch seines Königs porträtiert. Auf einer Stele (heute in Berlin) berichtet Bek, Seine Majestät habe ihn selbst unterrichtet und die Hofbildhauer angewiesen, sich an das zu halten, was sie vor sich sahen. Das Ergebnis war ein von der strengen Stilisierung früherer offiziöser Bildnisse abweichender Realismus, wenngleich schon die ältere Profankunst sehr oft naturalistische Züge trägt.

Machthaberin hinter dem Thron?

Die berühmte Büste der Nofretete in Berlin unterscheidet sich grundlegend von den übrigen Werken der Amarna-Kunst mit ihren grotesken Verzerrun-

(*Rechts*) Diese Sandsteintafel (*talatat*) zeigt Echnaton mit der Roten Krone, wie er der Aton-Sonnenscheibe opfert, deren Strahlen ihm das *anch*-Zeichen des Lebens entgegenstrecken. Privatsammlung.

(*Unten*) Ein schmaler Goldring mit Nofretetes Kartusche ist das Prunkstück einer Schmucksammlung aus der 18. Dynastie, die außerhalb des Königsgrabs von Amarna verborgen gefunden wurde. Royal Scottish Museum, Edinburgh.

(*Unten*) Unvollendeter Quarzitkopf der Nofretete aus der Werkstatt von Amarna, der noch die Hilfslinien des Künstlers erkennen läßt. Ägyptisches Museum, Kairo.

gen, denn trotz des überlangen Halses wirkt die Königin elegant und sehr feminin. Die erhaltenen Darstellungen der Nofretete lassen eine Reihe von Seltsamkeiten erkennen. In den Anfangsjahren Echnatons war sie ein ungewöhnlich beliebtes Motiv der Repräsentationskunst; beispielsweise dominiert sie in den am Atonstempel in Karnak eingemeißelten Szenen. Einer der Steinblöcke zeigt sie in der uralten Positur des Pharao, der Gefangene bei den Haaren packt und mit der Keule erschlägt – wohl kaum das passende Sinnbild einer friedliebenden Königin und Mutter von sechs Töchtern. Offenbar nahm sie bei der Regierung ihres Gemahls eine Funktion ein, die weit über das übliche Maß hinausging.

Im zwölften Amtsjahr scheint eine Tragödie über die Familie hereingebrochen zu sein, als Nofretetes zweite Tochter Maketaton bei der Geburt ihres Kindes starb; ein Relief im Königsgrab zeigt sie ausgestreckt vor den trauernden Eltern liegend, nahebei steht eine Amme und hält ein Baby im Arm. Sein Vater war möglicherweise Echnaton, der auch zwei andere seiner Töchter zur Frau nahm, Meritaton (nicht zu verwechseln mit Maketaton) und Achesenpaaton (die später Tutanchamuns Braut wurde).

Nofretete ist selbst wohl kurz nach dem Jahr 12 gestorben; manche vermuten allerdings, sie sei nur in Ungnade gefallen, denn bei mehreren Gelegenheiten wurde ihr Name durch den ihrer Tochter Meritaton ersetzt, die ihr als »Große Königsgemahlin« nachfolgte. Die letztere gebar eine Tochter namens Meritaton-tascherit (Meritaton die Jüngere), deren Vater vermutlich wiederum Echnaton war. Meritaton heiratete Semenchkare, der kurzfristig auf Echnaton folgte. Nofretete wurde im Königsgrab von Amarna beigesetzt, wie das Anfang 1930 gefundene Fragment einer *uschebti*-Figur mit ihrer Kartusche belegt.

Die Ruhestätte des Königs

Echnaton starb um 1334 v.Chr., vermutlich in seinem 16. Amtsjahr. Bei neueren Grabungen im Königsgrab von Amarna stieß Professor Geoffrey Martin auf Hinweise, daß die Grabkammer mit Steinblöcken versiegelt worden war, was vermuten läßt, daß Echnaton ursprünglich hier gelegen haben muß. Andere glauben, das Grab sei nie benutzt worden – trotz der darin entdeckten Sarkophagtrümmer und Kanopenschreine sowie einer Reihe zerschla-

ACHET-ATON, DIE HEILIGE STADT

Achet-Aton (oder el-Amarna, wie es heutzutage genannt wird) ist ein wichtiger Grabungsort, denn es ist weder vor noch nach seiner kurzlebigen Epoche als Hauptstadt unter Echnaton besiedelt gewesen. Es liegt in einer natürlichen Felsenkulisse zu beiden Seiten des Nils und ist ringsum mit einer Serie von fünfzehn gemeißelten Stelen umgeben. Die Reliefs zeigen Echnaton, wie er gemeinsam mit seiner Frau und diversen ihrer sechs Töchter seinem Gott huldigt, und geben Anweisungen, daß sie alle dereinst in den heiligen Bezirken der Stadt beigesetzt werden sollen. Zu diesem Zweck wurde in einem entlegenen Wadi ein Königsgrab angelegt, mitten zwischen den Gräbern der Vornehmen, die heute Nord- und Südgräber genannt werden. Keines dieser Gräber wurde fertiggestellt und wohl nur die wenigsten tatsächlich benutzt. Wenn doch, dürften die Angehörigen wegen der sogleich nach dem Tod des Königs einsetzenden Reaktion gegen ihn und seine Monumente die Bestatteten vermutlich in aller Eile umgebettet haben.

Die Stadt selbst zog sich parallel zum Ostufer hin und reichte nicht allzuweit in die Wüste hinein, wo an den Straßen zur Nekropolis einige Sonnenkioske lagen. Eine breite Durchfahrt, ›Königsstraße‹ oder ›königliche Allee‹ genannt, verband die beiden Enden der Stadt und wurde von einer Reihe offizieller Bauten flankiert, darunter dem Herrscherhof (›Großer Palast‹), dem unüberdachten Atonstempel im neuen Baustil (›Großer Tempel‹) und Verwaltungsgebäuden. Der Große Palast wurde vermutlich eher für zeremonielle Zwecke genutzt denn als wirkliche Residenz; der König und seine Familie könnten im Nordpalast gewohnt haben. Die Häuser der Oberschicht (in erster Linie junge Hofleute, die den radikalen Kurs des Königs unterstützten) wurden in großzügigen Abständen errichtet, nicht auf engstem Raum zusammengedrängt wie so viele altorientalische Stadtviertel. Die meisten Bauten waren verschwenderisch mit Teichen und Ziergärten ausgestattet – der Gesamteindruck war der einer ›Gartenstadt‹.

Das gesamte Hof- und Stadtleben in Amarna drehte sich um den König und seinen Gott. Wo immer die Königsfamilie auftaucht, wird sie unter den schützenden Strahlen des Aton gezeigt. Die Reliefs in den vornehmen Gräbern der Umgebung konzentrieren sich auf den König und mit ihm auf den Sonnenkult. Grandiose Szenen wurden gestaltet, die sich – anders als bei älteren und späteren Grabfresken – von Wand zu Wand fortsetzen. Der König in Begleitung Nofretetes und einiger seiner Töchter dominierte den Wandschmuck, meist unterwegs zum Atonstempel auf Wagen, die von feurigen und prächtig aufgeputzten Pferden gezogen werden.

Auf kleineren Vignetten sind Männer zu sehen, die mit *schadufs* (den traditionellen Ziehbrunnen, die noch vor kurzem in Ägypten allgegenwärtig waren und inzwischen fast verschwunden sind) Wasser schöpfen. In Ställen werden fette Rinder gefüttert, blinde Musiker mit ausdrucksvoller Kopfhaltung singen das Lob Atons und Echnatons – unter der Ägide dieses Herrschers blüht und gedeiht alles mit dem Beistand eines gütigen Sonnengotts.

Ansicht des Nordpalasts in Amarna. Nach Ansicht mancher Archäologen wurden die Hallen hinter dem Palast als Zoo genutzt.

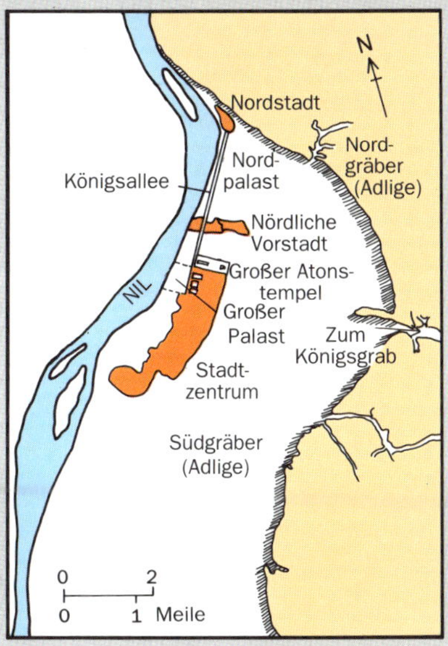

Karte von Achet-Aton, dessen wichtigste Bauten an der ›Königsstraße‹ liegen.

DIE AMARNA-BRIEFE

Glücklicherweise liegen uns Quellen vor, die direkten Einblick in die Außenpolitik Echnatons gewähren (und damit verläßlicher sind als der offizielle Schwulst der Tempelreliefs). 1885 grub eine alte Frau im ›Haus der Korrespondenz des Pharao‹, also dem Amt der Schreiber von Amarna, nach *sebach* (zerbröckelten Lehmziegeln, die als Dünger dienten). Dabei kam ein ganzes Archiv von Keilschrifttafeln aus Ton zum Vorschein (*unten*; British Museum, London). Zunächst hielt man sie für Fälschungen, doch später entpuppten sie sich als Diplomatenpost, die Echnatons Auswärtiges Amt von fremden Königen, Häuptlingen und Außenposten der zerfallenden ägyptischen Kolonialmacht im syrischen Raum erhalten hatte. Sie war in akkadischer Sprache verfaßt, der *lingua franca* des alten Orients. Viele der Botschaften stammen von unbedeutenden Kleinkönigen, die sich von Feinden Ägyptens bedrängt fühlen und gegen Gold und Warenlieferungen der ägyptischen Krone fortdauernde Loyalität versprechen. Oft beschuldigen sich Widersacher in ihren Briefen gegenseitig in schrillsten Tönen. Die meisten dieser Appelle blieben wohl unbeantwortet, denn der König war viel zu beschäftigt mit der Propagierung seiner neuen Religion, um sich solchen Gesuchen zu widmen. In einem der Briefe erkundigt sich der Schreiber nach der Gesundheit der Königinmutter Teje, die damals wohl schon Witwe war und in Achet-Aton residierte. Wenn dies zutrifft, dann war Echnaton großmütig genug, seinen Haß gegen die alte Religion vorübergehend beiseite zu stellen, als er ihren Wunsch gestattete, im Grab ihres Gemahls im westlichen Königstal beigesetzt zu werden.

gener *uschebtis*, die in der Nähe des Grabes und von Petrie in der Stadt selbst gefunden wurden.

Einigermaßen gesichert ist nur, daß Echnatons Leiche nicht in Amarna blieb. Eine um 1880 bezeugte halbverbrannte Mumie vor dem Grabeingang, zu der vielleicht auch Schmuck aus dem Grab gehörte (einschließlich eines kleinen Goldrings mit Nofretetes Kartusche), war vermutlich koptischen Ursprungs, genau wie weiterer Schmuck aus der Umgebung. Echnatons Anhänger hätten nie zugelassen, daß die Gegner sich seiner Leiche bemächtigten, nachdem sein Tod und die Rückkehr zur orthodoxen Religion einen reaktionären Bildersturm ausgelöst hatten. Bestimmt haben sie den Toten in Sicherheit gebracht – und welches Versteck wäre sicherer gewesen als der alte Königsfriedhof von Theben, wo ihn die Widersacher nie vermuten würden?

SEMENCHKARE

Echnatons Nachfolger war nominell Semenchkare, vielleicht ein jüngerer Bruder des Königs, aber er starb offenbar binnen weniger Monate. Semenchkares zweijährige Regierungszeit war in Wahrheit eine Mitregentschaft in den letzten Lebensjahren Echnatons. Ein Sgraffito im thebanischen Grab des Pairi (TT 139) berichtet von einem dritten Amtsjahr, und manches spricht dafür, daß Semenchkare von Echnaton abfiel und die Rückkehr zum alten Glauben vorbereitete. Er war mit Meritaton verheiratet, der Haupterbin der Königslinie, aber sie scheint vor ihm gestorben zu sein. Damit war ihre Schwester Anchesenpaaton – die Echnaton ihrerseits eine nach ihr benannte Tochter geboren hatte – die älteste Überlebende der sechs Töchter und wurde mit dem offiziellen Thronfolger Tutanchaton (der sich später Tutanchamun nennen sollte) verehelicht.

Das geheimnisvolle Grab Nr. 55 im Tal der Könige

Um Semenchkares Mumie und Begräbnis rankt sich eine heftige Kontroverse. Im Januar 1907 legte Edward Ayrton, der in Theodore Davis' Auftrag forschte, ein von Wasserschäden heimgesuchtes, nicht fertiggebautes Grabmal im Tal der Könige frei (KV 55). Weil die Kartuschen überall ausgeschlagen waren, streitet man sich seither um die Zuschreibung des *rischi*-Sarkophags. Zunächst nahm Davis an, das Grab der Königin Teje entdeckt zu haben, denn die stark beschädigte Mumie im Innern war als weiblich identifiziert worden – und so wurde der Fund auch publiziert. Später wechselte der Leichnam das Geschlecht, und man glaubte nun den toten Echnaton darin zu erkennen, nachdem man die zuvor als weiblich angesehenen Merkmale des Skeletts, speziell die Beckengegend, mit den Porträts des Königs verglichen hatte. Eine genauere forensische Untersuchung läßt inzwischen allerdings vermuten, daß es sich um Semenchkares Leichnam handelt. Blutgruppentests und Gewebeuntersuchungen haben ebenso wie Schädelmessungen gezeigt, daß der Unbekannte ein Bruder oder Halbbruder Tutanchamuns sein könnte – und der Eingang zu dessen Grabmal (KV 62) liegt knapp 14 Meter gegenüber.

Anscheinend waren hier einst drei Mumien bestattet. Eine von ihnen muß die Königin Teje gewesen sein, denn in dem Grab wurden Überreste ihres vergoldeten Holzsargs gefunden. Vermutlich wurde ihre Leiche ins Westtal umgebettet, wo sie neben ihrem Gemahl Amenhotep III. in KV 22 die letzte

Detail eines wohlgeformten Kopfs aus Alabaster, der zu einem Kanopengefäß in KV 55 gehörte. Inzwischen wird angenommen, daß es sich um Königin Kija handelt, die mutmaßliche Mutter Tutanchamuns. Ägyptisches Museum, Kairo.

Ruhe fand. Ferner sind vier alabasterne Kanopenschreine erhalten, deren Deckel feingeschnittene Frauenköpfe mit zeittypischen Hofperücken zieren; auf der Stirn trugen sie wahrscheinlich jeweils auch den königlichen *uraeus*, der später abgebrochen wurde. Leider fehlt jede Inschrift, aber sie gehörten wohl zu dem Sarg. Manche Forscher gehen davon aus, daß die Kanopendeckel das Gesicht Kijas zeigen, einer bis dato wenig bekannten jüngeren Nebenfrau des Echnaton.

Die Kartuschen auf dem Sarg wurden sämtlich planvoll ausgeschlagen. Es war eine furchtbare Greueltat, dem Inhaber buchstäblich den Namen zu rauben und ihm damit den Eingang ins Totenreich zu verwehren. Die noch erhaltenen Textteile zeigen allerdings Wörter mit weiblichen Endungen und legen damit nahe, daß der Sarg für eine Königsfrau gedacht war. Bei ihr könnte es sich um Semenchkares Frau Meritaton handeln oder – wie man heute glaubt – um Kija. Die Kartuschen, so eine Theorie, seien zerstört worden, weil die Eindringlinge den verhaßten Echnaton im Sarg vermuteten (sein Leichnam war damals vermutlich der dritte in diesem Grab). Anscheinend hofften sie, die Mumien Semenchkares und der Königin Teje dem schädlichen Einfluß des Ketzerkönigs zu entziehen, irrten sich jedoch und entfernten statt dessen Echnatons Leichnam. Trifft diese Vermutung zu, dann liegt Echnaton noch immer in einem kleinen, unentdeckten Grab oder Versteck im Königstal oder der näheren Umgebung – umgeben von den Beigaben des Semenchkare, soweit sie aus dem Grab Nr. 55 umgebettet worden sind, einschließlich seiner *uschebti*-Figuren. Denn obwohl für jedes andere Mitglied der Königsfamilie zumindest ein Exemplar überliefert ist, wurde nicht einmal ein Bruchstück gefunden, das seinen Namen trägt.

(*Rechts*) Hölzerner *rischi*-(Federschmuck-)Sarg mit schweren Wasserschäden aus KV 55. Obschon er ursprünglich für eine Frau bestimmt war, wie aus seiner Inschrift hervorgeht, enthielt er einen männlichen Leichnam, der inzwischen als Semenchkare identifiziert ist. Neueren Forschungen zufolge soll der Sarg für Königin Kija gefertigt worden sein; die Kanopengefäße (*oben*) würden dann unmittelbar dazugehören. Heute steht er im Ägyptischen Museum von Kairo.

18. Dynastie
1570–1293

Tutanchamun

(heqaiunuschema)
Nebcheprure
1334–1325

Totenmaske des Tutanchamun aus purem Gold, die den Schädel der Mumie im goldenen Sarg bedeckte. Ägyptisches Museum, Kairo.

TUTANCHAMUN

Geburtsname
Tut-anch-aton (»Lebendes Abbild des Aton«)
Angenommener Name (im 2. Amtsjahr) + (Epitheton)
Tut-anch-amun (heqa-iunu-schema) (»Lebendes Abbild des Amun, Herrscher von Oberägypten und Heliopolis«)
Auch bekannt als
Tutanchamen, Tutanchamon etc.
Thronname
Neb-chepru-re (»Herr der Erscheinungen ist Re«)
Vater
Echnaton (?)
Mutter
Kija (?)
Gattin
Anchesenpaaton (spätere Anchesenamun)
Söhne
keine
Töchter
zwei (?)
Grabstätte
Grab KV 62, Tal der Könige (Theben)

TUTANCHAMUN

Vor der spektakulären Freilegung seines nahezu unberührten Grabs im Tal der Könige (KV 62) im November 1922 war Tutanchamun nur ein obskurer, wenig bekannter Vertreter der späten 18. Dynastie. Daran hat sich trotz des Weltruhms, den ihm die Ausstattung seines Grabmals eingetragen hat, im Grunde nicht viel geändert.

Tutanchamuns Name war zu Beginn unseres Jahrhunderts aus einigen Quellen bekannt, aber seine genaue Lokalisierung in der Herrscherfolge der ›Amarna-Könige‹ bereitete Schwierigkeiten. Wie Echnaton und Aja fehlt sein Name in den klassischen Listen aus Abydos und Karnak, die von Amenhotep III. gleich zu Haremhab springen. Selbst die exakte Identität Tutanchamuns und die seiner Eltern ist umstritten; fest steht nur, daß er in Amarna erzogen wurde, wahrscheinlich im nördlichen Palast. Eine Reihe von Beigaben aus seinem Grab erinnern an sein Leben am Hof des Echnaton, besonders die ihn und seine junge Frau Anchesenpaaton schützende Aton-Sonnenscheibe auf der reichgeschmückten Rückwand seines goldfurnierten Throns.

Als es mit Echnatons Herrschaft zu Ende ging, hatten hochrangige Hofleute wie Aja und Haremhab vermutlich begriffen, daß es nicht so weitergehen konnte wie bisher. Semenchkare, der Bruder (oder Sohn?) und Mitregent des

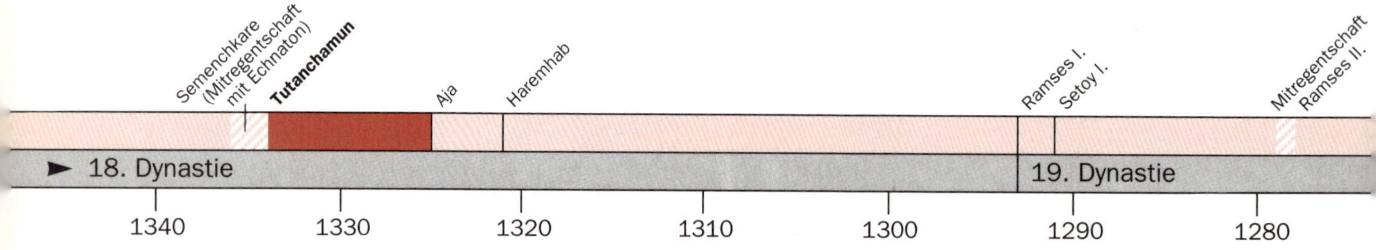

(*Oben*) Vergoldete Holzstatue der Isis, einer der vier Gottheiten, die den Kanopenschrein und die Truhe des Tutanchamun mit ausgestreckten Armen bewachten. Ägyptisches Museum, Kairo.

(*Unten rechts*) Detail des goldüberzogenen und mit Einlagen aus Fayencen, Glas und Stein verzierten Thronsessels. Es zeigt Tutanchamun sitzend, während seine Frau Anchesenpaaton (beiden wird der Amarna-Name gegeben) ihm den Brustschmuck richtet. Ägyptisches Museum, Kairo.

(*Unten*) Der Aton-Name des Königs in einer Kartusche auf der äußeren Lehne des Thronsessels.

Echnaton, muß zu dem gleichen Schluß gekommen sein, denn er verließ Achet-Aton und kehrte in die alte weltliche Hauptstadt Memphis zurück. Dort könnte er sich mit den geächteten Priestern des Amun verbündet haben, denn als er starb, bestatteten sie ihn in Theben. Nicht lange nach Echnatons Tod wurde Tutanchaton (wie er damals noch hieß) in Memphis gekrönt. Als er mit etwa neun Jahren die Thronfolge antrat, war keine seiner nächsten weiblichen Verwandten mehr am Leben – weder seine mutmaßliche Mutter Kija noch die Stiefmutter Nofretete oder seine älteren Stiefschwestern. Wahrscheinlich stand er unter direktem Einfluß des höchsten Zivilbeamten Aja und des Generals Haremhab. Tutanchatons Frau Anchesenpaaton muß älter gewesen sein als er, denn sie hatte anscheinend bereits eine Tochter zur Welt gebracht, die von ihrem eigenen Vater Echnaton stammte.

Bald nach der Einsetzung des neuen Königs kehrte man zur alten Religion zurück. Besonders radikal zeigte sich dies im Jahr 2, als die Namensendungen des Königs und der Königin von -»aton« zu -»amun« wechselten. Tutanchamun hatte wohl wenig Anteil an dieser und anderen Entscheidungen; seine ›Berater‹ hielten das Heft in der Hand und ließen den Kinderkönig nach ihrem Willen agieren. Eine große ›Restaurations‹-Stele berichtet von der Wiedereinsetzung der Amunsreligion in ihre alten Rechte, von Instandsetzung und Wiedereröffnung der Tempel. Diese Stele ist von zwei Kopien bekannt, die später Haremhab an sich riß, wie so viele andere Monumente des Tutanchamun. Eine stattliche Anzahl Reliefs und Statuen war, wie man heute weiß, ursprünglich dem Tutanchamun gewidmet; die überwiegende Mehrheit zeigt ihn entweder in Gemeinschaft mit Amun oder als Verkörperung des Gottes. Trotz nachträglicher ›Korrektur‹ der Inschriften sind die knabenhaften Züge des Königs leicht zu erkennen. In Karnak und Luxor wurden in seinem Namen umfangreiche Bauarbeiten ausgeführt, besonders die große

Wer war Tutanchamun?

Noch streiten sich die Gelehrten, wer dieser Tutanchamun eigentlich war. Die Inschrift auf einem der roten Granitlöwen im Tempel von Sokeb nennt Amenhotep III. seinen »Vater«. Unterstellt man Echnaton eine Regierungszeit von rund sechzehn Jahren und verknüpft damit die Tatsache, daß Tutanchamun bei der Thronbesteigung ungefähr neun war, erscheint es höchst unwahrscheinlich, daß Amenhotep sein leiblicher Vater war (ganz zu schweigen von Königin Teje, die in recht fortgeschrittenem Alter schwanger geworden sein müßte). Wahrscheinlich wurde das Wort ›Vater‹ im allgemeineren Sinne verwendet, um Übereinstimmung mit Amenhotep und die Rückkehr zur alten Religion zu unterstreichen. Eher könnte Amenhotep III. der Großvater und Echnaton der Vater gewesen sein.

Dies wirft jedoch weitere Fragen auf, denn Echnatons Hauptfrau Nofretete wird ausschließlich in Gesellschaft von Töchtern gezeigt, nie mit einem Sohn. Die Vermutung liegt nahe, daß eine andere Königin bei Hofe Tutanchamuns Mutter war. Ein Name taucht in Amarna besonders oft auf: der einer Hofdame namens Kija. Mit einiger Gewißheit war sie mit Echnaton verheiratet, wie ihr Titel »Überaus geliebte Gemahlin« bezeugt. Vielleicht ist sie mit der mitannischen Prinzessin Taduchepa identisch, der Tochter des Königs Tuschratta, der man einen ägyptischen Namen gab. Vor dem neunten Regierungsjahr war sie die eindeutige Favoritin, doch nach dem Jahr 11 hören wir nichts mehr von ihr. Um dieselbe Zeit könnte Tutanchamun zur Welt gekommen und Kija bei der Geburt gestorben sein – fragmentarische Szenen einer Hoftrauer im Königsgrab von Amarna (Alpha-Kammer, Wand F) stützen diese These. In früheren Reliefs wird Kija mit einer kleinen Tochter dargestellt – möglicherweise hatte Tutanchamun eine ältere Schwester. Viele Bildnisse Kijas wurden nach dem Jahr 11 mit Meritatons Namen überschrieben, der ältesten Tochter Echnatons. Sie hatte nach Nofretetes Tod deren Platz als Hauptfrau des Königs eingenommen.

Kolonnade und die Reliefszenen des Opet-Fests in Luxor, aber sie alle wurden später von Haremhab vereinnahmt.

Von der epochalen Rückkehr nach Theben und zum Kult des Amun abgesehen, sind nur wenige Ereignisse aus Tutanchamuns Amtszeit überliefert. Daß militärische Feldzüge gegen Nubien und die Syrer in Palästina geführt wurden, scheint aus einem buntbemalten Gesso-Kästchen aus Tutanchamuns Grab hervorzugehen. Es zeigt vier lebhafte Szenen mit dem König; in den ersten beiden jagt er in der Wüste Löwen und Gazellen, während er in der dritten und vierten erbittert gegen Nubier und Syrer kämpft, die unter seinen Pfeilen fallen. Das Grab des militärischen Oberbefehlshabers Haremhab in Memphis enthält detaillierte Bilder von Kriegsgefangenen, die den Szenen auf dem Gesso-Kästchen einige Wahrscheinlichkeit verleihen – ebenso wie die Malereien im Grab des nubischen Vizekönigs Huy mit ihrer Anhäufung von Tributen und der Huldigung nubischer Prinzen. Ob Tutanchamun selbst an einer der Schlachten teilnahm, ist allerdings fraglich.

Tutanchamuns Gefolge

Neben den beiden Schlüsselfiguren Aja und Haremhab sind uns auch weitere hohe Beamte aus der Regierungszeit des Tutanchamun bekannt. Zwei von ihnen erhielten das Privileg, Beigaben für das Grab des Königs zu spenden. Einer von ihnen war Nachtmin, der als Offizier unter Haremhab diente und mit Aja verwandt war (vielleicht sein Sohn). Er schenkte fünf große hölzerne *uschebtis*, unter deren Füßen sein Name stand. Nachtmins Porträtkopf, der von einer Doppelstatue mit seiner anmutigen, aber namenlosen Frau abgebrochen ist, steht heute in Kairo. Ein anderer Beamter namens Maja war Tutanchamuns Schatzmeister und »Aufseher auf dem Platz der Ewigkeit« (dem Königsfriedhof), wo ein Sgraffito in erlesener Handschrift seinen Namen im Grab des Thutmosis IV. überliefert. Es berichtet von konservatorischen Maßnahmen, zu denen wohl die Inspektion und Neuwicklung der Königsmumie gehörte. Als Beigabe für Tutanchamun spendete Maja ein herrliches hölzernes *uschebti* (wiederum mit dem Namen des Stifters unter den Füßen) und ein wunderschön geschnitztes Bildnis des Königs, der – von den *ka*- und *ba*-Vogelgestalten beschützt – auf einer löwenköpfigen Totenbahre liegt. Sein eigenes Grab wurde 1843 von Richard Lepsius entdeckt, der die prächtigen Statuen Majas und seiner Frau Merit nach Leiden brachte. 1986 betrat es Professor George Martin abermals, diesmal durch einen Diebsstollen von einem Nachbargrab aus.

Ein weiterer Hofbeamter, der sein Grab in Theben hatte (TT 40), war der nubische Vizekönig Huy. Eindrucksvolle Wandmalereien von über sechs Metern Länge zeigen Huy in seiner prächtigen Amtstracht, wie er dem König die Prinzen von Nord- und Südnubien mit ihren Familien und ihrem Hofstaat vorstellt. Zu den interessantesten Details zählen das Gefolge einer nubischen Prinzessin, die selbst in ihrem Streitwagen steht, und die riesigen Stapel von Tributen. Möglicherweise geht all dies auf Haremhabs militärischen Vorstoß nach Nubien zurück.

Tod eines Königs

Tutanchamun starb jung, vermutlich schon in seinem neunten Amtsjahr. Dafür gibt es zwei Belege: einerseits die medizinische Untersuchung seiner Mumie, die ihm ein Alter von höchstens siebzehn einräumt, andererseits die

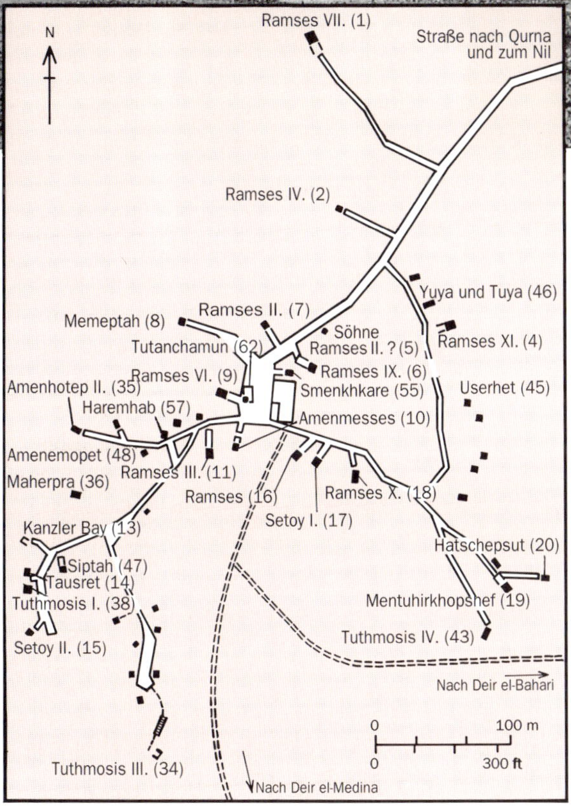

(*Ganz oben*) Blick von den höchsten Klippen ins Tal der Könige, in gleicher Richtung wie der Lageplan. (*Oben*) Die viereckige Mauereinfassung in der Mitte ist der moderne Eingang zu Tutanchamuns Grab (KV 62).

Tonsiegel auf in seinem Grab gefundenen Weinkrügen, die nicht nur die Weinsorte, das Anbaugebiet und den verantwortlichen Kellermeister nennen, sondern auch das Jahr der Einkellerung. Das späteste genannte Datum ist Jahr 9, was darauf schließen läßt, daß Tutanchamun im folgenden nicht mehr am Leben war.

Tutanchamuns Mumie gibt keinen eindeutigen Aufschluß darüber, woran er gestorben ist; gewiß war es nicht die Schwindsucht, wie man früher glaubte. Allerdings wurde bei Autopsien und Röntgenuntersuchungen ein winziger Knochensplitter in der oberen Stirnhöhle entdeckt, der durch einen heftigen Schlag dorthin gelangt sein könnte. Ob dieser jedoch absichtlich geführt wurde – was auf Mord hindeuten würde – oder der König einen Unfall erlitt, vom Streitwagen stürzte, läßt sich nachträglich nicht entscheiden.

Die Entdeckung von Tutanchamuns Grab

Eine Reihe von Funden, die im Lauf der Jahre im Königstal gemacht worden waren, brachten Howard Carter zu der Überzeugung, daß der Leichnam des Königs noch immer dort ruhen müsse. Dazu gehörten ein kleiner Fayencebecher mit Tutanchamuns Namen (aus der Grabungskampagne von 1905/06), Reste des bei der Einbalsamierung verwendeten Materials und einer Begräbnisfeier oder Totenwache (1907) sowie das zwei Jahre später entdeckte Depot mit Fragmenten eines goldenen Streitwagens und Möbelbeschlägen, die mit dem Namen des Königs und seines Untergebenen Aja beschriftet waren. Die Geschichte Carters und seines verständnisvollen Mäzens, des fünften Herzogs von Carnarvon, ist allgemein bekannt.

Nach vielen Jahren hartnäckiger und verzweifelter Suche, bei der nahezu jeder Stein im Tal umgedreht wurde, entdeckten sie am 4. November 1922

DIE AUSGEMALTE TOTENKAMMER

Der einzige ausgemalte Raum war die Totenkammer, deren vier Wände mit Szenen von Tutanchamuns Bestattung und Reise durch die Unterwelt dekoriert sind. Auf der Ostwand wird der Katafalk des Königs auf einem Schlitten zum Grab transportiert. Auf der Südwand heißt ihn das Totenreich in Gemeinschaft der Gottheiten Hathor, Isis und Anubis willkommen. Auf der Westwand (die drei übrigen sind darauf ausgerichtet) stehen Auszüge aus dem ›Buch des Amduat‹ (›Das, was in der Unterwelt ist‹), während die hockenden Gestalten von zwölf Affen die Stunden der Nacht symbolisieren, die der König durchqueren muß.

Dennoch ist die Nordwand die bei weitem interessanteste, denn hier zerfällt die Wandmalerei in drei Gruppen.

Die erste Szene zur Rechten zeigt Tutanchamuns Nachfolger Aja, angetan mit der Blauen Krone und dem Pantherfell eines Priesters, bei der Zeremonie der Mundöffnung vor der Osiris ähnlichen Königsmumie. Dieses Bild ist einzigartig in der königlichen Grabkunst. Im nächsten wird Tutanchamun von der Göttin Nut begrüßt (die normalerweise auf der Unterseite des Sarkophagdeckels oder an der Decke des Grabs zu finden ist, wo sie den Körper schützend über dem König wölbt). Im Schlußteil der Nordwand finden wir Tutanchamun, dicht gefolgt von seinem *ka*, wie er von Osiris umarmt und in die Unterwelt geleitet wird.

Die gesamte Ausmalung der Kammer mußte in weniger als siebzig Tagen fertiggestellt werden, der für Einbalsamierung und Grablegung vorgeschriebenen Frist.

(*Unten rechts*) Der innere Sarg Tutanchamuns, aus purem Gold und 110,4 Kilogramm schwer, lag eingeschachtelt in zwei weiteren Särgen, die jeder aus Holz und mit Goldblech überzogen waren. Im Innern befand sich die Mumie des Königs, die mit der 10,23 Kilogramm schweren Goldmaske und mehr als 170 Beigaben bedeckt war. Der Kopfteil des zweiten oder mittleren Sargs (*gegenüberliegende Seite unten*) trägt deutlich andere Gesichtszüge als die beiden übrigen. Vielleicht wurde er, ebenso wie die im Grab vorgefundenen Kanopen-Miniatursärge, ursprünglich für Semenchkare angefertigt. Ägyptisches Museum, Kairo.

unmittelbar unterhalb und nördlich des Eingangs zum Grab Ramses' VI. die erste von sechzehn abwärts führenden Treppenstufen. Anderntags war die Treppe freigelegt; sie führte zu einem mit Nilschlamm zugeschütteten Einstieg, dessen Siegel noch das Zeichen der Friedhofswächter trug (ein ruhender Schakal über neun Gefesselten). Nach und nach kamen ein abschüssiger, verschütteter Korridor und an dessen Ende ein weiterer, ebenfalls vermauerter Durchgang zum Vorschein. Dahinter lag die ausgedehnte Vorkammer, hinten links ein kleinerer Raum, die sogenannte Seitenkammer. Auf der rechten Seite ragten zwei überlebensgroße Holzskulpturen des Königs empor, die eine geschlossene Tür bewachten. Dahinter lag die Totenkammer, fast vollständig ausgefüllt mit dem riesigen Katafalk aus vier vergoldeten Holzschreinen, die den Quarzit-Sarkophag mit seinem geborstenen Deckel aus Granit umschlossen.

Der innerste der drei verschachtelten Särge, die der Sarkophag enthielt, bestand aus massivem Gold, die anderen beiden aus goldüberzogenem Holz

(*Oben*) Drei der hölzernen *uschebtis* des Tutanchamun mit (von rechts nach links) Roter Krone, Perücke und dem *nemes*-Kopfschmuck. Zwei der Figuren wurden in der Schatzkammer gefunden, aber die dritte (*ganz rechts*) lag in der Vorkammer. Vielleicht haben Plünderer sie fallen lassen, als sich herausstellte, daß sie nicht aus purem Gold war. Ihre Gesichtszüge unterscheiden sich von den übrigen, weshalb sie wohl eigentlich für jemand anderen bestimmt war – angesichts der schlanken Hüften möglicherweise für eine Frau. Carter-Verzeichnis 330 C, 326 A und 458. Ägyptisches Museum, Kairo.

– und inmitten all dieser Pracht lag die Mumie des Königs mit ihrer berühmten Goldmaske! Seine sterblichen Überreste waren schrecklich entstellt, da der Leichnam nur mangelhaft einbalsamiert worden war. Hinter der ausgemalten Totenkammer (dem einzigen geschmückten Raum der Anlage), von der mächtigen ruhenden Schakalsgestalt des Anubis bewacht, befand sich die Schatzkammer. Sie barg einen hölzernen Kanopenkasten, der einen Schrein aus Kalkstein umschloß. Der Schrein barg vier Behälter mit den mumifizierten Eingeweiden Tutanchamuns, deren figürliche Deckel seine Gesichtszüge aufweisen.

Man hoffte zunächst, daß sich zwischen all dieser Pracht auch wichtige literarische oder historische Dokumente finden würden, doch nichts der-

(*Oben*) Ein ruhender Anubis-Schakal bewachte in Tutanchamuns Grab den offenen Durchgang von der Totenkammer zum Schatz. Im Hintergrund der mächtige Kanopenschrein aus vergoldetem Holz.

(*Unten*) Eine der beiden lebensgroßen Figuren, die den Eingang zur Grabkammer hüteten. Sie trägt den *chat*-Kopfschmuck, ihr Gefährte den *nemes*. Ägyptisches Museum, Kairo.

gleichen kam zum Vorschein. Vom Leichnam des Königs selbst abgesehen, sind der bewegendste Aspekt des Grabes zweifellos die mumifizierten Embryos zweier Mädchen, Frühgeburten im fünften beziehungsweise achten oder neunten Monat, die in der Schatzkammer gefunden wurden. Sie müssen Töchter Tutanchamuns und Achesenamuns gewesen sein. Wären sie lebend zur Welt gekommen, so hätte eine von ihnen als »Große königliche Erbin« den Platz ihrer Mutter eingenommen und die Amarna-Linie weitergeführt – womit die Geschichte Ägyptens in der späteren 19. Dynastie vermutlich ganz anders verlaufen wäre.

Die Grablegung des Königs

Daß sowohl der Goldsarg und die goldene Maske wie der Granit-Sarkophag bei Tutanchamuns Bestattung sofort verfügbar waren, deutet darauf hin, daß man mit den Vorbereitungen dafür schon geraume Zeit zuvor begonnen hatte. Dennoch muß sein Tod unerwartet gekommen sein, denn eine Reihe seiner Grabbeigaben stammt sozusagen ›von der Stange‹ und war ursprünglich für andere Zwecke vorgesehen, und selbst seine letzte Ruhestätte war offenbar eigentlich nicht für ihn bestimmt. Überall gibt es Anzeichen dafür, wie eilig man es hatte; das Ritual forderte, daß sämtliche Vorbereitungen und die Einbalsamierung innerhalb von siebzig Tagen abgeschlossen sein mußten.

Für eine königliche Bestattung ist das Grab viel zu klein, und mit an Sicherheit grenzender Wahrscheinlichkeit war es zum Zeichen der Königsgunst und als Anerkennung für langjährige Dienste für den betagten Aja angelegt worden. (Es gibt andere Beispiele für hohe Beamte, denen das Privileg einer Bestattung im Tal der Könige gewährt wurde.) Als Tutanchamun unvermittelt starb, widmete man das nahezu fertige Grab um und ließ hastig die Totenkammer ausschmücken. Das eigentlich für Tutanchamun vorgesehene Grab scheint jenes später von Aja benutzte zu sein, das Giovanni Belzoni 1816 am Westende des Königstals (KV 23) entdeckte. Es entspricht dem typischen Stil der Königsgräber aus der 18. Dynastie; sein Platz wurde vermutlich mit der propagandistischen Nebenabsicht gewählt, den König in der Nähe seines Großvaters Amenhotep III. zu bestatten und so die Rückkehr zur Tradition und zum alten Glauben zu unterstreichen. Unter den Beigaben Tutanchamuns fanden sich zahlreiche Gegenstände, die offenbar einem Lager für Begräbnisartikel entstammen. Zumindest einer der Holzschreine war ursprünglich für Semenchkare verfertigt worden, ebenso die vier goldenen Miniatursärge für die königlichen Eingeweide. Hier und da läßt sich erkennen, daß ein älterer Name ausgehackt und mit Tutanchamuns Kartusche überschrieben worden ist. Möglich, daß auch der zweite (mittlere) der drei Särge für Semenchkare vorgesehen war, denn seine Gestaltung unterscheidet sich von den übrigen, gleicht aber dafür den Miniatursärgen des Kanopenschreins.

Selbst die Sarkophagkiste stammte sozusagen aus zweiter Hand. An ihr wurden nachträglich umfangreiche Änderungen vorgenommen; so schlug man etwa alle Originaltexte weg und überschrieb sie mit neuen Inschriften. Die stehenden Göttinnen erhielten nachträglich Flügel (vielleicht weil sie vorher, wie auf dem zertrümmerten Sarg des Echnaton, Königinnen repräsentieren sollten). Der Granitdeckel wurde dem Quarzitkasten angepaßt, obwohl es sich um anderes Material handelte – mag sein, daß die Zeit drängte und in Theben zufällig ein passender Granitblock zur Hand war. Auf jeden Fall zerbrach dabei der Deckel in zwei Teile.

DIE GRABRÄUBER

Die weitverbreitete Meinung, Howard Carter habe Tutanchamuns Grab unberührt vorgefunden, trifft nicht zu: Nur die Totenkammer war verschont geblieben. Das Grab wurde in antiker Zeit zweimal geplündert: Beim ersten Mal blieben nur sieben Ringe aus purem Gold in der Seitenkammer zurück, versteckt in einer Kiste und noch immer ins Taschentuch eines Räubers gewickelt. Der heute im Ägyptischen Museum von Kairo ausgestellte Schmuck stammt ausschließlich vom Leichnam des Königs, der mit über 170 Beigaben bedeckt war.

Nachdem die Priester und Wächter das Grab wieder versiegelt hatten, wurde es abermals aufgebrochen, diesmal der wertvollen Öle und Salben wegen. Sie waren beim ersten Mal zurückgeblieben, weil sie in großen unhandlichen Alabasterkrügen eingelagert waren, und so brachten die Räuber nun leere Schläuche aus Ziegenhaut mit. Abermals wurde das Grab versiegelt, und diesmal endgültig. Der Eingang wurde zugeschüttet und blieb im Talboden neugierigen Blicken entzogen. Der bei Errichtung des Grabmals für Ramses VI. anfallende Bauschutt bedeckte ihn zusätzlich, und es sollte über dreitausend Jahre dauern, bevor das Grab im Jahr 1922 von Carter freigelegt wurde.

Das Problem der Nachfolge

Tutanchamuns verfrühter Tod stellte seine junge Witwe Anchesenamun vor eine schwierige Situation. Offenbar ausschließlich von ehrgeizigen Männern umgeben, die weit älter waren als sie selbst, tat sie etwas Erstaunliches: Sie schrieb an Schuppiluliuma I., den König der Hethiter, und legte ihm ihre Notlage dar. Die ägyptischen Quellen schweigen darüber, doch bei Ausgrabungen im türkischen Hattusas (Boğazkale), der hethitischen Residenz, wurde eine Kopie des Briefes im ehemaligen Staatsarchiv gefunden. Anchesenamun erklärt darin, ihr Mann sei gestorben und sie habe keine Söhne, während er über viele verfüge; der König solle ihr doch einen davon zum Mann geben, damit die Herrscherlinie erhalten bliebe. Der Hethiterkönig war höchst mißtrauisch und ließ Erkundigungen einziehen; seine Botschafter prüften die Angaben nach und kehrten mit der Bestätigung zurück, daß es sich tatsächlich so verhielt. Daraufhin wurde ein hethitischer Prinz namens Zannanza nach Ägypten entsandt, um das Angebot der Königin anzunehmen. Weit ist er wohl nicht gekommen, denn er wurde offenbar schon an der Grenze ermordet – eine Tat, die ohne weiteres Haremhab angelastet werden kann, der als Oberbefehlshaber der Armee Gelegenheit und Mittel genug gefunden haben dürfte und vor allem ein Motiv hatte.

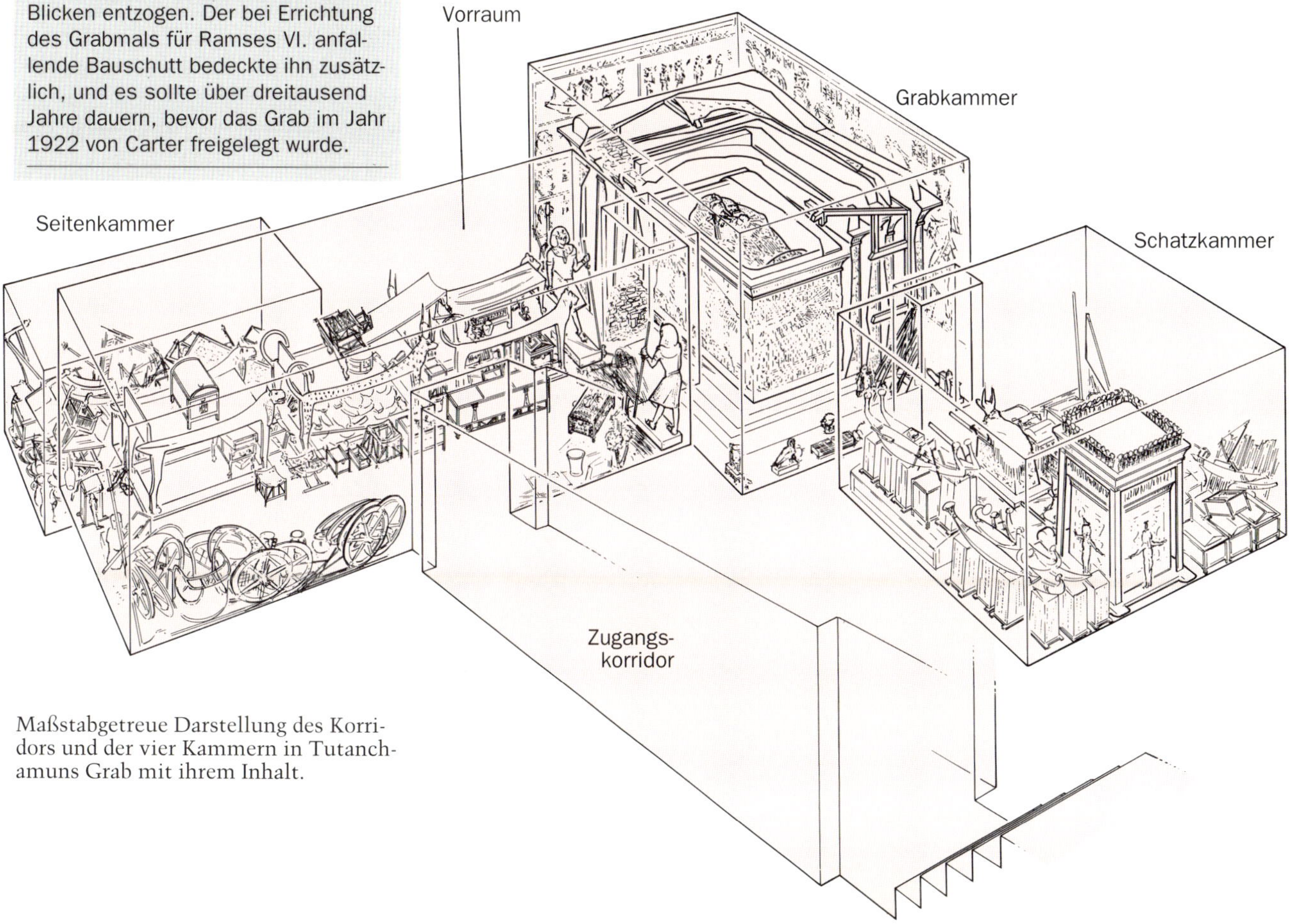

Maßstabgetreue Darstellung des Korridors und der vier Kammern in Tutanchamuns Grab mit ihrem Inhalt.

18. Dynastie
1570–1293

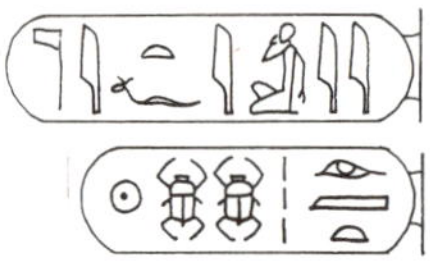

Aja
(itnetjer)
Cheperchepure
1325–1321

Haremhab
(meriamun)
Djosercheprure Setepenre
1321–1293

Darstellung des Haremhab im *nemes*-Kopfschmuck, flankiert von Göttern; Detail einer Wandmalerei in seinem Grab (KV 57).

AJA

Geburtsname + (Epitheton)
Aja (it-netjer) (»Aja, Vater des Gottes«)
Thronname
Cheper-chepru-re (»Dauerhaft sind die Erscheinungen des Re«
Gattinnen
Tiji II., Anchesenamun
Grabstätte
Grab KV 23, Tal der Könige (Theben)

HAREMHAB

Geburtsname + (Epitheton)
Har-em-hab (meri-amun) (»Horus frohlockt, Geliebter des Amun«)
Auch bekannt als
Horemheb, Horemhab
Thronname
Djoser-chepru-re Setep-en-re (»Heilig sind die Erscheinungen des Re, Auserwählter des Re«)
Vater
unbekannt
Mutter
unbekannt
Gattinnen
unbekannte Gattin; Mutnodjmet (Schwester der Nofretete)
Grabstätte
Grab KV 57, Tal der Könige (Theben)

Aja

Der inzwischen in die Jahre gekommene Aja gelangte durch Heirat mit Tutanchamuns Witwe Anchesenamun auf den Thron – vermutlich gegen ihren Willen, denn genaugenommen heiratete sie damit ihren eigenen Großvater. Den Nachweis für diese Verbindung erbrachte Professor Percy Newberry in den zwanziger Jahren anhand eines Fingerrings, dessen Fassung Seite an Seite die Kartuschen der Anchesenamun und des Aja zeigt; ein übliches Zeichen der Verehelichung. Die Hochzeit muß in aller Eile vollzogen worden sein, denn schon bei Tutanchamuns Begräbnis trat Aja als König mit der Blauen Krone auf. Indem er seinem Vorgänger das letzte Geleit gab, festigte er zugleich seinen Anspruch auf die Nachfolge.

Angesichts seines hohen Alters nimmt es nicht wunder, daß Aja nur kurz regierte: ganze vier Jahre. Nur wenige Monumente können ihm mit Gewißheit zugeschrieben werden – wohl nicht zuletzt, weil Haremhab später eine ganze Reihe davon für sich vereinnahmte. Immerhin wurde die Arbeit am Grab 23 des westlichen Königstals fortgesetzt, das wohl ursprünglich für Tutanchamun vorgesehen war, und seine Wände wurden verschwenderisch ausgemalt. Es fällt auf, daß in diesen Bildern Aja nicht von Anchesenamun begleitet wird, sondern von seiner älteren Gemahlin Tiji. Ein mächtiger Steinsarkophag wurde für Aja bereitgestellt, dessen vier Ecken wie bei Tut-

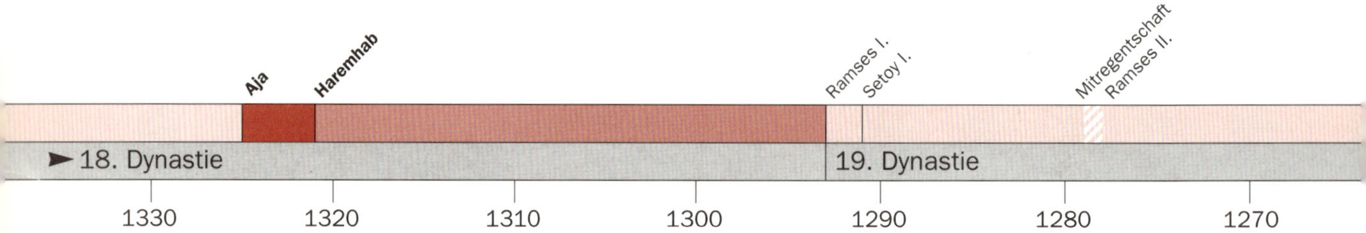

Dieses meisterhafte Zeugnis königlicher Grabkunst auf der Nordwand der königlichen Grabkammer zeigt Aja, den Nachfolger Tutanchamuns, bei der Zeremonie der Mundöffnung. Da er die Blaue Krone als Zeichen der Königswürde trägt, muß er innerhalb der maximal siebzig Tage, die für Einbalsamierung und Grablegung erlaubt waren, Anchesenamun, die Witwe des Verstorbenen, geheiratet und den Thron bestiegen haben.

anchamun von Göttinnen unter die Fittiche genommen werden. Als das Grab 1816 von Belzoni entdeckt wurde, existierten nur noch Trümmer des Sarkophags. Sein unversehrter, gewölbter Deckel tauchte erst 1972 im Schutt der Totenkammer auf. Ajas Leichnam konnte nicht identifiziert werden, obschon die Professoren Wente und Harris seit einigen Jahren eine 1881 im Königsdepot gefundene Mumie, die bislang dem Amenhotep III. zugeschrieben wurde, für diejenige Ajas halten. Allerdings erscheint es angesichts der in seinem Grab angerichteten Verwüstungen höchst unwahrscheinlich, daß die Mumie des Aja überhaupt erhalten geblieben ist. Nicht bloß sein Sarkophag lag in Trümmern, auch sein Bild und sein Name waren aus den Wandmalereien und Texten herausgeschlagen worden. *Uschebti*-Figuren des Königs sind nicht überliefert. Diese *damnatio memoriae* wurde wohl auf Befehl seines Nachfolgers Haremhab durchgeführt, was die Frage aufwirft, weshalb er Tutanchamuns Grab nicht in gleicher Weise demolieren und plündern ließ – innerhalb eines knappen Jahrzehnts kann seine Lage ja wohl kaum in Vergessenheit geraten sein, zumal Haremhab selbst eine wichtige Rolle bei der Bestattung gespielt hatte.

In seinem thebanischen Totentempel bei Medinet Habu ließ Aja seinen Namen auf zwei Quarzitkolosse des Tutanchamun meißeln, die aus dessen nahegelegenem (später vielleicht von dem des Aja überbauten) Tempel geraubt waren. Selbst diese Statuen übernahm Haremhab, als er sich seinerseits Ajas Tempel aneignete.

Es scheint, als habe Anchesenamun ihren zweiten Gatten nicht überlebt, denn über den erwähnten Ring hinaus zeugt keine Quelle mehr von ihr. Mit ihr starb der letzte Abkömmling der echten königlichen Amarna-Linie.

HAREMHAB

Haremhabs Herkunft liegt vollständig im dunkeln; man weiß nur, daß er aus Herakleopolis unweit des Fajum stammte und die Offizierslaufbahn einschlug, nachdem sein Talent früh erkannt worden war. Zuerst diente er unter Amenhotep III., wurde Oberster Befehlshaber des Heeres unter Echnaton und später Tutanchamuns königlicher Stellvertreter. Er scheint ein ehrgeiziger Mann gewesen zu sein, und mit Ajas Tod eröffnete sich ihm endlich die Chance, Ägypten die strenge Führung wiederzugeben, die es seiner Meinung nach brauchte. Also erklärte sich Haremhab 1321 v. Chr. selbst zum König und bekräftigte seinen Anspruch durch die Ehe mit einer Hofdame namens Mutnodjme, einer Schwester Nofretetes. Damit sicherte er sich nachträglich eine – freilich anfechtbare – Verbindung mit der weiblichen Königslinie. Sein kürzlich wiederentdecktes Grab in Saqqara enthält Hinweise auf eine frühere Gattin, deren Name allerdings nicht überliefert ist.

Haremhab dürfte mittleren Alters gewesen sein, als er König wurde, und er machte sich unverzüglich daran, den Status quo wiederherzustellen: Wiedereröffnung der Tempel, nötigenfalls ihre Restaurierung, Wiedereinsetzung der Amunspriesterschaft. Diese unterzog er allerdings einigen Reformen: Eingedenk des Drucks, den sie auf Amenhotep III. auszuüben versucht hatten, ernannte er nur Militärs zu Priestern, auf deren Loyalität er sich verlassen konnte. Um die Kontrolle über die Armee aufrechtzuerhalten, deren hauptamtlicher Befehlshaber er ja nun nicht mehr war, teilte er sie in ein Nord- und ein Südheer auf, das jeweils einem eigenen Kommandanten unterstand.

(*Oben*) Eine Diorit-Skulptur aus Memphis zeigt Haremhab trotz seiner militärischen Ämter als sitzenden Schreiber. Die Inschrift auf dem Sockel bezieht sich auf die von ihm erlassenen Gesetze und huldigt vier memphitischen Göttinnen. Metropolitan Museum, New York.

(*Unten*) Ein Grabrelief in Saqqara stellt Haremhab noch vor seiner Thronbesteigung als einflußreichen Hofbeamten dar, vor einem Opferaltar sitzend.

Unter Haremhab wurden die Denkmäler seiner unmittelbaren Vorgänger Aja und Tutanchamun auf seine Person umgewidmet. Den beiden großen ›Restaurations‹-Stelen, die Tutanchamuns gute Werke auflisteten, brauchte er bloß den eigenen Namen zuzufügen. Den riesigen Tempel des Amun in Karnak ließ er ausschmücken, legte den Grundstein zur Großen Säulenhalle und fügte den mächtigen 9. Pylon hinzu. Damit erreichte er zwei Ziele auf einmal: Er errichtete den Pylon auf der Südseite von Karnak zur Verherrlichung des Amun – und zerstörte zugleich den verhaßten Tempel Echnatons für die Gottheit Aton, indem er die Fassade abtragen ließ und die kleinen *talatat*-Steintafeln (›zwei Handbreit‹) als Füllmaterial für den hohlen Pylon verwendete. Tausende solcher Täfelchen haben die Archäologen bei der Instandsetzung des Pylons gefunden, so daß weite Teile der Amarna-Reliefs rekonstruiert werden konnten. So erwies sich Haremhabs Vernichtungsplan gewissermaßen als Eigentor: Indem er die Tafeln im Innern des Pylons verschwinden ließ, rettete er sie für die Nachwelt.

Haremhab übernahm Ajas Totentempel auf dem Westufer bei Medinet Habu, einschließlich der beiden Quarzit-Kolossalstatuen des Tutanchamun, die Aja selbst usurpiert hatte. Auf diese Weise suchte er jede Spur seiner vier Vorgänger aus der Amarna-Linie zu tilgen. Seinen Regierungsbeginn datierte er auf den Tod Amenhoteps III. und fügte die Jahre des Zwischenspiels seiner eigenen Amtszeit hinzu. In den ramessidischen Königslisten von Abydos und Karnak taucht kein einziger Name aus Amarna auf. Schlimmer noch, im thebanischen Grab eines gewissen Amenmosi aus der frühen 19. Dynastie (TT 19), dessen Wände mit zwei Reihen sitzender Könige und Königinnen bemalt sind, wurde Haremhab zwischen Amenhotep III. und Ramses I. plaziert. Die Könige dieser Dynastie betrachteten ihn als Gründervater ihrer Linie, und das erklärt vielleicht, weshalb sich eine Reihe von Hofbeamten, ebenso wie die Schwester Ramses' II., Prinzessin Tia, nahe bei Haremhabs Grab in Saqqara bestatten ließen.

Zwar zählen offizielle Quellen bis zum 59. Regierungsjahr Haremhabs (einschließlich der Amtszeit der Amarna-Pharaonen), doch seine tatsächliche Herrschaft von fast drei Jahrzehnten begnügte sich größtenteils mit der Absicherung nach innen. Für auswärtige Beziehungen gibt es kaum Hinweise, wenn man von einem Feldzug nach Kusch (vielleicht nur eine königliche Reise oder Visitation) und einer Handelsexpedition nach Süden absieht.

Die zwei Gräber des Haremhab

Lange bevor er damit rechnen konnte, jemals auf den Thron zu kommen, hatte Haremhab schon mit der Gestaltung seiner letzten Ruhestätte begonnen. Er verfügte daher bereits über ein Privatgrab in Saqqara, bevor er sich als Herrscher ein standesgemäßes Grabmal im Tal der Könige errichten ließ. Sein Grab in Saqqara wurde (wie dasjenige von Tutanchamuns Schatzmeister Maja) teilweise schon im frühen 19. Jahrhundert n. Chr. entdeckt, und die meisten Statuen und Reliefs gerieten in europäische Sammlungen (vorwiegend nach Leiden). Danach blieb es verschollen, bevor es die Ausgräber der ägyptischen Forschungsgesellschaft im Jahre 1975 wieder aufspürten.

In die Wände des Grabs von Saqqara waren vortrefflich gestaltete Szenen aus der Armee- und Hofkarriere Haremhabs gemeißelt. Aus diesen erfahren wir, daß es unter Tutanchamun zumindest zwei kleinere Feldzüge gegen Libyer und Syrer gegeben hat; die Gesichter der Gefangenen sind auf den Reliefs

(*Oben*) Detail eines zu Beginn des 19. Jahrhunderts n. Chr. in Saqqara freigelegten Grabreliefs des Haremhab. Es zeigt ihn mit der von einem dankbaren Pharao (Echnaton oder Tutanchamun?) verliehenen goldenen Ehrenkette. Nachdem er selbst zum Pharao gekrönt war, fügten die Steinmetze die königliche *uraeus*-Schlange auf seiner Stirn hinzu. Rijksmuseum van Oudheden, Leiden.

besonders sorgfältig dargestellt. Das Grab selbst ist schon in antiker Zeit stark verwüstet worden, doch die zerschlagenen Grabmöbel und Reliefs sowie ein wunderbarer Ohrring aus goldenem Flechtwerk bezeugen noch immer, daß Haremhabs Grabstätte einst eine der schönsten weit und breit war. Er selbst wurde seiner Königswürde wegen nicht in Saqqara beigesetzt, aber es scheint, als hätten zwei seiner Frauen dort gelegen. Nachdem Haremhab Pharao geworden war, entsandte er Arbeiter, die auf den Stirnen seiner Porträts die königliche *uraeus*-Schlange anbringen sollten, obwohl er das Grab gar nicht mehr zu nutzen gedachte.

Haremhabs Grab im Tal der Könige (KV 57) wurde 1908 von Theodore Davis entdeckt. Wie alle dortigen Anlagen ist es unvollendet geblieben und beraubt worden. Davis stieß auf große Mengen zertrümmerter Möbel und hölzerner Königsfiguren, wie man sie rund vierzehn Jahre später in Tutanchamuns Grab komplett vorfinden sollte, beispielsweise eine Figur, die den König, auf dem Rücken eines schreitenden Panthers stehend, zeigt. (Das Motiv war schon aus Wandmalereien der späten 20. Dynastie im Grab Setoys II., KV 15, bekannt.) In manchen Kammern sind die Bilder zu höchster Vollendung gestaltet. Andere waren beim Tod des Königs offensichtlich noch in Arbeit und wegen ihrer skizzierten Gitternetze und Korrekturen hochinteressant in bezug auf die künstlerische Technik.

In der Begräbnishalle fand Davis noch den mächtigen Sarkophag aus Rosengranit vor, doch Haremhabs Leichnam fehlte, obschon Überreste von vier Mumien in der Halle und einer Seitenkammer verstreut lagen. Wahrscheinlich handelt es sich um Haremhabs Familie; es wurde allerdings auch schon vorgeschlagen, daß die Überreste des Aja nach der Plünderung seines Grabes im Westtal hierhergebracht wurden. Ein Sgraffito an der Wand, das von einer Umbettung ins Grab von Tausret und Sethnacht (KV 14) berichtet, bezieht sich vermutlich auf Haremhab. Doch davon abgesehen existiert keine Spur mehr von ihm – er scheint nicht einmal zu den unidentifizierbaren Leichen der beiden Mumiendepots zu gehören.

(*Rechts*) Haremhabs Granit-Sarkophag wurde nicht nur von geflügelten Göttinnen an den vier Ecken geschützt, sondern auch von den Vier Söhnen des Horus und zwei Bildnissen des schakalköpfigen Anubis in einem versenkten Relief. Als Davis ihn 1908 entdeckte, war der Sarkophag leer und stand inmitten zertrümmerter Holzmöbel, von denen vollständige Exemplare erst vierzehn Jahre später im nahegelegenen Grab Tutanchamuns auftauchten.

19. Dynastie
1293–1185

Ramses I.
Menpehtire
1293–1291

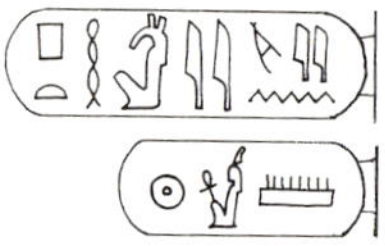

Setoy I. (merienptah)
Menmaatre
1291–1278

Detail einer Wandmalerei aus dem Grab Ramses' I. (KV 16) in Theben. Sie zeigt den König bei der hieroglyphischen Geste der Huldigung.

RAMSES I.	
Geburtsname Ra-messes (»Re hat ihn begünstigt«) *Auch bekannt als* Ramesses *Thronname* Men-pehti-re (»Ewig ist die Kraft des Re«) *Vater* Setoy,	Oberbefehlshaber des Heeres *Mutter* unbekannt *Gattin* Sitre *Sohn* Setoy I. *Grabstätte* Grab KV 16, Tal der Könige (Theben)

SETOY I.	
Geburtsname + (Epitheton) Setoy (meri-en-ptah) (»Der vom Gott Seth kommt, Geliebter des Ptah«) *Auch bekannt als* Seti Sethos I. (griechisch) *Thronname* Men-maat-re (»Ewig ist die Gerechtigkeit des Re«)	*Vater* Ramses I. *Mutter* Sitre *Gattin* Tuja *Söhne* (unbekannter Name), Ramses II. *Töchter* Tia, Henutmire *Grabstätte* Grab KV 17, Tal der Könige (Theben)

Ramses I.

Trotz ihres späteren Glanzes begann die 19. Dynastie einigermaßen unspektakulär. Ramses I., dem der »ramessidische« Hauptteil dieser Epoche den Namen verdankt, wurde mehr oder minder durch Zufall zum Pharao. Zuvor war er Wesir, enger Freund und Vertrauter Haremhabs gewesen, der – selbst ohne Erben – anscheinend seinem Kameraden die Thronfolge überließ. Ramses war bei Regierungsantritt schon im fortgeschrittenen Alter, wohl in den Fünfzigern, und nicht von königlichem Geblüt. Als Sohn eines Truppenkommandanten namens Setoy hatte er selbst die militärische Laufbahn eingeschlagen. Die Familie stammte aus Auaris im nordöstlichen Delta, das rund vierhundert Jahre zuvor Hauptstadt der Hyksos-Eindringlinge gewesen war.

Die kurze, vielleicht nur zweijährige Regierungszeit Ramses' I. gab ihm kaum Gelegenheit, historische Marksteine zu setzen. Einige Reliefs auf dem 2. Pylon in Karnak und eine Stele, die auf den Beginn seines zweiten Amtsjahrs datiert wird, sind seine ganze Hinterlassenschaft. Das kleine Grab im Tal der Könige (KV 16) wurde von Belzoni am 10./11. Oktober 1817 entdeckt und zeigte alle Anzeichen einer hastigen Bestattung. Die Totenkammer blieb unvollendet und hatte wohl ursprünglich nur die Vorkammer einer viel größeren Anlage werden sollen. Wie so viele Gräber wurde auch dieses in antiker Zeit geplündert, doch blieben einige der Beigaben übrig, vor allem der wuch-

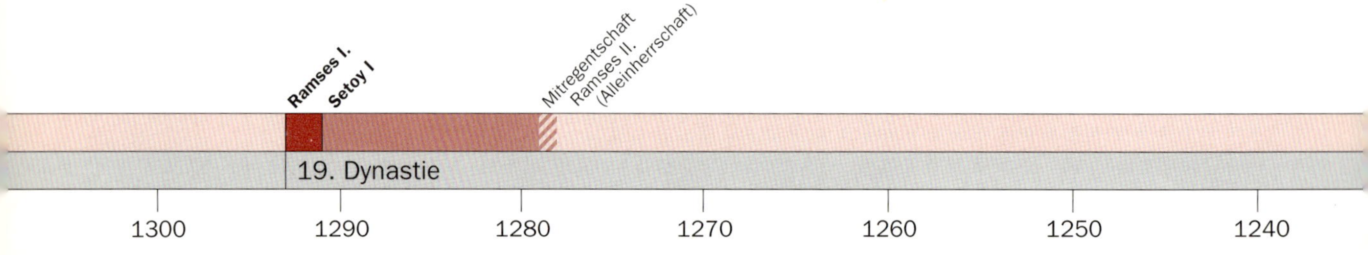

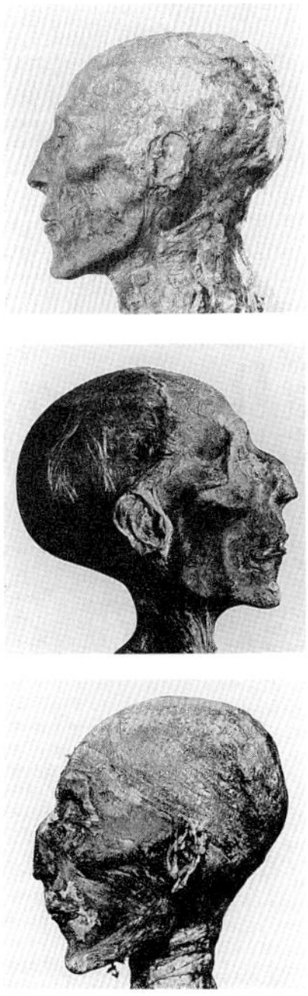

Profile der Mumien (von oben nach unten) Setoy I., Ramses und Merenptah, also von Großvater, Vater und Sohn. Die ersten beiden wurden 1881 im Depot von Deir el-Bahari gefunden, der letztere 1898 im Grab des Amenhotep II.

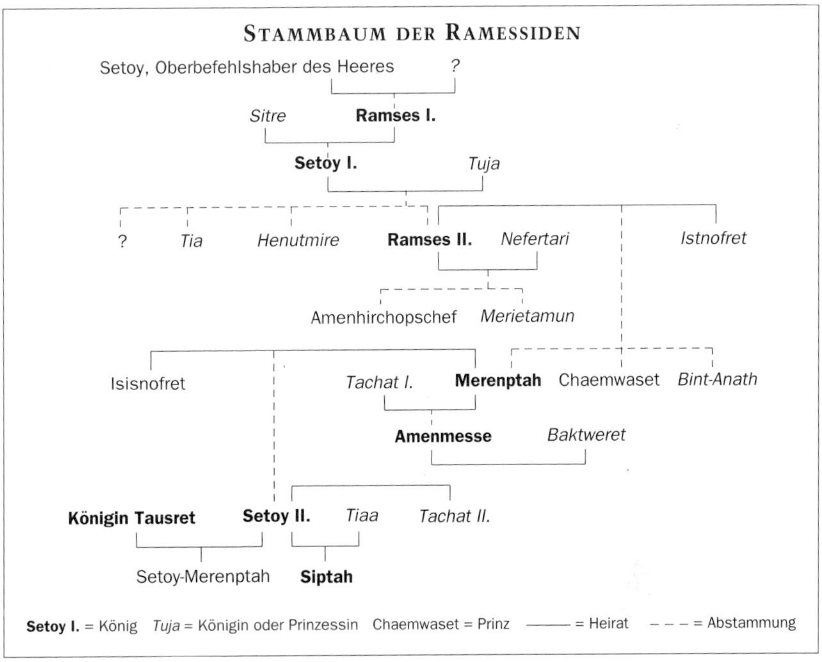

tige Granit-Sarkophag, zwei ehemals blattvergoldete Holzskulpturen des Königs von knapp zwei Metern Höhe sowie eine Anzahl geschnitzter Statuetten, die Unterweltgottheiten mit merkwürdigen Tierköpfen zeigen. Der Sarkophag wurde beschädigt, als die Räuber den Deckel aufhebelten, und anscheinend warfen sie in blinder Wut einige kleinere Statuetten gegen die Wand, wo sie winzige Spuren von Blattgold auf dem bemalten Gips hinterließen. Die Mumie des Ramses ist nicht erhalten (jedenfalls läßt sie sich nirgends nachweisen), aber offenbar wurde sie vor 968 v. Chr. umgebettet, denn in dieser Zeit brachte man viele Königsmumien in die Obhut fremder Gräber, wie dem der Königin Inhapis (DB 320) oder des Amenhotep II. (KV 35).

Bei der Bestattung von Ramses' Gemahlin Sitre brach man mit dem alten Brauch, Ehefrauen in der Ruhestätte ihres Mannes beizusetzen, wenn sie ihn überlebten. Sitres Grab wurde seinerseits traditionsbildend; es wurde in einer Gegend errichtet, die später als ›Tal der Königinnen‹ bei Theben Berühmtheit erlangte. Wie das Grab ihres Mannes blieb auch ihres (QV 38) unvollendet und zeigt nur in der ersten Kammer spärliche Wandmalereien.

Setoy I.

Wie sein Vater Ramses I., dem er bald nachfolgte, hatte Setoy I. die Titel eines Wesirs und Oberbefehlshabers der Armee innegehabt. Um nach der instabilen Phase unter den Amarna-Königen einen neuen Aufschwung Ägyptens einzuleiten, gab er eine Reihe ehrgeiziger Bauprojekte in Auftrag und führte eine engagierte Außenpolitik. Er nahm den zusätzlichen Titel »Wiederholer der Geburten« an, der den Beginn einer neuen und legitimen Ära signalisiert. Tatsächlich erlebte Ägypten unter seiner dreizehnjährigen Regierung eine Wiedergeburt. Kunst und Kultur gewannen eine Reife und Subtilität, mit denen sich spätere Epochen kaum messen können. Mit seiner Ehe blieb Setoy innerhalb der Militärkaste, indem er Tuja, die Tochter des Streitwagen-Offiziers Raja, zur Frau nahm. Sie gebar ihm einen Sohn, der früh verstarb, und eine Tochter namens Tija. Das dritte Kind war abermals ein Junge, der nach seinem Großvater benannt wurde. Als Ramses II. sollte er später zum mächtigsten Pharao Ägyptens avancieren. Eine weitere Tochter, die viel später zur Welt kam, hieß Henutmire und wurde später eine Nebenkönigin ihres älteren Bruders.

Setoys Feldzüge

Schon im ersten Amtsjahr leitete Setoy eine Militärexpedition nach Syrien. Von diesem und anderen Kriegen im Zeitraum der folgenden sechs Jahre berichten die Nord- und Ostfassaden des großen Amunstempels in Karnak. Ihr Hauptmotiv sind marschierende Soldaten: Setoy führte sie nach der Taktik seines Vorgängers Thutmosis III. möglichst zügig durch den Gasa-Streifen und an der Küste Palästinas entlang, was ihre Flanke sicherte und Nachschublieferungen auf dem Seeweg über phönizische Häfen ermöglichte. Dargestellt sind Belagerungen von Festungen und die Gefangennahme von Syrern, die gefesselt abtransportiert und im monumentalen Schlußbild vor der Gottheit Amun erschlagen werden.

Andere Feldzüge wurden gegen die Libyer westlich der großen Wüste geführt, und es gab erneut Angriffe gegen Syrien und den Libanon, wo erstmals Äygypter gegen Hethiter zum Kampf antraten. Eine Szene in Karnak zeigt die Einnahme von Kadesch, wo später die berühmte Schlacht unter Führung von Setoys Sohn Ramses II. stattfand. Bei alldem war Setoy fest entschlossen, den Tatenruhm Thutmosis' III. und Amenhoteps III. aus der 18. Dynastie wiederzubeleben.

Eine Blütezeit ägyptischer Kunst

(*Unten*) Detail aus dem Schlachtrelief Setoys I. auf der nördlichen Außenwand der Säulenhalle in Karnak: Der König besteigt unter dem Schutz zweier Geiergöttinnen seinen Streitwagen.

Die Ära Setoy kann auch mit architektonischen Glanzleistungen aufwarten. Die Qualität der Reliefs, die das Königsgrab und die neuen Kulttempel zierten, ist von der späteren ägyptischen Kunst nie mehr übertroffen worden. In Karnak, wo seine militärischen Siege festgehalten sind, begann Setoy auch mit dem Bau der großen Säulenhalle im Tempel des Amun, die sein Sohn Ramses vollenden sollte. Diese Halle, ein Wunderwerk antiker Architektur und Bauplanung, nimmt eine Grundfläche von 102 mal 53 Metern ein. Sie wird von 134 monumentalen Pfeilern getragen; die inneren zwölf überragen knapp die äußeren Reihen mit ihren 23 Metern Höhe. Die einzige Beleuchtung der Halle war das durch Steingitter in der Decke einfallende Licht. Die Reliefs des Setoy auf der Nordseite kontrastieren durch ihren erlesenen Stil mit den gröberen Nachträgen der Spätzeit.

In Abydos, dem uralten Kultzentrum des Osiris, entstand ein Tempel mit der wohl schönsten Dekoration der gesamten ägyptischen Antike. Die ganze Anlage läßt erkennen, wie sehr sich Setoy bemühte, an die fernen Ursprünge der Monarchie anzuknüpfen und seine Verbundenheit mit Ägyptens populärster Gottheit zu demonstrieren. Außergewöhnlich sind die sieben Heiligtümer des Tempels: Neben dem vergöttlichten Setoy (der während der Bauarbeiten starb) sind sie den Göttern Ptah, Re-Harachte, Amun-Re, Isis, Osiris und Horus geweiht. Im Hauptsaal zeigt ein prächtiges Relief den Herrscher, der selbst am Altar seiner Gottheit opfert und alle für ihren Kult notwendigen Dienste des Priesteramts verrichtet. Eine besonders inter-

Die wichtigsten Bauten Setoys I.

Karnak:
Säulenhalle im Tempel des Amun

Abydos:
Tempel Setoys I.
Osireion
Tempel Ramses' I.

Tal der Könige (Theben):
Grab KV 17

Gourna (Theben):
Totentempel

(*Rechts*) Blick durch einen Wald von Pfeilern in der Säulenhalle des Amunstempels von Karnak, der einem urweltlichen Papyrussumpf nachgebildet scheint.

(*Unten*) Mehrere mit bemalten Fresken geschmückte Nischen im abydenischen Tempel Setoys I. zeigen den König, wie er unterschiedlichen Göttern opfert. Hier bringt er dem falkenköpfigen Horus, der die Doppelkrone von Unter- und Oberägypten trägt, einen Strauß Blumen dar. Die Ikonographie ist bemerkenswert, denn der König selbst wurde als Verkörperung des Horus auf Erden angesehen.

essante und bedeutsame Sektion des Abydos-Tempels ist die sogenannte ›Ahnenhalle‹ oder ›Galerie der Listen‹. Hier ließ sich Setoy mit dem jungen Ramses vor einer langen offiziellen Königsliste darstellen, die von den Pharaonen der Frühzeit bis zu seiner eigenen Regierung reicht. Es fällt auf, daß die Amarna-Pharaonen völlig weggelassen sind, als hätten sie als historische Personen nie existiert. Die Kartuschenreihe springt von Amenhotep III. direkt zu Haremhab über.

Mitten in die abydenische Wüste hinter dem mächtigen Tempel setzte Setoy ein rätselhaftes Monument, das Osireion genannt wird. Es liegt auf niedrigerem Niveau als der Haupttempel und wird heutzutage wegen des hohen Wasserstands regelmäßig überflutet. Ursprünglich betrat man es durch einen langen Tunnel, dessen Wände mit Szenen aus dem ›Buch der Tore‹ bemalt waren. Er führt zu einer riesigen Halle von 30 mal 20 Metern, die den Mittelpunkt der Anlage bildet. Hier lag Setoys Leichnam zusammen mit den Grabbeigaben aufgebahrt, bevor er zur Bestattung ins Tal der Könige überführt wurde. Das gesamte Bauwerk ist von einem Kanalsystem unterkellert und symbolisiert die Herkunft allen Lebens aus dem Urwasser.

(*Links*) Detail von der Ostseite der ungewöhnlichen ›astronomischen‹ Deckenbemalung in der Grabkammer Setoys I. im Königstal. Sie stellt nur die Konstellationen des Nordhimmels dar, wogegen die meisten Königsgräber auch die Gestalt der Himmelsgöttin Nut zeigen, die ihre schützenden Hände über den Sarkophag des Pharaoh unter ihr breitet.

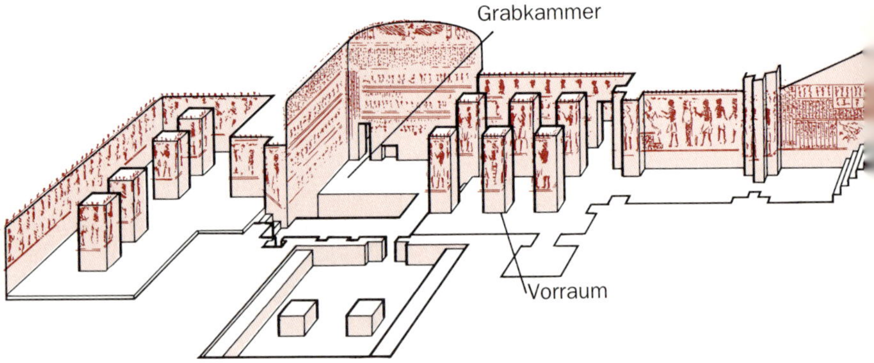

(*Unten*) Aquarellkopie einer Szene im Grab Setoys I., die um 1818, kurz nach Belzonis Entdeckung, von Henry Beechey angefertigt wurde. Die Sorgfalt und Detailtreue solcher Künstler erlaubte es Gelehrten wie Professor Erik Hornung, viele Wandbilder des Grabs zu rekonstruieren, die heute abgeblättert oder stark beschädigt sind.

Von einem kleinen abydenischen Tempel für seinen Vater Ramses I. und seinem eigenen, heute stark zerstörten Totentempel in Theben abgesehen, war Setoys Grab (KV 17) das letzte Bauwerk aus seiner Regierungszeit. Diese 1817 von Giovanni Belzoni entdeckte Grabanlage ist ohne Zweifel nicht nur die schönste im Tal der Könige, sondern zugleich auch die längste und tiefste (je über hundert Meter). Die klar umrissenen, bunten Flachreliefs sind mustergültig gearbeitet. In der Totenkammer stieß Belzoni auf den königlichen Sarkophag aus durchscheinendem Alabaster, der nach den Worten seines Entdeckers »größtes Interesse verdient und seinesgleichen nirgends in der Welt hat«. Der Unterteil des Behältnisses war weitgehend erhalten, aber der Deckel mit der liegenden Figur Setoys war von antiken Grabräubern zerschlagen worden, und die Trümmer lagen ringsum verstreut. Innen- und Außenseite des Sarkophags sind mit Hieroglyphen bedeckt, die einst mit blaugrüner Farbe ausgefüllt waren. Die Texte auf der Außenseite des Deckels und dem Grund des Kastens stammen aus dem *Buch des Herausgehens am Tage*, die Seitenwände zitieren Auszüge aus dem *Buch der Tore*.

Von allen Königsmumien ist diejenige des Setoy mit ihren noch immer stolz und edel wirkenden Gesichtszügen am besten erhalten. Sie lag nicht in

(Unten) Maßstabgetreuer Querschnitt durch das Grab Setoys I.; die Stollen führen über 100 Meter tief in den Boden und münden in die Grabkammer. Um potentielle Grabräuber zu täuschen, wurden diverse Tricks angewandt – allen voran der tiefe Schacht, der das eindringende Regenwasser sammeln und Eindringlingen vorgaukeln sollte, das Grab befände sich auf seinem Grund statt auf der anderen Seite hinter einer bemalten falschen Wand.

(Unten) Detail einer bemalten Säule in der Totenkammer Setoys I. Es zeigt den König neben dem ibisköpfigen Thoth, Gott der Weisheit, des Lernens und Schreibens.

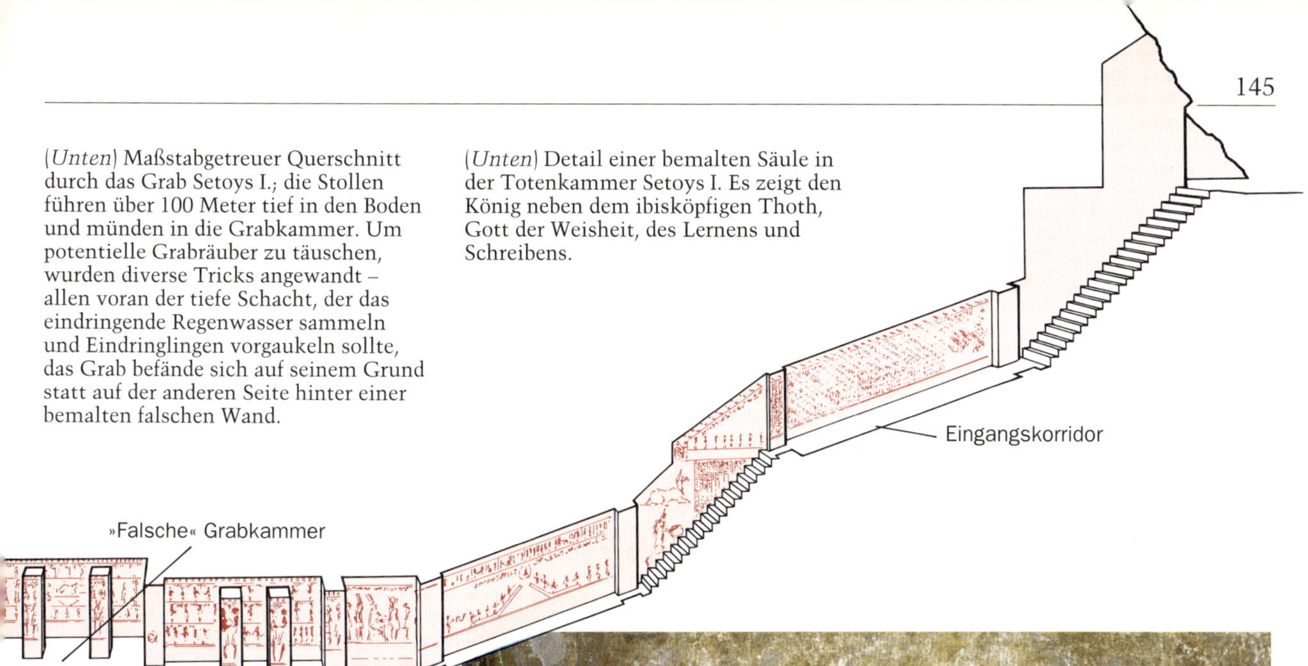

Königin Tuja

Setoys Gattin überlebte ihren Mann um viele Jahre. Als Ramses II. den Thron bestieg, erschien sie als Königinmutter auf der Fassade des Tempel von Abu Simbel. Statuen von ihr finden sich im Totentempel ihres Sohnes, dem Ramesseum, sowie in seiner neugegründeten Stadt Piramesse im Delta. Als ehrwürdige alte Dame von Mitte Sechzig starb sie um 1258 v. Chr., im 22. oder frühen 23. Amtsjahr des Ramses, und fand in einem stattlichen Grab im Tal der Königinnen ihre letzte Ruhestätte (QV 80). 1972 wurde hier bei Räumarbeiten ein Kanopengefäß mit einem herrlichen Porträt ihrer zierlichen Gesichtszüge geborgen.

seinem Sarkophag, sondern im königlichen Mumiendepot, das 1881 in Deir el-Bahari entdeckt wurde. Auf angehefteten Etiketten ist vermerkt, daß sie mehrmals restauriert werden mußte, bevor sie ihre letzte Ruhestätte fand: zuerst unter der Regierung des Amun-Hohenpriesters Herihor (1080 – 1074 v.Chr.), vermutlich nach einem ersten Einbruch in das Grab, dann noch einmal im fünfzehnten Amtsjahr des Smendes (um 1054 v.Chr.). Danach wurde vorübergehend sein Sohn Ramses II. zu Setoy gebettet, bis sie schließlich im zehnten Amtsjahr des Siamun (ca. 168 v.Chr.) beide im Sammelgrab von Deir el-Bahari versteckt wurden (DB 320).

19. Dynastie
1293–1185

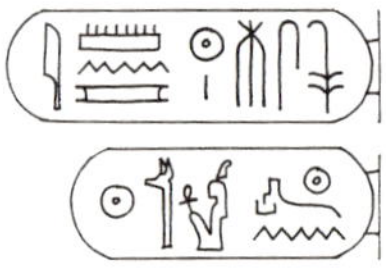

Ramses II.

(meriamun)
Usermaatre Setepenre
1279–1212

(*Links*) Der Thronname Ramses' II., Usermaatre. In Alabaster geschnitzte Hieroglyphen, eingelegt in blaue Fayence. Museo Arqueológico Nacional, Madrid.

(*Rechts*) Büste Ramses' II. mit der Blauen oder Kriegskrone (*chepresch*). Diese von Drovetti entdeckte Sitzstatue aus schwarzem Granit ist das wohl schönste erhaltene Porträt des Königs. Museo Egizio, Turin.

RAMSES II.	
Geburtsname + (Epitheton) Ra-messes (meri-amun) (»Re hat ihn begünstigt, Geliebter des Amun«) *Auch bekannt als* Ramesses *Thronname* User-maat-re Setep-en-re (»Machtvoll ist die Gerechtigkeit des Re, Auserwählter des Re«) *Vater* Setoy I.	*Mutter* Tuja *Gattinnen* vgl. Liste S. 148 *Söhne* Amenhirchopschef, Prehirwonmef, Meriatum, Chaemwaset Merenptah etc. *Töchter* Merietamun, Bint-Anath, Nebettaui etc. *Grabstätte* Grab KV 7, Tal der Könige (Theben)

Ramses II., der im Alter von 25 Jahren an die Macht kam, trägt seinen volkstümlichen Beinamen »der Große« völlig zu Recht. Seine ausgiebige Regierungszeit von 67 Jahren war eine Abfolge von Superlativen. Kein anderer Pharao ließ so viele Tempel errichten, so viele Monumentalskulpturen und Obelisken aufstellen, und keiner seiner Vorgänger zeugte so viele Kinder. Kaum ein ägyptischer Text wurde in so vielen Abschriften verbreitet wie derjenige, der seinen sogenannten Sieg über die Hethiter bei Kadesch feiert. Als er mit über neunzig Jahren starb, hatte Ramses II. dem ägyptischen Reich seinen Stempel unauslöschlich aufgeprägt.

Schon als jugendlicher Prinz lebte Ramses im Geist der militärischen Tradition, die sein Großvater und Namenspatron begründet hatte. Von Kind auf galt er als Hoffnungsträger der neuen Dynastie. Im Alter von zehn Jahren erkannte man ihm den Titel des ›Ältesten Königssohns‹ zu (freilich nur, weil es keinen anderen gab; sein älterer Bruder lebte längst nicht mehr). Noch als Teenager taucht er in kleinerer Gestalt neben Setoy auf den Reliefs von Karnak auf, die dessen libysche Feldzüge schildern, und später durfte er an Setoys Kampagnen gegen die Hethiter in Syrien teilnehmen.

Der junge Königssohn dürfte im Harnisch eine gute Figur gemacht haben neben seinem kampferprobten Vater, bei dem er die Kriegskunst und die Finessen der Staatslenkung erlernte. Ramses wird schon damals in vielen Inschriften erwähnt: als Aufseher der Obeliskenfertigung in den Steinbrüchen

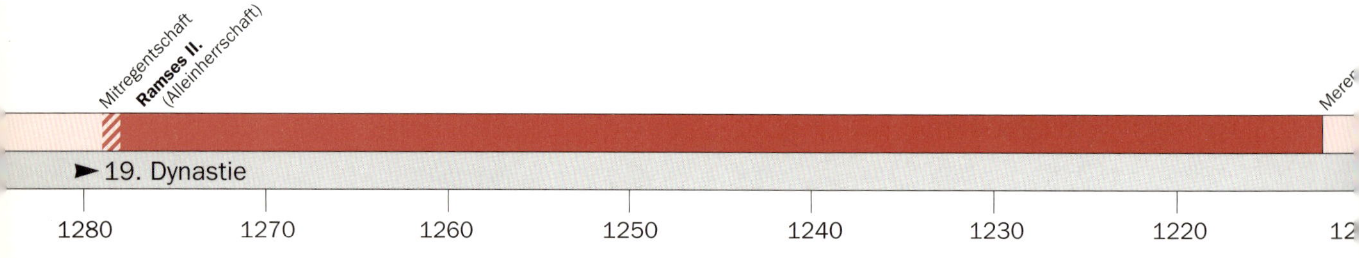

SETOY UND RAMSES II.

Die große Widmungsstele im Tempel des Setoy I. in Abydos ist mit 116 Zeilen die längste Inschrift aus der Amtszeit seines Sohnes und eine wichtige Quelle für die Jugendjahre Ramses' II. und seine Stellung zur väterlichen Königsherrschaft. Sie stammt aus den späteren Jahren seiner Regierung und berichtet zunächst, wie Ramses II. zum Osiris-Heiligtum nach Abydos segelte und dort zu seinem Entsetzen die königlichen Grabbauten früherer Dynastien in Trümmern fand. Setoys schöner Tempel, an dem bei seinem Tod noch gebaut wurde, lag unfertig da. Die Zahlungen aus dem Reich und den Goldminen in der östlichen Wüste waren eingestellt worden, und das trotz einer neunzehn Zeilen langen Inschrift, in der Setoy den Fluch von Isis, Osiris und Horus auf jeden pflichtvergessenen Beamten herabruft, der seinen Verfügungen über die Tempelsteuern nicht nachkommt.

Ramses soll auf der Stelle den Hofstaat zusammengerufen und verkündet haben, daß er Setoys Tempel vollenden und die Gelder dafür wieder eintreiben werde. Dann kam er darauf zu sprechen, wie er viele Jahre zuvor zum Mitregenten ernannt worden war: »Unser aller Herr [Setoy] selbst machte mich groß, als ich noch ein Kind war, bis ich regieren konnte ... Ich wurde als ›Ältester Sohn‹ eingesetzt, als Kronprinz auf dem Thron des Geb [der Erdgottheit]... [Er, Setoy, sagte:] ›Krönt Ihn zum König, daß ich noch zu Lebzeiten Seine Herrlichkeit sehe!‹ ... Er stattete mich mit Frauen aus, einem königlichen Harem, so schön wie dem des Palastes, Nord und Süd lagen mir zu Füßen ...«

Natürlich stimmte der ganze Hof dem Pharao begeistert zu.

von Aswan, an der Durchführung wichtiger Bauprojekte Setoys I. beteiligt sowie bei der Einweihung seines eigenen, kleineren Osiristempels in Abydos. Die Inschriften vieler aufstrebender Hofbeamter zeugen von Setoys Begabung, vielversprechende junge Männer auszumachen, die er zusammen mit Ramses aufwachsen ließ, damit sie ihm einst loyal dienten; freilich sollte er die meisten von ihnen überleben.

Die Königsfrauen

Der junge Ramses heiratete seine beiden Hauptfrauen, Nefertari und Istnofret, schon mindestens zehn Jahre vor dem Tod seines Vaters. Der alte König erlebte also noch das Glück, Großvater zu werden – seine Schwiegertöchter gebaren mindestens fünf Söhne und zwei Töchter, und mit weiteren zehn bis fünfzehn Enkeln von den Damen des Harems ist zu rechnen. Kein Wunder, daß Ramses in späteren Jahren und nach weiteren Ehen mit über hundert Söhnen und Töchtern prahlen konnte, deren genaue Zahl er wohl selbst nicht wußte.

Über die Herkunft von Istnofret und Nefertari ist praktisch nichts bekannt, und von Nefertari wissen wir nur, daß sie bis zu ihrem Tod im 24. Regierungsjahr Hauptgemahlin des Ramses blieb. Ihr kürzlich restauriertes Grab im Tal der Königinnen (QV 66) ist eins der Mirakel des antiken Theben. Istnofret nahm Nefertaris Platz ein, doch nur noch für ein Jahrzehnt, denn um das Jahr 34 starb auch sie. Nefertari ist die Mutter von Ramses' Erstgeborenen, Kronprinz Amenhirchopschef, sowie von mindestens drei weiteren Söhnen und zwei Töchtern. Istnofret brachte einen Sohn namens Ramses zur Welt sowie zwei ebenfalls wichtige Söhne, Chaemwaset und Merenptah (den späteren Thronfolger). Chaemwaset sollte als ›Magier‹ Berühmtheit erlangen und wird wegen seines Interesses für die Denkmäler der Vorzeit und ihre Konservierung heute oft als erster Archäologe bezeichnet. So trägt beispielsweise die Pyramide des Unas aus der 5. Dynastie in Saqqara hoch oben an der Südfassade seine Inschrift.

Nach königlichem Brauch wählte Ramses viele seiner sonstigen Ehefrauen aus der allernächsten Verwandtschaft. Dazu gehörten unter anderem seine jüngere Schwester Henutmire sowie drei seiner Töchter: Merietamun, Bint-Anath (ein entschieden syrischer Name, der ›Tochter der Anath‹ bedeutet – desto seltsamer, weil Istnofret ihre Mutter war) sowie Nebettaui. Nach dem Friedensschluß mit den Hethitern (vgl. unten) befestigte Ramses das Bündnis durch die Heirat mit einer hethitischen Prinzessin, die den ägyptischen Namen Maathorneferure erhielt. Sieben Jahre später, 1239 v.Chr., kam eine weitere Hethiterprinzessin an den Hof. In seinen alten Tagen war der Harem des Ramses ausgesprochen kosmopolitisch; eine dritte Hethiterprinzessin gehörte ebenso dazu wie Königsfrauen aus dem syrischen und babylonischen Hochadel.

Die Hethiterkriege

Die Beziehungen zu den Hethitern an der syrischen Grenze des Reiches waren im ersten Teil der Regierungszeit alles andere als freundlich. Unter Setoy hatte Ägypten seinen Einfluß auf die südlichen Hafenstädte der Phönizier aufrechterhalten, während die Hethiter die Stadt Kadesch im Norden kontrollierten. Im vierten Amtsjahr Ramses' II. kam es zu einer Rebellion in der Levante, und im Frühjahr des fünften Jahres (1275 v.Chr.) mußte der neue

DIE GEMAHLINNEN DES RAMSES II.

Acht Hauptfrauen ehelichte Ramses in seiner ausgedehnten Regierungszeit, doch Nefertari – die erste davon – blieb seine Favoritin. Ihr Grab ist denn auch das prunkvollste im Tal der Königinnen. Überall weist es exzellente Zeichnungen und Malereien auf, die kürzlich durch ein internationales Konservatoren-Team mit Unterstützung des J.-Paul-Getty-Museums in Malibu originalgetreu restauriert wurden. Umstehend einige Details: Die Göttin Hathor – hier nur am vorangestellten Namen kenntlich; die Kuhohren, mit denen sie normalerweise dargestellt wird, fehlen – begrüßt die Königin als »die dahingeschiedene Große Königsgemahlin Nefertari« (*rechts*). Maat, die Göttin der Wahrheit, kniet mit schützend ausgespannten Flügeln über dem Eingang zu Nefertaris Grabkammer; im Türsturz und an den Pfosten ist ihre Kartusche zu erkennen (*unten*).

DIE GROSSEN KÖNIGSGEMAHLINNEN

1. Nefertari
2. Istnofret
3. Bint-Anath, Tochter der Istnofret
4. Merietamun, Tochter der Nefertari
5. Nebettaui
6. Henutmire, Schwester des Königs
7. Maathorneferure, erste hethitische Prinzessin
8. (Unbekannter Name), zweite hethitische Prinzessin

(Links) Ein weiteres Detail aus Nefertaris Grabmal ist diese bezaubernde Darstellung der Königin beim Brettspiel *senet*. Das Wort *senet* bedeutet ›vorübergehend‹, aber in der Hieroglyphenform kann es ebenso als ›auf Dauer‹ gelesen werden. Beide Nuancen scheinen dem Nachruhm der Königin gerecht zu werden.

(Oben) Diese geschmackvoll bemalte Kalksteinbüste einer ramessidischen Königin wurde im Ramesseum gefunden und konnte lange nicht identifiziert werden. Kürzlich hat man in Achmin eine identische, doch überlebensgroße Skulptur ausgegraben, die den Namen Merietamun trägt. Diese Tochter Ramses' II. war zur »Großen Königsgemahlin« aufgerückt, nachdem ihre Mutter Nefertari gestorben war. Ägyptisches Museum, Kairo.

(Rechts) Zwischen den Beinen der kolossalen Granitstatue von Ramses II. im ersten Innenhof des Tempels von Karnak steht die Miniaturgestalt einer huldigenden Königin. Möglicherweise handelt es sich um seine Tochter Bint-Anath, deren Mutter Istnofret war. Man könnte aber auch eine Darstellung der Nerfertari darin sehen. Eine zweifelsfreie Zuschreibung fällt schwer, weil die Statue später von Pinodjem I., einem Pharao der Dritten Zwischenzeit, usurpiert worden ist.

Rekonstruktion eines bemalten Reliefs aus der Zeit Ramses' II., das anläßlich der Belagerung von Dharpur auf die innere Südwand der Säulenhalle im Ramesseum gemeißelt wurde. Wie in der ägyptischen Repräsentationskunst üblich, ist der König gegenüber allen anderen Beteiligten in überdimensionaler Größe dargestellt. Unermüdlich feuert er Pfeile ab und lenkt dabei die Pferde seines Streitwagens mit Zügeln, die um seine Hüften geschlungen sind. Die Streitwagentruppe der Hethiter flieht in heller Aufregung. Ihre Festung wird mit Sturmleitern eingenommen, und die Verteidiger stürzen beim hilflosen Versuch, sich zur Wehr zu setzen, von den Zinnen. Die ausführliche Hieroglypheninschrift preist, wie gewohnt, die Tapferkeit des Königs, dem die Gottheit Amun Beistand leistete.

König die Armee mobilisieren. Ramses stellte die wohl größte Streitmacht auf, die Ägypten je gesehen hatte – 20 000 Mann, gegliedert in vier Divisionen von je 5000, die jeweils nach den Göttern Amun, Re, Ptah und Seth benannt waren.

Ramses folgte im großen und ganzen der Route, die Thutmosis III. rund zweihundert Jahre früher durch den Gasa-Streifen genommen hatte, und stand Anfang Mai etwa 16 Kilometer vor Kadesch. Sein Riesenheer, dem ein umfangreicher Troß von Bagagewagen, Marketenderinnen und Dienern folgte, zog sich auseinander und kam nur langsam voran. Beim Marsch auf Kadesch wurden zwei feindliche Kundschafter gefangengenommen, nach deren Angaben das Hethiterheer über 150 Kilometer weiter nördlich stand. Siegesgewiß rückte Ramses deshalb mit der ersten Amun-Division vor, überquerte den Orontes und schlug sein Lager westlich von Kadesch auf. Die Stadt war hervorragend befestigt und bildete dank eines vom Fluß abgeleiteten Kanals praktisch eine Insel. Ramses' Zuversicht schwand bald dahin, als ein Vorposten zwei weitere Spione abfing, die unter der Folter gestanden, daß die Aussage der ersten beiden ein raffiniertes Täuschungsmanöver gewesen war – in Wahrheit lauerten die Hethiter direkt auf der anderen Seite von Kadesch im Hinterhalt.

Der gegnerische König Muwatallis hatte eine noch größere Armee ausgehoben als die Ägypter. Mit zwei Abteilungen von rund 18 000 bzw. 19 000 Mann, dazu 250 Kampfwagen, war sie eine beeindruckende Streitmacht – und sie ging nahezu sofort zum Angriff auf die Re-Division über, die Ramses Verstärkung leisten wollte. Die Streitwagen rasten durch die Schlachtreihen der Ägypter, ihre Fußtruppen wurden niedergemäht wie trockenes Gras, und dann überrollte die hethitische Dampfwalze das eben erst errichtete Lager. Panik breitete sich aus, und bald war Ramses isoliert; von seinem Leibwächter und Schildträger Menna abgesehen, ließen ihn die Soldaten im Stich. Doch als geistesgegenwärtiger Befehlshaber sammelte er die wenigen Bewaffneten

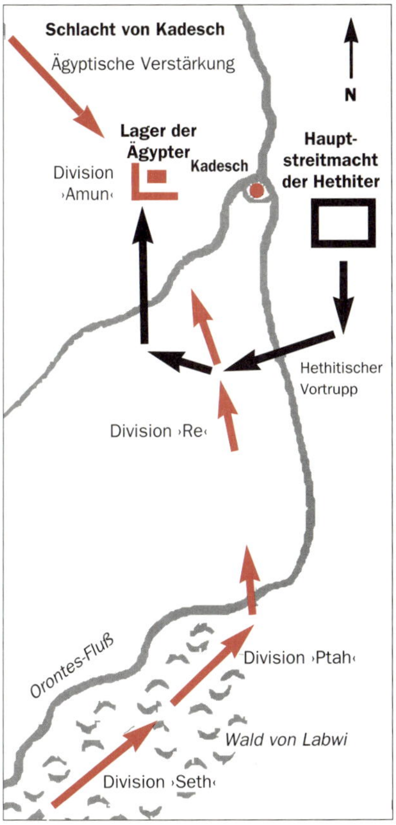

Truppenbewegungen in der Schlacht von Kadesch.

zum Widerstand. Vor dem Heldentod oder, schlimmer noch, vor der Gefangennahme rettete ihn die Hofgarde, die einen vom Hauptverband getrennten Weg eingeschlagen hatte. Sie eilte zu Hilfe und attackierte die Hethiter an der Flanke. Muwatallis, der nicht an zwei Fronten kämpfen wollte, zog sich zurück, und Nacht senkte sich über das Schlachtfeld, das Ramses besetzt hielt.

Anderntags griffen die inzwischen wieder vereinten ägyptischen Streitkräfte an, doch das Ergebnis war praktisch ein Patt. Ramses allerdings sah das ganz anders. Der junge Pharao erinnerte sich zweifellos, daß sein Vater Kadesch nicht hatte halten können, und nahm die Gelegenheit beim Schopf, als Muwatallis ein Friedensangebot unterbreitete. Die ägyptische Armee marschierte heimwärts, und es blieb beim Status quo.

Bombastische Berichte über diese Schlacht und Ramses' persönliche Tapferkeit unter dem Schutz Amuns finden sich an den Tempelwänden in Karnak, Luxor (in drei Versionen), im Ramesseum (zweimal) und in den Ramses-Tempeln von Abydos, Abu Simbel und Derr. Die Reliefs zeigen viele dramatische Szenen: angreifende Streitwagen, den heroischen König, Söldner in gehörnten Helmen, die den Gefallenen die rechte Hand abschlagen, um sie zu zählen. Ausgesprochen grotesk ist die Szene auf der Rückseite des 2. Pylons im Ramesseum, wo der flüchtende Prinz von Aleppo in den Orontes stürzt, von seinen Leuten herausgefischt und mit dem Kopf nach unten aufgehängt wird, um ihn vom Wasser zu befreien und wiederzubeleben. Berichte von dieser Schlacht wurden außerdem in hieratischer Schrift auf Papyrus überliefert – oft als Übungstexte für Schüler – und mit Illustrationen von feurigen Pferden geschmückt.

Ramses II. – Pharao des Exodus?

Das Buch Exodus ist der biblische Bericht vom Auszug der Israeliten aus ägyptischer Gefangenschaft, ihrer vierzigjährigen Wanderung durch die Wüste und langersehnten Ankunft im Gelobten Land. Seit vierhundert Jahre hinweg hatten hebräische Stämme friedlich im Nildelta gelebt, doch im 13. Jahrhundert v. Chr. erregte ihre wachsende Anzahl Besorgnis bei den Ägyptern. Ein neuer Pharao – vielleicht Setoy I. – zwang sie zu harten Frondiensten. Nicht besser erging es ihnen unter Ramses II., der sie zum Tempelbau und zur Errichtung seiner neuen Residenz Piramesse heranzog.

Nach biblischer Überlieferung hatte Gott Jahwe Mitleid mit den Kindern Israels und offenbarte sich einem von ihnen, Moses, dem er ihre Befreiung von der Sklaverei versprach. Doch der Pharao versagte ihnen die Freiheit, und mit jeder Zurückweisung brach eine neue Plage über Ägypten herein. Es heißt, die Flüsse seien in Blut verwandelt worden, »auf daß die Fische im Strom starben, und … die Ägypter das Wasser nicht trinken konnten«.

Endlich, als auf mysteriöse Weise alle Erstgeborenen der Ägypter in einer einzigen Nacht starben, bekam es Ramses mit der Angst und ließ die Israeliten ziehen. Dann aber bereute er den Verlust seiner Arbeitskräfte und nahm die Verfolgung auf. Mit einer riesigen Streitmacht stellte er die Flüchtlinge am Ufer des ›Schilfmeers‹ (gemeint ist nicht das Rote Meer, sondern wohl einer der Binnenseen zwischen Mittelmeer und Golf von Suez). Abermals kam himmlische Rettung: Das Wasser teilte sich, so daß die Israeliten das Meer durchqueren konnten. Hinter ihnen aber schlossen sich die Wogen wieder, und ihre Verfolger ertranken allesamt.

Es versteht sich, daß keines dieser Ereignisse durch altägyptische Quellen bestätigt wird; für die Annalen des Reichs war der Exodus nur eine nebensächliche Angelegenheit.

(*Links*) Das bedeutendste Denkmal des Ramses ist zweifellos der monumentale, tief im südlichsten Nubien aus dem Sandsteinfelsen gehauene Tempel von Abu Simbel. Vier große Sitzstatuen flankieren paarweise den Eingang. Die gesamte Anlage war so hoch mit Sand verweht, daß man noch Jahre nach der Wiederentdeckung durch Burckhardt im Jahre 1813 nicht wußte, ob die Figuren eigentlich sitzen oder stehen. Giovanni Belzoni betrat den Tempel als erster Europäer am 1. August 1817.

(*Unten*) Der großartige schwarze Granitkopf des Königs, der im Ramesseum steht, gilt nach der Sitzstatue von Turin als das zweitbeste der erhaltenen Ramses-Porträts. Dicht daneben liegt die gestürzte Kolossalstatue von über 1000 Tonnen Gewicht, die Shelley zu den unsterblichen Zeilen seines Sonetts inspirierte:
»Ozymandias bin ich, Herr der Könige, Seht an mein Werk, ihr Mächtigen, und verzweifelt!«

In den folgenden Jahren wurden weitere Feldzüge gegen die Hethiter unternommen, aber schließlich mußte Ramses einsehen, daß er die syrischen Stützpunkte im Norden ebensowenig halten konnte wie seine Widersacher die Kontrolle über den Süden. Innere Unruhen und die wachsende Bedrohung durch die Assyrer im Osten bewegten den neuen Hethiterkönig Hattusilis III. zur Aufgabe des fast alljährlichen Katz-und-Maus-Spiels, und er schlug Friedensverhandlungen vor. Im 21. Jahr (1259 v. Chr.) wurde ein Übereinkommen erzielt; es sah einen Nichtangriffspakt und gegenseitige Hilfe vor.

Der Vertrag ist als Inschrift auf den Wänden von Karnak und im Ramesseum überliefert und, durch glückliche Fügung, auch in der hethitischen Version auf Tontäfelchen in der Hethiterresidenz Hattusa. (Daß der Wortlaut nicht in allen Punkten übereinstimmt, kann kaum überraschen. Die hethitischen Quellen behaupten beispielsweise, es sei Ramses gewesen, der um Frieden ersucht habe.) Briefe und Geschenke wurden zwischen beiden Königshäusern ausgetauscht. Das Einvernehmen wurde immer herzlicher, so daß Hattusilis III. 1246 v. Chr. vorschlug, durch die Heirat einer seiner Töchter mit Ramses die Beziehungen noch weiter zu vertiefen. Es gab ein kurzes Gezerre um die Höhe der Mitgift, bei dem Ramses absurderweise Armut vorschützte und versuchte, den Preis in die Höhe zu treiben, aber schließlich einigte man sich; die junge Dame kam an den Hof und erhielt den ägyptischen Namen Maathorneferure. Eine zweite Prinzessin, Hattusilis' älteste Tochter, folgte ihr rund sieben Jahre später (1239 v. Chr.), und diese neue Verbindung wurde auf Hochzeitsstelen in Karnak, Elephantine, Abu Simbel und West-Amara gefeiert.

Ramses als Bauherr

Als Baumeister nimmt Ramses II. unter den ägyptischen Pharaonen den ersten Rang ein. Chufu ist zwar die Große Pyramide zu verdanken, doch Ramses überzog das ganze Land mit seinen Monumenten. Um die Wahrheit zu sagen, machte er sich auch nichts daraus, seinen Namen auf die Denkmäler und Statuen anderer Könige bis zurück ins Mittlere Reich zu setzen, so daß heute die Mehrzahl aller Kartuschen – auf welchem Bauwerk auch immer – seinen Thronnamen verkündet: User-maat-re (»Machtvoll ist die Gerechtigkeit des Re«). Dennoch sind seine wirklichen Baumaßnahmen von wahrhaft herkulischen Dimensionen. Er baute die Riesentempel von Karnak und Luxor weiter aus, vollendete den Totentempel seines Vaters in Gourna (Theben) und ließ bei Abydos seinen eigenen Tempel errichten. Auf dem Westufer bei Theben ließ er einen gigantischen Totentempel erbauen, das Ramesseum. Inschriften in den Steinbrüchen von Gebel el-Silsila berichten von dreitausend Arbeitern, die dort allein mit der Verfertigung von Sandsteinquadern für das Ramesseum beschäftigt waren. Andere große Sakralbauten entstanden bis hinunter in den tiefsten Süden, im nubischen Beit el-Wali, in Gerf Hussein, Wadi es Sebua, Derr und Napata.

Damit ist Ramses' größte architektonische Hinterlassenschaft noch gar nicht genannt – die zwei Tempel, die er nahe beim nubischen Abu Simbel aus dem Felsmassiv hauen ließ. Der größere von beiden, der sogenannte Große Tempel, wirkt mit seinen vier kolossalen 18 Meter hohen Sitzstatuen des Königs, die paarweise den Eingang flankieren, schlechthin überwältigend. Seltsam genug, daß der kleinere Tempel, den Ramses der Göttin Hathor und seiner Lieblingskönigin Nefertari weihte, jahrhundertelang offen dalag, wäh-

(*Oben*) Die vier sitzenden Kolosse vor dem Großen Tempel in Abu Simbel.

rend der Große Tempel erst 1813 durch den Schweizer Jean Louis Burckhardt wiederentdeckt und zum ersten Mal von Giovanni Belzoni am 1. August 1817 betreten wurde. Er ist ein Meisterstück antiker Baukunst: Aufgrund der exakten Orientierung fallen genau zur Tagundnachtgleiche am 22. Februar und 22. Oktober die Strahlen der aufgehenden Sonne direkt in den Eingang und beleuchten 60 Meter tief im Berg drei der vier im Heiligtum sitzenden Götterbilder (Ptah, der vierte, wird als Gott der Unterwelt passenderweise nicht angestrahlt).

Vermutlich kam Nefertari zur Einweihung der beiden Tempel im 24. Amtsjahr (1256/55 v. Chr.) selbst nach Abu Simbel und starb im darauffolgenden Jahr. Immerhin hat sie sich zuletzt mit ihrem Gatten in dessen größtem Werk vereint gesehen und konnte die Tempelwidmung noch selbst erleben. Ramses' Hauptgeschäft bei all diesen Bauprojekten war es logischer-

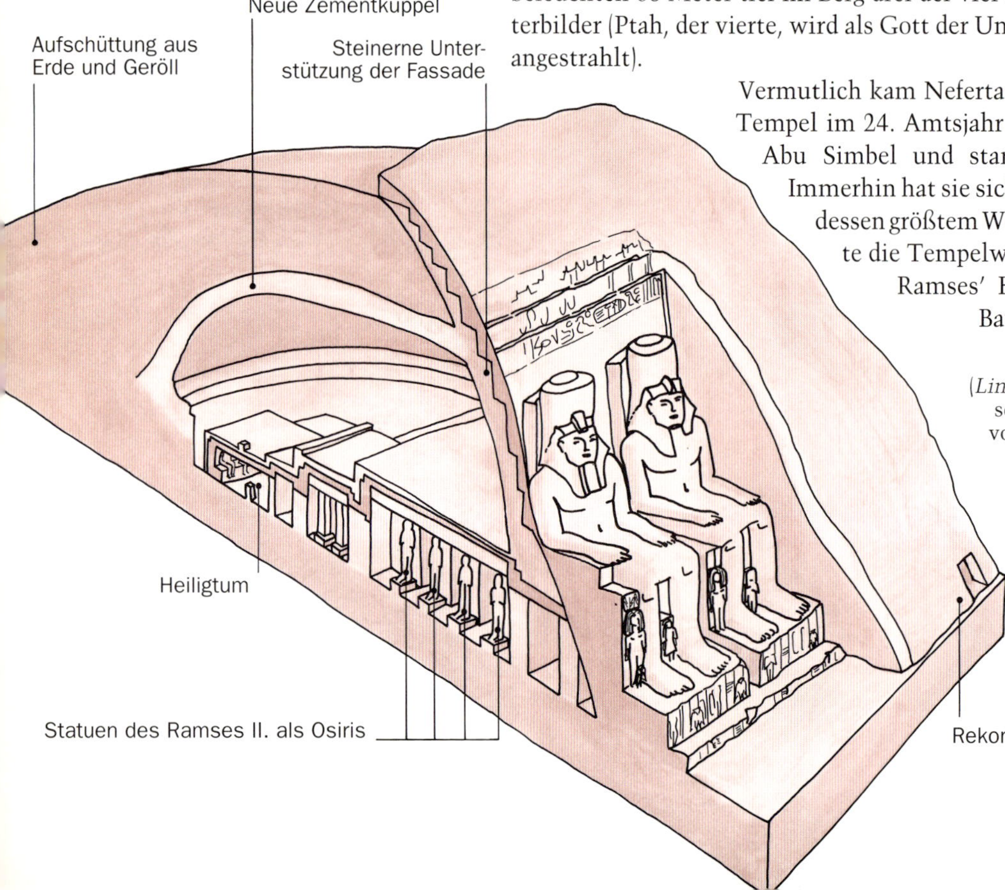

(*Links*) Dieser maßstabgetreue Querschnitt durch den Großen Tempel von Abu Simbel zeigt ihn in seiner heutigen Gestalt. Die schützende Zementkuppel im hinteren Teil wurde errichtet, nachdem die gesamte Anlage in den sechziger Jahren Stück für Stück abgetragen und an einem höhergelegenen Ort wiederaufgebaut wurde.

weise, die notwendige Finanzierung sicherzustellen, und das hieß Gold. Als ›Tributgabe‹ wird das Edelmetall in vielen thebanischen Adelsgräbern der 18. und 19. Dynastie abgebildet, und ein Papyrus aus der Zeit Setoys I. im Turiner Museo Egizio enthält sogar einen Lageplan der Goldminen in der östlichen Wüste.

Einen Großteil des Goldsegens verschlang auch die Gründung einer prunkvollen neuen Stadt im Delta – Piramesse (›Haus des Ramses‹) in der Nähe des heutigen Qantir. Von ihrem einstigen Glanz und den hochaufragenden Obelisken, die damals als architektonisches Wunder galten, ist kaum etwas geblieben. Für die Bauarbeiten wurden möglicherweise Hebräer als Arbeitskräfte in das ›Land Gosen‹ geholt, denn von hier ging wohl 1263/62 v. Chr., im siebzehnten Amtsjahr des Ramses, der Exodus aus: »Und es begab sich nach Ablauf der vierhundertdreißig Jahre, ... daß alle Heerscharen Jahwes aus Ägypten zogen« (Exodus 12, 41). Obwohl es sich für die Juden um ein traumatisches Ereignis handelt, das die mosaische Religion zutiefst prägte, wurde es in Ägypten selbst als solches nicht wahrgenommen; der einzige aus den ägyptischen Quellen bekannte Hinweis auf Israel findet sich unter Merenptah.

Tod und Begräbnis

Im 67. Amtsjahr (1212 v. Chr.) wurde Ramses II., mit vermutlich 92 Jahren, nach Westen zu den Göttern berufen. Seit langem stand sein Grabmal im Königstal bereit (KV 7), mindestens so groß, womöglich größer als das seines Vater Setoy I., wenn auch nicht so reich ausgeschmückt. Heute liegt es in Trümmern und ist völlig unzugänglich. Der Luxus der Grabbeigaben muß unermeßlich und allenfalls mit denen des frühverstorbenen Tutanchamun vergleichbar gewesen sein. Freilich sind nur wenige Fundstücke vorhanden, die sich eindeutig auf das Grab beziehen lassen: eine hölzerne Statuette des Königs (British Museum, London), vier Pseudo-Kanopenvasen (Louvre, Paris), die obere Hälfte eines flachgedrückten *uschebti* aus Bronze-Hohlguß (Äyptisches Museum, Berlin) und zwei große hölzerne *uschebtis* (Brooklyn und British Museum).

Die Mumie Ramses' II. fand sich 1881 im großen Depot von Deir el-Bahari (DB 320). Ein hieratisch beschriftetes Etikett auf ihrem Sarg berichtet, sie sei im fünfzehnten Amtsjahr des Smendes (um 1054 v. Chr.) von ihrer ursprünglichen Ruhestätte ins Grab ihres Vaters Setoy I. verlegt und später in ihr letztes Versteck umgebettet worden. Zur großen Ramses-Ausstellung wurde sie im Jahr 1976 per Flugzeug nach Paris transportiert. Der Leichnam ließ Verfallserscheinungen erkennen, und seine Überführung diente auch dazu, dem König Konservierungsmaßnahmen nach neuestem Stand der Technik zukommen zu lassen. Eine röntgenologische Untersuchung ergab, daß die ausgeprägte Adlernase des Ramses ihre Form bewahrt hat, weil die ägyptischen Einbalsamierer sie mit Pfefferkörnern gefüllt hatten (die Nasen anderer Mumien wurden gewöhnlich durch die Bandagen eingedrückt). Wie es einer auswärtigen Majestät zusteht, wurde der vor rund 3200 Jahren verstorbene Ramses auf dem Flughafen von Paris mit allem gebührenden Zeremoniell von der Ehrengarde des Staatspräsidenten empfangen.

Ramses II.: Die wichtigsten Daten

1279	Beginn der Alleinherrschaft Ramses' II.
1276	1. syrischer Feldzug
1275	2. syrischer Feldzug
1275 bis 1269	Baubeginn der zwei Tempel von Abu Simbel
1274 (?)	Strafexpedition gegen Libyen
1273	3. syrischer Feldzug
1272	4. syrischer Feldzug
1270	5. syrischer Feldzug
1263 (?)	Exodus der Israeliten
1262	Spannungen mit den Hethitern
1260	Niederschlagung eines Aufstands
1259	Bündnis mit den Hethitern
1258	Tod der Königinmutter Tuja
1256	Einweihung der Tempel von Abu Simbel
1255	Tod der Königin Nefertari; Istofret wird Hauptkönigin
1250	1. Jubiläumsfest
1249 (?)	Erdbeben in Abu Simbel
1247	2. Jubiläumsfest
1246 (?)	Tod der Königin Istnofret; 1. Hethiterprinzessin wird Hauptkönigin
1244	3. Jubiläumsfest
1240	4. Jubiläumsfest
1239	2. Hethiterprinzessin wird Königin
1238	5. Jubiläumsfest
1236	Strafexpedition nach Nubien
1235	6. Jubiläumsfest
1231	7. Jubiläumsfest
1230	Prinz Chaemwaset als Erbe eingesetzt
1228	8. Jubiläumsfest
1226	9. Jubiläumsfest
1225	Tod des Prinzen Chaemwaset; Prinz Merenptah als Erbe eingesetzt
1223	10. Jubiläumsfest
1220	11. Jubiläumsfest
1219	12. Jubiläumsfest
1217	13. Jubiläumsfest
1214 (?)	14. Jubiläumsfest
1212	Tod Ramses' II.; Merenptah wird Pharao

19. Dynastie
1293–1185

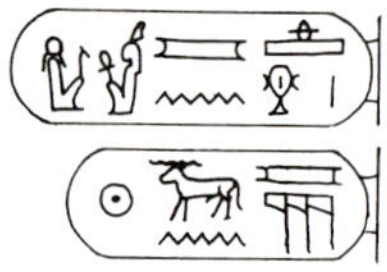

Merenptah
(hetephermaat)
Baenre-merinetjeru
1212–1202

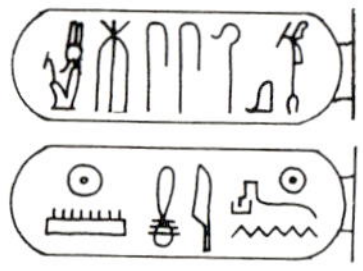

Amenmesse
(heqawaset)
Menmire-setepenre
1202–1199

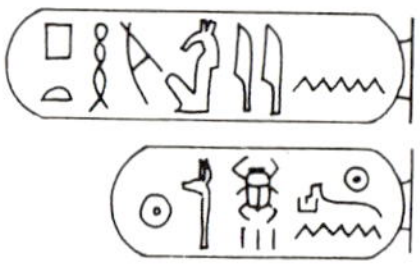

Setoy II.
(merenptah)
Userchepprure-setepenre
1199–1193

Siptah
(merenptah)
Achenre-setepenre
1193–1187

Königin Tausret
(setepenmut)
Sitre-meriamun
1187–1185

Obere Hälfte einer Granitstatue des Merenptah aus seinem thebanischen Totentempel. Er war der 13. Sohn Ramses' II., dessen Nachfolger er werden sollte. Ägyptisches Museum, Kairo.

MERENPTAH

Geburtsname + (Epitheton) Mer-en-ptah (hetep-her-maat) (»Geliebter des Ptah, erfreulich ist die Wahrheit«)	*Vater* Ramses II.
Auch bekannt als Merneptah	*Mutter* Istnofret
Thronname Ba-en-re Meri-netjeru (»Die Seele des Re, Geliebter der Götter«)	*Gattinnen* Isisnofret, Tachat
	Söhne Setoy-Merenptah/ (Setoy II. ?) Amenmesse
	Grabstätte Grab KV 8, Tal der Könige (Theben)

Merenptah

Als der dreizehnte Sohn Ramses' II. Nachfolger seines betagten Vaters wurde, war er wohl selbst bereits hoch in den Sechzigern. Merenptahs zehnjährige Regierungszeit wird in drei ausführlichen Inschriften dokumentiert: rund achtzig Zeilen auf einer Wand des Amunstempels in Karnak, eine Stele mit 35 Zeilen, die in der Deltastadt Athribis erhalten blieb, sowie die große Siegesstele mit 28 Zeilen, die Flinders Petrie 1896 im verfallenen thebanischen Totentempel des Merenptah fand. Alle drei Quellen beziehen sich auf Merenptahs Militärkampagnen und ergänzen sich gegenseitig. Mit dem Frieden, der in der Spätzeit Ramses' II. an den Reichsgrenzen und unter den Vasallen

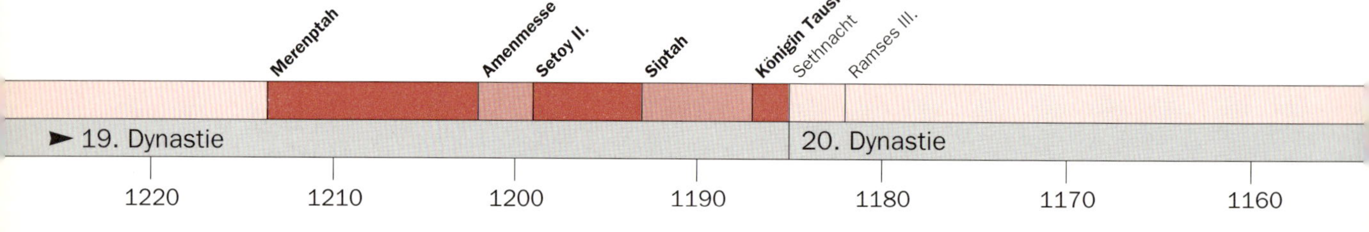

geherrscht hatte, war es bald vorbei. Eine plötzlich aufflackernde Revolte im Süden Syriens wurde rasch niedergeschlagen. Der Hethiterkönig mußte sich inzwischen gegen Angreifer in seinem nördlichen Herrschaftsgebiet zur Wehr setzen und sah sich obendrein einer durch Mißernten verursachten Hungersnot gegenüber. Er erinnerte den Pharao an den alten Beistandsvertrag, und Merenptah ließ ihm Weizen schicken – abermals erwies sich Ägypten, wie im Alten Testament geschildert, als die Kornkammer der nahöstlichen Hungerregionen.

Auch die westlichen Nachbarn gaben keine Ruhe. Die Libyer waren in aller Stille ins Delta vorgedrungen; im fünften Amtsjahr (1207 v. Chr.) gingen sie in die Offensive und fachten Aufstände in Nubien und in den Westoasen an. Durch zügige Mobilisierung und einen heftigen Präventivschlag konnten sie vernichtend geschlagen werden. Die Inschrift von Karnak preist Merenptahs Kühnheit und spricht von »6359 erschlagenen Libyern, deren unbeschnittene Phalli weggetragen wurden« (laut Athribis-Stele waren es nur 6200). Nubien hatte sich erhoben, um den Libyern beizustehen, aber der Feldzug gegen sie war so rasch entschieden, daß sich Merenptah umgehend nach Süden wenden und den Aufstand gnadenlos niederwerfen konnte. Trotz seines vorgeschrittenen Alters hatte Merenptah bewiesen, daß in Fragen der ägyptischen Sicherheit nicht mit ihm zu spaßen war.

(*Oben*) Dieser Sarkophagdeckel aus Rosenquarz wurde in Merenptahs Grab im Tal der Könige gefunden. Er zeigt den Pharaoh in seiner Osiris-Gestalt mit *nemes*-Kopfschmuck, königlichem Krummstab und Dreschflegel.

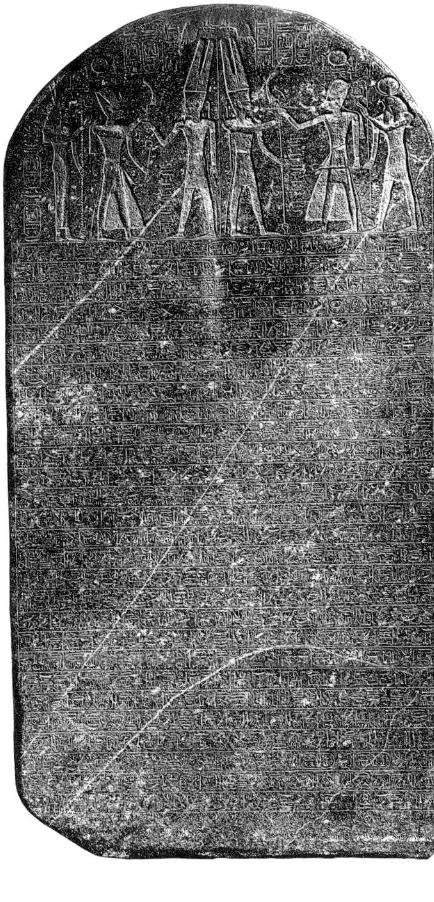

(*Rechts*) Die große Siegesstele des Merenptah, die er aus dem Totentempel des Amenhotep III. in Theben stehlen ließ, um sie für sich selbst zu benutzen. Sie ist exakt auf den 3. Tag des 3. Monats der 3. Jahreszeit, also Sommer 1207 v. Chr. datiert. Abgesehen von der langen Liste der königlichen Eroberungen liegt ihr besonderes Interesse in der vorletzten Zeile (*unten*). Es handelt sich um die einzige Textstelle der ägyptischen Literatur, die auf Israel Bezug nimmt: »Israel ist verwüstet, seine Saat verweht, Palästina ist durch Ägypten zur Witwe geworden.« Aufgrund dieses Zitats haben viele Gelehrte Merenptah für den Pharao des biblischen Exodus gehalten. In neuerer Zeit nimmt man allerdings an, Ramses II. sei jener Pharao gewesen, »der Moses nicht kannte«. Ägyptisches Museum, Kairo.

KÖNIGSNAMEN UND -GRÄBER

AMENMESSE
Geburtsname + (Epitheton)
Amen-messe (heqa-waset) (»Amun hat ihn begünstigt, Herrscher von Theben«)
Thronname
Men-mir-e Setep-en-re (»Ewig wie Re, Auserwählter des Re«)
Vater
Merenptah
Mutter
Tachat
Gattin
Baktwerel
Grabstätte
Grab KV 10, Tal der Könige (Theben)

SETOY II.
Geburtsname + (Epitheton)
Setoy (mer-en-ptah) (»Der vom Gott Seth kommt, Geliebter des Ptah«)
Auch bekannt als
Seti,
Sethos I. (griechisch)
Thronname
User-chepru-re Setep-en-re (»Machtvoll sind die Erscheinungen des Re, Auserwählter des Re«)
Vater
Merenptah
Mutter
unbekannt
Gattinnen
Tachat II., Tausret, Tiaa
Söhne
Setoy-Merenptah, Ramses-Siptah
Grabstätte
Grab KV 15, Tal der Könige (Theben)

SIPTAH
Geburtsname + (Epitheton)
Si-ptah (mer-en-ptah) (»Sohn des Ptah, Geliebter des Ptah«)
Thronname
Ach-en-re Setep-en-re (»Schön für Re, Auserwählter des Re«)
Vater
Setoy II. (?)
Mutter
Tiaa
Grabstätte
Grab KV 47, Tal der Könige (Theben)

KÖNIGIN TAUSRET
Geburtsname + (Epitheton)
Tau-sret Setep-en-mut (»Machtvolle Herrin, Auserwählte der Mut«)
Auch bekannt als
Twore,
Twosret,
Tausert
Thronname
Sat-re Meri-amun (»Tochter des Re, Geliebte des Amun«)
Erster Gatte
Setoy II.
Sohn
Setoy-Merenptah
Grabstätte
Grab KV 14, Tal der Könige (Theben)

Dennoch wußte er, daß seine Herrschaft wohl nicht lange andauern würde. In aller Eile begann er mit dem Bau eines Totentempels am Rand der thebanischen Wüste und seines Grabs im Tal der Könige. Wie viele seiner Vorgänger machte er sich nichts daraus, frühere Bauten als Steinbruch zu mißbrauchen. Seine Steinmetze hielten sich an den nahegelegenen Totentempel Amenhoteps III., der heute weitgehend abgetragen ist; die dortige Stele wurde einfach umgedreht, um Merenptahs Siegeshymne einzumeißeln. Merenptah wurde im Königstal dicht bei seinem Vater bestattet, aber auf leicht höherem Niveau, so daß sein Grab (KV 8) nicht wie das des Ramses von Überschwemmungen heimgesucht wurde. Fragmentarische Reste der Beigaben, darunter einige *uschebtis* aus Alabaster, konnten aus dem Grab geborgen werden. Merkwürdigerweise hatte Merenptah offenbar mehrere, aus verschiedenen Steinen geschnittene Sarkophage, unter anderem aus Alabaster, schwarzem Granit und Rosengranit. Einer seiner Granit-Sarkophage wurde um 1033 v. Chr. abermals benutzt und fand sich bei der Deltastadt Tanis im intakten Grab des Pharao Psusennes.

Merenptahs Mumie lag weder in seinem Grab, das vielleicht schon in antiker Zeit aufgebrochen wurde, noch im 1881 entdeckten Depot. Ihr Fehlen hat viele Bibelforscher veranlaßt, ihn mit dem Pharao der Exodus-Erzählung zu identifizieren, der im Roten Meer unterging; sein Grab sei nur ein Kenotaph gewesen, da der Leichnam nicht geborgen wurde. Die Entdeckung eines zweiten Verstecks im Grab Amenhoteps II. (KV 35) im Jahr 1898, das auch Merenptahs Mumie enthielt, brachte diese Theorie zu Fall. Einiges spricht dafür, daß seine Gemahlin Isisnofret vor ihm starb und nicht im Königinnental, sondern an seiner Seite bestattet wurde, aber ihr Leichnam wurde noch nicht identifiziert.

Von Amenmesse bis Königin Tausret

Als Merenptah im Jahr 1202 v. Chr. starb, gab es einen Bruch in der Thronfolge. Statt des Kronprinzen Setoy-Merenptah, der von seinem Vater als Herrscher eingesetzt worden war, bestieg ein Unbekannter namens Amenmesse den Thron. Dieser Vorgang bleibt rätselhaft, aber man hat die Vermutung aufgestellt, der Kronprinz sei beim Tod seines Vaters zufällig nicht zugegen gewesen und ein minderer Bruder von ihm, Sohn einer Nebenkönigin (Tachat), habe die Initiative ergriffen. Von Amenmesse sind nur ein paar unbedeutende Inschriften und die Tatsache überliefert, daß er während seiner vierjährigen Regentschaft mit dem Bau eines Grabs im Tal der Könige begann (KV 10). Der Grabschmuck blieb, wie üblich, unvollendet. Ob auch die mutmaßliche Königsmutter Tachat und seine Frau Baktwerel hier bestattet wurden, ist unbekannt – allerdings wird auch behauptet, sie seien Mutter und Gemahlin von Ramses IX. gewesen. Keine der drei Mumien konnte identifiziert werden.

Nachfolger des Amenmesse wurde um 1199 v.Chr. Setoy II., der vielleicht mit dem übergangenen Kronprinzen identisch ist. Auf jeden Fall hat er den Denkmälern seines Vorgängers eine *damnatio memoriae* angedeihen lassen und den früheren Namen seinen eigenen zugefügt. Drei seiner Gemahlinnen sind bekannt: Tachat II., Tausret als Mutter seines Erstgeborenen und offiziellen Thronerben Setoy-Merenptah sowie Tiaa, die Mutter des Ramses-Siptah. Es scheint, als sei der Kronprinz vor seinem Vater Setoy II. gestorben und

(*Oben*) Kopf einer lebensgroßen Sitzstatue Setoys II. aus Quarzit, die Belzoni in Karnak entdeckte. British Museum, London.

sein jüngerer Bruder in die Nachfolge eingetreten. Als er noch minderjährig den Thron bestieg, nahm er den Namen Siptah an. Effektiv regierte die ältere Königin Tausret an ihres Sohnes Statt, gemeinsam mit ihrem Kanzler und sogenannten ›Königsmacher‹ Baj, der das Privileg eines kleinen Privatgrabs im Tal der Könige erhielt (KV 13).

Siptah starb in seinem sechsten Amtsjahr und wurde im oberen Teil des Königstals beigesetzt; sein Grab (KV 47) war offenbar für ihn und seine Mutter Tiaa gedacht. Sein großer Sarkophag aus Rosengranit steht noch immer in der unfertigen Totenkammer. Sein Leichnam, den das 1898 entdeckte Mumiendepot im Grab Amenhoteps II. barg, ist durch einen Klumpfuß entstellt (er könnte von einer Kinderlähmung herrühren). Merkwürdigerweise wurde kurz nach Schließung seines Grabs die Totenruhe gestört, und seine Kartuschen wurden aus den Inschriften gelöscht, um später mit Farbe restauriert zu werden. Offenbar wurde die Wiederherstellung durch Kanzler Baj veranlaßt.

Bei Siptahs Tod erhob seine Stiefmutter Tausret Anspruch auf die Königswürde und nahm wie Hatschepsut dreihundert Jahre zuvor den vollen Pharaonentitel an. Ihr Grab im Königstal (KV 14) hat eine wechselvolle Geschichte: Unter Siptah im zweiten Amtsjahr begonnen, wurde es von Tausret erweitert, weil es wohl für sie selbst und ihren ersten Gemahl Setoy II. bestimmt war, später dann aber von Sethnacht, dem ersten Herrscher der 20. Dynastie, usurpiert. Eine kleine Sammlung von Goldschmuck eher zweitklassiger Qualität, die aus einer kleinen Erdgruft (KV 56) geborgen wurde, dürfte einer frühverstorbenen Tochter Tausrets und Setoys gehört haben.

Schmucksammlung aus einem Erdgrab im Tal der Könige (KV 56): goldener Armreif mit Blütenblättern (*rechts*), von denen fünf die Namen Setoys II. und Königin Tausrets tragen; Halsband mit Knospen aus Goldfiligran (*links*); zwei Paar Ohrringe (*links und rechts*). Die schlechte Qualität der Verarbeitung läßt darauf schließen, daß es sich um Grabbeigaben für eine im Kindesalter verstorbene Tochter des Königspaars handelt. Ägyptisches Museum, Kairo.

20. Dynastie
1185–1070

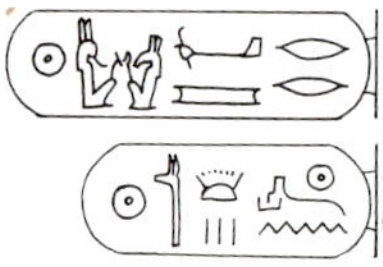

Sethnacht

(meriamunre)
Userchaure Setepenre
1185–1182

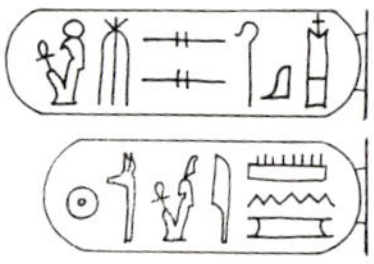

Ramses III.

(heqaiuni)
Usermaatre Meriamun
1182–1151

Ein Detail aus dem Papyrus Harris I. zeigt Ramses III. in vollem Ornat mit seinen Insignien und angetan mit der Weißen Krone. British Museum, London.

SETHNACHT

Geburtsname + (Epitheton)
Seth-nacht (meri-amun-re) (»Siegreich ist Seth, Geliebter des Amun-Re«)
Auch bekannt als
Sethnacht, Setnachte
Thronname
User-chau-re Setep-en-re (»Machtvoll sind die Erscheinungen des Re, Auserwählter des Re«)
Gattin
Tij-Merenese
Sohn
Ramses III.
Grabstätte
Grab KV 14, Tal der Könige (Theben)

RAMSES III.

Geburtsname + (Epitheton)
Ra-messes (heqa-iuni) (»Re hat ihn begünstigt, Herrscher von Heliopolis«)
Auch bekannt als
Ramesses
Thronname
User-maat-re Meri-amun (»Machtvoll ist die Gerechtigkeit des Re, Geliebter des Amun«)
Vater
Sethnacht
Gattinnen
Isis, Titi, Tij etc.
Söhne
Chaemwaset, Parahirenemef, Sethirchopschef, Amenhirchopschef, Ramses IV., V. u. VI.
Tochter
Titi
Grabstätte
Grab KV 11, Tal der Könige (Theben)

Sethnacht

Die 19. Dynastie endete mit Thronwirren, nicht zuletzt weil mit Tausret eine Königin regierte – erst die vierte in der bisherigen Geschichte Ägyptens. Ob es zwischen Tausrets Alleinherrschaft und der Nachfolge Sethnachts eine kurze Phase der Anarchie gab, die wohl nur wenige Monate andauerte, ist ebenso umstritten wie die Frage, wie Sethnacht zur Macht gelangte und wer er überhaupt war. Die ergiebigste Quelle für den Beginn der 20. Dynastie bietet der 65 Jahre später entstandene ›Papyrus Harris‹ (vgl. Kasten gegenüber). Seine letzten vier Abschnitte berichten von Sethnachts Aufstieg, wie er die von Asiaten gesteuerten Revolten niederwarf, belagerte Städte entsetzte, geflüchtete Ägypter heimholte, die Tempel wieder öffnete und ihre Einkünfte aufstockte.

Sethnachts Herrschaft währte nicht mehr als drei Jahre. Offenbar zog er den Sohn, den ihm seine Königsgemahlin Tij-Merenese gebar – den künftigen Ramses III. –, zur Mitregentschaft heran. Der Papyrus schildert, wie Sethnacht mit allen königlichen Ehren begraben wurde: »Man ruderte ihn in seiner Königsbarke über den Fluß [das heißt überquerte den Nil zum Westufer] und bettete ihn im Ewigen Haus westlich von Theben zur Ruhe.« Sethnacht usurpierte und erweiterte das Grab der Königin Tausret (KV 14), das bereits Setoy II. übernommen hatte. Der Bau seiner eigenen Anlage (KV

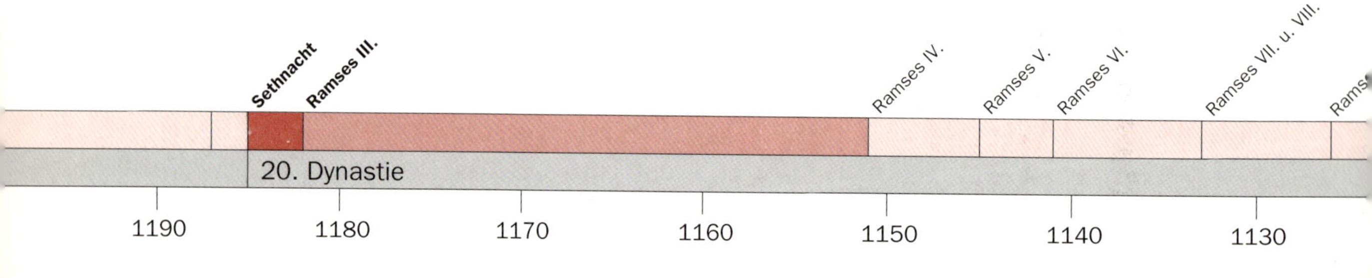

DER PAPYRUS HARRIS

Von den bekannten Papyri der ägyptischen Antike ist dieser der umfassendste. Die Rolle ist rund 40,5 Meter lang, enthält 117 Kolumnen zu je zwölf oder dreizehn Zeilen und ist auf den Todestag Ramses' III. im Jahr 1151 v. Chr. datiert. Mit vier weiteren Papyri wurde sie 1855 in einem Privatgrab bei Deir el-Medina gefunden; ihren Namen verdankt sie einem gewissen A. C. Harris aus Alexandria, der sie käuflich erwarb. Ramses IV. ließ diese Texte zusammenstellen, um die Wohltaten festzuhalten, die sein Vater Ramses III. während seiner langen Regierung den Göttern angedeihen ließ. Ursprünglich sollte sie dem Grab des Königs beigegeben werden, um mit diesem Nachweis seiner Tugend göttlichen Segen für ihn und seinen Sohn zu erwirken.

Den Hauptteil dieser einzigartigen sozialgeschichtlichen Quelle bildet eine Schilderung der jährlichen Tempelfeste und die Liste der Opfergaben, die Ramses III. in 31 Amtsjahren darbrachte. Ein knappes Vorwort kündigt die Aufzählung aller guten Werke des Königs an, danach gliedert sich der Text in sechs Abschnitte. Die ersten drei beziehen sich auf die Altäre der Gottheiten Amun in Theben, Re in Heliopolis und Ptah in Memphis. Ein vierter Abschnitt handelt von anderen Tempeln, und der fünfte enthält ein Verzeichnis aller Tempel Ägyptens (mit einigen kleineren Weglassungen, vermutlich bloße Flüchtigkeitsfehler). Der letzte Teil stellt einen historischen Abriß der dynastischen Anfänge und der ramessidischen Feldzüge dar. Die königlichen Stiftungen, Ausgaben und Einkünfte werden alle sorgfältig dokumentiert. Der Papyrus Harris stellt eine Bilanz des ägyptischen Staatshaushalts unter Ramses III. dar und ist damit von unschätzbarem geschichtlichen Wert. Er muß zumindest vorübergehend in den offiziellen Archiven des Tempels von Medinet Habu gelegen haben, doch wie er vom Ramses-Grab im Königstal (KV 11) dorthin und anschließend in das kleine Privatgrab gelangte, ist ein Rätsel.

11) wurde abgebrochen, weil das Grab des Amenmesse (KV 10) im Wege lag; später wurde sie nach einem veränderten Bauplan für seinen Sohn Ramses III. fertiggestellt. Sethnachts Sarg wurde 1898 im Grab Amenhoteps II. gefunden (KV 35), und er selbst könnte die ungewickelte und nichtidentifizierte Mumie sein, die auf einem Holzboot in diesem Depot lag.

RAMSES III.

Ramses III. war der letzte der großen Pharaonen auf dem ägyptischen Thron. Zu seinen Lebzeiten gärte es ringsum in der Mittelmeerwelt – er erlebte die Trojanischen Kriege, den Untergang Mykenes und eine riesige Flüchtlingswelle, die unter seiner Herrschaft an den Ufern Ägyptens strandete.

Dabei verliefen die ersten vier Amtsjahre des neuen Königs offenbar ruhig. Gewiß bemühte er sich, seine Position zu festigen und die Bemühungen seines Vaters Sethnacht um die Stabilisierung des Reichs fortzusetzen. Der Süden bereitete ihm keine Sorgen mehr, denn Nubien hatte sich unterdessen in eine mehr oder weniger unterjochte Kolonie verwandelt. Erste Mißhelligkeiten stellten sich im fünften Jahr an der Westgrenze ein, wo die Libyer, verstärkt durch die Stämme Maschwesch und Seped, ihre Wüsten verließen und die fruchtbaren Ländereien des westlichen Deltas überfielen. Doch dem ägyptischen Heer waren sie nicht gewachsen; sie wurden vollständig aufgerieben, und wer nicht in der Schlacht fiel, geriet in die Sklaverei. Der Pharao hatte ein Exempel statuiert, und für eine Zeitlang kehrte Ruhe an den Grenzen ein.

Im achten Amtsjahr brachten mehrere aufeinanderfolgende Mißernten und der verzweifelte Versuch der Nomadenvölker, Fuß zu fassen, den Mittleren Osten abermals in Aufruhr, wie der Papyrus Harris berichtet: »Die Fremdländischen verschworen sich auf ihren Inseln, die Völker wurden im Gefecht auf einen Schlag zerstreut und vertrieben, und kein Land konnte ihrer Waffengewalt trotzen.« Gemeint ist hier kein kleines Scharmützel, sondern eine bedeutende Massenflucht verzweifelter und gutbewaffneter Menschen, denen es gelang, das Hethiterreich, den jahrhundertelangen Erbfeind Ägyptens, hinwegzufegen. Tatsächlich war das Aufgebot ein Bündnis von Stämmen, die der Papyrus namentlich auflistet: Peleset (Philister), Tjeker (möglicherweise verwandt mit den Teukroi aus der Troas), Schekelesch (vielleicht Sikaner aus Sizilien), Weschesch (von ungewisser Herkunft) und Denjen oder Dardanj (die mit den Danaern aus der Homerischen Ilias identisch sein könnten). Vereint bildeten diese Stämme die Allianz der ›Seevölker‹.

Ramses III. und die Seevölker

Die in Bild und Schrift überlieferte Schilderung vom Kampf des Ramses gegen die Seevölker schmückt die Wände seines großen und bemerkenswert gut erhaltenen Totentempels in Medinet Habu. Der schriftliche Bericht findet sich an der Außenwand des 2. Pylons auf der Nordseite; es ist die längste bekannte Inschrift in Hieroglyphen. Die bildlichen Darstellungen wurden in die Nordfassade des Tempels gemeißelt.

Nach einer kurzen Rast in Syrien brachen die Seevölker erneut auf, um Ägypten auf dem Landweg anzugreifen. Es handelte sich wohlgemerkt nicht um einen normalen Kriegszug – sie wollten sich mit aller Gewalt bis Ägypten durchschlagen und dort ansiedeln. Eine ganze Nation war auf den Bei-

(*Oben*) Totentempel Ramses' III. in Medinet Habu, das sogenannte ›Haus der Millionen Jahre des Königs Ramses III., dem im Reich des Amun mit der Ewigkeit Vereinten‹. In der Reihe ähnlicher Tempel auf dem Westufer bei Theben ist er der am besten erhaltene.

(*Unten*) Der Torweg zum Totentempel des Ramses ahmt einen syrischen *migdol* (Festungsturm) nach.

nen, mit Frauen, Kindern und den Habseligkeiten der Familien, die sich auf Ochsenkarren türmten. Zur See begleitete eine beachtliche Flotte den Hungermarsch; daß ihn nur ein möglichst rascher Gegenschlag aufhalten konnte, war Ramses bewußt. Kundschafter eilten zu den Grenzposten im Osten mit dem Befehl, bis zum Eintreffen der ägyptischen Streitmacht unter allen Umständen die Stellung zu halten. Schließlich kam es im Grenzland zum ersten Zusammenstoß und einem blutigen Gemetzel an den Invasoren, das die Reliefs anschaulich wiedergeben: Mit seinem Streitwagen scheint der Pharao überall zugleich zu sein, und den Regeln ägyptischer Repräsentationskunst entsprechend wird er weit größer als alle anderen Kombattanten dargestellt.

Zwar war die Invasion auf dem Landweg damit abgewendet, doch die Drohung von See her blieb bestehen. Die Armada der Seevölker gelangte in die Mündung eines östlichen Seitenarms im Nildelta, wo sie auf die ägyptische Flotte traf. Was dann geschah, ist um so interessanter, weil sich die Ägypter nie als große Seefahrer hervorgetan haben. Das ›Große Grüne‹ (*wdj wr*), wie sie das Mittelmeer nannten, war ihnen verhaßt, aber hier konnten sie dem Feind praktisch eine Landschlacht liefern. Am Ufer hatte Ramses Bogenschützen postiert, die Salve nach Salve verschossen, sobald die gegnerischen Schiffe in Reichweite kamen. In den Darstellungen sieht man Bogenschützen der ägyptischen ›Marine‹ seelenruhig an Deck stehen und simultan feuern, während andere die Seevölkerschiffe mit Enterhaken aufbringen. Die getöteten Widersacher fallen mit verrenkten Gliedern, und mit dem Beistand Amuns, der Gottheit von Theben, kann der Pharao siegreich heimkehren. Damit war der Grundstock für den legendären Reichtum der Amunspriesterschaft gelegt, der sich für die kommende Dynastie so fatal auswirken sollte.

Weder der Papyrus Harris noch die Mauern von Medinet Habu berichten uns, ob Ramses den Krieg fortsetzte und die Seevölker in die Levante zurücktrieb, doch läge ein derartiges Vorgehen in der Logik der Sache. Interessant

(*Oben und ganz oben*) Darstellungen ausländischer Kriegsgefangener in den Reliefs von Medinet Habu. Ein Philister (*oben*) ist an seinem auffallenden Kopfputz deutlich zu erkennen.

ist, daß er den Eingang seines Totentempels nach dem Vorbild eines *migdol* konstruieren ließ. Solche syrischen Festungstürme sind auch auf den Reliefs von Setoy I. und Ramses II. in Karnak zu sehen; das Bauwerk Ramses' III. war freilich nur Dekor, sozusagen ein altägyptischer Spleen. Dennoch hatte er Verwendung dafür, denn die Wände einiger Räume im Obergeschoß zeigen den Pharao, wie er sich mit seinen Haremsdamen vergnügt.

Weitere Feldzüge Ramses' III.

Nach der Schlacht mit den Seevölkern hatte Ägypten drei Jahre lang Ruhe. Dann gab es Schwierigkeiten an der Westgrenze, wiederum mit den Libyern, die sich diesmal mit den Maschwesch und fünf weiteren Stämmen zusammengetan hatten. Schon seit Jahren waren vereinzelte Zuwanderer in die Gebiete westlich des Nilhauptarms eingedrungen, doch im elften Amtsjahr kam es zu einer regelrechten Invasion. Als die Eindringlinge das Delta einzunehmen versuchten, konnten die Festungen im Grenzland den Hauptstoß abfangen. Abermals gelang es Ramses, den Angreifern eine vernichtende Niederlage beizubringen; über zweitausend Tote soll es auf der gegnerischen Seite gegeben haben, und ihre Herden und Besitztümer waren reiche Beute für den Schatz des Amun. Einzelheiten des Feldzugs schildert die Innenmauer auf der Nordseite des 12. Pylons von Medinet Habu. Auf einer der Darstellungen kommen Armeeschreiber vor den Pharaoh und präsentieren ihm die Bilanz der feindlichen Gefallenen, verkörpert durch einen Haufen abgehackter rechter Hände, deren Zahl mit 175 angegeben ist. Ramses scheint diese Angabe bezweifelt zu haben, und die Schreiber mußten noch einmal nachzählen. Im folgenden Bild sieht man, wie: indem sie den Feinden die Phalli abschnitten. Sie türmen sich auf dem Boden vor ihnen auf, und darüber steht eine ›175‹ – stimmt genau, Buchhalter irren nicht!

Weitere Feldzüge werden im Totentempel von Medinet Habu erwähnt; allerdings lassen die Abbildungen einige Zweifel aufkommen. Ramses wird bei einer Schlacht mit Nubiern gezeigt, die nirgendwo sonst Erwähnung findet und im Hinblick auf die bereits unterworfene Region auch höchst unwahr-

(*Rechts*) Die nördliche Außenmauer von Medinet Habu zeigt die Schlacht Ramses' III. mit den Seevölkern in allen Einzelheiten. Hier bricht ein ägyptisches Kriegsschiff durch die feindlichen Reihen.

(*Oben*) Ramses III. stellt seinen frühverstorbenen Sohn Amenhirchopschef in dessen Grabmal (QV 55) den Göttern vor.

(*Unten*) 1815 holte Giovanni Belzoni den großen Granitdeckel des Sarkophags aus dem Königsgrab Ramses' III. und stiftete ihn 1823 dem Fitzwilliam Museum in Cambridge. (Den Sarkophagkasten barg Henry Salt, der ihn 1826 dem Pariser Louvre verkaufte.)

scheinlich wäre. Andere Szenen handeln vom Einmarsch des Königs in die Territorien des Nordens, wo er die Gebiete der Amurrer, Chatti und Syrer eingenommen haben soll, die als politische Einheiten längst nicht mehr existierten. In Wahrheit scheinen hier ältere Reliefs kopiert worden zu sein, die Ramses II. an einem seiner Bauwerke anbringen ließ. Ramses III. scheint hier vom Ruhm seines Vorgängers zehren zu wollen, mit dem er trotz der Namensgleichheit überhaupt nicht verwandt war.

Die Königsfamilie

Obwohl Ramses III. lange regiert hat (dem Papyrus Harris zufolge 31 Jahre und 41 Tage), wissen wir nur wenig von den Damen seines Hofs und den Königskindern. Seine Hauptgemahlin hieß vermutlich Isis, aber aus irgendeinem Grund blieben die Kartuschen im Tempel von Medinet Habu, die normalerweise der Königin vorbehalten waren, leer. Möglicherweise war Isis asiatischer Abstammung, denn ihre Mutter hieß Habadjilat, ein Name, der kaum ägyptisch klingt. Königin Isis bekam ein Grab im Tal der Königinnen (QV 51) und war die Mutter Ramses' VI. Sein Vater hatte mehrere Frauen, die ihm zahlreiche Söhne schenkten (wohl mindestens zehn); ihre Gräber im Königinnental lassen darauf schließen, daß sie größtenteils vor ihm starben. Besonders gut erhaltene und mit farbenprächtigen Wandmalereien versehene Gräber erhielten Amenhirchopschef (GV 55) und Chaemwaset (QV 44). Auch die Prinzen Parahirenemef (QV 42) und Sethirchopschef (QV 43) wurden in diesem Tal bestattet. Allen vier Söhnen gab der Vater leitende Funktionen bei der königlichen Reiterei oder der Streitwagendivision.

In der Umgebung liegen mehrere namenlose Gräber von Prinzen und Prinzessinnen, von denen einige aus der Regierungszeit Ramses' III. stammen und seinen Kindern gehören könnten. Eines der größten war der Königin Titi gewidmet (QV 52), doch fehlt jeder Hinweis auf ihren königlichen Status. Eine Untersuchung ihrer Titel deutet allerdings darauf hin, daß sie möglicherweise eine Tochter und spätere Ehefrau Ramses' III. war, die ihren Gatten überlebte. Nicht weniger als 43mal erscheint sie als »Herrin der Beiden Länder«; 33mal wird sie »Große Königsgemahlin« genannt, zwanzigmal »Königstochter«, »Geliebte Leibtochter des Königs« und »Seine geliebte Tochter«, viermal »Schwester des Königs« und, was noch wichtiger ist, achtmal »Königinmutter«. Vielleicht war Ramses IV. ihr Sohn. Die Mehrheit der Gräber im Tal der Königinnen, darunter das bei weitem schönste von Ramses' Gemahlin Nefertari, hat 1903/04 der italienische Ägyptologe Ernesto Schiaparelli entdeckt.

Eine Verschwörung zum Königsmord

Ein bemerkenswerter Papyrus aus der Regierungszeit Ramses' III. enthält, freilich aus ungewohntem Blickwinkel, viele Informationen über die Struktur und den Alltag des Hofs. Er handelt vom Verfahren gegen eine Gruppe, die einen Anschlag auf den König plante, und ist als ›Haremsverschwörungs‹-Papyrus (s. gegenüberliegende Seite) bekannt. Die Hauptangeklagte war Tiji, eine Nebenfrau, die ihren Sohn Pentewere als Thronfolger einsetzen wollte. Ihr Name scheint korrekt zu sein, doch der des Prinzen ist wie die der meisten Mitangeklagten nur eine Umschreibung – man gab ihnen fiktive Namen wie Mesedsure (»Re haßt ihn«), um die Schwere ihres Verbrechens zu unterstreichen.

DIE HAUPTANGEKLAGTEN DER HAREMSVERSCHWÖRUNG

Die wichtigsten Angeklagten im Prozeß gegen die Verschwörer stammten aus der engsten Umgebung des Königs. Hier die Liste ihrer Namen und vormaligen Ämter: der Kammerherr Pekkamen; die Kammerdiener Medsedsure, Weren, Peluka und Yenini (ein Libyer); Pendua, der Schreiber des Harems; die Haremsaufseher Pejnok, Peteunamen, Kerpes, Chamopet, Chammale, Setimperthoth und Setimperamon; Pere, der Aufseher des ›Weißen Hauses‹ (Palasts); Binemwese, Hauptmann der nubischen Bogenschützen, sowie sechs Ehefrauen von Wächtern am Haremstor.

Zum Glück für den König kamen die Umtriebe rechtzeitig ans Licht, und die Verschwörer wurden verhaftet. Ramses selbst leitete die Ermittlungen; da er jedoch später als »der große Gott« (mit anderen Worten als tot) bezeichnet wird, muß er noch während des Prozesses gestorben sein, wenn auch nicht notwendigerweise infolge eines Attentats. Vierzehn Beamte saßen zu Gericht, darunter sieben königliche Kammerdiener (nach Flavius Josephus wichtige Funktionsträger), zwei Schatzmeister, zwei Standartenträger des Heeres, zwei Schreiber und ein Herold. Interessanterweise verraten einige ihrer Namen eine ausländische Herkunft. Der Untersuchungskommission wurde volle Freiheit gewährt, jeden notwendigen Zeugen zu hören, dazu das höchst ungewöhnliche Recht, das Urteil zu sprechen und zu vollziehen – selbst die Todesstrafe, die normalerweise dem Pharao vorbehalten war.

Die meisten Verschwörer gehörten zur unmittelbaren Umgebung des Königs, vor allem einige Haremsbeamte, was zeigt, wie hochgefährlich die Situation war. Es stellte sich heraus, daß sie zugleich mit dem Anschlag einen Aufruhr außerhalb des Palasts inszenieren wollten. Über vierzig Hofleute waren in die Sache verwickelt und mußten sich gruppenweise verantworten. Die Akten des Verfahrens gegen Tij sind nicht erhalten, aber sie fand gewiß keine Gnade; schon im ersten Prozeß wurden die Rädelsführer abgeurteilt, insgesamt 28 Personen, mit größter Wahrscheinlichkeit zum Tode. Im zweiten Verfahren wurden sechs Angeklagte zum Selbstmord unmittelbar vor Gericht verurteilt. Auch die vier Beschuldigten des dritten Verfahrens, unter ihnen Prinz Pentewere, mußten Hand an sich legen, allerdings nicht vor Gericht, sondern vermutlich in ihren Zellen.

Das vierte Verfahren wirft ein merkwürdiges Licht auf den gesamten Fall. Vor Gericht standen nicht mehr die Verschwörer, sondern drei der Richter und zwei Beamte. Ihnen wurde zur Last gelegt, sie hätten ostentativ mehrere weibliche Angeklagte und einen General namens Pejes bei sich empfangen. Einer der Richter konnte seine Unschuld beweisen, den übrigen wurden Nase und Ohren abgeschnitten. Einer der beschuldigten Richter, der Kammerdiener Pebes, beging Selbstmord, noch ehe das Urteil vollstreckt werden konnte.

Wie erwähnt starb Ramses III. vermutlich noch vor der Urteilsverkündung. Das Grab im Königstal, in dem er beigesetzt wurde (KV 11), weist einen merkwürdigen Grundriß auf, weil eine ältere Gruft überbaut worden war. Ungewöhnlich ist auch, daß es mit weltlichen Motiven ausgemalt wurde, von denen das Porträt der zwei blinden Harfner das berühmteste ist. Verglichen mit den frühen Kopien, die Sir John Gardner Wilson anfertigte, wirkt es heute leider stark verblaßt. In der Wissenschaft ist meist vom ›Harfnergrab‹ oder vom ›Bruce-Grab‹ die Rede, nach Jack Bruce, der es 1769 entdeckte.

(*Unten*) Die Mumie Ramses' III. wurde 1881 im Depot von Deir el-Bahari entdeckt. Ihr Erhaltungszustand war vergleichsweise exzellent. Seine und diejenige des Amenhotep II. sind die einzigen Mumien ohne ›postmortale Traumata‹, also Schäden durch Grabräuber oder Verfallserscheinungen durch neuzeitliche Konservierungsfehler. Die Verwirrung, die bei der Umbettung der Königsmumien in antiker Zeit geherrscht haben muß, läßt sich der Tatsache ablesen, daß die ramponierte untere Hälfte des Holzsargs von Ramses III. 1898 im zweiten Versteck, dem Grab Amenhoteps II., gefunden wurde. Ägyptisches Museum, Kairo.

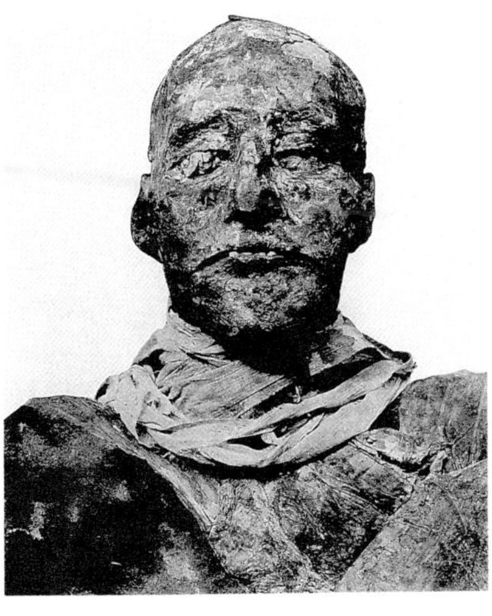

20. Dynastie
1185–1070

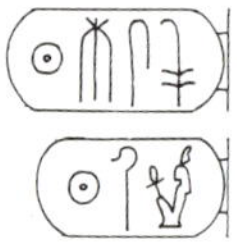

Ramses IV.
Heqamaatre
1151–1145

Ramses V.
Usermaatre
1145–1141

Ramses VI.
Nebmaatre
Meriamun
1141–1133

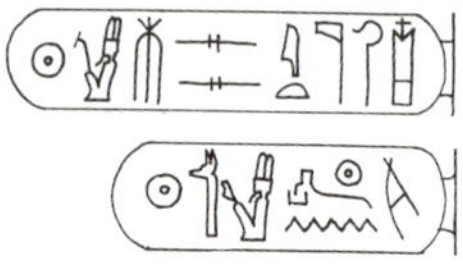

Ramses VII.
Usermaatre
Meriamun
Setepenre
1133–1126

Ramses VIII.
Usermaatre
Achenamun
1133–1126

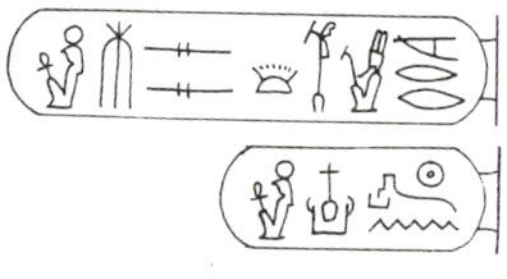

Ramses IX.
Neferkare
Setepenre
1126–1108

Ramses X.
Chepermaatre
1108–1098

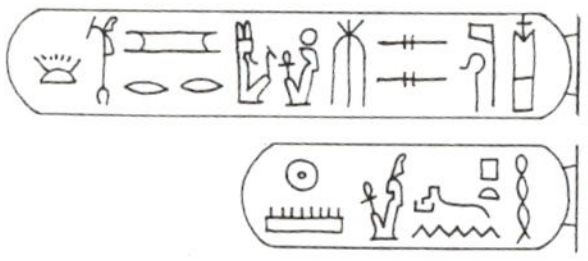

Ramses XI.
Menmaatre
Setepenptah
1098–1070

Detail einer dunkelgrünen Schiefer-skulptur des knienden Ramses IV. mit der Königskartusche auf der linken Schulter. British Museum, London.

Mit der 31jährigen Regierung Ramses' III. ging auch die Glanzzeit des ägyptischen Pharaonentums zu Ende. Die genauen Verwandtschaftsverhältnisse der nachfolgenden ramessidischen Königsreihe sind recht unklar. Mit einiger Sicherheit war Ramses III. (obwohl, wie bereits erwähnt, viele seiner Söhne früh verstorben sind) Vater des vierten, fünften, sechsten und achten Ramses, während Ramses VII. ein Sohn Ramses' VI. gewesen zu sein scheint.

RAMSES IV.

Ramses IV. kam um 1151 v. Chr. auf den Thron. Die Identität seiner Mutter ist noch immer ungeklärt – wahrscheinlich eine der Königinnen Isis und Titi –, aber wir wissen von Tentopet, die er zu seiner Hauptfrau machte und im Grab 74 des Königinnentals bestatten ließ. Zu den ersten Pflichten des neuen Königs gehörte die Ausrichtung des Begräbnisses für seinen Vater im Tal der Könige. In einer viertägigen Zeremonie, so berichten Tonscherben aus dem Arbeiterdorf in Deir el-Medina, wurden die üblichen Grabbeigaben dorthin geschafft, und die Steinmetzen konnten ihrem nächsten Auftrag entgegensehen, einem Grabmal für Ramses IV.

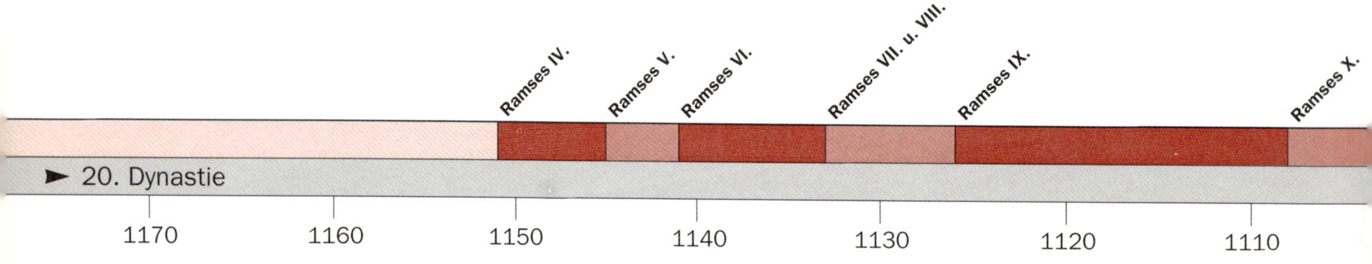

KÖNIGSNAMEN UND -GRÄBER

RAMSES IV.
Geburtsname
Ra-messes (»Re hat ihn begünstigt«)
Thronname
Heqa-maat-re (»Herrscher der Gerechtigkeit wie Re«)
Vater
Ramses III.
Mutter
Titi oder Isis
Gattin
Tentopet
Grabstätte
Grab KV 2, Tal der Könige (Theben)

RAMSES V.
Thronname
User-maat-re (»Machtvoll ist die Gerechtigkeit des Re«)
Vater
Ramses III.
Gattin
Nubchesed
Grabstätte
Grab KV 9, Tal der Könige (Theben)

RAMSES VI.
Epitheton
Amun-hir-chopsch-ef Netjer-heqa-iunu (»Amun ist seine Stärke, Gottkönig von Heliopolis«)
Thronname
Neb-maat-re Meri-amun (»Gott der Gerechtigkeit ist Re, Geliebter des Amun«)
Vater
Ramses III.
Mutter
Isis
Sohn
Ramses VII.
Grabstätte
Grab KV 9, Tal der Könige (Theben)

RAMSES VII.
Epitheton
It-amun-netjer-heqa-iunu (»Vater des Amun, Herrscher von Heliopolis«)
Thronname
User-maat-re Meri-amun Setep-en-re (»Machtvoll ist die Gerechtigkeit des Re, Geliebter des Amun, Auserwählter des Re«)
Vater
Ramses VI.
Grabstätte
Grab KV 1, Tal der Könige (Theben)

RAMSES VIII.
Epitheton
Set-hir-chopch-ef Meri-amun (»Seth ist seine Stärke, Geliebter des Amun«)
Thronname
User-maat-re Ach-en-amun (»Machtvoll ist die Gerechtigkeit des Re, dem Amun hilfreich«)
Vater
Ramses III.
Grabstätte
unbekannt

RAMSES IX.
Epitheton
Cha-em-waset Merer-amun (»Er erscheint in Theben, Geliebter des Amun«)
Thronname
Nefer-ka-re Setep-en-re (»Schön ist die Seele des Re, Auserwählter des Re«)
Grabstätte
Grab KV 6, Tal der Könige (Theben)

RAMSES X.
Epitheton
Amon-hir-chopsch-ef (»Amun ist seine Stärke«)
Thronname
Cheper-maat-re (»Dauerhaft ist die Gerechtigkeit des Re«)
Grabstätte
Grab KV 18, Tal der Könige (Theben)

RAMSES XI.
Epitheton
Cha-em-waset Merer-amun Netjer-heqa-iunu (»Er erscheint in Theben, Geliebter des Re, Herrscher von Heliopolis«)
Thronname
Men-maat-re Setep-en-ptah (»Bleibend ist die Gerechtigkeit des Re, Auserwählter des Ptah«)
Tochter
Henuttaui
Grabstätte
Grab KV 4, Tal der Könige (Theben)

Mehrere Stelen im Wadi Hammamat berichten von großen Expeditionen unter Ramses IV., die für Statuen geeigneten Stein beschaffen sollten. Daß bei einer von ihnen zweitausend der insgesamt 8368 Teilnehmer bewaffnete Soldaten waren, deutet weniger auf Schutzmaßnahmen gegen Angriffe von außen hin als auf die Notwendigkeit, die Arbeiter im Zaum zu halten. Weitere Expeditionen wurden zu den Türkisminen bei Serabit el-Chad auf dem Sinai und weit südlich nach Nubien bis zur Festung Buhen in der Nähe des Zweiten Katarakts entsandt. Doch Eifer und gute Werke für die Götter fruchteten nichts, und selbst sein Gebet an Osiris – wiedergegeben auf einer abydenischen Stele aus dem vierten Amtsjahr: »Schenke mir eine wohlbemessene Lebensfrist und laß mich so lange regieren [wie mein Vorgänger]« – wurde nicht erhört: Die Herrschaft Ramses' IV. währte nicht länger als sechs Jahre.

Sein Grab liegt unweit der älteren Hauptgruppe im östlichen Königstal und weist feine, leuchtendbunte Wandmalereien auf. Der große Sarkophag und sein weitgehend unversehrter Deckel stehen noch immer in der Totenkammer. An der niedrigen Ziffer (KV 2) läßt sich ablesen, daß sie seit der Antike zugänglich war; die Wände neben dem Eingang sind mit koptischen Sgraffiti bedeckt. Wie die übrigen ramessidischen Gräber blieb auch dieses unvollendet, doch ein Papyrus in Turin gibt Aufschluß über den Bauplan. Die rätselhafte Serie von vier dünnen, kastenförmigen Linien, die der Architekt um den Sarkophag im ›Haus des Goldes‹ gezogen hatte, bereitete den Forschern lange Kopfzerbrechen. Die Lösung stellte sich unverhofft ein, als 1923 die Totenkammer Tutanchamuns geöffnet wurde und die vier goldbedeckten Holzschreine zum Vorschein kamen, die den Sarkophag umschlossen. Die Mumie Ramses' IV. war schon 1898 im Königsdepot des Amenhotep-Grabs (KV 35) aufgetaucht.

Ramses V. und VI.

Einem hieratisch beschrifteten Papyrusfragment in Turin zufolge sollen unter der vierjährigen Herrschaft Ramses' V. bürgerkriegsähnliche Verhältnisse geherrscht haben. »Müßig aus Furcht vor dem Feind« legten die Steinmetzen im Tal der Könige sogar die Arbeit an seinem Grab (KV 9) nieder. Verwunderlich ist, daß der König – wie ein Ostrakon berichtet – im zweiten Amtsjahr Ramses' VI. bestattet wurde, denn normalerweise sollte die Grablegung innerhalb der ersten siebzig Tage der neuen Regierung abgeschlossen sein. Vielleicht starb der fünfte Ramses, während sein Bruder bereits regierte. Übten sie eine Doppelherrschaft aus, oder hat Ramses VI. – was im Hinblick auf den Bürgerkrieg wahrscheinlicher wäre – seinen Vorgänger gestürzt und für den Rest seines Lebens eingekerkert? Die Mumie Ramses' V. lag im Grab Amenhoteps II. (KV 35). Der Schnitt in ihrer linken Seite ist weit länger, als für die Entfernung der Eingeweide bei der Einbalsamierung nötig war, doch die Pockennarben im Gesicht machen es wahrscheinlich, daß der Pharao den Blattern erlag.

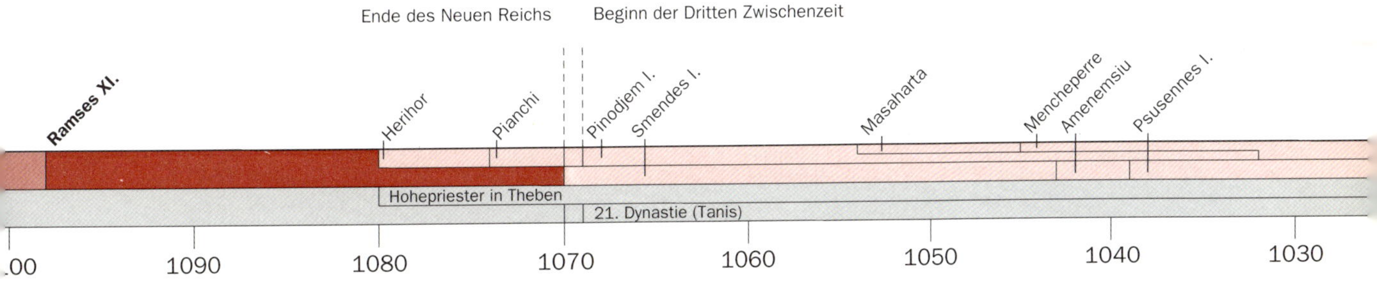

(*Rechts*) Der zertrümmerte schwarze Granit-Sarkophag Ramses' VI. liegt noch immer in seiner Grabkammer; der riesige Sockel ist auf die Seite gekippt. Dies – so eine gängige Theorie – kann nicht das Werk von Grabräubern gewesen sein. Vermutlich wurden offizielle Nachforschungen angestellt, um verborgene Schätze ausfindig zu machen, wohl in der Zeit der libyschen Raubzüge. Das in den Deckel gemeißelte Gesicht wurde im vorigen Jahrhundert ins British Museum, London, verbracht.

(*Unten*) Eine Granitstatue des Ramses VI. aus Karnak zeigt den letzten wirklich siegreichen Pharao bei der Gefangennahme eines winzigen Libyers. Ägyptisches Museum, Kairo.

Anders als seine beiden Brüder erfreute sich Ramses VI. einer achtjährigen Regierung. Es scheint, daß während dieser Zeit die außenpolitischen Fernkontakte Ägyptens und seine Oberherrschaft über den Nahen Osten drastisch zurückgingen. Die Türkisminen auf dem Sinai wurden aufgegeben, und die Ostgrenze verlagerte sich von Palästina weg bis hinter den östlichen Rand des Deltas.

Im Königstal usurpierte Ramses VI. das Grab seines Vorgängers (KV 9), um es beträchtlich zu erweitern. Dies gipfelte im Bau einer geräumigen Totenkammer mit reichdekoriertem Gewölbe. Die Mumie des Ramses VI. war in beklagenswertem Zustand, als sie 1898 im Amenhotep-Grab (KV 35) gefunden wurde. Keine andere Königsmumie war derart geschändet worden; die Grabräuber hatten Kopf und Körper buchstäblich in Stücke gehackt. Die Teile waren von den Priestern auf einem Brett angeordnet und pietätvoll neu eingewickelt worden, damit eine annähernd menschliche Form entstand. Als Elliot Smith die Mumie im Jahr 1905 untersuchte, stellte sich heraus, daß dabei Körperteile von mindestens zwei weiteren Leichen eingefügt wurden: die rechte Hand einer Frau und die verstümmelte Linke einschließlich Unterarm eines unbekannten Mannes. Wo der Hals des Königs hätte sein sollen, lagen Teile seines Beckens und ein einzelner Hüftknochen.

Das Ende der 20. Dynastie, deren letzte Pharaonen ebenfalls Ramses hießen, liegt im dunkeln. Die Könige lassen sich in zwei Gruppen einteilen: die Verwandten Ramses' III. und jene Ramses' VI. Freilich stammt trotz des anspruchsvollen Namens keiner dieser Herrscher von seinem großen Vorgänger Ramses II. ab.

RAMSES VII. UND VIII.

Ramses VII. folgte 1133 v. Chr. seinem Vater Ramses VI. auf den Thron. Aus seiner rund siebenjährigen Regierungszeit läßt sich nichts Nennenswertes

(*Oben*) Zwar ist das Grab Ramses' IX. stark beschädigt, doch finden sich noch immer schöne Einzelmotive, hier der König mit zum Gebet erhobenen Händen.

(*Unten*) Ohrring aus massivem Gold; er gehört zu einem Paar, das in Abydos entdeckt wurde. Auf der Rückseite sind sie mit dem Namen Ramses' XI. versehen, stammen aber von der Mumie einer unbekannten Hofdame.

vermelden. Wie Papyri und Ostraka aus der Arbeiterstadt bei Deir el-Medina bezeugen, erlebte Ägypten Teuerungen und eine Wirtschaftskrise. Überall im Reich herrschte Unruhe. Residenz und Verwaltungszentrum lagen vermutlich im Delta, wo Ramses II. ein knappes Jahrhundert zuvor mehrere Städte gegründet hatte. Zwar wurde Ramses VII. im Tal der Könige bestattet (KV 1), aber fernab vom Zentrum im Ostteil, jenseits des Grabes von Ramses IV. Das Grab muß seit antiker Zeit offengestanden haben, und seine Mumie ist spurlos verschwunden.

Ramses VIII., der vermutlich nur ein Jahr lang regierte, war der Sohn Ramses' III. Eigentlich hätte ein Abkömmling von Ramses VI. den Thron besteigen müssen, was auf dynastische Schwierigkeiten bei der rechtmäßigen Nachfolge schließen läßt. Von Ramses VIII. ist weder ein Grab bekannt, noch konnte seine Mumie identifiziert werden.

Ramses IX. und X.

Mit Ramses IX. kehrte wieder eine gewisse Stabilität in Ägypten ein, denn diesem König war es vergönnt, rund achtzehn Jahre zu regieren. Die Monumente und Quellen aus dieser Zeit sind allerdings recht spärlich. In Ramses' Namen wurden Bauarbeiten in Heliopolis durchgeführt, dem alten Zentrum des Sonnenkults im Delta, was auf verstärkte Konzentration seiner Politik auf Unterägypten schließen läßt. Wahrscheinlich war dies der Grund, wes-

(*Links*) Grüne Schieferstatue des Ramses IX., der einen Schrein mit dem heiligen Skarabäus darauf darbringt. Royal Scottish Museum, Edinburgh.

halb die Hohenpriester des Amun in Theben zunehmend ihre eigene Macht über Oberägypten ausbauen und jene Saat des Aufruhrs verbreiten konnten, die in der 21. Dynastie aufgehen sollte.

Ramses IX. wurde in einem Höhlengrab beigesetzt (KV 6), das in der ›Syrinxtunnel‹-Tradition der späteren 19. und 20. Dynastie steht. Im Königstal liegt es dem Grab Ramses' II. direkt gegenüber. Unklar ist, ob die Nähe zum großen König diese Ortswahl bestimmt hat oder ob zu dieser Zeit alle Spuren des Eingangs bereits verwischt waren. Die Mumie Ramses' IX. lag im 1881 entdeckten Depot (DB 320), war aber in den Sarg der späteren Prinzessin Neschons gebettet.

Die Angaben zur Regierung Ramses' X. schwanken zwischen drei und neun Jahren, so spärlich sind die Informationen aus dieser Epoche. Eine einzige Inschrift aus Aniba in Nubien zeigt seine Kartusche, was auf geringfügige Aktivitäten in dieser Gegend deuten könnte. Mit dem ägyptischen Einfluß in den Regionen des Nordwestens bis hin zu Palästina und Syrien war es hingegen ein für allemal vorbei. Das Königsgrab (KV 18) liegt gleich hinter demjenigen Setoys I., doch wurde es nie umfassend erforscht, und eine Mumie wurde Ramses X. bislang nicht zugeschrieben.

Dieses roh aus Alabaster gemeißelte *uschebti* Ramses' XI. wurde im Schutt seines unbenutzten Grabes (KV 4) gefunden. Museum Luxor.

RAMSES XI.

Die Regierung Ramses' XI. dauerte 28 Jahre, und mit ihr geht die 20. Dynastie zu Ende. Immerhin weiß man über ihn ein wenig mehr als über seine ephemeren Vorgänger. Ein Papyrus aus seiner Spätzeit, der in Moskau aufbewahrte ›Bericht des Wenamun‹, zeichnet ein trübes Bild von der inneren Lage. Wenamun war von Ramses XI. nach Byblos geschickt worden, um libanesisches Zedernholz für die Barke des Amun in Theben zu beschaffen. In besseren Zeiten wäre er ein geehrter Gast gewesen und hätte alles bekommen, was der Pharao wünschte. Nun aber waren die Verhältnisse so unsicher geworden, daß Wenamun unterwegs überfallen und ausgeraubt wurde. In Nahost war das ägyptische Ansehen so sehr gesunken, daß sich der Prinz von

Byblos für das Holz bezahlen ließ, doch die notwendigen Mittel waren den Räubern in die Hände gefallen. Die wechselvolle Erzählung gibt einen anschaulichen Eindruck von der Instabilität im ägyptischen Reich.

Noch immer existierte das Amt des nubischen Vizekönigs, so daß die ägyptischen Interessen in Nubien gewahrt blieben. Ein Brief aus dem Jahr 17 (heute in Turin) fordert den Vizekönig Panehesi auf, einen säumigen Lakai des Königs zur Eile anzutreiben, der Material für einen Schrein besorgen sollte. Im Umland von Theben flammten immer wieder Revolten auf. Der König regierte weit oben im Norden des Reiches, in seiner Hauptstadt Piramesse, während die Hohenpriester des Amun den Süden kontrollierten. Dabei scheint sich der Hohepriester Amenhotep übernommen zu haben, denn vor dem Jahr 12 verschwindet er aus den Annalen, und in Theben richtet sich Panehesi ein und herrscht an Königs Statt. Irgendwann zwischen dem zwölften und neunzehnten Amtsjahr taucht Herihor als Hoherpriester von Theben auf, der jedoch offenbar keine priesterliche, sondern eine militärische Karriere hinter sich hatte. Seit dem Jahr 19 ist von Panehesi nicht mehr die Rede, und Herihor übernimmt neben anderen hochrangigen Funktionen seinen Titel als Vizekönig von Kusch. Offenbar übte er auch das höchste Staatsamt eines Wesirs aus, was ihm im Süden praktisch unbeschränkte Vollmachten gewährte.

Das wichtigste Zeugnis der Autorität Herihors ist der Tempel im Süden des heiligen Bezirks von Karnak, den er Chonsu, einem Mondgott und Sohn des Amun, weihte. Reliefs an den Tempelwänden zeigen Herihor in gleicher Größe wie den Pharao, wenn auch nicht in gemeinsamen Szenen, und im Vorhof begegnen uns Herihors Name und Titel in einer Kartusche – was das zu bedeuten hat, liegt auf der Hand. Es scheint, daß Herihor früher starb als Ramses XI. und daß es mindestens sechs Jahre einer parallelen Regentschaft – jeweils im Norden und im Süden – gegeben haben muß. Offenbar handelte es sich weniger um eine unverfrorene Machtübernahme denn um eine stillschweigende Anerkennung der Einflußsphären. In den Quellen wird dies an der doppelten Datierung deutlich, die das 25. Amtsjahr des Ramses mit dem zweiten des Herihor gleichsetzt.

Das Grab Ramses' XI. wurde im Tal der Könige angelegt (KV 4), am Rand der östlichen Hauptgruppe und innerhalb eines engen Wadis, in dem auch die Schwiegereltern Amenhoteps III., Juja und Tuja, bestattet sind. Zwar steht das Grab seit antiker Zeit offen, doch systematisch erforscht wurde es erst 1980 im Auftrag des Brooklyn-Museums. Dabei machte man eine merkwürdige Entdeckung. Offenbar wurde Ramses XI. nicht in diesem Grab beigesetzt, das wie üblich unvollendet blieb. Doch ließen die zahlreichen Fragmente von Material, das aus älteren Königsgräbern stammt, nur einen Schluß zu: Nachdem die Bauarbeiten eingestellt waren, hat man die Grabhöhle als Werkstatt benutzt. Um die Finanzlöcher im Staatshaushalt zu stopfen, wurden hier Königsmumien anläßlich ihrer Umbettung in andere Verstecke aller Kostbarkeiten entledigt. Von den Holzsärgen, beispielsweise dem des Thutmosis III., wurde sogar das Blattgold abgekratzt. Der Leichnam Ramses' XI. wurde nie gefunden; vielleicht liegt er zusammen mit anderen ›Vermißten‹ in einem dritten, noch unentdeckten Mumiendepot.

Die grossen Grabplünderungen

Unter der Herrschaft Ramses' IX. kam es zum Skandal, als fortgesetzte Einbrüche in die Gräber des Königstals ruchbar wurden. Die meisten Plünderungen fanden im sechzehnten Amtsjahr statt, doch schon vor dem Jahr 9 hatte es einen ähnlichen Fall gegeben, und kurz darauf wurde das vergleichsweise frische Grab Ramses' VI. attackiert. Der Skandal des Jahres 16 kam in erster Linie ans Licht, weil es zwischen zwei rivalisierenden Bürgermeistern zum Streit gekommen war: dem thebanischen Stadtoberhaupt Paser und demjenigen von Theben-West, Paweraa, dem zugleich die Friedhofsverwaltung unterstand. Der Wesir Chaemwaset ließ sich von den Vorfällen unterrichten und rief eine Untersuchungskommission zusammen. Wie es heißt, wurde von den zehn untersuchten Grabstätten nur diejenige des Amenhotep I. unversehrt angetroffen. Die übrigen waren entweder zum Teil geplündert oder vollkommen verwüstet. Über ein Dutzend Schriftstücke, die heute als ›Grabräuber-Papyri‹ auf mehrere Museen verteilt sind, enthalten die Protokolle der Verhandlungen gegen einige der Übeltäter. Zu ihnen gehört ein Steinmetz namens Amun-pnufer, der am 22. Tag des dritten Wintermonats im sechzehnten Amtsjahr Ramses' IX. (um 1110 v. Chr.) ein detailliertes Geständnis ablegte. Darin schildert er, wie das Grab des Königs Sobekemsaf II. (17. Dynastie) und seiner Königin Nubchas vollständig geleert wurde, bis hin zur Verbrennung ihrer Särge. Der Steinmetz verschweigt auch nicht, wieviel Beute ihm die beiden Leichen einbrachten, nämlich ›Gold im Gewicht von 160 Deben‹ (was ungefähr 14,5 Kilogramm entspricht). Man vergleiche diese Angabe mit dem Schatzfund im Grab Tutanchamuns: Allein dessen Goldmaske brachte 10,23 Kilogramm auf die Waage, sein goldener Innensarg gar 110,4 Kilogramm.

Dritte Zwischenzeit
1069–525

Hohepriester
(in Theben)
1080–945

Herihor
1080–1074

Pianchi
1074–1070

Pinodjem I.
1070–1032

Masaharta
1054–1046

Mencheperre
1045–992

Smendes II.
992–990

Pinodjem II.
990–969

Pinodjem ›III‹
969–945

21. Dynastie
(in Tanis)
1069–945

Smendes I.
1069–1043

Amenemnisu
1043–1039

Psusennes I.
1039–991

Amenemope
993–984

Osorkon der Ältere
984–978

Siamun
978–959

Psusennes II.
959–945

22. Dynastie
(Libyer bzw. Bubastiden)
(in Tanis)
945–712

Scheschonq I.
945–924

Osorkon I.
924–889

Scheschonq II.
um 890

Takelot I.
889–874

Osorkon II.
874–850

Takelot II.
850–825

Scheschonq III.
825–773

Pami
773–767

Scheschonq V.
767–730

Osorkon IV.
730–715

Harsiese (in Theben)
870–860

23. Dynastie
(Libysche Anarchie)
(in Leontopolis)
818–712

Pedibastet
818–793

Scheschonq IV.
793–787

Osorkon III.
787–759

Takelot III.
764–757

Rudamun
757–754

Iuput 754–715

Peftjauauibastet
(Herakleopolis)
in Hermopolis:
Nemalot

24. Dynastie
(in Saïs)
727–715

Tefnacht
727–720

Bakenrenef
(Bocchoris)
720–715

25. Dynastie
(Nubier bzw. Kuschiten)
747–656

Pianchi (Pije)
747–716

Schabaka
716–702

Schebitku
702–690

Taharqa
690–664

Tanotamun
664–656

26. Dynastie
(Saïten)
664–525

Psamtik I.
(Psammetich I.)
664–610

Nekau
(Necho)
610–595

Psamtik II.
(Psammetich II.)
595–589

Uahibre
(Apries)
589–570

Ahmose II.
(Amasis)
570–526

Psamtik III.
(Psammetich III.)
526–525

Spätzeit
525–332 v. Chr.

27. Dynastie
(Erste persische Ära)
525–404

Kambyses II.
525–522

Darius I.
521–486

Xerxes
485–465

Artaxerxes I.
465–424

Darius II.
423–405

Artaxerxes II.
405–359

28. Dynastie
404–399

Amyrtaios
404–399

29. Dynastie
399–380

Nefaarud I. (Nepherites I.)
399–393

Hakor (Achoris)
393–380

30. Dynastie
380–343

Nachtnebef (Nektanebos I.)
380–362

Djedhor (Theos)
362–360

Nachthorehbit
(Nektanebos II.)
360–343

31. Dynastie
(Zweite persische Ära)
343–332

Artaxerxes III.
343–338

Arses
338–336

Darius III.
336–332

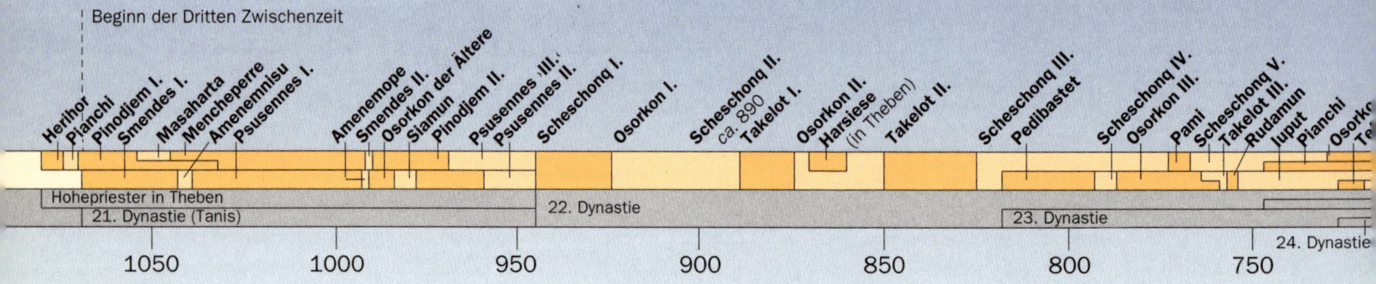

Psusennes I.

Osorkon I.

Hakor

Nektanebos I.

NIEDERGANG DER PHARAONENHERRSCHAFT

Dritte Zwischenzeit 1069–525 v. Chr.
Spätzeit 525–332 v. Chr.

ZWEI JAHRTAUSENDE nach ihrem Erwachen hatte die ägyptische Zivilisation mit den Epochen des Alten, Mittleren und Neuen Reiches ihre Gipfelpunkte überschritten. Allmählich und unaufhaltsam setzte der Abstieg ein. Seinen antiken Nachbarn galt Ägypten nicht länger als vom Rest der Welt abgeschiedenes Wunderland, das Paradies der Lotusesser, und auch die Pharaonen waren keineswegs mehr die fleischgewordenen Gottkönige von ehedem. Wirtschaftlich stand das Land um 1000 v.Chr. praktisch vor dem Ruin. Fremde Einflüsse machten sich geltend, als andere antike Völker wie Assyrer und Perser, gefolgt von den makedonischen Griechen, das fruchtbare Delta besetzten. Nach einer Phase heilloser Zerrissenheit herrschten in der 25. Dynastie sogar Nubier oder Kuschiten aus den einst verachteten Regionen südlich von Elephantine über Ägypten. Das Ende war nicht mehr aufzuhalten. Es kam spätestens 332 v.Chr. mit Alexander III., bekannt als ›der Große‹, der die verhaßten Perser aus dem Land vertrieb und nach alter Tradition als Sohn des Ammon inthronisiert wurde. Immerhin brachte er Ägypten durch die Gründung von Alexandria endgültig ins Bewußtsein der nun allgegenwärtigen mediterranen Kultur.

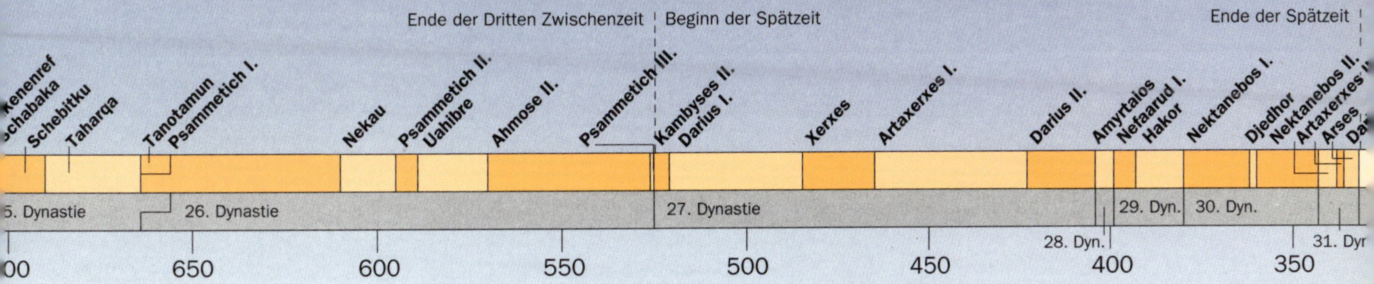

Hohepriester (in Theben)
1080–945

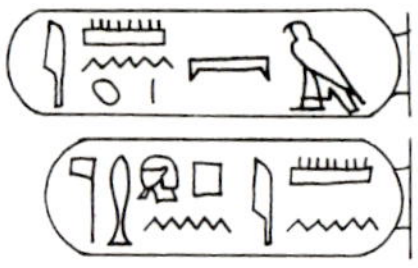

Herihor (siamun)
Hemnetjertepienamun
1080–1074

Pianchi
1074–1070

Pinodjem I.
(Chacheperre)
Setepenamun
1070–1032

Masaharta
1054–1046

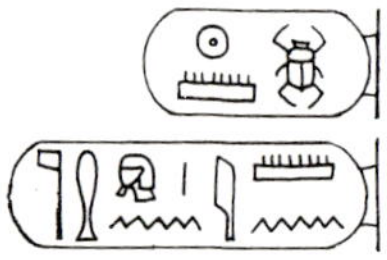

Mencheperre
Hemnetjertepienamun
1045–992

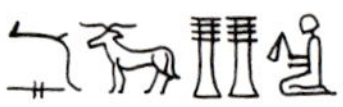

Smendes II.
992–990

Pinodjem II.
Chacheperre
Setepenamun
990–969

Psusennes ›III.‹
969–945

21. Dynastie (in Tanis)
1069–945

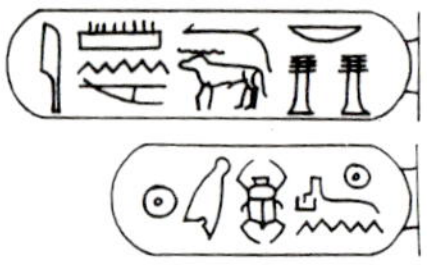

Smendes (Nesbanebdjed)
Hedjcheperre Setepenre
1069–1043

Amenemnisu
Neferkare
1043–1039

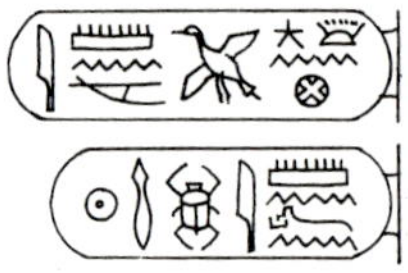

Psusennes I. (Pasebachaen-niut I.)
Aacheperre, Setepenamun
1039–991

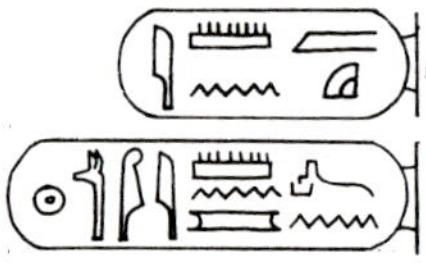

Amenemope
Usermaatre Meriamun
Setepenamun
993–984

Osorkon der Ältere
Aacheperre Setepenre
984–978

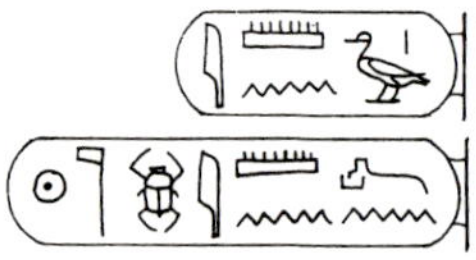

Siamun
Netjercheperre
Setepenamun
978–959

Psusennes II. (Pasebachaen-niut II.)
Titcheprure
959–945

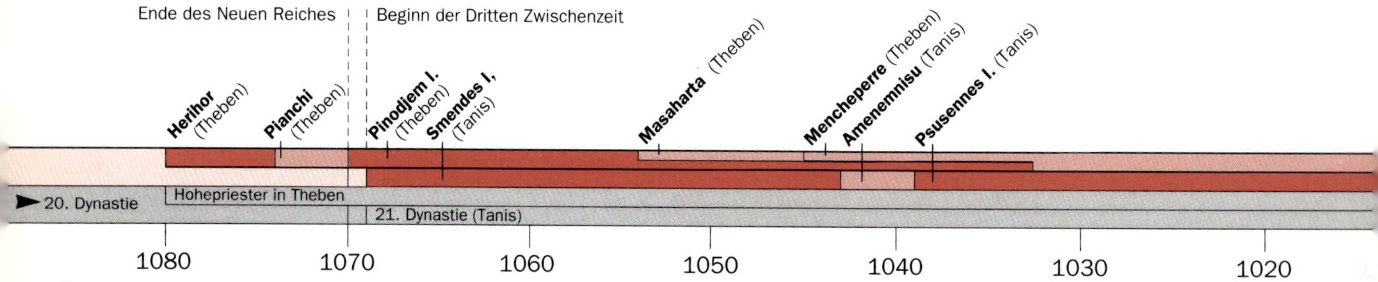

KÖNIGSNAMEN (HOHEPRIESTER)

HERIHOR
Geburtsname + (Epitheton)
Her-i-hor (Si-amun) (»Horus schützt mich, Sohn des Amun«)
Thronname
Hem-netjer-tepi-en-amun (»Der Erste Prophet [Hohepriester] des Amun«)
Gattin
Nodjmet
Grabstätte
unbekannt

PIANCHI
Geburtsname
Pianchi
Grabstätte
unbekannt

PINODJEM I.
Geburtsname + (Epitheton)
Pi-nodjem (meri-amun) (»Er gehört dem Schönen [Horus oder Ptah], Geliebter des Amun«)
Auch bekannt als
Pinedjem I.
Thronname
Cha-cheper-re Setep-en-amun (»Die Seele des Re erscheint, Auserwählter des Amun«)
Gattinnen
Henuttaui I.
Maatkare
Grabstätte
Mumie in DB 320, Deir el-Bahari (Theben)

MASAHARTA
Geburtsname
Masaharta
Auch bekannt als
Masaherta
Grabstätte
Mumie in DB 320, Deir el-Bahari (Theben)

MENCHEPERRE
Geburtsname
Men-cheper-re (»Dauerhaft ist die Erscheinung des Re«)
Auch bekannt als
Mencheperra
Thronname
Hem-netjer-tepi-en-amun (»Erster Prophet des Amun«)
Grabstätte
Mumie in DB 320, Deir el-Bahari (Theben)

SMENDES II.
Nur bekannt als
Smendes (griechisch)
Grabstätte
unbekannt

PINODJEM II.
Geburtsname
Pi-nodjem (»Er gehört dem Schönen [Horus oder Ptah]«)
Auch bekannt als
Pinedjem II.
Thronname
Cha-cheper-re Setep-en-amun (»Die Seele des Re erscheint, Auserwählter des Amun«)
Gattin
Henuttaui II.
Grabstätte
Mumie in DB 320, Deir el-Bahari (Theben)

PSUSENNES ›III.‹
Nur bekannt als
Psusennes (griechisch)
Grabstätte
unbekannt

Der stetig wachsende Einfluß der Amunspriesterschaft in Theben hatte unter Ramses XI. einen Höhepunkt erreicht. Den Gottesdienern gehörten zwei Drittel aller Tempelgrundstücke im Reich, 90 Prozent aller Schiffe, 80 Prozent der Manufakturen und eine Menge mehr. Homer besingt im 9. Buch der *Ilias* ihre Residenz als »das aigyptische Theben ..., wo in den Häusern die reichsten Schätze gehäuft sind, / hundert hat sie der Tore«. Praktisch die gesamte ägyptische Wirtschaft war im Klammergriff der Priesterschaft. Für Herihor war es daher – wie bereits erwähnt – eine Kleinigkeit, seinen Vorrang über die ramessidische Dynastie zu behaupten und aus den thebanischen Hohenpriestern die kommende herrschende Klasse zu machen.

Herihor regierte sechs Jahre parallel zu Ramses XI. (1080–1074 v. Chr.), doch starb er rund fünf Jahre früher als der König. Die Vorfahren Herihors kennen wir nicht. Seinen priesterlichen Machtvollkommenheiten konnte er den angesehenen Titel ›Vizekönig von Kusch‹ und schließlich das Wesirsamt hinzufügen. Seine Gemahlin Nodjmet könnte eine Schwester Ramses' XI. gewesen sein, was den raschen Aufstieg Herihors begreiflich machen würde. Sein wichtigstes Bauwerk ist der Tempel des Chonsu in Theben. Er liegt auf der Südseite des Amun-Tempelbezirks, dessen Vorhof und Pylone ebenfalls auf Herihor zurückgehen. Ansonsten sind von ihm nur einige Inschriften auf Särgen und Mumien-Etiketten des königlichen Depots (DB 320) überliefert, die seine pietätvolle Andenkenpflege bezeugen. Der Leichnam von Herihors Frau wurde erst 1881 hier vorgefunden, doch ihr gemeinsamer Grabpapyrus, eine reich illuminierte Abschrift des *Totenbuchs*, kam schon Jahre vor der offiziellen Entdeckung auf den Antiquitätenmarkt. Ein Leinenetikett auf der Mumie läßt darauf schließen, daß die Königin frühestens im ersten Amts-

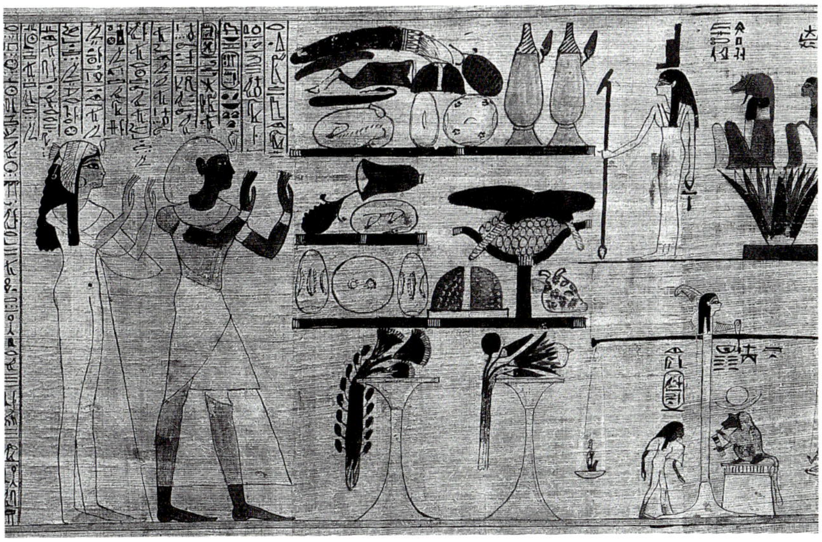

Detail aus dem gemeinsamen *Totenbuch* von Herihor und Königin Nodjmet, die demutsvoll Opfer darbringen und ihre Herzen auf die Waage des gegenübersitzenden Osiris legen. Dem Königsdepot in Deir el-Bahari schon vor 1881 entnommen. British Museum, London.

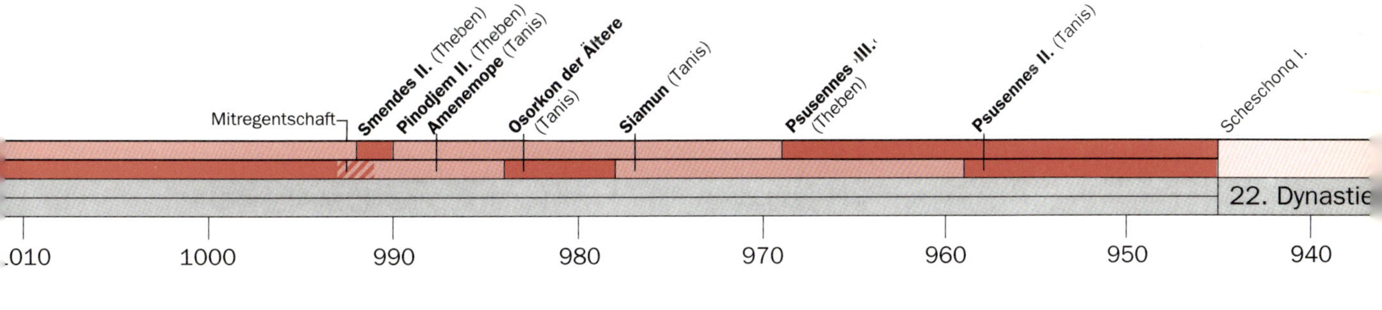

Detail aus einem Relief des Herihor auf einer Säule im Chonsu-Tempel von Karnak; sein Name steht in einer Kartusche.

jahr des tanitischen Königs Smendes I. einbalsamiert wurde (ca. 1069 v. Chr.); demnach hätte sie ihren Mann um rund fünf Jahre überlebt. Vor der Überführung an ihre letzte Ruhestätte scheint sie in einem anderen Mumienversteck gelegen zu haben, und trotz des gemeinsamen Grabpapyrus wurden die Eheleute nicht zusammen bestattet. Außer diesem Schriftstück gibt es von Herihors Grabstätte nicht die geringste Spur – keine *uschebtis*, keine Kanopenschreine und keine Fragmente von Möbelbeigaben. In den Fels gekratzte Sgraffiti rechtfertigen die Annahme, daß Herihors Grab irgendwo in den thebanischen Hügeln noch immer der Entdeckung harrt.

Herihors kurzzeitiger Nachfolger als Hoherpriester von Theben und De-facto-Pharao war Pianchi, der möglicherweise auch sein Schwiegersohn war. Einigen Quellen zufolge gab es Aufstände, die Pianchi in der Spätzeit Ramses' XI. niederschlug, aber beide Machthaber sind wohl um dieselbe Zeit im Jahr 1070 v. Chr. gestorben.

Pianchis Nachfolger war sein Sohn Pinodjem I., dessen Name auf zahlreichen Restaurierungsetiketten von Königsmumien steht. Eine eigene Amtszeit hat sich Pinodjem, obwohl sein Name später in einer Kartusche überliefert wurde, ebensowenig zugeschrieben wie Herihor – die Etiketten nennen statt dessen diejenige von Smendes I., der bis 1043 im Delta regierte. Beide Herrscher respektierten sich stillschweigend, wobei sich der Einfluß Pinodjems auf Theben konzentrierte, nach Süden jedoch bis Aswan und nördlich bis el-Hiba (kurz vor dem Fajum) erstreckte.

Im Amunstempel von Karnak begegnet uns Pinodjem auf der Vorderfront und am Pylon des Eingangs zum ersten Bezirk, und sein Name steht auf einer Reihe verstreuter Trümmer. Seine größte Usurpation war es, seinen Namen der kolossalen Sitzstatue Ramses' II. hinzuzufügen, die mit der kleineren Königin Nefertari zu Füßen im Vorhof des Tempels von Karnak steht.

Die Beziehungen zwischen den Herrscherhäusern des Nordens und Südens wurden mit der jahrhundertealten Tradition des Einheiratens gefestigt. Pinodjem nahm Henuttaui (I.), eine Tochter Ramses' XI., zur Frau, mit der er mehrere Söhne und Töchter zeugte. Einer seiner Söhne wurde als Psusennes I. dritter König der Dynastie von Tanis, während zwei weitere Söhne, Masaharta und Mencheperre, seine Nachfolge im Hohenpriesteramt antra-

Szene aus dem gemeinsamen Totenbuch Herihors und Königin Nodjmets: Herihor beim Brettspiel *senet*. British Museum, London.

Hölzerner *uschebti*-Kasten mit *uschebtis* Pinodjems I. Als diese Figuren im typischen Deir-el-Bahari-Blau in den siebziger Jahren des vergangenen Jahrhunderts auf dem Kunstmarkt auftauchten, wurde es Sir Gaston Maspero klar, daß Fellachen eine größere Fundstelle entdeckt und geplündert hatten. Ägyptisches Museum, Kairo.

ten. Ihre Schwester Maatkare wurde die »Göttliche Anbeterin«, das heißt Gemahlin des Gottes Amun und Vorsteherin seiner weiblichen Priesterschaft.

Pinodjems Mumie sowie eine beträchtliche Anzahl hellblauer Fayence-*uschebtis* aus sechs *uschebti*-Kästen wurden im Königsdepot von Deir el-Bahari gefunden (DB 320). Wie der Leichnam Nodjmets ist auch Pinodjem wohl von einem anderen Versteck in das Depot umgebettet worden. Offenbar hatte er vor, das unvollendete Grab Ramses' XI. (KV 4) zu übernehmen,

Königliche *uschebti*-Figuren aus blauer Fayence aus dem Depot von Deir el-Bahari. (*Links*) Die Gattin Pinodjems I., Königin Henuttaui I.; (*Mitte*) Pinodjem II.; (*rechts*) Prinzessin Nesitanebaschru, die Tochter Pinodjems II. Das Objekt ganz links befindet sich im Ägyptischen Museum, Berlin, die übrigen in Privatsammlungen.

KÖNIGSNAMEN (21. DYNASTIE)

SMENDES I.
Geburtsname + (Epitheton)
Nes-ba-neb-djed (meri-amun) (»Er, der vom Widder stammt, dem Herrn des Mendes geboren, Geliebter des Re«)
Auch bekannt als
Smendes (griechisch)
Thronname
Hedj-cheper-re Setep-en-re (»Strahlend ist die Erscheinung des Re, Auserwählter des Re«)
Grabstätte
unbekannt

AMENEMNISU
Geburtsname
Amen-em-nisu (»Amun ist König«)
Thronname
Nefer-ka-re (»Schön ist die Seele des Re«)
Grabstätte
unbekannt

PSUSENNES I.
Geburtsname + (Epitheton)
Pa-seba-cha-en-niut (meri-amun) (»Stern, der in der Stadt [Theben] erscheint, Geliebter des Amun«)
Auch bekannt als
Psusennes I. (griechisch)
Thronname
Aache-per-re Setep-en-amun (»Groß sind die Erscheinungen des Re, Auserwählter des Amun«)
Gattin
Mutnodjmet
Grabstätte
unbekannt

AMENEMOPE
Geburtsname
Amen-em-ope (»Amun beim Opet-Fest«)
Auch bekannt als
Amenophtis (griechisch)
Thronname
User-maat-re Meri-amun Setep-en-amun (»Die Gerechtigkeit des Re ist machtvoll, Geliebter des Amun, Auserwählter des Amun«)
Grabstätte
Tanis

OSORKON DER ÄLTERE
Geburtsname
Osorkon
Auch bekannt als
Osochor
Thronname
Aa-cheper-re Setep-en-re (»Groß ist die Seele des Re, Auserwählter des Re«)
Grabstätte
unbekannt

SIAMUN
Geburtsname
Si-amun (»Sohn des Amun«)
Auch bekannt als
Siamon
Thronname
Netjer-cheper-re Setep-en-amun (»Göttlich ist die Erscheinung des Re, Auserwählter des Amun«)
Grabstätte
unbekannt

PSUSENNES II.
Geburtsname + (Epitheton)
Pa-seba-cha-en-niut (meri-amun) (»Stern, der in der Stadt [Theben] erscheint, Geliebter des Amun«)
Auch bekannt als
Psusennes II. (griechisch)
Thronname
Tit-chepru-re (»Bild der Verwandlungen des Re«)
Grabstätte
unbekannt

kam aber nicht mehr dazu. Wo er und die übrigen 1881 in Deir el-Bahari entdeckten Mumien der quasiköniglichen Priester ursprünglich bestattet wurden – sei es in Familiengrüften oder Einzelgräbern –, ist ungewiß.

Nach den beiden aufeinanderfolgenden Hohenpriestern Masaharta (1054–1046 v.Chr.) und Mencheperre (1054–992 v.Chr.) kamen die Söhne des letzteren zum Zuge: Erst Smendes II. (992–990 v. Chr.), dann Pinodjem II., dessen Mutter Isiemcheb war, die Gattin Mencheperres und Tochter des Deltakönigs Psusennes I. Sarg und Mumie Pinodjems II. wurden unversehrt im Königsdepot gefunden (DB 320), wo er vermutlich von vornherein bestattet wurde. Beigaben des Königs waren seine eigenen blauen *uschebtis* sowie diejenigen seiner Frau Neschon und ihrer Tochter Nesitanebaschru. Da weitere Mitglieder seiner Familie in dem Depot lagen, könnte es sich um die originäre Grabstätte handeln.

Daß in den späten siebziger Jahren des vorigen Jahrhunderts *uschebtis* und Grabpapyri von Angehörigen der 21. Dynastie auf den Antiquitätenmarkt kamen, ließ Gaston Maspero keine Ruhe. Er war davon überzeugt, daß die Fellachen ein unversehrtes Grab aus dieser Epoche entdeckt hatten. Intensive Nachforschungen führten auf die Spur der Täter, und durch die Familie Abd el-Rassul erfuhren die Behörden vom versteckten Schacht, der in das heute als DB 320 bekannte Depot im Wadi südlich von Deir el-Bahari führte. Hier stießen sie zu ihrer Verblüffung nicht nur auf die Leichname und Grabbeigaben der 21. Dynastie, sondern auch auf die Mumien der meisten wichtigen Pharaonen des Neuen Reichs.

Psusennes ›III.‹ ist eine nebulöse Gestalt und hat vielleicht gar nicht existiert. Wenn wir dem fragwürdigen roten Etikett aus dem Grab von Deir-el-Bahari Glauben schenken wollen, war er ein Sohn Pinodjems II., der wohl mindestens fünf oder, wie einige annehmen, sogar 24 Jahre regierte.

Die 21. Dynastie von Tanis

Die Verlagerung des Herrschafts- und Verwaltungszentrums von Ober- nach Unterägypten schlug sich in einer Reihe von Stadtgründungen im östlichen Delta nieder. Auf diese Weise besiegelten die Könige der späten 19. und 20. Dynastie die Spaltung des Reichs. Zwar versagten die Hohenpriester von Theben den Deltakönigen nicht die formale Anerkennung, doch in Wahrheit herrschten sie von eigenen Gnaden über einen selbständigen Landesteil.

Nachdem Ramses XI. 1070 v.Chr. gestorben war, erhob sich Smendes zum König, der vom Delta aus regierte. Seine Thronbesteigung läßt sich als ›offizieller‹ Beginn der 21. Dynastie sehen. Manetho berichtet weitere Einzelheiten aus dieser Periode und listet sieben Könige mit ihrer jeweiligen Amtszeit auf, die insgesamt 130 Jahre regiert haben sollen. Dies stimmt einigermaßen mit den hier vertretenen Eckdaten von 1069–945 v.Chr. überein. Von Smendes wissen wir, daß er zumindest eine Zeitlang in Memphis lebte, und zweifellos fand hier die traditionelle Krönungszeremonie statt. Die Herkunft des neuen Königs liegt im dunkeln, und er scheint seine Position durch Heirat mit einer der vielen Töchter Ramses' XI. gefestigt zu haben.

Die Deltaresidenz wurde unter Smendes' Regierung von Piramesse nach Tanis verlegt, nachdem die Stadt – unter Verwendung zahlreicher, von anderen Standorten hergeschaffter Monumente des Mittleren und Neuen Reichs – ausgebaut worden war. Tanis sollte zur Hauptstadt der Obelisken werden. Auch in Karnak gab Smendes umfassende Bauprojekte in Auftrag, darunter

Grab des Psusennes I. im inneren Bezirk des Amunstempels von Tanis. Professor Pierre Montet entdeckte dort 1939 mehrere königliche Grabstätten; diejenige des Psusennes ist das einzige unversehrte Königsgrab in Ägypten.

die Wiederherstellung eines Abschnitts der hohen Außenmauer, die den Tempel ringsum vor den Fluten der jährlichen Nilschwemme schützte.

Smendes starb 1043 v. Chr., und Amenemnisu, ein Sohn Herihors und Nodjmets, füllte das kurze Interregnum bis zur Thronfolge Psusennes' I. im Jahr 1039 v. Chr. aus. Noch immer tobte im Umland von Theben der Bürgerkrieg, und eine Reihe von Dissidenten wurden in die Oasen des Westens ins Exil geschickt, die damals von libyschen Häuptlingen kontrolliert wurden. Eine Granitstele im Louvre berichtet, wie die Abweichler verbannt wurden und, merkwürdig genug, wegen eines Orakelspruchs des Amun später

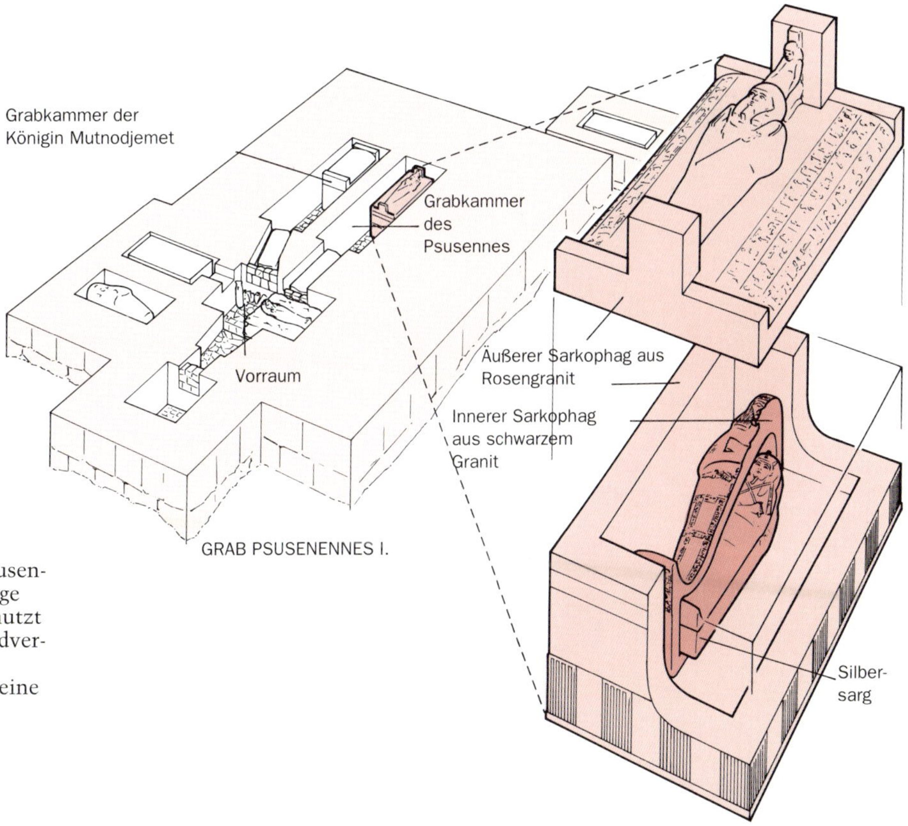

Perspektivische Darstellung des Psusennes-Grabs in Tanis. Beide Sarkophage des Königs waren schon einmal benutzt worden und umschlossen einen goldverzierten Sarg aus Silber. Über dem Gesicht der verfallenen Mumie lag eine Goldmaske.

(*Oben*) Einer von zwei schweren goldenen Armreifen mit Verschluß. Sie tragen die Kartuschen des Psusennes, wurden aber an den Armen des Königs Amenemope in Tanis gefunden. Ägyptisches Museum, Kairo.

(*Rechts*) Psusennes' Sarg aus massivem Silber; die Verzierungen des Oberteils sind aus Gold. Ägyptisches Museum, Kairo.

(*Unten*) Die Goldmaske des Psusennes ist von allen Funden in Tanis unstreitig der schönste, auch wenn sie sich mit der älteren des Tutanchamun nicht messen kann. Ägyptisches Museum, Kairo.

zurückkehren durften. Wahrscheinlich gehörte dies zu einer Absprache zwischen Nord- und Südreich, vertreten durch die säkulare und die geistliche Partei. Diese Politik der Annäherung setzte sich unter dem nächsten König Psusennes I. fort, der seine Tochter Isiemcheb dem Hohenpriester Mencheperre zur Frau gab.

Die königliche Grabkammer in Tanis

Für verbesserte Beziehungen zwischen Tanis und Theben spricht auch ein Heiligtum, das dem thebanischen Göttertrio Amun, Mut und Chonsu in Tanis errichtet wurde. In diesem Tempelbezirk hat Pierre Montet zwischen 1939 und 1940 die königlichen Steingräber der 21. Dynastie freigelegt. Die luxuriöse Grabkammer des Psusennes war das bislang einzige unversehrt erhaltene Pharaonengrab; selbst das berühmte Tutanchamun-Grab mußte ja nach Plünderungen in antiker Zeit zweimal wiederversiegelt werden. Der große Sarkophag aus Rosengranit barg einen schwarzen Granitsarg mit menschlichen Umrissen, der wiederum einen dritten, innersten Sarg aus Silber enthielt. Unter der Goldmaske, die das Gesicht bedeckte, war der Mumienleib stark verwest. Wie die noch leserlichen Kartuschen auf dem Deckel verrieten, hatte der äußere Sarkophag 170 Jahre zuvor im Königstal ursprünglich den Leichnam Merenptahs, des Nachfolgers Ramses' II., beher-

(*Oben*) Im Vergleich zu Exemplaren aus früherer Zeit zeigt Amenemopes' Begräbnismaske aus Tanis kaum individuelle Züge. Ägyptisches Museum, Kairo.

(*Unten*) Zwei goldene Brustschilde von der Mumie Amenemopes in Tanis. Der obere zeigt die neugeborene Sonne in Käfergestalt (*chepre*), getragen von den Göttinnen Isis und Nephtys, der untere den König beim Weihrauchopfer für Osiris. Ägyptisches Museum, Kairo.

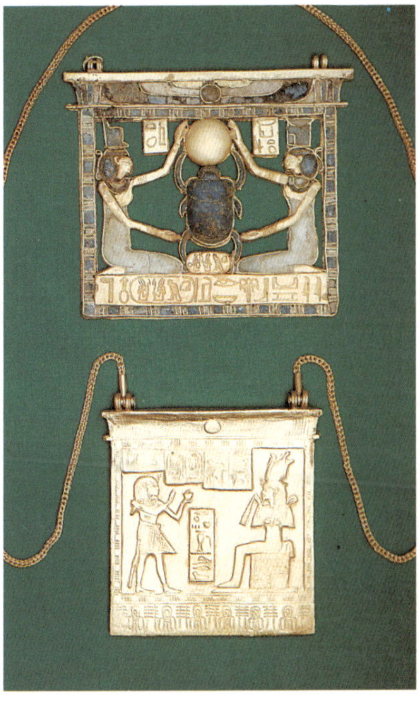

bergt. Der schwarze Granitsarg hatte einst einem unbekannten hochrangigen Beamten der 19. Dynastie gehört. Die Wiederverwendung eines thebanischen Sarkophags deutet nicht nur auf gute Kontakte zum Süden hin, sondern belegt auch, daß die Gräber im Tal der Könige damals im Regierungsauftrag systematisch ausgeplündert wurden und man den Inhalt sozusagen ›recycelte‹. Weitere Mitglieder der Königsfamilie, die in Tanis bestattet wurden, sind Psusennes' Gattin Mutnodjmet und sein Sohn und Thronerbe Amenemope. Merkwürdigerweise wurde Amenemope nicht in dem für ihn vorgesehenen Grab beigesetzt, sondern in dem seiner Mutter. Bei seiner Freilegung kamen ansehnliche Beigaben zum Vorschein (wenn auch nicht so kostbare wie die des Psusennes), unter anderem eine ziemlich ausdruckslose Goldmaske.

Zwischen den Regierungen Amenemopes und Siamuns gelangte ein gewisser Aacheperre Setepenre auf den Thron, der gewöhnlich ›Osorkon der Ältere‹ genannt wird. Er könnte bis zu sechs Jahre geherrscht haben, doch die Quellen überliefern nicht viel mehr als vage Andeutungen.

Siamun bestieg um 978 v. Chr. den Thron und regierte knapp zwei Jahrzehnte lang. Er hinterließ vor allem im Delta ausgedehnte Bauten, sowohl in Piramesse als auch in Tanis, dessen Amunstempel erweitert wurde. Sein Name ist allerdings auch in Theben recht präsent. Er erscheint mehrfach mit unterschiedlichen Datierungen auf den Bandagen, mit denen eine Reihe der Königsmumien aus dem Depot von Deir el-Bahari (DB 320) in antiker Zeit neu eingewickelt wurde.

Das wenige, was wir von der 21. Dynastie wissen, überliefert uns größtenteils die Bibel: In jener Zeit einte König David die Stämme Israels und zog in den Krieg gegen die Philister, der im Kampf Davids gegen Goliath symbolischen Ausdruck findet. Siamun behielt offenbar die Lage im Nahen Osten fest im Auge, und gelegentlich intervenierte er, um die ägyptischen Interessen zu wahren und seine Handelsstraßen zu sichern. Doch die traditionelle Politik der diplomatischen Eheschließungen hatte sich mittlerweile grundlegend gewandelt. War früher ein Strom ausländischer Prinzessinnen an den Hof des Pharao gekommen, so kehrte sich die Praxis nunmehr um, und ägyptische Prinzessinnen heirateten ›nach draußen‹. So schloß eine von ihnen die Ehe mit Hadad, dem Kronprinzen des Königreichs Edom, als dieser nach der Niederlage gegen David ins Ägypterreich geflohen war. Ihr Sohn Genutbath wurde nach altem Brauch am Pharaonenhof erzogen. Nach Davids Tod eroberte der Vater seinen Thron zurück und hielt zweifellos enge Familien- und Handelsbeziehungen mit Ägypten aufrecht.

Das Alte Testament berichtet auch von einem Feldzug, bei dem die Ägypter den geschwächten Philistern die Stadt Gezer entrissen. Salomo hatte inzwischen die Nachfolge seines Vaters David angetreten, und durch Heirat mit einer ägyptischen Prinzessin schloß er ein Bündnis mit dem Nachbarstaat. Mit Psusennes II., von dessen vierzehnjähriger Herrschaft wir wenig wissen, kam das Ende der Dynastie. Sein Nachfolger Scheschonq I. begründete durch die Heirat mit Psusennes' Tochter Maatkare ein neues Herrscherhaus: die 22. Dynastie.

22. Dynastie (in Tanis)
(Libyer bzw. Bubastiden)
945–712

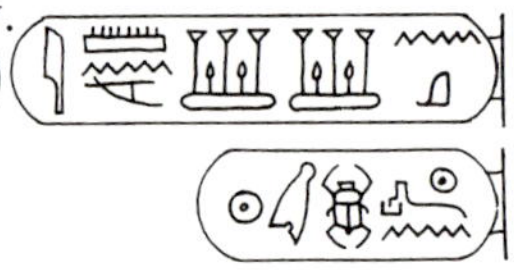

Scheschonq I.
(meriamun)
Hedjcheperre
Setepenre
945–924

Osorkon I.
(meriamun)
Sechemcheperre
924–889

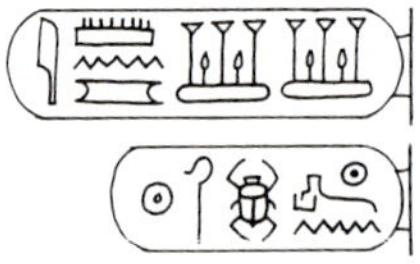

Scheschonq II.
(meriamun)
Heqacheperre
Setepenre
um 890

Takelot I.
(meriamun)
Usermaatre
Setepenre
889–874

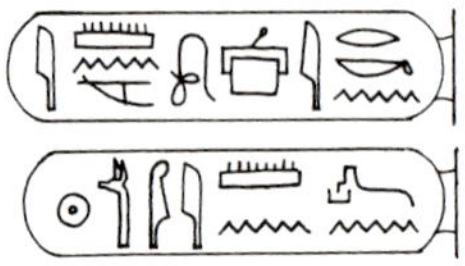

Osorkon II.
(meriamun)
Usermaatre
Setepenamun
874–850

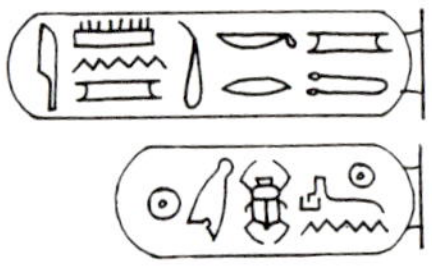

Takelot II.
(meriamun)
Hedjcheperre
Setepenre
850–825

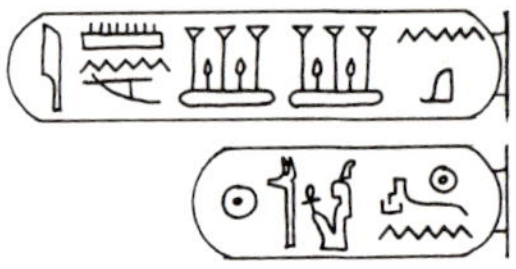

Scheschonq III.
(meriamun)
Usermaatre
Setepenre
825–773

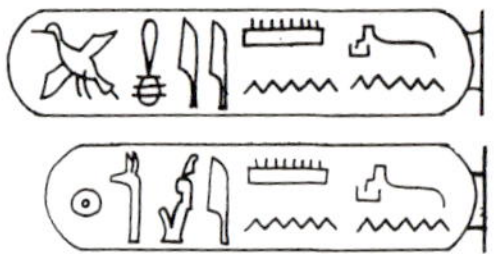

Pami
Usermaatre
Setepenamun
773–767

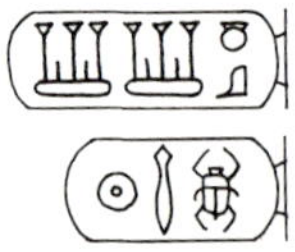

Scheschonq V.
Aacheperre
767–730

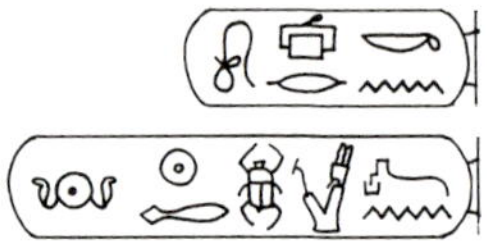

Osorkon IV.
Aacheperre
Setepenamun
730–715

IN THEBEN:

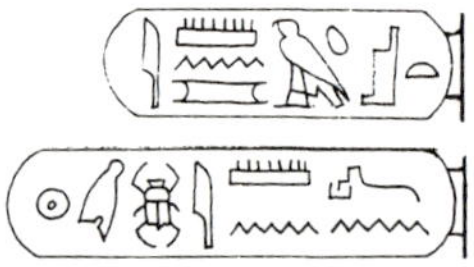

Harsiese
(meriamun)
Hedjcheperre
Setepenamun
870–860

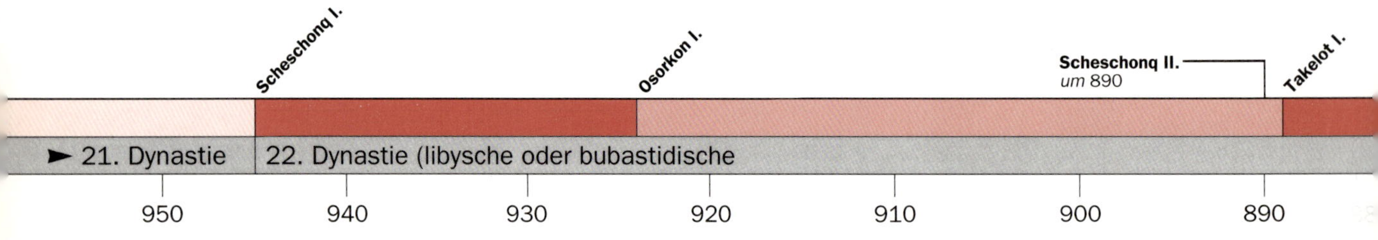

23. Dynastie (in Leontopolis)
(libysche Anarchie)
818–715

Pedibastet
(meriamun)
Usermaatre
Setepenamun
818–793

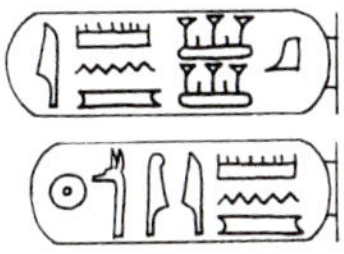

Scheschonq IV.
Usermaatre
Meriamun
793–787

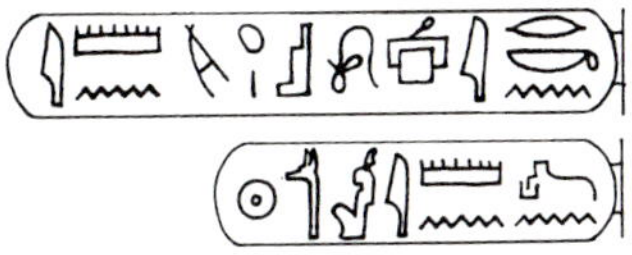

Osorkon III.
Usermaatre
Setepenamun
787–759

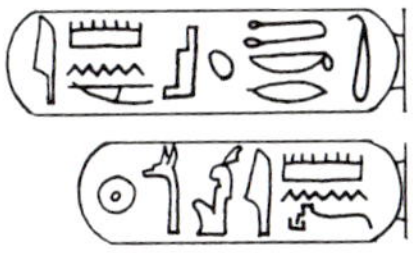

Takelot III.
Usermaatre
764–757

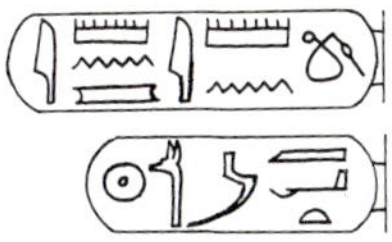

Rudamun
Usermaatre
Setepenamun
757–754

Iuput
(meriamun sibastet)
Usermaatre
754–715

IN HERAKLEOPOLIS:

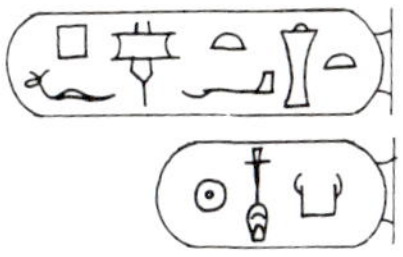

Peftjauauibastet
Neferkare

IN HERMOPOLIS:

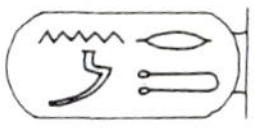

Nemalot

24. Dynastie (in Saïs)
727–715

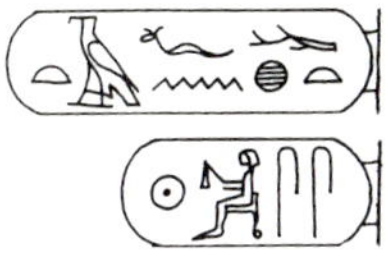

Tefnacht
Schepsesre
727–720

Bakenrenef
(Bocchoris)
Uahkare
720–715

Die oft als ›libysche‹ oder ›bubastidische‹ bezeichnete 22. Dynastie wandte sich sogleich von der Tradition ihres Ursprungs ab. Nach Manetho stammten alle ihre Könige aus Bubastis im Ostdelta. Bereits ihr Gründer Scheschonq I. war von Haus aus Libyer; er steht am Anfang einer langen Reihe libyscher Stammesfürsten, die Ägypten in den folgenden zwei Jahrhunderten regieren sollten. Als Oberbefehlshaber des gesamten Heeres wußte Scheschonq die

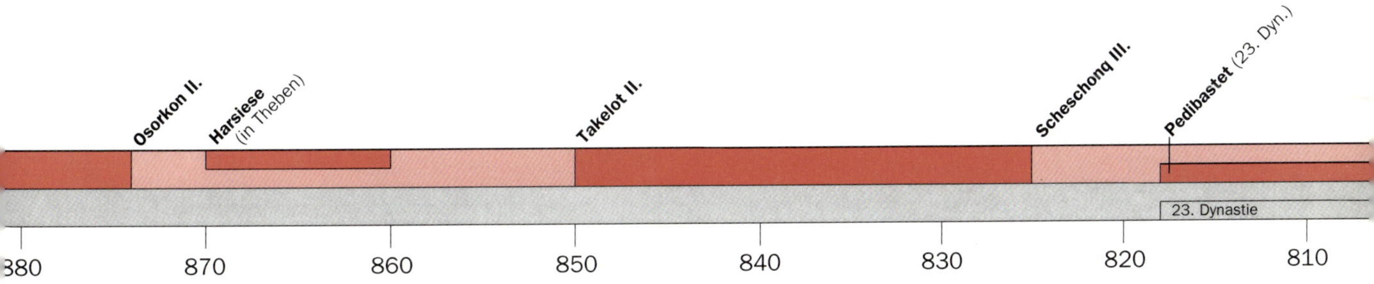

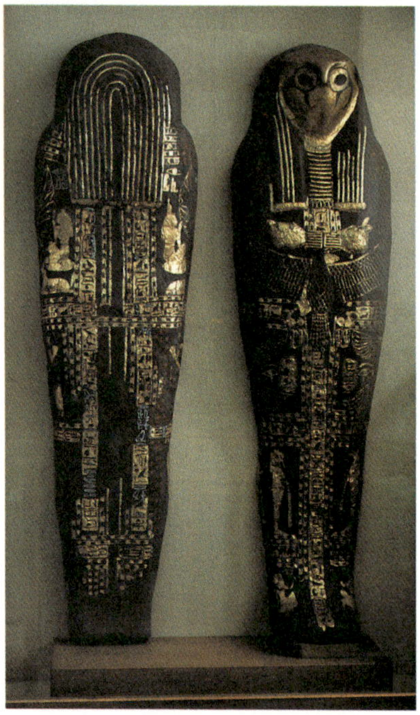

(*Oben*) Der Pappsarg des Scheschonq aus Tanis betont die Ikonographie des Horusfalken; der Silbersarg war ganz ähnlich gestaltet. Ägyptisches Museum, Kairo.

Militärmacht hinter sich, und obendrein war er der Schwiegersohn seines Vorgängers Psusennes I. In den thebanischen Quellen wird er als »Großer Häuptling der Meschwesch« apostrophiert, ursprünglich eine Polizeitruppe, die man aus libyschen Stämmen rekrutiert hatte. Wie viele frühere Pharaonen unterstrich Scheschonq seinen Machtanspruch durch die Übernahme geheiligter Titel, in diesem Fall der knapp hundert Jahre zuvor von Smendes I. gebrauchten.

Scheschonq war ein fähiger Regent, der die unter Theben und Tanis aufgeteilten Reichshälften wiedervereinigen konnte. Gezielt besetzte er diverse hohe Ämter mit seinen Söhnen und gewährleistete so die Kontrolle über wichtige Teilgebiete des Landes. Sein Sohn Iuput wurde Statthalter Oberägyptens und integrierte als Oberbefehlshaber der Armee und Hoherpriester des Amun zugleich die geistliche und weltliche Einflußsphäre. Als Dritter Prophet des Amun unterstützte ihn dabei sein Bruder Djedptahhaufanch auf religiösem Gebiet. Nemalot, ein weiterer Sohn Scheschonqs, kommandierte die bedeutende Garnison Herakleopolis, die Theben notfalls nach Süden absichern konnte. Bei derart gefestigten Verhältnissen im Innern konnte sich Scheschonq der Außenpolitik zuwenden und um die alten nahöstlichen Besitzungen Ägyptens kümmern.

Scheschonqs Siege in Palästina

Nach dem Tod Salomos 930 v. Chr. lagen die Reiche Juda und Israel unter Rechabeam (einem Sohn Salomos) und Jerobeam I. im Streit miteinander,

(*Rechts*) Goldene Dreiergruppe: Osiris, flankiert von Horus und Isis, auf einer Lapislazuli-Säule, die dem Osorkon III. gewidmet ist. Die Plastik stammt vielleicht aus den geplünderten Königsgräbern von Tanis, konnte aber 1872 vom Pariser Louvre angekauft werden.

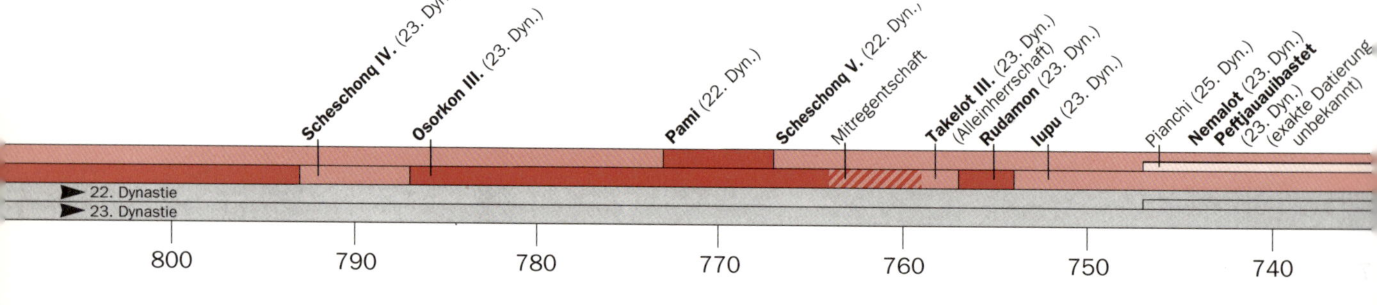

(*Rechts*) Scheschonqs Siegesrelief mit eroberten Städten im Amunstempel von Karnak.

KÖNIGSNAMEN (22. DYNASTIE)

SCHESCHONQ I.
Geburtsname + (Epitheton)
Scheschonq (meri-amun) (»Scheschonq, Geliebter des Amun«)
Auch bekannt als
Scheschonk I., Schoschenk I., Sisak, Schischak (biblisch)
Thronname
Hedj-cheper-re Setep-en-re (»Strahlend ist die Erscheinung des Re, Auserwählter des Re«)

OSORKON I.
Geburtsname + (Epitheton)
Osorkon (meri-amun) (»Osorkon, Geliebter des Amun«)
Thronname
Sechem-cheper-re (»Machtvoll sind die Erscheinungen des Re«)

SCHESCHONQ II.
Geburtsname + (Epitheton)
Scheschonq (meri-amun) (»Scheschonq, Geliebter des Amun«)
Thronname
Heqa-cheper-re Setep-en-re (»Die Erscheinung des Re herrscht, Auserwählter des Re«)

TAKELOT I.
Geburtsname + (Epitheton)
Takelot (meri-amun) (»Takelot, Geliebter des Amun«)
Auch bekannt als
Takeloth
Thronname
User-maat-re Setep-en-re (»Machtvoll ist die Gerechtigkeit des Re, Auserwählter des Re«)

OSORKON II.
Geburtsname + (Epitheton)
Osorkon (meri-amun) (»Osorkon, Geliebter des Amun«)
Thronname
User-maat-re Setep-en-amun (»Machtvoll ist die Gerechtigkeit des Re, Auserwählter des Amun«)

TAKELOT II.
Geburtsname + (Epitheton)
Takelot (meri-amun) (»Takelot, Geliebter des Amun«)
Thronname
Hedj-cheper-re Setep-en-re (»Strahlend ist die Erscheinung des Re, Auserwählter des Re«)

SCHESCHONQ III.
Geburtsname + (Epitheton)
Scheschonq (meri-amun) (»Scheschonq, Geliebter des Amun«)
Thronname
User-maat-re Setep-en-re (»Machtvoll ist die Gerechtigkeit des Re, Auserwählter des Re«)

PAMI
Geburtsname
Pami (»Er gehört der Katze [Bastet]«)
Auch bekannt als
Pimaj
Thronname
User-maat-re Setep-en-amun (»Machtvoll ist die Gerechtigkeit des Re, Auserwählter des Amun«)

SCHESCHONQ V.
Geburtsname
Scheschonq
Thronname
Aa-cheper-re (»Groß ist die Seele des Re«)

OSORKON IV.
Geburtsname
Osorkon
Thronname
Aa-cheper-re Setep-en-amun (»Groß ist die Seele des Re, Auserwählter des Amun«)

HARSIESE
Geburtsname
Harsiese (meri-amun) (»Horus, Sohn der Isis, Geliebter des Amun«)
Thronname
Hedj-cheper-re Setep-en-amun (»Strahlend ist die Erscheinung des Re, Auserwählter des Re«)

und die Zeit war reif für einen ägyptischen Militärschlag. Beide Länder wurden 925 v.Chr. von Scheschonq – dem biblischen Schischak – in einem Feldzug bezwungen, wie er seit den Tagen der 20. Dynastie unter Ramses III. nicht mehr geführt worden war. Zunächst überfiel er Juda und zog nach Jerusalem, wo sich Rechabeam verschanzt hatte. Die Stadt wurde ringsum belagert, doch auf die Einnahme verzichtete Scheschonq, nachdem man ihm »die Schätze aus dem Hause des Herrn und aus dem Hause des Königs, alles, was zu nehmen war«, zugesichert hatte (1. Könige 14, 26). Auch die »goldenen Schilde, die Salomo hatte machen lassen«, nahm er vollzählig mit. Auf diese Weise fiel dem Pharao – von der Bundeslade, dem wichtigsten Heiligtum, offenbar abgesehen – fast die ganze Schatzkammer Salomos in die Hände. Danach wandte sich Scheschonq gegen Israel und verfolgte seinen ehemaligen Schützling Jerobeam, der über den Jordan floh. Schließlich machte Scheschonq halt bei Megiddo, der Stadt, wo Thutmosis III. ein halbes Jahrtausend zuvor seinen großen Triumph erfochten hatte, und ließ nach dem Brauch seiner Vorgänger eine Siegesstele errichten.

Soviel Erfolg sollte auch am angemessenen Platz – nämlich den Wänden des Amunstempels in Theben – verherrlicht werden. Die Steinbrüche bei

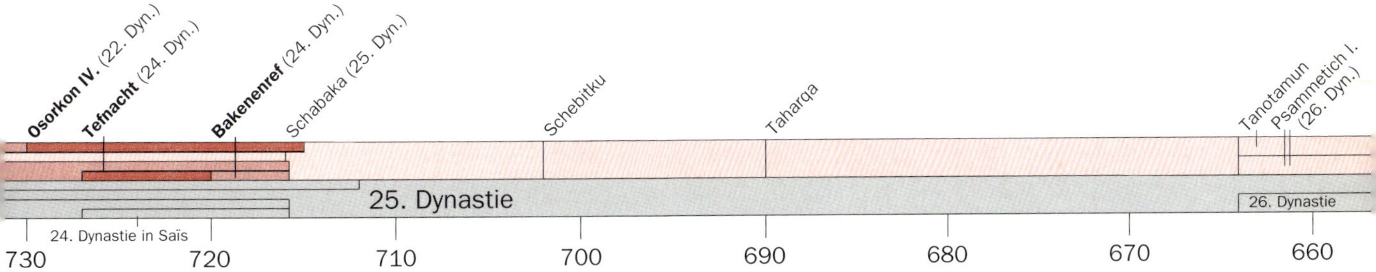

(*Links*) Granittorso aus Byblos mit der Kartusche Osorkons I. König Elibaal von Byblos fügte eine Widmung in altphönikischer Schrift hinzu. Louvre, Paris.

(*Rechts*) Die goldene Begräbnismaske Scheschonqs II. zählt zu den wertvollsten Funden aus den tanitischen Königsgräbern. Ägyptisches Museum, Kairo.

Gebel es-Silsila wurden eigens wiedereröffnet und mußten Sandstein für die Prachtbauten liefern; Iuput, der Hohepriester des Amun, leitete auch die Bauarbeiten. Vor dem 2. Pylon in Karnak entstand eine große neue Hofterrasse, und an die Südfassade kam ein riesiges Relief des Scheschonq, der durch Amuns Gnade den Sieg erringt und Gefangene erbeutet.

Bald nach der triumphalen Rückkehr aus Palästina ging Scheschonq zu den Ahnen in den Königsgräbern von Tanis ein. Seine Mumie steckte in Särgen aus Pappe und Silber, die beide den Kopf des Horusfalken tragen, um den König mit Osiris-Sokar zu identifizieren.

Auch Osorkon I., der seinem Vater auf den Thron folgte, setzte auf die Macht der priesterlichen Führungsschicht. Damit stärkte er seine Stellung und konnte ein kontinuierliches Bauprogramm aufrechterhalten, namentlich in seiner Geburtsstadt Bubastis. Zugunsten seines Sohnes Scheschonq (II.), der 890 v. Chr. sein Mitregent wurde, mußte Iuput die Führung der Amunspriesterschaft von Karnak niederlegen. Doch Scheschonq starb wenige Monate vor seinem Vater, und beide wurden in Tanis beigesetzt. Ihr Nachfolger wurde Takelot I., ein anderer Sohn Osorkons von einer Nebenfrau. Seine Amtszeit dauerte fünfzehn Jahre, doch hinterließ er keine größeren Baudenkmäler und konnte die abermalige Spaltung des Reichs in zwei Machtzentren nicht aufhalten.

Osorkon II. erbte 874 v. Chr. den Thron Takelots I., und nahezu gleichzeitig folgte sein Cousin Harsiese seinem Vater (Scheschonq II.) im Hohepriesteramt von Karnak. Zu einer Krise kam es im vierten Amtsjahr Osorkons, als Harsiese sich zum Herrscher über den Süden erklärte. Zwar war er dies nur dem Namen nach, doch als Harsiese starb, sicherte sich Osorkon ab, indem er einen seiner Söhne – Nemalot – zum Hohenpriester des Amun und einen anderen, Scheschonq, zum Ptah-Hohenpriester in Memphis bestellte. Mehr aus politischen denn aus religiösen Gründen gerieten damit die zwei wichtigsten Priesterschaften Ägyptens in die Hand seiner Familie. Unter Osorkon II. wurden einige größere Bauarbeiten unternommen, vor allem in Bubastis am Tempel der Bastet, einer Schutzgöttin in Katzengestalt. Osorkon ließ hier eine riesige Halle aus Rosengranit errichten, deren Reliefs ihn

Grauer Granitkopf Osorkons II. aus Tanis. Pennsylvania University Museum, Philadelphia.

(*Rechts*) Osorkon II. und Königin Karomara I. auf einem Relief der großen Rosengranit-Halle, die der König zu seiner *heb-sed*-Feier in Bubastis errichten ließ. British Museum, London.

(*Links*) 1829 konnte Champollion in Theben eine exzellente, fast 60 Zentimeter hohe Bronzeplastik Karomaras II. erwerben. Die Königin war eine Tochter Nemalots und mit Takelot II. verheiratet. Hier wird sie im Amt der »Göttlichen Anbeterin des Amun« gezeigt; Teile ihrer eleganten Gestalt und Kleidung sind mit Gold und Silber eingelegt. Der Fund gehört zu den schönsten aus dieser Epoche und wird heute im Louvre aufbewahrt.

und seine Frau Karomama I. beim Jubiläumsfest (*heb-sed*) im 22. Amtsjahr zeigen. Auch in Memphis, Tanis, Theben und Leontopolis (das die Residenz der folgenden Dynastie werden sollte) wurde in seinem Auftrag gebaut.

Im Nahen Osten wuchs unterdessen die Bedrohung durch die Assyrer, die nach der Überwindung Syriens und Nordmesopotamiens ihre Aufmerksamkeit der Levante und dem Nildelta zuwandten. Der Assyrerkönig Salmanassar III. (858–828 v. Chr.) setzte die Raubzüge seines Vaters Assurnasirpals II. nach Syrien und Palästina fort. Im Jahr 853 v. Chr. wurde die Situation so bedrohlich, daß sich Ägypten gezwungen sah, ein Bündnis mit Israel und benachbarten Königreichen, einschließlich des alten Waffenbruders Byblos, einzugehen. Gemeinsam stellten sie sich der assyrischen Bedrohung entgegen und schlugen die Eindringlinge schließlich in der Schlacht von Qarqar am Orontes zurück.

Takelot II. trat um 850 v. Chr. die Nachfolge seines Vaters Osorkon an. In seiner Amtszeit blieben die Verhältnisse im Süden, wo nach wie vor sein Halbbruder Nemalot als Hoherpriester von Theben wirkte, noch einigermaßen stabil. Nemalot hatte seine Einflußsphäre nach Norden bis Herakleopolis ausgedehnt, wo er seinen Sohn Ptahwedjanchef als Statthalter einsetzte. Er festigte das Band zwischen Nord und Süd weiter, indem er seine Tochter Karomama II. mit Takelot II. verheiratete und auf diese Weise der Schwiegervater seines Halbbruders wurde. Karomama dürfte in Theben bestattet sein. Zwar wurde ihr Grab nie gefunden, doch seit über 150 Jahren gelangen ihre recht armseligen, grün glasierten *uschebti*-Figuren von dort aus auf den Antiquitätenmarkt.

Mit dem Tod Nemalots im elften Amtsjahr Takelots II. geriet das Reich in eine ernste Krise. Die Frage, wer seinen Platz als Hoherpriester des Amun einnehmen sollte, führte zu offenen Feindseligkeiten. Takelot II. ernannte seinen Sohn Prinz Osorkon; die thebanische Opposition gegen ihn führte ein gewisser Harsiese an, der sich als Abkömmling des Königs Harsiese ausgab. Nemalots Sohn Ptahwedjanchef, der Statthalter von Herakleopolis, unterstützte Takelots Wahl: Im Schutz seiner Festungen konnte Prinz Osorkon unbehelligt südwärts ziehen und die widerspenstigen Thebaner an die Kandare nehmen. Ihr Aufstand wurde erbarmungslos niedergeschlagen, die Rädelsführer wurden hingerichtet und ihre Leichen verbrannt, um ihnen ein Nachleben im Jenseits unmöglich zu machen.

Die folgenden vier Jahre verliefen friedlich, doch im 15. Amtsjahr Takelots II. flammte der Bürgerkrieg erneut auf. Diesmal ließ sich die Rebellion nicht so rasch eindämmen; sie sollte ein knappes Jahrzehnt dauern. Damals wurden vermutlich mit ›offizieller‹ Billigung weitere Raubzüge ins Tal der Könige unternommen, darunter auch jener, bei dem in der vergeblichen Hoffnung auf darunter verborgene Schätze das Sarkophagbehältnis Ramses' VI. umgekippt wurde (vgl. S. 168).

Nach seinem Tod wurde Takelot II. in Tanis bestattet, wo ihn Pierre Montet in einem wiederverwendeten Sarg in der Vorkammer zum Grab Osorkons II. entdeckte. Kronprinz Osorkon konnte die Nachfolge nicht antreten, weil sein jüngerer Bruder den Thron usurpierte und sich zum Pharao Scheschonq III. erklärte. Er sollte es für die unglaubliche Zeitspanne von 53 Jahren bleiben. In dieser verwirrendsten Phase der ägyptischen Geschichte brach nicht nur der latente Gegensatz zwischen Nord und Süd wieder auf, sondern im späteren Verlauf kam es auch zur Spaltung zwischen dem östlichen und mittleren Delta, jeweils repräsentiert durch Tanis und Leontopolis.

Für die Regierung Scheschonqs III. sind eine Reihe chronologischer Eckdaten überliefert, zwischen denen jedoch große Lücken klaffen. Im sechsten Amtsjahr taucht Harsiese wieder als Vorsteher der Amunspriesterschaft auf, ohne daß eine thebanische Erhebung vorangegangen wäre; offenbar hat Scheschonq den Thebanern ihren Willen gelassen. Im zwanzigsten Jahr (um 806 v. Chr.) wurde der übergangene Kronprinz Osorkon zum Hohenpriester in Theben bestellt; erstaunlicherweise hatte ihn sein jüngerer Bruder nach der Machtergreifung nicht beseitigen lassen. Schließlich wird im Jahr 25 (um 800 v. Chr.) abermals Harsiese als Hoherpriester genannt, um mit seinem mutmaßlichen Todesjahr 29 endgültig aus den Annalen zu verschwinden. Prinz Osorkon lebte noch, als Harsiese wieder an die Macht kam, und scheint für ein weiteres Jahrzehnt großen Einfluß in Oberägypten gehabt zu haben.

Die 23. Dynastie

Als im achten Amtsjahr Scheschonqs III. ein Prinz namens Pedibastet in Leontopolis eine neue Dynastie – die 23. – ausrief, deren Gründer er selbst war, mußte der Pharao das mittlere Delta preisgeben. Zwar hatten Mitglieder des tanitischen Königshauses wichtige Posten in Theben inne, doch die Amunspriesterschaft reagierte wie immer rasch auf den politischen Wechsel und nahm mindestens zwei Söhne der 23. Dynastie auf. Pedibastet regierte

KÖNIGSNAMEN (23. DYNASTIE)

PEDIBASTET
Geburtsname + (Epitheton)
Pe-di-bastet (meri-amun) (»Weiser der Bastet, Geliebter des Amun«)
Auch bekannt als
Pedubast, Pedubastis (griechisch)
Thronname
User-maat-re Setep-en-amun (»Machtvoll ist die Gerechtigkeit des Re, Auserwählter des Amun«)

SCHESCHONQ IV.
Geburtsname
Scheschonq
Thronname
User-maat-re Meri-amun (»Machtvoll ist die Gerechtigkeit des Re, Geliebter des Amun«)

OSORKON III.
Geburtsname
Osorkon
Thronname
User-maat-re Setep-en-amun (»Machtvoll ist die Gerechtigkeit des Re, Auserwählter des Amun«)

TAKELOT III.
Geburtsname
Takelot
Thronname
User-maat-re (»Machtvoll ist die Gerechtigkeit des Re«)

RUDAMUN
Geburtsname
Rudamun
Thronname
User-maat-re Setep-en-amun (»Machtvoll ist die Gerechtigkeit des Re, Auserwählter des Amun«)

IUPUT
Geburtsname + (Epitheton)
Iuput (meria-mun si-bastet) (»Iuput, Geliebter des Amun, Sohn der Bastet«)
Thronname
User-maat-re (»Machtvoll ist die Gerechtigkeit des Re«)

NEMALOT
Geburtsname
Nemalot

PEFTJAUAUIBASTET
Geburtsname
Peftjauauibastet
Auch bekannt als
Peftjauabastet
Thronname
Nefer-ka-re (»Schön ist die Seele des Re«)

KÖNIGSNAMEN (24. DYNASTIE)

TEFNACHT
Geburtsname
Tefnacht
Thronname
Schepses-re (»Vornehm wie Re«)

BAKENRENEF
Geburtsname
Bakenrenef
Auch bekannt als
Bocchoris (griechisch)
Thronname
Uah-ka-re (»Beständig ist die Seele des Re«)

(*Gegenüber*) Dieses Relief stellt Iuput als Horusgottheit auf der Lotosblume sitzend dar und spielt damit auf den Schöpfungsmythos an, wonach der Gott auf seiner Blume dem Urwasser entstiegen ist. Royal Scottish Museum, Edinburgh.

(*Oben*) Bronzestatuette des Pami, erkennbar an seinen Kartuschen auf der rechten Schulter und der Gürtelschnalle.

25 Jahre; seine Nachfolger wurden Scheschonq IV. (793–787 v. Chr.) und anschließend Osorkon III. (787–759 v. Chr.). Die vierzehnjährige Doppelherrschaft des Osorkon III. in Leontopolis und des Scheschonq III. in Tanis endete 773 v. Chr. mit dem Tode Scheschonqs, während sich Osorkon im mittleren Delta weitere fünfzehn Jahre halten konnte. Osorkon bestimmte seinen Sohn Takelot zum Statthalter von Herakleopolis, wo er bereits das Hohepriesteramt innehatte. Um 765 v.Chr. wurde Takelot der Mitregent seines Vaters, doch als Osorkon sechs Jahre später starb, währte seine Alleinregierung als Takelot III. nur etwa zwei Jahre. Unterdessen hatte in Tanis ein obskurer König namens Pami den Thron an sich gerissen, dem nach sechsjähriger Amtszeit (773–767 v. Chr.) sein Sohn Scheschonq V. folgte. Dessen Sohn wiederum wurde als Osorkon IV. der letzte offizielle Herrscher der 22. Dynastie.

Die Gleichzeitigkeit der 22. (tanitischen) und 23. (leontopolitischen) Dynastie ist um so verwirrender, als die Verwandtschaftsbeziehungen der zahlreichen Pharaonen untereinander – geschweige denn ihre Lebensdaten – vielfach ungeklärt sind. Irgendwann heiratete ein Statthalter von Herakleopolis namens Peftjauauibastet die Nichte Takelots III., die zugleich eine Tochter von Takelots Bruder Rudamun war. Rudamun wurde für eine kurze Frist Nachfolger des verstorbenen Takelot; sein eigener Thronerbe wurde Iuput. Schließlich ergab sich eine Konstellation, bei der sich drei Männer – Iuput (Leontopolis), Peftjauauibastet (Herakleopolis) und Nemalot (Hermopolis) – gleichzeitig als ›König‹ bezeichneten. Sie kontrollierten wohl nur kleine Teilgebiete des Reichs und schlossen sich, besorgt um das Gemeinwohl, erst angesichts der wachsenden nubischen Gefahr zusammen. Allerdings nutzte ihnen das letzten Endes auch nichts mehr.

Die 24. Dynastie

Der nubische Einfluß im Süden Ägyptens war in der Tat gewachsen und reichte mittlerweile nördlich bis nach Theben. Diese Erkenntnis veranlaßte Tefnacht, den König von Saïs im Delta, zur Abwehr Nubiens ein Bündnis des Nordens ins Leben zu rufen, an dem sich Osorkon IV. (Tanis), Peftjauauibastet (Herakleopolis), Nemalot (Hermopolis) und Iuput (Leontopolis) beteiligten. Tefnacht wurde der erste der nur zwei Könige umfassenden 24. Dynastie, der andere war Bakenrenef (den die griechische Mythologie als Bocchoris zum Widersacher des Herakles macht). Tefnacht dürfte rund acht Jahre regiert haben, Bakenrenef nur sechs. Die Koalition der nördlichen Könige konnte anfangs einige Erfolge verbuchen, denn ihr nubischer Gegenspieler Pianchi (Pije) erlaubte ihnen, weit in den Süden vorzudringen. Bei Herakleopolis allerdings trafen die beiden Heere aufeinander, und Tefnacht wurde zum Rückzug nach Hermopolis gezwungen. Dort unterwarf er sich Pianchi, der seine Streitmacht mittlerweile selbst anführte. Nach und nach gaben auch die übrigen Bündnispartner auf. Allen vier ›Königen‹ wurde erlaubt, ihre jeweiligen Gebiete als Statthalter zu verwalten – eine Politik, die noch Jahrhunderte später bei den Welteroberungszügen Alexanders des Großen Anwendung finden sollte.

25. Dynastie
(Nubier bzw. Kuschiten)
747–656

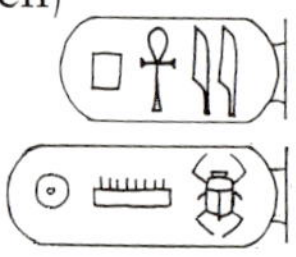

Pianchi (Pije)
Mencheperre
747–716

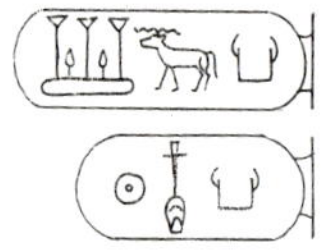

Schabaka
Neferkare
716–702

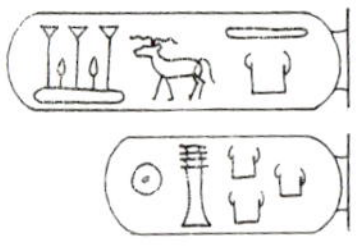

Schebitku
Djedkare
702–690

Taharqa
Nefertemchure
690–664

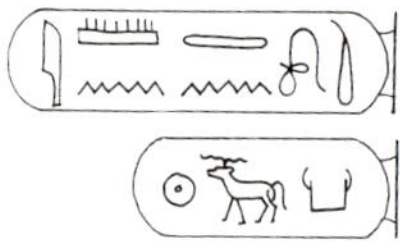

Tanotamun
Bakare
664–656

KÖNIGSNAMEN UND -GRÄBER

PIANCHI
Geburtsname
Pianchi
Auch bekannt als
Pianch, Pije
Thronname
Men-cheper-re (»Dauerhaft ist die Erscheinung des Re«)
Grabstätte
el-Kurru

SCHABAKA
Geburtsname
Schabaka
Thronname
Nefer-ka-re (»Schön ist die Seele des Re«)
Grabstätte
el-Kurru

SCHEBITKU
Geburtsname
Schebitku
Thronname
Djed-ka-re (»Beständig ist die Seele des Re«)
Grabstätte
Napata

TAHARQA
Geburtsname
Taharqa
Thronname
Nefertem-chu-re (»Nefertum ist sein Beschützer«)
Grabstätte
Nuri

TANOTAMUN
Geburtsname
Tanotamun
Thronname
Ba-ka-re (»Herrlich ist die Seele des Re«)
Grabstätte
Nuri

Seit den Tagen Ramses' II. in der 19. Dynastie war Nubien – das Land Kusch südlich von Aswan – eigene Wege gegangen. Sogar ein Königreich Napata war hier entstanden, das von seinem mächtigen nördlichen Nachbarn weitgehend unabhängig war. Unter der ägyptischen Herrschaft hatte gegen Ende des Neuen Reichs auch der Amunskult in Nubien Fuß gefaßt; sein wichtigstes Zentrum war der Fels von Gebel Barkal. Hier wurde dem Gott aus Theben ein mächtiges Heiligtum errichtet. Mit dessen wachsender Bedeutung gewannen auch die für den Kult verantwortlichen Priester an Einfluß. Schließlich übernahmen sie, nicht anders als ihre thebanischen Amtskollegen, königliche Machtvollkommenheiten. Offenbar hatte sich schon seit dem späten 10. Jahrhundert v.Chr. eine dynastische Herrscherfolge etabliert, die mit den traditionellen Pharaonentiteln und Namenskartuschen ausgestattet war.

Der nubische Siegeszug

Seit dem Zusammenbruch der ägyptischen Souveränität im Reich warfen die Nubierkönige begehrliche Blicke nach Norden. Aus ihrem Blickwinkel stellte der Vorstoß nach Ägypten keine Invasion dar, sondern vielmehr die Wiederherstellung des herkömmlichen Status quo unter der Vorherrschaft Amuns. Als Pianchi (Pije) im 21. Jahr seiner nubischen Regierung (um 727 v. Chr.) die Koalition der vier Könige überwand, behandelte er die Ägypter daher wie ungehorsame Kinder, die zur Ordnung gerufen werden mußten.

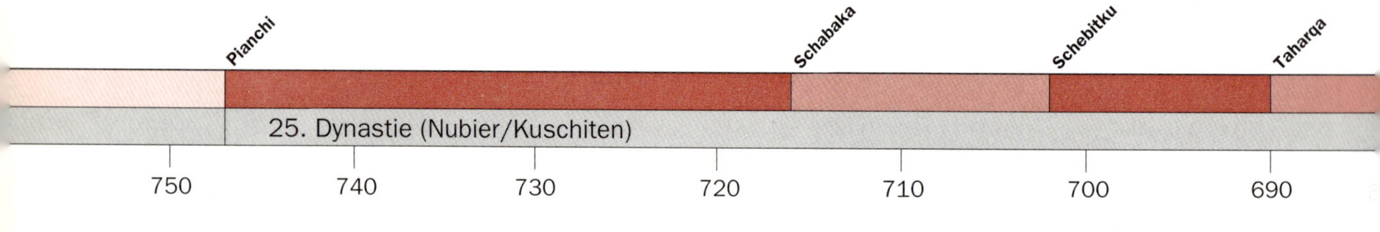

Die Siegesstele des Pianchi ist 1,80 Meter hoch und 1,84 Meter breit. Ihre 159 Zeilen sind im blumigen Stil althergebrachter Rhetorik formuliert. In der Lünette ganz oben im Relief thront Amun, von dem hier eigens betont wird, daß er aus Napata stamme. Pianchi empfängt vier deutlich zu identifizierende ›Könige‹, jeder mit der königlichen *uraeus*-Schlange auf der Stirn, in einigem Abstand steht Nemalot als ihr Anführer.

In den Zeilen 63 bis 68 ist von der nubischen Liebe zu Pferden die Rede. Nach der erfolgreichen Belagerung von Hermopolis wurden die Frauen des unterworfenen Regenten (Nemalot) vor Pianchis Thron gebracht, »doch Seine Majestät würdigte sie keines Blickes. Seine Majestät ließ sich zu den Pferdeställen und zu den Boxen der Fohlen führen. Als er sah, wie sie Hunger litten [weil während der Belagerung das Futter ausgegangen war], sagte er: ›Ich schwöre bei der Liebe des Re und beim Odem, der mich wiederbeleben soll, daß mein Herz mehr bekümmert ist, diese Pferde hungern zu sehen, als durch all die Übeltaten, die du [Nemalot] bei der Verfolgung deiner Ziele begangen hast … allein dafür muß ich dich verdammen.‹« Ägyptisches Museum, Kairo (nach Mariettes Zeichnung).

Nach ihrer Niederlage zeigte er sich nachsichtig und bestätigte ihre Positionen als Statthalter, und nur einer von ihnen, Tefnacht, zog sich in den Norden zurück und versuchte dort seine zersprengte Streitmacht zu sammeln. Zugleich sandte er Pianchi allerdings einen Brief voll schwülstiger Beteuerungen, in dem er um einen Waffenstillstand ersuchte.

Einen bemerkenswert ausführlichen Bericht über diese Vorgänge bietet ein Steinblock aus Rosengranit, der 1862 im Amunstempel von Gebel Barkal gefunden wurde (heute in Kairo). Diese sogenannte ›Siegesstele‹ ist offenbar die ›hauseigene‹ Kopie einer Inschrift, die in anderen, wichtigeren Metropolen des Nordens hinterlassen worden war, etwa in Theben oder Memphis, das noch immer die säkulare Residenz war. Der Feldzug wird in allen Einzelheiten erörtert, von Pianchis Entschluß, gen Norden zu marschieren und unter Amuns Schirmherrschaft selbst die Führung zu übernehmen, bis hin zu der Frage, was aus den Befestigungsanlagen von Memphis werden solle. Unterwegs machte Pianchi in der Amunsstadt Theben halt und feierte – vermutlich vor dem Hintergrund der Tempelreliefs, die Tutanchamun über sechshundert Jahre zuvor dort hatte meißeln lassen – das Opet-Fest, bei dem die Statue des Amun von Karnak in den Tempel von Luxor gebracht wurde.

Seine nubische Thronfolge hatte Pianchi durch Heirat mit der Tochter eines Herrschers namens Alara legitimiert, dem siebten König von Napata. In Theben bekam er die Priesterschaft in den Griff, indem er die »Göttliche Anbeterin des Amun«, Schepenwepet I., zur Adoption seiner Schwester Amenirdis I. als Nachfolgerin veranlaßte. Erhaltung und Förderung des Amunskults sowohl in Karnak als auch in Gebel Barkal spielten eine wichtige Rolle in den Bauprogrammen der nachfolgenden Kuschiten-Könige; die Sache ging so weit, daß das südliche Heiligtum praktisch zu einer monumentalen Nachbildung des nördlichen wurde.

Obschon es Pianchi wohl sonderbarerweise vorgezogen hat, von Napata im Süden aus zu regieren, stattete er sich mit den klangvollen alten Königsnamen Thutmosis III. und Ramses II. aus. Nach seinem Tod um 716 v. Chr. wurde er in el-Kurru bestattet, einer Pyramidenanlage nördlich von Gebel

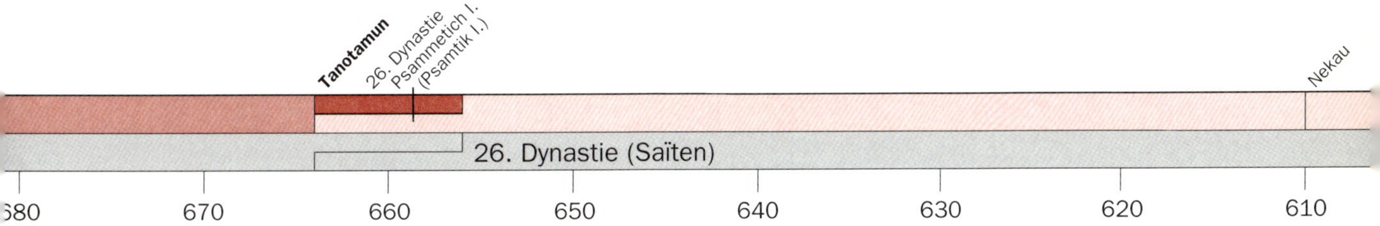

DIE GÖTTLICHE ANBETERIN

Im Neuen Reich gewannen Hofdamen religiöse Bedeutung als »Gemahlin des Gottes«. Diesen Posten hatte eine Prinzessin inne, die im Namen des Herrschers den Kult des Amun vollzog – mit dem sie verheiratet war – und so das göttliche Anrecht des Königs auf den Thron untermauerte. Gegen Ende des Neuen Reichs wurde dies jedoch durch die wachsende Macht der Priesterschaft zunehmend in Frage gestellt. Die Instanz einer »Göttlichen Anbeterin« sollte dem vielleicht entgegenwirken. Sie vereinte die Funktionen der Gottesgemahlin und der Hauptpriesterin. Die Göttliche Anbeterin war ganz dem Dienste Amuns geweiht; ihre Macht über die Priesterschaft und deren immenses Wirtschaftspotential verlieh ihr eine kaum zu überschätzende Autorität. Seit Beginn der Dritten Zwischenzeit pflegte die jungfräuliche Priesterin ihre jeweilige Nachfolgerin zu ›adoptieren‹, um Problemen bei der Übertragung ihres Amts vorzubeugen.

Alabasterstatue von Königin Amenirdis I., einer »Göttlichen Anbeterin«, aus Karak. Ägyptisches Museum, Kairo.

Barkal, die Begräbnisse mehrerer Könige der 25. Dynastie ebenso wie die zweier Schwestern und weiterer Angehörigen des Pianchi birgt. Die von den Kuschiten errichteten Pyramiden unterscheiden sich erheblich von denen ihrer nördlichen Vorfahren; sie sind viel kleiner, und ihr Neigungswinkel ist weit schärfer als das einstige Normalmaß von 52 Grad und 51 Minuten.

Fast alle tradierten Bestattungsbräuche der Ägypter – Einbalsamierung der Toten, Ausstattung mit vorzüglich gearbeiteten *uschebtis* und anderen Grabbeigaben – wurden von den Kuschitenkönigen anstandslos übernommen. Ihre eigenen nubischen Sitten verleugneten sie dabei keineswegs: Sie betteten ihre toten Könige auf Liegen und begruben zusammen mit ihnen Streitwagenpferde in Vierergespannen, die ihren Herrn ins Jenseits begleiten sollten.

Pianchis Bruder Schabaka wurde auch sein Nachfolger, was eher den dynastischen Gepflogenheiten der Nubier als denen Ägyptens entsprach. Er setzte die Wiederbelebung ägyptischer Traditionen fort, vertiefte sich in die erreichbaren alten Tempelschriften oder ließ sie nötigenfalls erfinden. Ein wichtiger Beleg dafür ist der ›Schabaka-Stein‹, eine Basalttafel von 1,37 Metern Länge, die heute im British Museum steht. Ihre Oberfläche ist abgeschabt und weist tiefe Kerben auf, denn zu späterer Zeit wurde sie als Mühlstein benutzt. Aus dem Text geht hervor, daß es sich um die Abschrift eines ehrwürdigen, »wurmstichigen« Papyrus aus Memphis handelt, der die memphitische Theologie der Schöpfungsgötter behandelte.

Die unbeschränkte Herrschaft Schabakas (jedenfalls im Gebiet südlich des Territoriums der 24. Dynastie im nördlichen Delta) zeigt sich an der Unzahl von Bauwerken, die unter seiner Regierung errichtet wurden – hauptsächlich im Zusammenhang mit dem Amunskult auf den Ost- und Westufern des Nils in Theben, aber auch in den anderen religiösen Zentren wie Memphis (Ptah), Abydos (Osiris), Dendera (Hathor), Esna (Chnum) und Edfu (Horus).

Als Schabaka nach vierzehnjähriger Amtszeit starb, bestattete man ihn in einer Steilpyramide bei el-Kurru wie zuvor schon seinen Bruder. Thronfolger wurden nacheinander seine Neffen Schebitku und Taharqa (die Söhne Pianchis). Die nubische Herrschaft über Ägypten blieb über die weibliche Linie erhalten, als Schebitku seine Tante Amenirdis I. (Pianchis und Schabakas Schwester) ehelichte, die »Göttliche Anbeterin des Amun«. Dieses Amt übernahm später ihre gemeinsame Tochter Schepenwepet II.

Gefahr aus Assur

Die Geschichte jener Epoche ist unauflöslich verknüpft mit Aufstieg und Expansion einer weiteren nahöstlichen Großmacht in Ägyptens Nachbarschaft: Assyrien. Daß Schabaka von Übergriffen des Assyrerkönigs Sargon II. noch weitgehend verschont blieb, hatte er in erster Linie den Schwierigkeiten Assurs in anderen Regionen wie Urartu (Armenien) zu verdanken. Schebitku ging in die Offensive und schloß sich der palästinensisch-phönizischen Revolte gegen die assyrische Oberhoheit an. Inzwischen war Sanherib König der Assyrer geworden, der keine Widersetzlichkeiten duldete und die levantinischen Könige rasch zur Räson brachte. Viele Kriegsereignisse, darunter die Belagerung und Erstürmung von Lachis, wurden auf Reliefs in Sanheribs Palast im Südwesten Ninives verewigt (heute im British Museum, London). Der judäische König Hiskia gab Jerusalem zur Plünderung frei, um seine Stadt vor Sanherib (Byrons »Wolf«) zu retten, der Hiskias ägyptischen Alliierten mit einem »zerbrochenen Rohrstab« verglich (2. Könige 18, 21).

MENTUEMHET, PRINZ VON THEBEN

Graue Granitskulptur des Mentuemhet mit Name und Titeln auf dem Gürtel. Ägyptisches Museum, Kairo.

Taharqas grandiose Bauprojekte in Theben wurden unter Leitung Mentuemhets durchgeführt, der das Amt eines ›Prinzen der Stadt‹ (Bürgermeister Thebens) und damit genaugenommen die Kontrolle über ganz Mittelägypten ausübte. Merkwürdigerweise war er besonders stolz darauf, »Vierter Prophet des Amun« zu sein – verglichen mit seiner sonstigen Machtfülle ein eher untergeordneter Posten. Mentuemhet gehört zu den wenigen Vornehmen, von denen mehrere individuell erkennbare Porträtskulpturen erhalten sind. Sein Grabmal im Assassif bei Theben (TT 34, seit kurzem restauriert) zählt zu den größten dieser Nekropole; der gewölbte oberirdische Ziegelbau steht gegenüber von Deir el-Bahari. Aus dem Grab und den Inschriften auf einigen Beigaben erfahren wir, daß er drei Frauen hatte. Er und seine Brüder, die ebenfalls hochrangige Priester waren, hielten für Taharqa die thebanische Elite in Schach.

Unter Taharqa, der seinem Bruder Schebitku 690 v. Chr. auf den Pharaonenthron folgte, gab es eine kurzfristige Atempause für Ägypten. Sanherib fiel 681 v. Chr. einem Mordanschlag zum Opfer, und sein Sohn Asarhaddon wurde König in Ninive. Daß Taharqua der wohl meistgenannte Vertreter der Kuschiten-Dynastie ist, hat er in erster Linie seinen weitverbreiteten baulichen Aktivitäten zu verdanken. Am bekanntesten wurde die mächtige Säule, die er im Ersten Hof des Amunstempels von Karnak restaurieren ließ, die erste einer ganzen Reihe, die einen großen Tempelkiosk bildeten. Taharqua war auch in Nubien höchst aktiv. Die einst durch Amenhotep III. dem Amun geweihte, mittlerweile verödete, Stadt Kawa erweckte er buchstäblich wieder zum Leben. Dort ließ er einen riesigen Tempelbezirk von großer rituellen Bedeutung anlegen, der nur noch von Gebel Barka übertroffen wurde.

Die Ära Taharqas war von ständigen Zusammenstößen mit den Assyrern überschattet, bei denen das Pendel des Sieges mal in diese, mal in jene Richtung ausschlug. 673 v. Chr. konnte Asarhaddan bei Askalon an der ägyptisch-palästinensischen Grenze von den vereinten Streitkräften Ägyptens und der aufständischen Stadt zurückgeschlagen werden. Doch 671 v. Chr. wendete sich das Blatt: Asarhaddon stieß weit in ägyptisches Gebiet vor, eroberte Memphis und bemächtigte sich des Thronerben sowie fast der gesamten Königsfamilie – außer Taharqa, der südwärts nach Theben entkam. Anläßlich neuer Unruhen im Jahr 669 v. Chr. rückte Asarhaddon abermals nach Ägypten aus, aber er starb unterwegs und überließ das Szepter seinem Sohn Assurbanipal, der bald darauf den Rückzug antrat. Dies war das Signal zu einer neuen Erhebung, aber die Rache der Assyrer folgte auf dem Fuß, und sämtliche Regionalfürsten Nordägyptens – bis auf den späteren Necho I., den Gründer der 26. Dynastie – wurden hingerichtet. Memphis ging erneut verloren, und Taharqa flüchtete über den thebanischen Süden hinaus in seine entlegene Residenz Napata. Es blieb Mentuemhet, dem Statthalter Thebens, überlassen, sich den assyrischen Belagerern zu ergeben.

Taharqa selbst hatte die Macht nicht mit seinem Vorgänger Schabaka geteilt, aber 665 v. Chr. setzte er seinen Neffen Tanotamun als Erben und Mitregenten ein und starb im darauffolgenden Jahr. Tanotamun hegte die Vision von einer Wiederherstellung der alten Glorie Nubiens und Ägyptens. Er muß die Götter auf seiner Seite geglaubt haben, als er nordwärts stürmte und erst Aswan, dann Theben und schließlich sogar Memphis im Handstreich nahm. Eine Stele aus Gebel Barka schildert, wie Tanotamun nicht anders als sein Vorgänger Thutmosis IV. von Macht und Ehre träumte, später in Napata gekrönt wurde und sich dann anschickte, seinen Traum zu verwirklichen. Doch seine Glückssträhne hielt nicht lange an. Assurbanipal reagierte prompt, Memphis fiel schon wieder, und Tanotamun entkam in den Süden. Doch diesmal geschah das Unvorstellbare – Theben, das Kleinod des Amun und ein architektonisches Wunderwerk der Antike, wurde verwüstet, und seine gigantischen Tempelschätze wurden geplündert. Thebens Untergang sollte dem gesamten Alten Orient eine Lehre sein, und noch der alttestamentarische Prophet Nahum bezog sich darauf, als er über die Eroberung Ninives im Jahr 612 v. Chr. spottete. Nominell waren nun die Assyrer die Oberherren Ägyptens, doch in Napata konnte sich Tanotamun sicher fühlen: Einen Feldzug über Aswan hinaus würde Assurbanipal nicht wagen. Mit Tanotamuns Tod im Jahr 656 v. Chr. erlosch die hundertjährige Herrschaft Nubiens über seinen alten Erbfeind Ägypten.

26. Dynastie (Saïten)
664–525

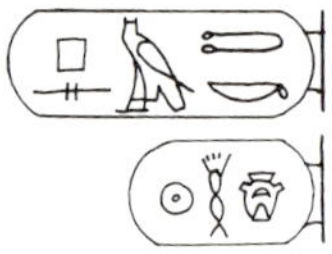

Psamtik I. (Psammetich I.)
Uahibre
664–610

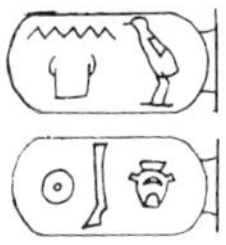

Nekau (Necho)
Uhemibre
610–595

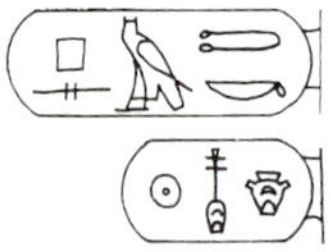

Psamtik II. (Psammetich II.)
Neferibre
595–589

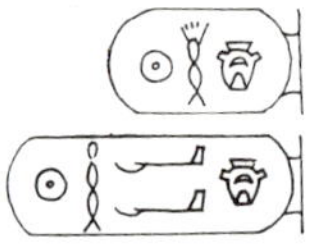

Uahibre (Apries)
Haaibre
589–570

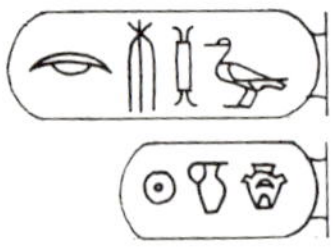

Ahmose II. (sineit) (Amasis)
Chnumibre
570–526

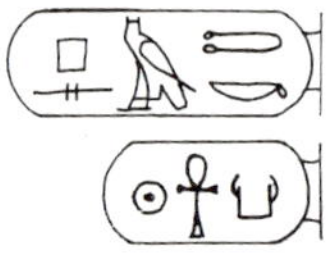

Psamtik III. (Psammetich III.)
Anchkaenre
526–525

Fayence-*uschebti* des Nekau (Necho), beschriftet mit dem sechsten Kapitel des *Totenbuchs*. Die Gesichter vieler königlicher *uschebtis* aus der Spätzeit scheinen Porträts zu sein. Rijksmuseum van Oudheden, Leiden.

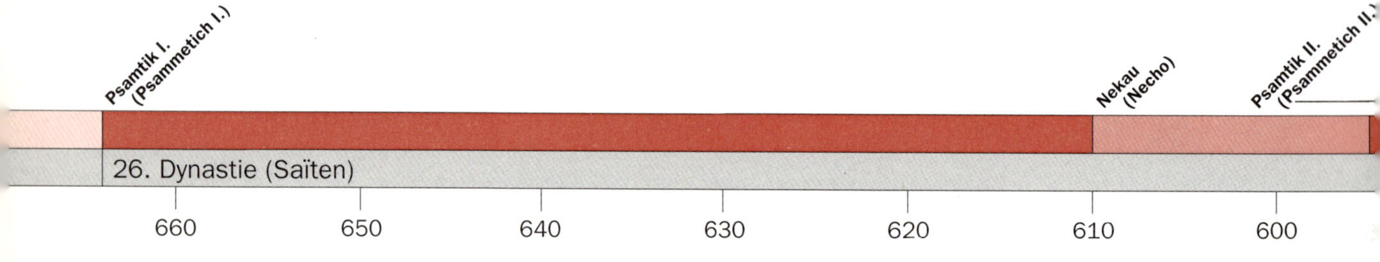

KÖNIGSNAMEN

PSAMTIK I.
Geburtsname
Psamtik
Auch bekannt als
Psammetich I. (griechisch)
Thronname
Uah-ib-re (»Beharrlich ist das Herz des Re«)

NEKAU
Geburtsname
Nekau
Auch bekannt als
Necho (griechisch)
Thronname
U-hem-ib-re (»Ewiger Erfüller der Wünsche Res«)

PSAMTIK II.
Geburtsname
Psamtik
Thronname
Nefer-ib-re (»Schön ist das Herz des Re«)

UAHIBRE
Geburtsname
Uah-ib-re (»Beharrlich ist das Herz des Re«)
Auch bekannt als
Apries (griechisch)
Thronname
Haa-ib-re (»Ewig frohlockt das Herz des Re«)

AHMOSE II.
Geburtsname + (Epitheton)
Ah-mose (si-neit) (»Der Mond ist geboren, Sohn des Neith«)
Auch bekannt als
Amasis (griechisch)
Thronname
Chnum-ib-re (»Er umarmt das Herz des Re«)

PSAMTIK III.
Geburtsname
Psamtik
Thronname
Anch-ka-en-re (»Re gibt der Seele Leben«)

Das Ende der 25. (nubischen) und der Beginn der 26. (saïtischen) Dynastie überschnitten sich während der zeitweiligen Oberherrschaft der Assyrer über Ägypten. Nach der zweiten Erhebung gegen Assur 665 v. Chr. hatte Assurbanibal Nekau I. (Necho I.) als König von Saïs und seinen Sohn Psamtik (bekannter unter seinem griechischen Namen Psammetich) als König von Athribis eingesetzt. Beide Städte lagen im Delta, wo sich die Regionalherrschaft der Saïten-Dynastie mit assyrischem Beistand etablierte. Beim Tod Nechos im Jahr 664 v. Chr. wurde Psammetich I. von den Assyrern als ägyptischer König anerkannt. Er sollte nicht nur die ehrgeizigen Prinzen und Kleinkönige des Deltas im Zaum halten, sondern auch die Aussöhnung mit dem Machtzentrum Theben herbeiführen. Diese Aufgabe erwies sich als einfacher denn erwartet. Der Provinzfürst Mentuemhet nahm dort noch immer eine führende Stellung ein, und nun verband er sich mit Psammetichs Tochter Nitokris. Sie war Anfang 665 v. Chr. nach Süden geschickt worden, um von den beiden Amtsinhaberinnen Schepenwepet II. und Amenirdis II. feierlich als »Göttliche Anbeterin des Amun« adoptiert zu werden. Weltliche und klerikale Familienbande bildeten nun die Klammer, die den Staat zusammenhielt, während sich Psammetich seinen Opponenten im Delta widmete. Er setzte sich durch, indem er eine große Armee aushob und Söldner aus dem ganzen Mittelmeerraum anwarb, darunter viele Griechen und sogar Karier aus Kleinasien, deren in Saqqara gefundene Grabsteine erst kürzlich entziffert werden konnten.

Erneuter Aufschwung Ägyptens

Die Regierung Psammetichs I. währte über ein halbes Jahrhundert und brachte eine Rückkehr zu den alten religiösen Werten und wirtschaftlicher Stabilität. Mehr denn je öffnete sich Ägypten sowohl in künstlerischer wie kaufmännischer Hinsicht nach außen, doch zugleich erlebte es eine Renaissance einheimischer Traditionen und Stilformen, die sich an Vorbildern des Mittleren und Alten Reichs orientierte. Gelegentlich fällt es schwer zu sagen, ob eine Statue oder ein Relief aus der Saïtenzeit stammt oder weitaus älter ist. Die Reliefs in Mentuemhets Grab in Theben (TT 34) sind ein beredtes Beispiel dafür.

Der Wohlstand vergrößerte sich mit dem Anschluß Ägyptens an die mediterranen Handelswege der Antike. Im Jahr 653 v. Chr. nutzte Psammetich die inneren Schwierigkeiten seiner Schutzherren, warf das assyrische Joch ab und machte Ägypten wieder zur dominierenden nahöstlichen Großmacht. Der allmähliche Niedergang Assurs hinterließ allerdings ein gefährliches Machtvakuum. Wie Geier lauerten andere Völker – vor allem die Babylonier unter Nabopolassar, die Meder und die Skythen – am Sterbebett des Rivalen. Nabopolassar richtete große Verwüstungen an, als er zwischen 629 und 627 v. Chr. bis Südpalästina vorrückte, wo er schließlich bei Aschdod an der Küste von

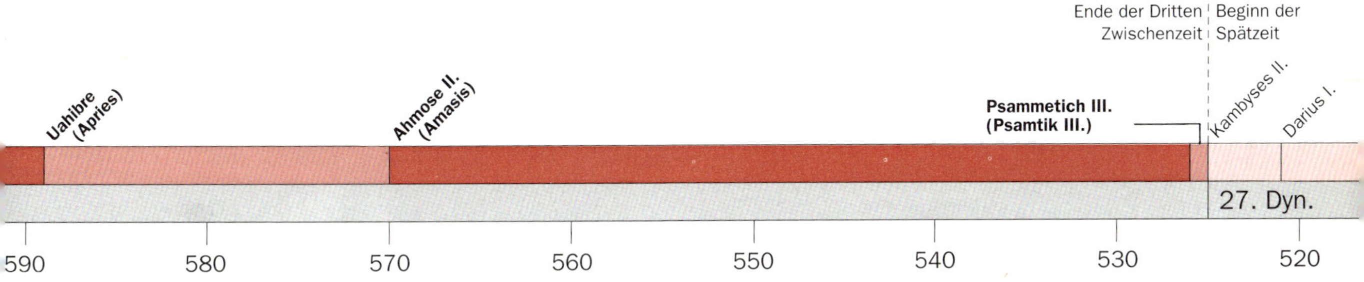

(*Oben*) Bronzestatue des Nekau (Necho), der in Opferhaltung kniet. Sie ist die einzige detaillierte Plastik des Königs. Pennsylvania University Museum, Philadelphia.

(*Unten*) Schwarzer Granitkopf des Apries. Louvre, Paris.

den Ägyptern zurückgedrängt wurde. Psammetich, der die potentielle Gefahr des assyrischen Debakels für das Reich erkannte, unterstützte Assur im Jahr 616 v. Chr. gegen die Babylonier, aber um das Ruder herumzureißen, fehlte ihm die nötige Streitmacht. Im Jahr darauf überfielen die verbündeten Skythen und Perser Assur, legten 612 v. Chr. die Hauptstadt Ninive in Schutt und Asche und vernichteten das assyrische Königshaus.

Als im Jahr 610 v. Chr. Nekau (II.) den Thron bestieg – besser bekannt als Necho –, führte er die Außenpolitik seines Vaters Psammetich weiter. Palästina machte er wieder zu seiner Einflußsphäre, und aus der biblischen Überlieferung im zweiten Buch der Könige sind wir weitgehend über das Engagement Ägyptens in dieser Region unterrichtet. Gegen Ende des siebten vorchristlichen Jahrhunderts dehnten auch die Griechen ihre Handelskontakte aus, und Necho rekrutierte heimatlos gewordene Ionier zur Schaffung einer Seestreitmacht. Das war etwas völlig Neues im Reich, denn das Verhältnis der Ägypter zum Meer war seit jeher von Furcht und Abscheu geprägt. Auch sonst hegte Necho kühne Pläne: Er nahm den Suezkanal um fast 2500 Jahre vorweg, als er im Wadi Tumilat zwischen dem pelusischen Nilarm (an dessen Mündung die mächtige Grenzfestung Pelusium lag) und dem Roten Meer einen schiffbaren Kanal graben ließ. An seinen Ufern gründete er als Zwischenstation die Stadt Per-Temu-Tjeku (das heutige Tell el-Maschkuta, westlich von Ismailia), deren Schicksal wie das spätere von Suez auf Gedeih und Verderb mit der Nutzung der neuen Wasserstraße verknüpft war.

Nechos Sohn Psammetich II. (Psamtik II.), der nur sechs Jahre regierte, hat kaum Spuren hinterlassen. Offenbar war er 592 v. Chr. an einem Vorstoß nach Nubien beteiligt und gelangte bis zum Dritten Katarakt. Das linke Bein einer monumentalen Sitzstatue Ramses' II. auf der Südseite des Tempeltors von Abu Simbel trägt ein berühmt gewordenes griechisches Sgraffito: »Als König Psammetich nach Elephantine kam, wurde dies geschrieben von denen, die mit Psammetich segelten, dem Sohn des Theokles, und über Kerkis hinausfuhren, so weit es der Strom erlaubte. Jene, die in fremden Sprachen reden [das heißt Griechen und Karier, die ihre Namen ebenfalls in den Stein ritzten], wurden von Potasimto befehligt, die Ägypter von Amasis.« Die beiden zuletzt Genannten waren hohe Offiziere, die uns auch aus anderen Quellen dieser Ära bekannt sind. Ein rätselhafter Nebeneffekt dieser Expedition war die vorsätzliche Zerstörung von Monumenten der Kuschitenkönige aus der 25. Dynastie, aber auch solcher von Psammetichs Vater Necho.

Eine weitere Reise, die wohl kein Feldzug genannt werden kann, führte im folgenden Jahr 591 v. Chr. ins südliche Palästina, um König Zedekia von Jerusalem beizustehen. Dieser war zuvor eine Marionette Babylons gewesen, hatte aber das judäische Volk zum Aufstand gegen die babylonischen Besatzer ermutigt. Jerusalem mußte schwer dafür büßen: Nach zweijähriger Belagerung durch Nebukadnezar II. ergab sich die Stadt im Jahr 587, ein wichtiges Ereignis in der 37jährigen babylonischen Gefangenschaft, von der das Alte Testament berichtet.

Uahibre, der besser unter dem Namen Apries bekannt ist, folgte seinem Vater im Februar 589 v. Chr. auf den Thron und setzte dessen Interventionen in Palästina fort. Allerdings war seine Regierungszeit von innen- wie außenpolitischen militärischen Krisen geprägt. Eine Meuterei in der strategisch wichtigen Garnison von Aswan konnte gerade noch unterdrückt werden. Doch als Apries den Libyern gegen Übergriffe der dorischen Griechen zu Hilfe

Der schwarze Basaltdeckel von Anchesneferibres Sarkophag (einer der kostbarsten Schätze aus dieser Zeit im British Museum, London) ist mit herrlichen Flachreliefs versehen. Die Prinzessin wird stehend, im plissierten Gewand und mit Sonnenscheibe, Hathor-Hörnern und dem königlichen Kopfputz aus Geierfedern dargestellt. In der Hand hält sie Szepter und Dreschflegel als Insignien. Ringsum sind Texte aus dem *Totenbuch* zu sehen; die Unterseite des Deckels zeigt die nackte Göttin Nut, die Arme über dem Kopf erhoben, so wie sie sich auf vielen Sarkophagen des Neuen Reichs und Deckenmalereien im Tal der Könige findet.

eilte und sein Heer empfindliche Niederlagen einstecken mußte, brach bei der Rückkehr ein Bürgerkrieg aus, in dem sich ägyptische Truppen und ausländische Söldner gegenüberstanden. Nicht anders als in der späteren römischen Kaiserzeit wandte sich die Armee einem kampferprobten General zu, in diesem Fall einem Veteranen des Nubienfeldzugs namens Amasis (Ahmose II.), und als es im Jahr 570 zur Entscheidungsschlacht kam, wurde Apries getötet. Der Sieger hielt sich jedoch an die rituellen Gepflogenheiten und ließ ihn ehrenvoll auf dem mutmaßlichen Königsfriedhof der 26. Dynastie in Saïs bestatten.

Die Deltaregion um Saïs (das heutige Sa el-Hagar) ist stark versumpft und nie gründlich erforscht worden. Zwar haben hier nach allgemeiner Überzeugung königliche Begräbnisse stattgefunden, doch fehlt es bislang – von einigen *uschebtis* abgesehen, die mehrheitlich nicht einmal aus Saïs stammen – an substantiellen Funden. Die zehn *uschebtis* mit Psammetichs Inschrift sind nur schwer dem einen oder anderen König dieses Namens zuzuordnen. Auch von Necho II. wurden eine ansehnliche *uschebti*-Figur und ein Herzskarabäus entdeckt, ferner drei *uschebtis* des Apries und sechs des Amasis.

Der griechische Geschichtsschreiber Herodot ist eine der besten Quellen für diese Periode, denn er hat Ägypten um 450 v.Chr. besucht, kaum ein Jahrhundert nach den Ereignissen der 26. Dynastie. Die ethnischen Konflikte im Innern suchte Amasis durch die Verleihung von Privilegien und Handelskonzessionen für ausländische Siedler zu dämpfen. Auf diese Weise wurde Naukratis im Delta, ähnlich wie Delos für Griechenland, zu einer Art Freihandelszone. Im späten 19. Jahrhundert förderten Petries Ausgrabungen interessante Belege für die Weltoffenheit dieser Stadt und ihre ›fremden‹ Göttern gewidmeten Tempel zutage. Amasis machte den Mittelmeerhandel zum Schwerpunkt seiner Politik und knüpfte Beziehungen zu vielen Anrainerstaaten, besonders zu den Griechen; er hat sogar für den Wiederaufbau des Orakelbezirks von Delphi, des Sitzes der bis heute sprichwörtlichen Pythia, gespendet, nachdem der verheerende Brand von 548 v.Chr. das große Heiligtum des Apoll zerstört hatte.

Zwar lag das eigentliche Machtzentrum dieser Dynastie in Saïs, doch über lange Zeit hinweg sorgte eine einflußreiche Frau dafür, daß die Familie die Kontrolle über Theben behielt: Prinzessin Anchesneferibre, die Tochter Psammetichs II. und seiner Königsgemahlin Tachut. Sie war von der »Göttlichen Anbeterin« Nitokris adoptiert worden – die mit der Verwaltung Mentuemhets eng verbunden war – und trat 584 v.Chr. ihre Nachfolge an. Fast sechzig Jahre lang blieb sie im Amt, bis zur persischen Invasion von 525 v.Chr. Ihr Sarkophag (*links*) wurde in ptolemäischer Zeit von einem königlichen Schreiber namens Amenhotep wiederverwendet, der die weiblichen Endungen ihrer Inschriften in maskuline ändern ließ.

Nach der assyrischen kam die babylonische Expansion, der militärischen Bedrohung folgte die Unterwerfung Ägyptens. Nun gab es eine neue Herausforderung: die Perser. Sie hatten langwierige Kriege mit den Griechen geführt, und Ägypten war kein echter Gegner für sie. 525 v.Chr., ein knappes Jahr nach seiner Thronbesteigung, stand Psammetich III. (Psamtik III.) der persischen Armee bei Pelusium, dem östlichen Tor zum Delta, gegenüber. Der unerfahrene König unterlag und floh nach Memphis – nur um dort aufgegriffen und als Gefangener in die persische Hauptstadt Susa verfrachtet zu werden.

27. Dynastie
(Erste persische Ära)
525–404

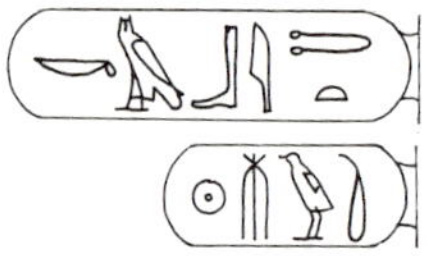

Kambyses II.
Mesutire
525–522

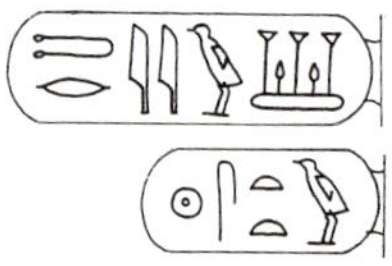

Darius I.
Setutre
521–486

Xerxes
485–465

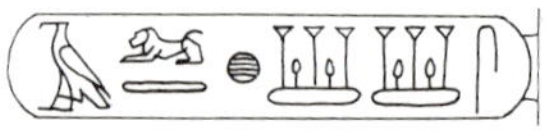

Artaxerxes I.
465–424

Darius II.
423–405

Artaxerxes II.
405–359

KÖNIGSNAMEN UND -GRÄBER

KAMBYSES
Geburtsname
Kambyses
Thronname
Mesut-i-re (»Abkömmling des Re«)
Grabstätte
Tacht-i-Rustam (Iran)

DARIUS I.
Geburtsname
Darius
Thronname
Setut-re (»Dem Re gleich«)
Grabstätte
Naqsch-i-Rustam (Iran)

XERXES
Geburtsname
Xerxes

ARTAXERXES I.
Geburtsname
Artaxerxes

DARIUS II.
Geburtsname
Darius

ARTAXERXES II.
Geburtsname
Artaxerxes

Die persische Eroberung Ägyptens im Jahr 535 v.Chr. war kein ganz so traumatisches Ereignis, wie die voreingenommenen zeitgenössischen Berichte glauben machen wollen. Die Saïten-Dynastie war untergegangen, Psammetich III. Gefangener am persischen Hof, und die Achämeniden unter Führung Kambyses II. übernahmen eben die Macht im Land. Zu Beginn des dritten Buchs seiner *Historien* gibt Herodot – nur ein dreiviertel Jahrhundert nach den Ereignissen – drei merkwürdige Anekdoten wieder, die den Einmarsch des Kambyses begründen sollen und alle von Frauen handeln. Der ersten zufolge verlangte der Perserkönig eine ägyptische Prinzessin zur Frau (in Wahrheit wohl als Konkubine) und geriet in Zorn, als er mit einer zweitrangigen Dame abgespeist wurde. Die zweite Geschichte erklärt Kambyses zum Bastard des Kyrus, seines Vorgängers auf dem Perserthron, mit Nitetis (der Tochter des Saïtenkönigs Apries), womit Kambyses ohnehin ein halber Ägypter gewesen wäre. Die dritte Erzählung rankt sich um einen Schwur, den Kambyses mit zehn Jahren seiner Mutter (diesmal heißt sie Cassadane) geleistet haben soll: In Ägypten wolle er »das Unterste zuoberst kehren«, um eine Kränkung zu rächen, die ihr dort angetan worden sei. Herodot selbst äußert seine Zweifel am Wahrheitsgehalt dieser Legenden, doch sie zeigen zumindest, wie verzerrt die spätere Propaganda der Griechen die Verhältnisse im persischen Herrscherhaus darstellte. Sachlicher und glaubwürdiger notiert Herodot, wie die Perser von der Wüste her mühelos in Ägypten eindrin-

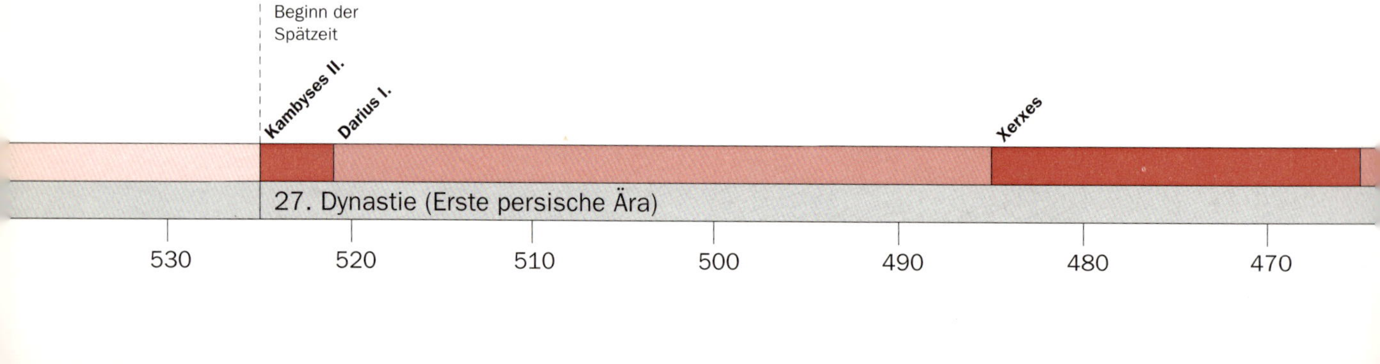

(*Rechts*) Das angeblich in Theben entdeckte Zylindersiegel Darius' I. gehörte wohl einem hohen Beamten. Es zeigt den König bei der Löwenjagd in einem Palmenhain und trägt seinen Namen in persischer, susianischer und babylonischer Schrift. British Museum, London.

gen konnten, nachdem ihnen ein übergelaufener Söldnergeneral aus Herodots Heimatstadt, Phanes von Halikarnaß, die Beduinen als verläßliche Führer empfohlen hatte. Die ägyptische Rache für diesen Verrat war entsetzlich: Als die beiden Armeen einander gegenüberstanden, brachte man die Söhne des Phanes, die in Ägypten zurückgeblieben waren, vor die Schlachtreihe. Von der Gegenseite aus mußte ihr Vater mit ansehen, wie man ihnen über einer großen Schale die Kehlen durchschnitt. Als sie alle tot waren, fährt Herodot fort, wurde der grauenvolle Inhalt der Schale mit Wasser und Wein gemischt, und jeder einzelne Mann der Söldnertruppe trank einen Schluck davon.

In der anschließenden Schlacht wurden die Ägypter freilich vernichtend geschlagen und mußten Hals über Kopf nach Memphis fliehen. Herodot zählt umständlich die Widrigkeiten auf, die der gefangene Psammetich und seine Familie zu erleiden hatten, und malt die von Kambyses verübten Greuel in düstersten Farben. Dazu gehörten die Entweihung und Verbrennung der Mumie des Amasis, die aus ihrem Grab bei Saïs gerissen wurde, und der Tod des heiligen Apis-Stiers von Memphis, der an Schwert- oder Dolchstichen gestorben sein soll, die Kambyses ihm versetzt hatte. Daß all dies übelste Propaganda war, geht aus einer Inschrift im Serapeum hervor (dem Friedhof der Apis-Stiere von Saqqara/Memphis), die vom feierlichen Begräbnis eines Stiers im sechsten (persischen) Amtsjahr des Kambyses (523 v. Chr.) kündet.

Nach dem ersten glänzenden Sieg über Ägypten war Kambyses vom Glück verlassen. Der Legende nach kam ihm auf dem Weg zur Oase Siwa sein ganzes Heer in der Wüste abhanden, und angebliche Spuren dieses ›verlorenen Haufens‹ füllen noch immer gelegentlich die Spalten der Sensationspresse.

Obschon Kambyses seinen Namen in eine Kartusche schreiben ließ, blieb er Perser und wurde in Tacht-i-Rustam nahe Persepolis bestattet. Sein Grabmal ist heute nur noch ein Trümmerfeld. Kambyses und die nachfolgende persische Dynastie regierten Ägypten vom fernen Susa aus wie Kolonialherren und überließen die Oberaufsicht einem Satrapen.

Darius I. folgte seinem Vater 522 auf den Thron; mehr als dieser interessierte er sich für die inneren Angelegenheiten und die Verwaltung Ägyptens. Einen seiner Satrapen (Aryandes) ließ er hinrichten, als der seine Kompetenzen überschritt. In der Oase Charge baute er einen Tempel und restaurierte

(*Unten*) Darius I. als ägyptischer Pharao vor Horus, auf dem Türflügel eines hölzernen Schreins. British Museum, London.

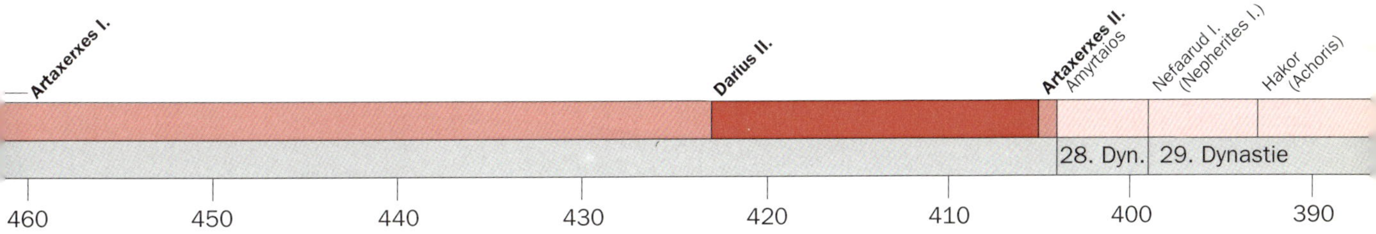

Das Vermächtnis eines ägyptischen Höflings

Die Basaltskulptur eines Mannes namens Udjahorresne (heute im Vatikan) ist eine der wichtigsten Quellen aus der Zeit der ersten persischen Vorherrschaft. Kopf und Schultern wurden nachträglich rekonstruiert, doch die übrige Statue ist mit einem langen autobiographischen Text überzogen. Udjahorresne, ein angesehener Arzt und Priester der Neith in Saïs, hatte unter Amasis und Psam-

Grüne Basaltskulptur des Udjahorresne.

metich III. als Schiffsoffizier gedient. Wie viele Angehörige des Adels und der Oberschicht unterstützte er die persischen Besatzer. Wie es scheint, war er bei Hofe eine Art Personalchef: »Ich verschaffte ihnen all ihre Mitarbeiter; sie kamen aus den besten Familien, und es war keiner von niedriger Geburt darunter.« Er berichtet, wie er die ägyptische Titulatur für Kambyses (Mesutire) erstellt hatte, von Darius I. nach Susa geholt wurde und die Aufmerksamkeit beider Herrscher auf die ägyptische Tradition lenkte. Seiner Heimatstadt Saïs verhalf er auf diese Weise zur Wiedereröffnung ihres wichtigen Neith-Heiligtums.

(*Links*) In Susa gefundenes Alabastergefäß mit der Kartusche des Darius – hier auch in Champollions Wiedergabe abgebildet – mit zweisprachigem Text in Keilschrift auf dem Rand. Louvre, Paris.

weitere Heiligtümer von Busiris im Delta bis nach el-Kab oberhalb von Aswan. Nicht zuletzt verkündet eine Stele, die heute in Kairo aufbewahrt wird, daß unter seiner Regierung der Kanal von Pelusium im Ostdelta zum Roten Meer vollendet wurde, den Necho II. projektiert hatte.

Die 35jährige Amtszeit des Darius, der wie sein Vater eine Namenskartusche benutzte, war eine Zeit blühenden Wohlstands, auch wenn Ägypten nun stärker denn je äußeren Einflüssen und dem politischen Kräftespiel des Mittelmeerraums ausgesetzt war. 490 v. Chr. brachten die Griechen wider Erwarten dem persischen Heer bei Marathon eine schmähliche Niederlage bei; und die Ägypter nutzten die Gunst der Stunde zu einer Revolte. Noch bevor Darius den Aufstand unterdrücken konnte, starb er und wurde in den Klippen von Naqsch-i-Rustam bei Persepolis beigesetzt. Der neue König Xerxes, der sich 480 v. Chr. abermals den Griechen stellen mußte – diesmal in der Seeschlacht von Salamis –, ging mit großer Strenge gegen die Aufständischen vor. Doch die Grausamkeit seines Sohns Achämenes, den er als persischen Satrapen eingesetzt hatte, fachte den Widerstand der Ägypter nur noch mehr an – erst recht, nachdem Xerxes umgebracht worden war. Sein Nachfolger Artaxerxes I. sah sich der Opposition der Prinzen Inaros von Heliopolis (Sohn Psammetichs III.) und Amyrtaios von Saïs gegenüber. Inaros wurde im Volksmund zum legendären ›Befreiungskämpfer‹, dessen Taten mehrere schadhafte Papyri in demotischer Schrift überliefern. Der Enkel des Amyrtaios sollte einziger König der nachmaligen 28. Dynastie werden. Trotz anfänglicher Erfolge unterlagen die verbündeten Heere der Ägypter und Griechen der persischen Übermacht, und Inaros wurde 454 v. Chr. hingerichtet. Für drei Jahrzehnte kehrte eine trügerische Ruhe ein, und die Herrschaft des Artaxerxes (456–424 v. Chr.) hinterließ in Ägypten nur wenig Spuren.

Der Aufstieg Darius' II. (423–405 v. Chr.) führte zu erneuten Revolten, obwohl sich der König Mühe gab, die Gunst patriotisch gesinnter Ägypter durch gezielte Bauprojekte zu erwerben. Ein Unruheherd blieb namentlich Saïs (nicht anders als el-Kab lange zuvor in der Zweiten Zwischenzeit). Auf seiten der Ägypter kämpften starke griechische Söldnertruppen, und es fällt auf, daß man noch Jahrhunderte später glaubte, Saïs sei eng mit der Göttin Pallas Athene verbunden (eine Athene von Saïs taucht noch in römischer Zeit auf der *nomes*-Münze auf). Die Ägypter machten sich die blutigen Familienfehden im achämenidischen Königshaus zunutze und konnten so während der Herrschaft der beiden letzten Perserkönige Darius II. und Artaxerxes II. (405–359 v. Chr.) zumindest eine Teilautonomie aufrechterhalten.

28. Dynastie
404–399

Amyrtaios
404–399

29. Dynastie
399–380

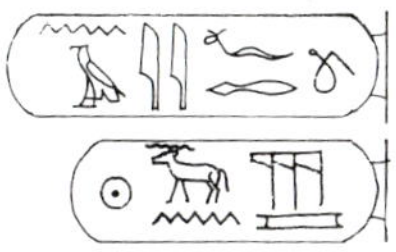

Nefaarud I. (Nepherites I.)
Baenre merinetjeru
399–393

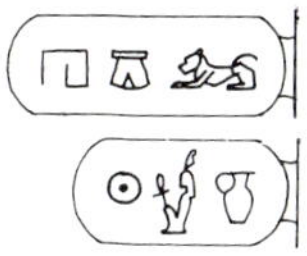

Hakor (Achoris)
Maatibre
393–380

30. Dynastie
380–343

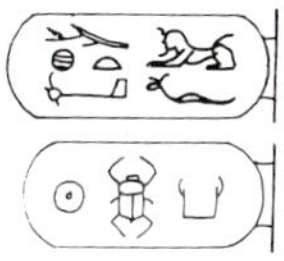

Nachtnebef (Nektanebos I.)
Cheperkare
380–362

Nachthorehbit (Nektanebos II.)
Snedjemibre
Setepeninhur
360–343

Djedhor (Theos)
Irmaatenre
362–360

31. Dynastie
(Zweite persische Ära)
343–332

Artaxerxes III.
343–338

Darius III.
336–332

Arses
338–336

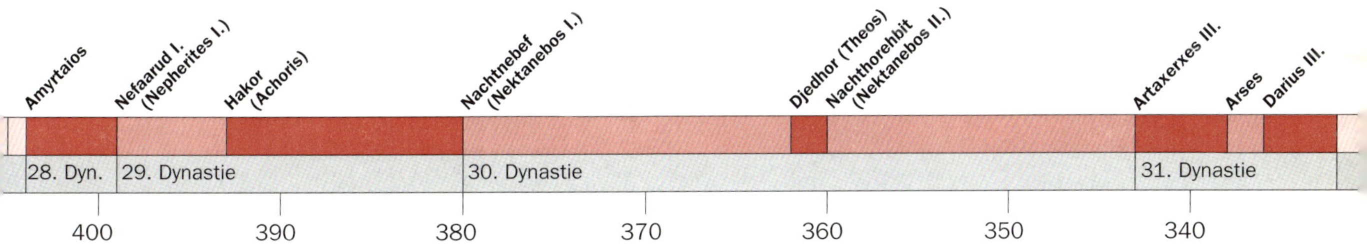

Nach dem Tod Darius' II. im Jahr 405 v.Chr. erklärte sich der saïtische Prinz Amyrtaios, der im Guerillakrieg der letzten sechs Jahre gegen die Perser gefochten hatte, zum König. Irgendwie muß es ihm gelungen sein, seine Autorität bis an die alte ägyptische Südgrenze bei Aswan durchzusetzen; ansonsten blieb er praktisch unbekannt und ist der einzige König der 28. Dynastie. Das darauffolgende Herrscherhaus wurde von Nepherites I. (Nefaarud I.) gegründet, der die nördliche Deltaresidenz von Saïs in das zentralere Mendes verlegte. Das läßt auf eine aus dieser Stadt hervorgegangene aufstrebende Herrscherfamilie schließen, die sich gegen die vorige durchsetzen konnte. Um Thronanspruch und Machtstellung zu festigen, verfolgte Nepherites I. – wie viele Pharaonen vor ihm – seine Herkunft weit in die Vergangenheit zurück und identifizierte sich mit der saïtischen Renaissance. Jedenfalls sind in Ägypten weit mehr Bauwerke und Inschriften aus seiner Ära erhalten – vor allem im Norden – als von seinen unmittelbaren Amtsvorgängern. Er hielt auch am Kult des geheiligten Apis-Stiers in Memphis fest und wird in einer Inschrift des Serapeum erwähnt. Da er die Regierungsgeschäfte von Mendes aus führte, nimmt man an, daß Nepherites dort auch begraben liegt, doch wurden hier trotz intensiver Grabungen in den achtziger Jahren unseres Jahrhunderts keine Königsgräber entdeckt. Unweit von Mendes wurde in einem geplünderten Sarkophag lediglich der Torso einer glasierten, ihm gewidmeten *uschebti*-Figur gefunden; bei drei weiteren *uschebtis* des Königs – eine vollständig, aber repariert, und zwei obere Hälften – ist die Herkunft nicht feststellbar.

(*Links*) *Uschebtis*-Figuren des Nepherites I. (*oben*) und Achoris. Beide sind mit dem sechsten Kapitel des *Totenbuchs* beschriftet, und ihre charaktervollen Gesichtszüge dürften wohl Porträts der jeweiligen Besitzer darstellen. Louvre, Paris.

(*Rechts*) Bronzeskulptur eines knienden Königs, der nach den undeutlichen Hieroglyphen auf dem Gürtel als Achoris identifiziert wurde. William Rockhill Nelson Gallery of Art, Kansas City.

Detail eines Basaltreliefs aus Alexandria. Es zeigt Nektanebos I. beim Darbringen eines Opfers. British Museum, London.

Die Thronwirren nach Nepherites' Ableben (um 393) währten etwa ein Jahr, in dem sein Sohn und ein Usurpator namens Psammuthis um die Macht rangen. Beide wurden von einem nicht mit ihnen verwandten Konkurrenten namens Achoris (Hakor) überwunden, der ihre Jahreszählung ignorierte und den Beginn seiner Amtszeit auf den Tod des Nepherites festlegte. Auch Achoris war um Legitimation durch Kontinuität bemüht. Er identifiziert sich auf seinen Monumenten so aufdringlich mit Nepherites (nach dem er auch noch seinen Sohn benannte), daß es wohl galt, eine Beziehung ohne jeden realen Hintergrund vorzutäuschen. Nichtsdestotrotz überragt Achoris' vierzehnjährige Regierung die seiner Nachfolger durch imposante Bau- und Instandsetzungsmaßnahmen. Auch die ägyptische Nahostpolitik wurde durch Achoris wiederbelebt. Die Hauptrolle im Kampf gegen die Perser spielten die Griechen, zunächst die Spartaner, später Athen; verglichen damit konnte Ägypten dem Gegner nicht viel mehr als Mückenstiche beibringen. 389 v. Chr. schloß Achoris ein Bündnis mit Athen, das aber wegen innergriechischer Streitereien nur drei Jahre hielt. Diese wurden durch den Erlaß von 386 v. Chr. beendet, in dem der Perserkönig Artaxerxes II. die Städte in Kleinasien und auf Zypern beanspruchte, den übrigen griechischen Kolonien (bis auf wenige Ausnahmen) aber weitgehende Autonomie gewährte, falls sie die Kampfhandlungen einstellten. Damit gaben sich die Griechen fürs erste zufrieden; Ägypten sah sich isoliert und ungeschützt dem persischen Zugriff ausgesetzt. Achoris schlug zwischen 385 und 383 v. Chr. mehrere Angriffe zurück – hauptsächlich mit Hilfe abtrünniger Griechen in der mittlerweile beträchtlich verstärkten ägyptischen Seestreitmacht –, und die Perser wandten ihre Aufmerksamkeit Zypern zu.

Achoris starb 380 v. Chr., aber sein Sohn wurde durch Nektanebos I. (Nachtnebef) von Sebennytos an der Thronfolge gehindert, der die 30. und letzte ägyptische Dynastie gründete. Alliierte persische und griechische Truppen überfielen bei Mendes von Westen her das Delta und umgingen damit den üblichen Weg über die Festung Pelusium im Osten. Nektanebos hatte das Glück, daß sich die seltsamen Verbündeten gegenseitig mißtrauten und nur langsam nach Memphis vorrückten, nachdem sie ihn bereits besiegt hatten. Dadurch gewann er Zeit, seine Truppen wieder zu sammeln, konnte einen erfolgreichen Gegenschlag führen und die Eindringlinge aus Ägypten vertreiben. Ausschlaggebend für seinen Sieg waren vor allem die Geländeverhältnisse: Die jährliche Nilschwemme war für die Ägypter von Vorteil, weil sie sich in der versumpften Landschaft besser auskannten als der Feind.

In seiner von Wirren freien achtzehnjährigen Amtszeit hat Nektanebos I. Beachtliches geleistet. Überall im Land ließ er verfallene Tempelbauten restaurieren, vor allem aber errichtete er den kleinen Tempelkiosk auf der heiligen Insel Philae, die zu einer der schönsten Weihestätten der ägyptischen Spätzeit erblühen sollte. Sein Sohn und Nachfolger Theos (Djedhor), den er mit seiner Gemahlin Udjaschu gezeugt hatte, erklärte den Persern umgehend den Krieg in der Hoffnung, mit seinen griechischen Söldnern womöglich Syrien zurückerobern zu können. Wegen der hohen Steuern, die er erhob, um seine Truppen bezahlen zu können, war Theos in Ägypten alles andere als beliebt. Der eigene Sohn erklärte in seiner Abwesenheit seinen Sohn (also Theos' Enkel) zum König Nektanebos II. (Nachthorehbit), und Theos suchte nach einer Regierungszeit von ganzen zwei Jahren seine Zuflucht im persischen Susa.

KÖNIGSNAMEN

AMYRTAIOS
Keine Hieroglyphenschrift seines Namens vorhanden

NEFAARUD I.
Geburtsname
Ne-faa-rud (»Gedeihen der Mächtigen«)
Auch bekannt als
Nepherites I.
Thronname
Ba-en-re meri-netjeru (»Seele des Re, Geliebter der Götter«)
Grabstätte
Mendes (?)

HAKOR
Geburtsname
Hakor
Auch bekannt als
Achoris (griechisch)
Thronname
Maat-ib-re (»Gerechtigkeit ist das Herz des Re«)

NACHTNEBEF
Geburtsname
Nacht-neb-ef (»Stark in Seinem Herrn«)
Auch bekannt als
Nektanebos I. (griechisch)
Thronname
Cheper-ka-re (»Dauerhaft ist die Seele des Re«)

DJEDHOR
Geburtsname + (Epitheton)
Djed-hor (setep-en-inhur) (»Horus sagt, [er wird leben,] Erwählter des Onuris«)
Auch bekannt als
Theos (griechisch)
Thronname
Ir-maat-en-re (»Vollstrecker der Gerechtigkeit Res«)

NACHTHOREHBIT
Geburtsname + (Epitheton)
Nacht-hor-ehbit (meri-hathor) (»Stark ist Sein Herr Horus, Geliebter des Hathor«)
Auch bekannt als
Nektanebos II. (griechisch)
Thronname
Snedjem-ib-re Setep-en-inhur (»Das Herz des Re ist zufrieden, Erwählter des Onuris«)

ARTAXERXES III.
Geburtsname
Artaxerxes

ARSES
Geburtsname
Arses

DARIUS III.
Geburtsname
Darius

Die Bezahlung der griechischen Söldner

Obschon das Reich zu dieser Zeit noch keine monetäre Wirtschaftsstruktur hatte, verlangten die griechische Söldner ihren Lohn in harter Währung. Um die Griechen auszuzahlen, prägten die Ägypter, offenbar eigens Goldstater (eine Drachmeneinheit). Ein einzigartiges Beispiel aus der Regierungszeit des Theos (gefunden in Memphis) wurde den athenischen Münzen nachgebildet; es trägt auf der Vorderseite den Kopf der Pallas Athene und auf der anderen eine Eule, aber statt des üblichen Zeichens ΑΘΕ für Athen weist es den Namen des Pharao auf. Goldstater aus der Zeit Nektanebos' II. waren anders gestaltet. Eine Seite zeigt ein Motiv, mit der sich die Griechen identifizieren konnten – ein sich aufbäumendes Pferd –; das Revers trägt die Hieroglyphenzeichen für *nfr nb* (›gutes Gold‹). Weniger als drei Dutzend Exemplare sind erhalten. Merkwürdig ist, daß die meisten Fundorte südlich von Aswan, bis hin nach Abu Simbel, haben.

Athenischer Goldstater im Vergleich mit der Kopie des Theos. British Museum, London.

In den ersten acht Jahren der Regierung Nektanebos' II. blieb Ägypten verschont von Angriffen der Perser, deren Reich von inneren Zwistigkeiten und Krisen erschüttert war. Doch um 350 v. Chr. hatte der neue Herrscher Artaxerxes III. seine Autorität so weit wiederhergestellt, daß er einen erneuten Feldzug ins Niltal wagte – und daran scheiterte. Zu früh verbreitete sich die Nachricht von seinen Plänen, und bald schon forderten griechische und levantinische Städte erneut die persische Übermacht heraus, anfangs mit einigem Erfolg.

(*Unten*) Ein eindrucksvoller Horusfalke beschirmt den winzig klein dargestellten Nektanebos II. Die Skulptur ist eine Allegorie auf den Königsnamen »Stark ist Sein Herr Horus«. Metropolitan Museum, New York.

Die Herrschaft Nektanebos' II. ist von entschiedener Hinwendung zu den tradierten religiösen Werten und Bräuchen gekennzeichnet, die einst von den Göttern mit anhaltender Stabilität belohnt wurden. Viele Tempel wurden instand gesetzt oder neu errichtet, und in seinen Porträts erscheint der König als frommer Mann, der göttlichen Beistand verdient. Bestes Beispiel dafür ist die steinerne Skulptur des Horusfalken mit der Doppelkrone, die im New Yorker Metropolitan Museum aufbewahrt wird. Zwischen ihren Beinen steht die winzige Gestalt des Nektanebos, angetan mit dem *nemes*-Kopfschmuck, ein geschwungenes Sichelschwert und einen kleinen Schrein in den Händen haltend. Die Statue ist nicht nur wunderschön, sondern versinnbildlicht zugleich den uralten Streit zwischen Horus (das heißt dem Guten, dem König und Ägypten) und Seth (Persien, das böse Prinzip). Und sie stellt nicht zuletzt eine raffiniert verrätselte Anspielung auf den Königsnamen dar: »Stark [= Sichelschwert] ist sein Herr, Horus von Behbeit [= Schrein].« Gemeint war ein Tempel, den man der Göttin Isis in dieser Deltastadt geweiht hatte und der heutzutage weitgehend zerstört ist.

Griechische Söldner standen sowohl in ägyptischen als auch persischen Diensten, und mit rund 20000 Griechen, einem Fünftel seiner Armee, verteidigte Nektanebos II. im Jahre 343 v. Chr. die Festung Pelusium am Einfallstor ins Ostdelta gegen den letzten Vorstoß der Perser nach Ägypten. Griechische Generäle der Gegenseite umgingen die ägyptische Flanke und eroberten Pelusium. Bald danach fielen weitere Stützpunkte im Delta, schließlich auch Memphis, und Nektanebos ergriff die Flucht nach Nubien. Damit war die persische Vorherrschaft über Ägypten wiederhergestellt.

Was aus Nektanebos II. geworden ist, wissen wir nicht. Eine prächtige, vollständig erhaltene *uschebti*-Figur des Königs aus Fayence (Leute im Turiner Museo Egizio) sowie zehn weitere Fragmente sind alles, was von den Vorbereitungen zu seinem in Saïs vermuteten Königsgrab blieb. Im British Museum steht ein großer schwarzer Granit-Sarkophag, der eine Widmung für Nektanebos trägt. Er wurde nie benutzt und später in Alexandria aufgefunden; man hatte Löcher in die Seitenwände gebohrt und ihn als Badewanne benutzt. Kurioserweise behauptet eine im *Alexanderroman* tradierte mittelalterliche Legende, Nektanebos sei an den makedonischen Hof geflüchtet (also ins antipersische Lager). Dort sei er als großer ägyptischer Magier empfangen worden, habe Olympias verführt, die Gattin des Makedonierkönigs, und sei so, ohne Wissen Philipps II., der wahre Vater Alexanders des Großen gewesen, dem damit eine pharaonische Abstammung in direkter Linie nachgesagt wird.

Die zweite persische Ära

Als Ägypten im Jahr 343 v.Chr. den Persern zufiel, endete die Regierung des letzten Pharaos. Für 2300 Jahre – bis General Nagib den Staatsstreich von 1952 gegen König Faruk unternahm – sollte Nektanebos II. der letzte Ägypter bleiben, der Ägypten regierte. Die persische Restauration wurde späteren griechischen (und daher voreingenommenen) Quellen zufolge erbarmungslos durchgesetzt. Städte wurden geschleift, Tempelschätze geplündert, heiliges Getier wie die Stiere der Götter Apis, Mnevis und Buchis erschlagen und dem Volk drückende Steuerlasten auferlegt. Abermals wurde ein persischer Satrap eingesetzt (diesmal ein gewisser Pherdates), um für den König im fernen Susa die Regierung zu führen.

Hatte die erste persische Ära von 525 bis 404 v.Chr. gedauert, so währte die Okkupation diesmal nicht länger als ein Jahrzehnt. Artaxerxes III. wurde 338 v.Chr. in Kleinasien vergiftet. Sein noch jugendlicher Nachfolger Arses hielt sich nur zwei Jahre, bevor er ebenfalls umgebracht und von Darius III. abgelöst wurde. Aus dieser Zeit persischer Hegemonie über Ägypten ist uns wenig überliefert. Artaxerxes ließ in Memphis silberne Tetradrachmen im athenischen Stil prägen, die in demotischer Schrift seinen Namen tragen, doch sind nur zwei der Münzen erhalten. Mazeus, der Satrap unter Darius III., ließ ähnliche Tetradrachmen mit seinem eigenen Namen auf aramäisch beschriften. Er war weise genug, sein Land und seine eigene Haut zu retten, indem er Alexander dem Großen 323 v.Chr. die Tore Ägyptens öffnete; zum Dank wurde er nach Babylon in hohe Ämter versetzt.

(*Rechts*) Silberne Tetradrachme, die den Kopf der Pallas Athene und die athenische Eule (*vgl. gegenüberliegende Seite oben*) nachbildet, doch mit einer demotischen Umschrift, die auf die Prägung unter Artaxerxes III. hinweist, womöglich in der Münze von Memphis. British Museum, London.

Makedonische Könige
332–305

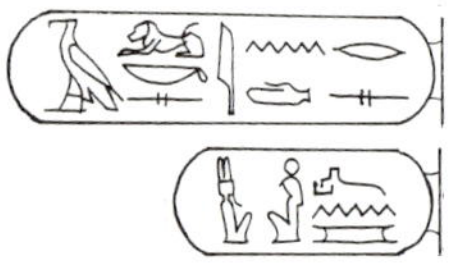

Alexander der Große (Alexander III.)
Meriamun Setepenre
332–323

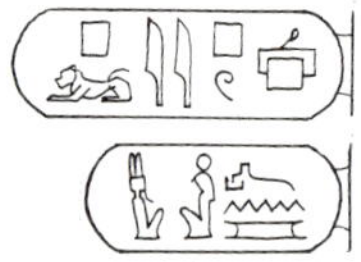

Philipp III. Arrhidaios
Merianum Setepenre
323–317

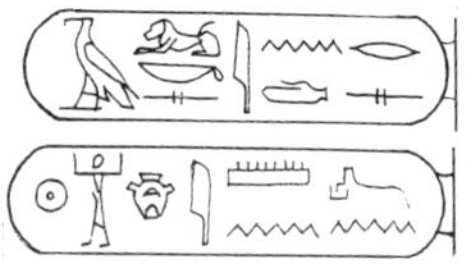

Alexander IV.
Haaibre Setepenamun
317–305

Postumes Porträt Alexanders des Großen mit den Widderhörnern des Ammon, die er nach seinem Besuch in dessen Heiligtum von Siwa annahm. Silberne Tetradrachme des Lysimachus, 323–281 v.Chr.

KÖNIGSNAMEN

ALEXANDER III.
Geburtsname
Alexander
Auch bekannt als
Alexander der Große
Thronname
Meri-amun Setep-en-re (»Geliebter des Amun, Auserwählter des Re«)
Grabstätte
Alexandria, Ägypten (?)

PHILIPP III. ARRHIDAIOS
Geburtsname
Philipp Arrhidaios
Thronname
Meri-anum Setep-en-re (»Geliebter des Amun, Auserwählter des Re«)

ALEXANDER IV.
Geburtsname
Alexander
Thronname
Haa-ib-re Setep-en-amun (»Ewig frohlockt das Herz des Re, Auserwählter des Amun«)

Als Philipp II. 336 v.Chr. in Makedonien ermordet wurde, nahm sein zwanzigjähriger Sohn Alexander den geplanten Kampf seines Vaters gegen das zerfallende persische Weltreich auf. In den folgenden Jahren führte er einen Kriegszug durch Kleinasien und die Levante und brachte Darius III. 333 v.Chr. bei Issus die entscheidende Niederlage bei. 332 v.Chr. kam er nach Ägypten. Unterwegs zum Orakel des Ammon in der Oase Siwa, wurde er von den Priestern als Sohn des Gottes und Inkarnation des Pharao begrüßt, und fortan betrachteten ihn die Ägypter als göttliches Wesen und Erlöser. An der Nilmündung gründete er Alexandria, die erste und größte der vielen Städte, die seinen Namen tragen sollten. Obwohl sein Aufenthalt in Ägypten nur kurz währte, sind die Nachwirkungen kaum zu überschätzen. Auf seinen Befehl hin wurden die beim persischen Einmarsch von 343 v.Chr. zerstörten Tempel wiederaufgebaut. Im Tempel von Luxor ließ er das Allerheiligste restaurieren, und auf der Fassade entstand das schönste ägyptische Porträt des Alexander, wie er dem Amun-Min opfert. Durch ihn wurde Ägypten endgültig in die vielgestaltige mediterrane Religions- und Kulturlandschaft integriert und konnte sich nicht länger hinter den schützenden Klippen des Niltals verstecken.

Von Ägypten aus wandte sich Alexander nach Asien, wo er in einer beispiellosen Abfolge von Feldzügen erst Babylon, dann Susa und Persepolis eroberte. Innerhalb weniger Jahre hatte er sein Reich bis zu den Ufern des

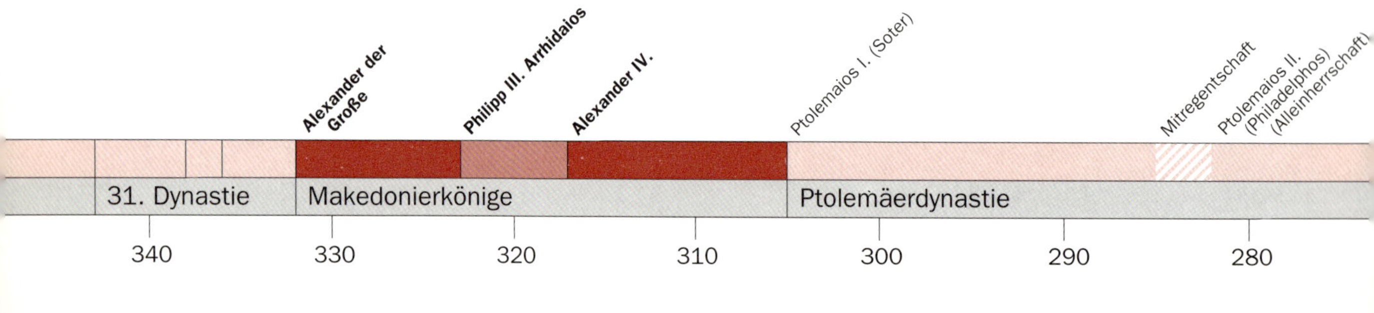

Indus ausgedehnt. Doch schon 323 erlag er in Babylon einem Fieber; Nachfolger wurde sein einfältiger Halbbruder Philipp Arrhidaios. Er hinterließ Karnak ein Relief, das die Amunspriester mit der heiligen Barke des Gottes auf den Schultern zeigt. Philipp wurde 317 umgebracht, und das gleiche Schicksal ereilte seinen postum geborenen Sohn, dem Alexanders Witwe Rhoxane das Leben schenkte: Alexander IV. wurde gemeinsam mit seiner Mutter 311 v. Chr. durch Kassander beiseite geschafft, den sie selbst zum Strategen von Europa ernannt hatte. Obwohl bereits tot, wird Alexander IV. in den Herrscherlisten nominell auch für die Jahre 317–305 geführt, in Wahrheit regierte jedoch Ptolemaios, der Sohn des Lagos.

(*Unten*) Alexander der Große bringt der ithyphallischen Gottheit Amun-Mun ein Trankopfer dar. Relief auf der Außenwand des Allerheiligsten im Amunstempel von Luxor.

Ptolemäische Dynastie
305–30 v. Chr.

Ptolemaios I. (Soter I.)
Meriamun
Setepenre
305–282

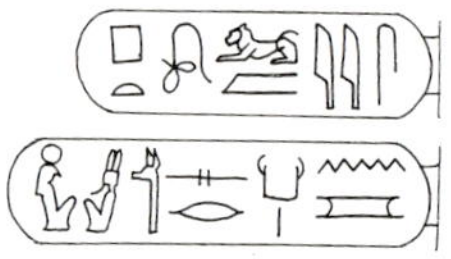

Ptolemaios II. (Philadelphos)
Userkaenre
Meriamun
285–246

Ptolemaios III. (Euergetes I.)
Iuaennetjeruisenui
Sechemanchre
Setepanum
246–222

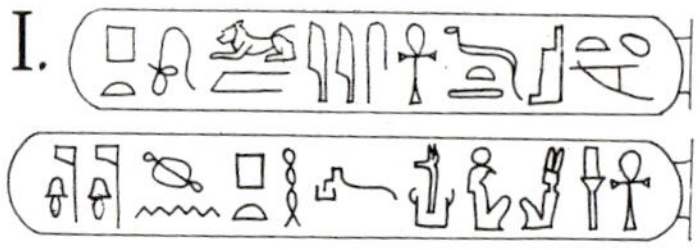

Ptolemaios IV. (Philopator)
Iuaennetjeruimen-chui
Setepptah Userkare
Sechemanchamun
222–205

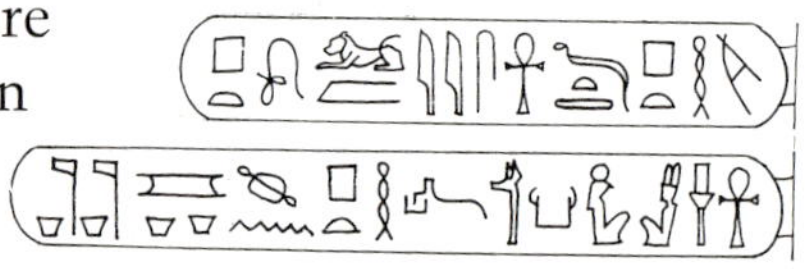

Ptolemaios V. (Epiphanes)
Iuaennetjeruimeru-jitu
Setepptah Userkare
Sechemanchamun
205–180

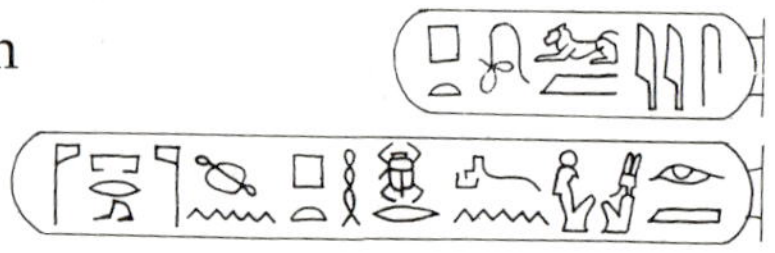

Ptolemaios VI. (Philometor)
Iuaennetjeruiper
Setepenptahchepri
Irmaatenamunre
180–164, 163–145

Goldmünze Ptolemaios' I. mit dem vergöttlichten Alexander auf der Rückseite.

Als Alexander von Ägypten aufbrach, um seinen Eroberungsfeldzug bis an die Grenzen der bekannten Welt zu führen, ließ er die persischen Institutionen bestehen und ernannte einen Bankier aus Naukratis namens Kleomenes zum Satrapen. Bald darauf übernahm Ptolemaios I. diesen Posten, der Sohn des Lagus, der ein Jugendfreund Alexanders aus Pella war und später zum engsten Kreis seiner Generäle gehörte. Als Alexander 323 v.Chr. starb, amtierte Ptolemaios in Ägypten zumindest nominell als Satrap für die beiden Nachfolger Alexanders. Kleomenes hatte in Alexanders Namen dem Volk Unsummen abgepreßt, die Tempel ausgeraubt und, schlimmer noch, den Armeesold unterschlagen. Als Ptolemaios davon erfuhr, ließ er seinen Vorgänger unverzüglich unter Anklage stellen, verurteilen und hinrichten.

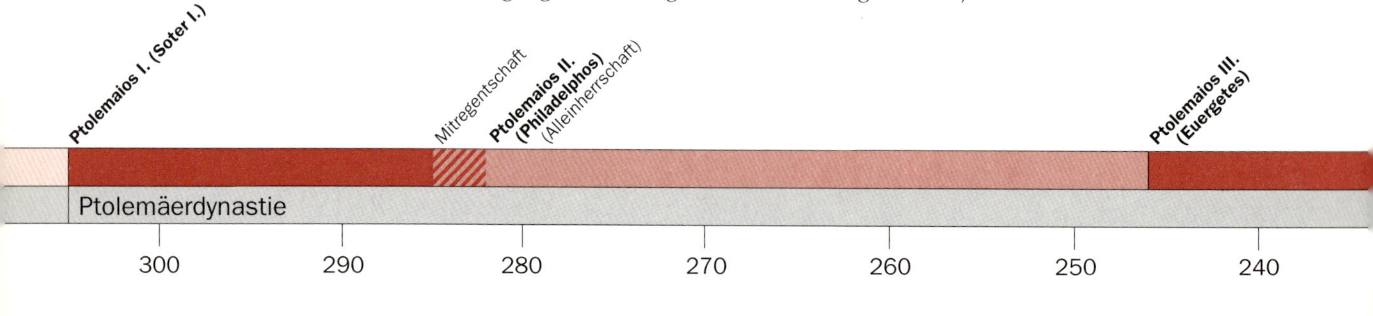

KÖNIGSNAMEN

PTOLEMAIOS I.–VI.
Geburtsname
Ptolemaios
Thronname (I.)
Meri-amun Setep-en-re (»Geliebter des Amun, Auserwählter des Re«)
Thronname (II.)
User-ka-en-re
Meri-amun (»Machtvoll ist die Seele des Re, Geliebter des Amun«)
Thronname (III.)
Iua-en-netjerui-senui
Sechem-anch-re
Setep-anum (»Erbe der Zwillingsgötter, Auserwählter des Amun«)
Thronname (IV.)
Iua-en-netjerui-menchui
Setep-ptah User-ka-re
Sechem-anch-amun (»Erbe der [zwei] Wohltätigen Götter, Auserwählter des Ptah, Machtvoll ist die Seele des Re, Lebendes Bild des Amun«)
Thronname (V.)
Iua-en-netjerui-merujitu
Setep-ptah User-ka-re
Sechem-anch-mun (»Erbe der [zwei] vaterliebenden Götter, Auserwählter des Ptah, Machtvoll ist die Seele des Re, Lebendes Bild des Amun«)
Thronname (VI.)
Iua-en-netjerui-per
Setep-en-ptah-chepri
Ir-maat-en-amun-re (»Erbe der [zwei] Häuser der Götter, Auserwählter des Ptah, Wahrheit ist die Form des Amun-Re«)

An einem starken und überzeugenden Erben fehlte es beim Zusammenbruch des Alexanderreichs, und so nahmen die Generäle, die wir heute als Alexanders *diadochoi* (»Nachfolger«) kennen, ihre Interessen selbst in die Hand. Ptolemaios ließ sich in Ägypten nieder, wo er nur noch zwei Instanzen gegenüber verantwortlich war: seinem ranghöchsten Vorgesetzten Perdikkas, der den Siegelring Alexanders trug, und einem Staatsrat, der sich nach Alexanders Tod in Babylon konstituiert hatte.

In Babylon war Alexanders Leichnam für die lange Rückreise nach Vergina präpariert worden, zur Königsgruft der Makedonier (wo kürzlich die Überreste Philips II. gefunden wurden). Unterwegs, in Damaskus, wagte Ptolemaios einen erstaunlichen Schachzug: Er behauptete, Alexander habe seit jeher gewünscht, im Ammons-Heiligtum von Siwa bestattet zu werden, und entführte kurzerhand die Leiche. Zunächst nahm er sie mit nach Memphis, wo Alexander neun Jahre zuvor zum Pharao gekrönt worden war, um dort die Fertigstellung des Grabmals von Siwa abzuwarten. Sie zog sich hin, und am Ende wurde dann eine Gruft in Alexandria angelegt. Nach Strabos Angaben befand sie sich in einem Bezirk des Königspalasts, der *sema* genannt wurde. Obwohl Augustus-Oktavian es besucht hat, ist das Grabmal nie lokalisiert worden. Da sich die Küstenlinie mit der Zeit verändert hat, liegt es heute vielleicht unter dem Meeresspiegel.

Mit Alexanders Leichnam besaß Ptolemaios ein politisches und religiöses Unterpfand von herausragender Bedeutung, was auch Perdikkas bald klar wurde. Mit einem Heer von 5000 Kavalleristen und 20 000 Fußsoldaten rückte er im Frühjahr 321 v. Chr. gegen Ptolemaios aus, wurde aber bei Memphis zurückgeschlagen und später von seinen eigenen Generälen ermordet.

Die Diadochen bekriegten sich nach wie vor untereinander, obwohl sich Antigonos Gonatas als Oberbefehlshaber der Großen Armee bemühte, sie notfalls mit harten Vergeltungsmaßnahmen zur Räson zu bringen. Um ihn loszuwerden, verbündeten sich die drei Diadochen Ptolemaios, Kassander und Lysimachos zu einer kurzfristigen, aber erfolgversprechenden Allianz. Während Antigonos noch den Kampf mit Kassander in Makedonien vorbereitete, marschierte Ptolemaios gegen den Sohn des Antigonos, Demetrios Poliorketes, und besiegte ihn im Jahr 312 v. Chr. bei Gasa. Ein Friedensvertrag bestätigte Ptolemaios im darauffolgenden Jahr im Amt des ägyptischen Satrapen.

Damit waren die Diadochenkämpfe noch längst nicht zu Ende. Ptolemaios unterlag 306 v. Chr. dem Demetrios in der Seeschlacht vor dem zyprischen Salamis, wehrte aber im selben Jahr zu Lande Antigonos bei Gasa ab. Schließlich fiel Antigonos 301 v. Chr. in der Schlacht von Ipsos, und die drei Verbündeten teilten die territoriale Beute unter sich auf. Ptolemaios konnte seinem Ägypterreich auch noch Palästina und einen Teil Syriens einverleiben, die unter seiner Regierung zu neuer Blüte kamen.

Die Verbindung mit der Pharaonenlinie hatte sich Ptolemaios durch die Heirat mit einer Tochter Nektanebos' II. gesichert, die ihren Platz allerdings

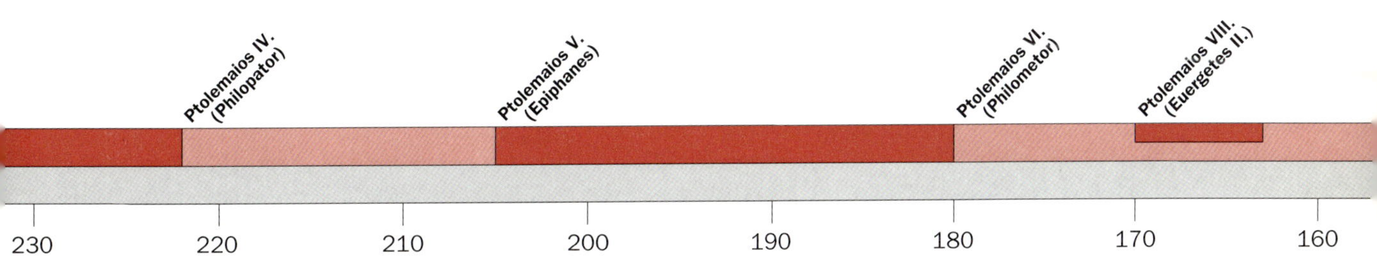

Die Ehen Ptolemaios' II.

Die ptolemäische Familiengeschichte ist streckenweise so verwickelt, daß sie sich ausnimmt wie eine Seifenoper im Stil von ›Dallas‹ und ›Denver-Clan‹.

Ptolemaios II. Philadelphos ging eine dynastische Ehe mit Arsinoë ein, der Tochter des mächtigen Lysimachos von Thrakien, der einer der vortrefflichsten Generäle Alexanders gewesen war. Sie gebar ihm drei Kinder: Das älteste war Ptolemaios Euergetes (der spätere Ptolemaios III.), das zweite hieß Lysimachos nach seinem Großvater, das dritte war eine Tochter namens Berenike, die 252 v.Chr. Antiochos II. von Syrien heiratete. Gerüchte von einer Verschwörung, an der sie angeblich beteiligt war, führten 279 v.Chr. dazu, daß Königin Arsinoë mit ihren Kindern nach Koptos im Süden Ägyptens verbannt wurde. An ihrer Statt heiratete Ptolemaios seine Schwester, die ebenfalls Arsinoë hieß. Sie war mit nur siebzehn Jahren Lysimachos von Thrakien angetraut worden, doch der fiel 281 v.Chr. in der Schlacht von Kurupedion. Auf diese Weise wurde die in Ägypten von alters her übliche, im Mythos (beispielsweise dem von Isis und Osiris) verankerte Praxis der Geschwisterehe fortgesetzt. Königin Arsinoë II. amtierte während der 38jährigen Regierungszeit Ptolemaios' II. nur rund sieben Jahre, doch sie hatte großen Einfluß und nahm die drei Kinder ihrer Namensvetterin in ihre Obhut. Nach ihrem Tod erhob der Pharao sie zur Göttin und widmete ihrem Andenken mehrere Tempel.

Porträtstatuen Arsinoës und Ptolemaios' II. Museo Gregoriano Egizio, Vatikan.

320 v.Chr. der Eurydike abtreten mußte, einer Tochter des makedonischen Regenten Antipater. Mit ihr hatte Ptolemaios vier Kinder; drei weitere gebar ihm Berenike, eine verwitwete Kammerzofe der Eurydike, die schon drei eigene Kinder hatte (darunter einen Sohn namens Magas, der später König von Kyrene werden sollte).

Für die hellenistische Welt ringsum waren die Ptolemäer Monarchen wie alle anderen, doch in Ägypten setzten sie die Tradition der Gottkönige fort und sicherten sich mit geheuchelter Frömmigkeit das Wohlwollen der Priesterschaft, die mit ihrer hervorragenden Verwaltung für Stabilität und Wohlstand im Land sorgte. Die Ptolemäer ließen sich und viele ihrer Königinnen nach hellenistischer Manier auf ihren Münzen abbilden; in Ägypten erschienen sie zugleich mit allen pharaonischen Insignien auf Tempelreliefs im althergebrachten Stil, wenn auch unter mediterranem Einfluß die Körper ein wenig fleischiger und die Gliedmaßen ein wenig runder dargestellt sind. Allerdings wirken die Gesichter so nichtssagend, daß die Porträtierten gewöhnlich nur an ihren Kartuschen zu erkennen sind. Wo sie leer gelassen wurden, weil noch nicht feststand, wer bei Fertigstellung des Reliefs auf dem Thron sitzen würde, gestaltet sich die Sache schwierig.

In der Regierungszeit Ptolemaios' I. wurde der Grundstein zu vielen der neuen Städte und monumentalen Tempelbauten gelegt, die für die ptolemäische Epoche kennzeichnend sind. Die wichtigsten Projekte in Alexandria waren der Leuchtturm (*pharos*), der unter Ptolemaios II. vollendet wurde und als eines der Sieben Weltwunder galt, und die große Bibliothek, die ein Zentrum der gelehrten Studien des Altertums wurde. Die schönsten noch erhaltenen Tempel Ägyptens stammen aus der Ptolemäerzeit – Dendera, Edfu und Philae – und wurden, wie später die europäischen Kathedralen, unter mehreren Herrschern nach und nach erweitert und verschönert. Die meisten dieser Bauten sind offenbar über alten Heiligtümern errichtet, so daß es außerordentlich schwerfällt, ihre Vorgeschichte zu ermitteln.

Im Jahr 285 v.Chr. machte Ptolemaios I. einen seiner Söhne zum Mitregenten, der nach dem Tod seines Vaters 282 v.Chr. als Ptolemaios II. Philadelphos Alleinherrscher wurde. Bei gleichbleibender Stabilität in Ägypten führte seine erfolgreiche Politik unter anderem zur Erweiterung der ptolemäischen Besitztümer im Mittelmeerraum.

Sein Nachfolger Ptolemaios III. Euergetes war von seiner Stiefmutter Arsinoë aufgezogen worden (vgl. nebenstehenden Kasten) und kam mit dreißig Jahren auf den Thron. Er heiratete Berenike, die Tochter seines Onkels Magas, der in Kyrene regierte. Kurz nach der Thronbesteigung wurde Ptolemaios von seiner Schwester zu Hilfe gerufen, die ebenfalls Berenike hieß und mit Antiochos II. von Syrien verheiratet war. Der König war den Hofintrigen seiner Hauptgemahlin Laodike zum Opfer gefallen, und noch bevor Ptolemaios in Antiochia eintraf, ereilte seine Schwester und ihr Söhnchen, seinen Neffen, das gleiche Schicksal.

Um den Mord an ihr zu rächen, ließ Ptolemaios Antiochia plündern. In den nächsten fünf Jahren überzog er Babylon mit Krieg, während daheim, unter Mithilfe eines Beraterstabs, seine Gattin Berenike die Staatsgeschäfte führte. Als dennoch Unruhen in Ägypten ausbrachen, kehrte er schleunigst zurück und unterwarf die Aufständischen. In seinem zehnten Amtsjahr (237 v.Chr.) begann Ptolemaios III. mit dem Bau des Horustempels von Edfu, aber das Hauptgebäude wurde erst 231 v.Chr. fertig, als bereits sein Sohn regier-

Schwarze Dioritstatue von Ptolemaios IV. oder V. Ohne identifizierende Beschriftung fällt es oft schwer, spätptolemäische Königsporträts eindeutig zuzuordnen. Yale University Art Gallery, New Haven.

te. Offiziell eingeweiht wurde der Tempel erst unter Ptolemaios VII. im Jahr 142 v. Chr., doch die Arbeiten an den Reliefs sollten noch bis zur Herrschaft Ptolemaios' XII. dauern.

Wie sein Vater hatte Ptolemaios III. in seiner 25jährigen Amtszeit dem Reich Wohlstand und Wachstum beschert, und 222 v. Chr. trat sein ältester Sohn Ptolemaios IV. Philopator die Nachfolge an. Anders als seine Vorgänger führte dieser Ptolemaios ein ruchloses Leben, umgarnt und angestiftet von seinem Ratgeber Sosibios, einem Griechen aus Alexandria, der sich unentbehrlich zu machen wußte und in höchste Staatsämter einschmeichelte. Eines haltlosen Gerüchts wegen, das möglicherweise von Sosibios selbst in Umlauf gesetzt worden war, erklärte sich Ptolemaios ein Jahr nach seiner Thronbesteigung einverstanden, seine Mutter Berenike und seinen Bruder Magas jeweils vergiften und zu Tode sieden zu lassen. Im Lauf seiner Amtszeit führte Ptolemaios IV. einen einzigen Feldzug, nämlich als Antiochos III. von Syrien glaubte, ein von diesem elenden Monarchen geführtes Ägypten sei leichte Beute für ihn, und die phönizischen Vasallenstädte eroberte. Ptolemaios hatte Glück, daß Antiochos auf Pelusium verzichtete, das seinem Angriff nicht standgehalten hätte, und in einen viermonatigen Waffenstillstand einwilligte. In dieser Zeit konnte er mit Sosibios' Hilfe ausländische Söldner anwerben und eine eigene Armee ausheben. In der Schlacht von Raphia 217 v. Chr. triumphierte er über Antiochos, aber die ägyptischen Rekruten wußten jetzt um ihre Stärke, und es kam zu Meutereien im Delta.

Im selben Jahr heiratete Ptolemaios IV. seine Schwester Arsinoë, und sieben Jahre später kam ein Thronerbe zur Welt. Dann wandte sich der König einer anderen Frau namens Agathoklea zu, die ihn gemeinsam mit ihrem Bruder Agathokles zu erneuten Exzessen anstachelte. Vermutlich sind sie auch schuld an seinem Tod im Alter von nur 41 Jahren. Er hinterließ seine Schwestergattin Arsinoë, die bald darauf von Sosibios und Agathokles vergiftet wurde, und einen Sohn, der als Ptolemaios V. Epiphanes die Nachfolge antreten sollte. Die Verschwörer ernannten sich selbst zu Mündeln des fünfjährigen Knaben, doch ihr Vorgehen hatte bereits Verdacht erregt. Der Umschwung kam, als der angesehene General Tlepolemus, der Ägyptens östliche Grenzfestung Pelusium befehligte, den König rettete; daraufhin stürmte das Volk den Palast und lynchte Agathokles und seine Schwester Agathoklea.

Die Landkarte der ptolemäischen Besitztümer und Flottenstützpunkte rund ums Mittelmeer schrumpfte allmählich; fremde Herrscher nutzten die innere Schwäche Ägyptens zu ihrem Vorteil aus und eroberten eins nach dem anderen. Um die verstörten Massen zu beruhigen, entschloß man sich zur Krönung des inzwischen zwölfjährigen Ptolemaios V. in der alten Hauptstadt Memphis und verkündete Steuererleichterungen und eine Bodenreform. Auskunft darüber gibt der Erlaß der Priesterschaft von Memphis von 196 v. Chr., die der 1799 gefundene Stein von Rosette in drei Schriften (demotische, griechische und Hieroglyphen) überliefert.

Mit Syrien wurde 192 ein labiler Friede geschlossen, als Ptolemaios V. die Tochter Antiochos des Großen, Kleopatra (I.), heiratete. In seinen letzten dreizehn Amtsjahren gebar sie ihm zwei Söhne und eine Tochter; der Älteste gelangte später, ungefähr im selben Alter wie sein Vater, als Ptolemaios VI. Philometor zur Macht. Seine Mutter übte die Regentschaft aus, aber als sie fünf Jahre später starb, ernannten sich zwei skrupellose Höflinge namens Eulaios und Lenaios zu Mündeln des kindlichen Königs, wie es schon beim vorherigen Ptolemaios der Fall gewesen war. Sie waren so unklug, Antiochos IV. 170 v.Chr. den Krieg zu erklären, und erlitten bei Pelusium eine vernichtende Niederlage. Der junge Ptolemaios war nun Antiochos' Gefangener, weshalb die Ägypter seinen jüngeren gleichnamigen Bruder und dessen Schwester Kleopatra zu König und Königin ausriefen.

Damit war die ungewöhnliche Situation entstanden, daß zwei gleichnamige Brüder als Herrscher Ägyptens anerkannt waren. Beide Parteien – die Ägypter auf seiten des jüngeren Bruders (Ptolemaios Euergetes) und Antiochos, der den eigenen Neffen Ptolemaios Philometor in Haft hielt – ersuchten die neue Großmacht Rom um Hilfe. Was dabei herauskam, war eine Doppelherrschaft. Ptolemaios Philometor regierte in Memphis, der alten Residenz, und der jüngere Bruder Euergetes mit seiner Schwester Kleopatra von Alexandria aus.

Antiochos IV. kehrte 169 v. Chr. nach Syrien zurück, aber seine Parteinahme für Ptolemaios VI. sicherte ihm nach wie vor dominierenden Einfluß in Ägypten, was wiederum dessen Geschwistern überhaupt nicht paßte. Also verbündeten sie sich und riefen Rom um Beistand gegen Antiochos an. Der seinerseits belagerte Pelusium, wo er nicht nur die Befehlsgewalt über die Grenzfestung, sondern auch Zypern verlangte, das in ägyptischem Besitz war. Beides wurde ihm verweigert, weshalb er nach Memphis marschierte und sich dann nordwärts gegen Alexandria wandte. Zu diesem Zeitpunkt waren den Römern, die in den makedonischen Krieg mit Perseus verwickelt waren, die Hände gebunden, doch am 22. Juni 168 v. Chr. unterlag Perseus in der Schlacht von Pydna. Jetzt war Rom bereit, dem Hilfsgesuch der Ptolemäer Folge zu leisten, und eine dreiköpfige Gesandtschaft unter Führung von Cajus Popilius Laenas segelte nach Alexandria.

Im Juli trafen die Abordnung des Senats und Antiochos IV. außerhalb Alexandrias bei Eleusis aufeinander. Dem Senatsbeschluß zufolge sollte Antiochos Ägypten und Zypern auf der Stelle räumen. Der Syrerkönig bat um Bedenkzeit, die ihm jedoch verweigert wurde. Antiochos war sich darüber klar, daß mittlerweile Rom die beherrschende Macht im Mittelmeerraum war und ihm keine andere Wahl blieb, als der Anordnung des Senats Folge zu leisten. Ptolemaios VI. wurde als Herrscher über Ägypten bestätigt, sein jüngerer Bruder Euergetes zum König von Kyrene ernannt.

Das folgende Vierteljahrhundert verlief für Ägypten friedvoll und gedeihlich. Doch im Jahr 145 v.Chr. erlitt Ptolemaios VI. eine tödliche Kriegsverletzung. Er war nach Syrien einmarschiert, um seiner Tochter Kleopatra Thea, der Gemahlin des dekadenten Alexander Balas (150–146 v. Chr.), beizustehen. Alexander wurde abgesetzt und anschließend von seinen eigenen Soldaten enthauptet; seine Nachfolge trat Demetrios II. an, der auch seine Witwe Kleopatra ehelichte.

Silberne Tetradrachme mit dem Porträt Kleopatras I. Thea, der Tochter Ptolemaios VI., die in einer Serie dynastischer Ehen nacheinander Alexander I. Balas, Demetrios II. und Antiochos VII. heiratete und die Mutter Antiochos' VIII. von Syrien wurde. British Museum, London.

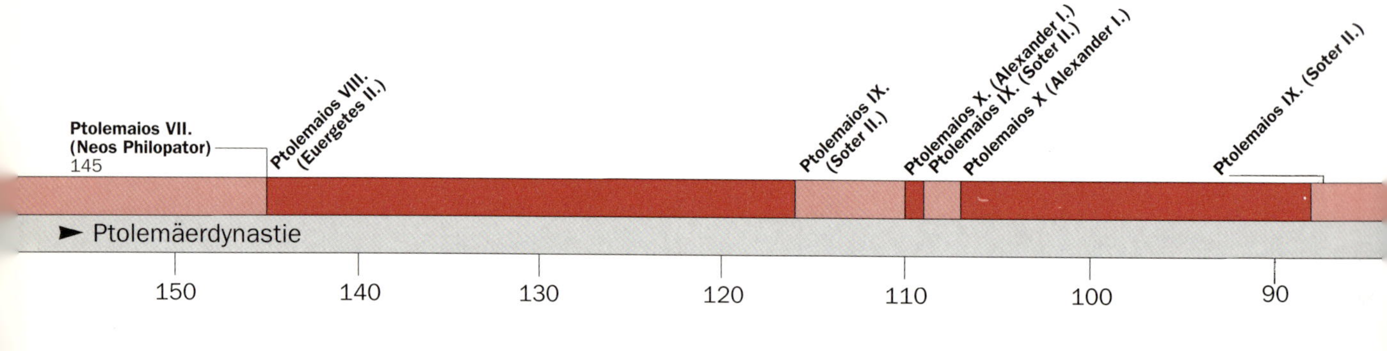

Ptolemäische Dynastie
305–30 v. Chr.

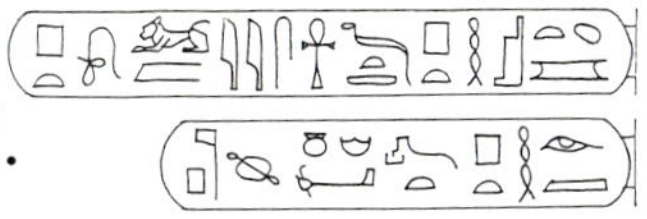

Ptolemaios VII. (Neos Philopator)
145

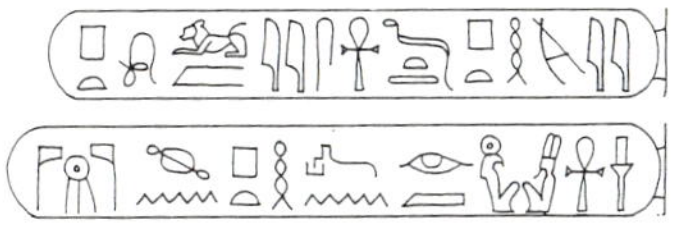

Ptolemaios VIII. (Euergetes II.)
170–163, 145–116

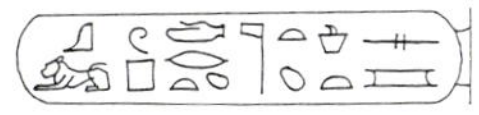

Ptolemaios IX. (Soter II.)
116–110, 109–107, 88–80

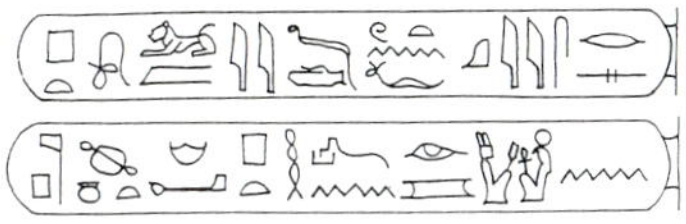

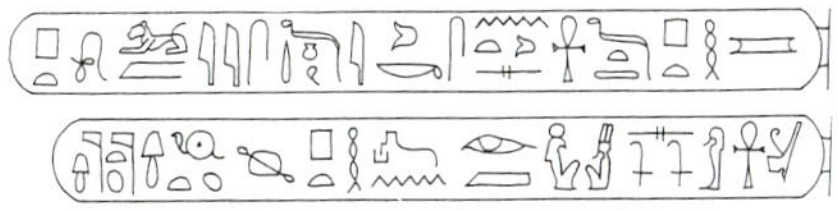

Ptolemaios X. (Alexander I.)
110–109, 107–88

Ptolemaios XI. (Alexander II.)
80

Ptolemaios XII. (Neos Dionysos)
Iuaenpanetjernehem Setepptah Irmaat
80–58, 55–51

Königin Berenike IV.
58–55

Königin Kleopatra VII.
(netjeret–merites)
51–30

Ptolemaios XV. (Kaisarion)
Iuapanetjer entinehem Setepenptah Irmaatenre Sechemanchamun
36–30

KÖNIGSNAMEN

PTOLEMAIOS VII.–XII.
Geburtsname
Ptolemaios
Thronname (XII.)
Iua-en-panetjer-nehem, Setep-ptah Ir-maat (»Erbe des erlösenden Gottes, Auserwählter des Ptah, Muster der Wahrheit«)

KÖNIGIN KLEOPATRA VII.
Geburtsname + (Epitheton)
Kleopatra (netjeret mer-it-es) (»Göttin, Geliebte ihres Vaters«)

PTOLEMAIOS XV.
Geburtsname
Ptolemaios
Thronname
Iua-panetjer entin-ehem, Setep-en-ptah Ir-maat-en-re, Se-chem-anch-amun (»Erbe des erlösenden Gottes, Auserwählter des Ptah, Vollstrecker der Gerechtigkeit Res, Lebendes Bild des Amun«)

Die verwitwete Kleopatra blieb in Alexandria mit dem jungen Thronerben, Ptolemaios VII. Neos Philopator, schutzlos zurück. Die weitgehend aus Söldnern rekrutierte Armee ihres verstorbenen Gatten war in Syrien zu Demetrios II. übergegangen. Der kyrenische König Ptolemaios Euergetes erkannte seine Chance, kehrte nach Ägypten zurück und verjagte seine Schwester, die daraufhin mit ihrem Sohn in Memphis Zuflucht suchte. Später versöhnte man sich wieder, und Euergetes bot seiner Schwester sogar die Ehe an; sie willigte ein, um die Interessen ihres Sohns zu schützen. Doch kaum hatte Kleopatra auch Euergetes einen Erben geschenkt, ließ dieser seinen Stiefsohn und Neffen Ptolemaios VII. vergiften.

Der zügellose, mit dem Spitznamen ›Schmerbauch‹ (*physkon*) etikettierte Ptolemaios VIII. Euergetes II. umwarb seine Nichte (die ebenfalls Kleopatra

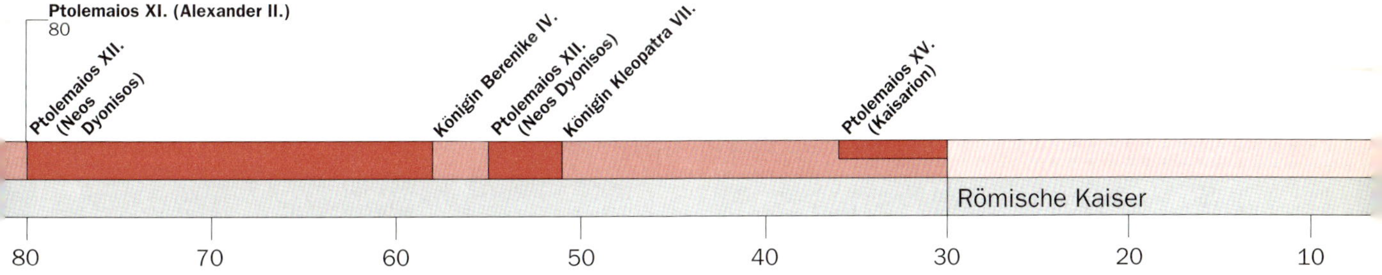

Schwarzer Dioritkopf des Ptolemaios VIII. Musées Royaux d'Art et d'Histoire, Brüssel.

Zwei Tonsiegel aus Edfu mit den Porträts der Könige Ptolemaios IX. (*ganz oben*) und Ptolemaios X. (*oben*). Royal Ontario Museum, Toronto.

hieß), die Tochter seiner Schwesterfrau Kleopatra. Unter der Bedingung, daß sie ebenfalls zur Königin erhoben werde, ließ sich die Nichte auf die Liaison ein – wodurch Mutter und Tochter, Schwester und Nichte des Euergetes gleichzeitig als Kleopatra II. und III. Königinnen wurden. Man pflegt sie als ›Kleopatra die Schwester‹ und ›Kleopatra die Gattin‹ zu unterscheiden. Die erstere war im Volk sehr beliebt, denn verglichen mit den trüben aktuellen Verhältnissen, war die Regierungszeit ihres verstorbenen ersten Mannes, Ptolemaios VI., in glanzvoller Erinnerung geblieben. Dagegen verschlimmerte sich die allgemeine Abneigung gegen Ptolemaios VIII. dergestalt, daß er sich nach Zypern zurückziehen mußte, wohin er die jüngere Kleopatra (III., die Gattin) und seinen Sohn Memphites (dessen Mutter Kleopatra II. war) mitnahm. Mit seiner Flucht entging er gerade noch der blutgierigen Menge.

In Zypern bereitete Euergetes seine Rückkehr nach Ägypten vor, wo seine Schwester Kleopatra II. nunmehr als Kleopatra Philometor Soteira regierte. In der Wut über seine Schwester und den alexandrinischen Pöbel, der seine Statuen und Gedenkschriften zerstört hatte, ermordete er seinen eigenen Sohn Memphites und sandte die zerstückelte Leiche als Geburtstagspräsent an dessen Mutter Kleopatra II.

Im Jahr 129 verfügte Euergetes über ausreichende Streitkräfte zur Invasion Äyptens, und 128 v.Chr. mußte Kleopatra II. zu ihrer Tochter Kleopatra Thea fliehen, die mit Demetrios II. von Syrien verheiratet war. Merkwürdigerweise kehrte sie bald zurück, und der verhaßte Euergetes überlebte bis 116 v.Chr. Was aus Kleopatra II. nach ihrer Heimkehr wurde, wissen wir nicht, doch vermutlich starb sie früher als ihr Gatte, denn in seinem Testament bestimmte Euergetes ihre Tochter Kleopatra III. zur Erbin Ägyptens.

Kleopatra III. – inzwischen Königinmutter und Regentin für ihre beiden Söhne – bewies bald, daß sie den Ehrgeiz ihrer Vorfahren besaß. Obwohl sie den jüngeren Sohn, Ptolemaios X. Alexander I., favorisierte, war sie durch öffentlichen Druck gezwungen, auch seinen Bruder Ptolemaios IX. Soter II. zur Regierung heranzuziehen. Dieser begann in Dendera mit dem Bau der Hathor-Tempelanlage, zu der viele Nachfolger, auch Kleopatra VII. und mehrere römische Kaiser, beitrugen. Ptolemaios IX., dessen Spitzname *lathyros* (Kichererbse) lautete, mußte 106 v.Chr. nach Zypern fliehen, weil ihm vorgeworfen wurde, einen Mordanschlag gegen seine Mutter auszuhecken. Da Kleopatra seit jeher seinen Bruder bevorzugt hatte, liegt die Vermutung nahe, daß die Anklage nur den Rivalen ausschalten sollte. Jedenfalls nahm Kleopatra ihren Jüngsten, Ptolemaios Alexander, nun zum Gemahl; sehr wahrscheinlich war dieser jedoch auch an ihrem Tod nicht unschuldig, der sie 101 v.Chr. im Alter von sechzig Jahren ereilte.

Ptolemaios X. neigte zu ähnlichen Ausschweifungen wie seine unmittelbaren Vorgänger; er soll so dick gewesen sein, daß er sich ohne fremde Hilfe nicht von der Stelle bewegen konnte. Wie Ptolemaios VIII. brachte auch er den Volkszorn der Ägypter gegen sich auf; während der Flucht zur See ist er zwischen Lykien und Zypern umgekommen. Dies ermöglichte seinem älteren Bruder Ptolemaios IX. die Rückkehr und den Anspruch auf den Thron; er starb 80 v.Chr. im Alter von 62 Jahren.

Ptolemaios IX. hatte keinen legitimen männlichen Erben, weshalb er den Thron seiner Tochter Berenike vermachte. Sie brauchte einen Ehemann, und ihr Neffe Ptolemaios XI. Alexander II. willigte ein, sie zu heiraten; doch verstand sich Ptolemaios nicht eben gut mit der älteren Berenike. In seiner Gier

Ptolemaios XII. huldigt auf einer schwarzen Basalttafel der Gottheit Heh. Die gerippten Palmzweige in der Hand des Gottes stehen für ›Millionen Jahre‹. Louvre, Paris.

nach der Alleinherrschaft brachte er sie einen Monat nach der Hochzeit um, doch die Königin war sehr populär gewesen, und nach nur neunzehntägiger Regierung wurde Ptolemaios gelyncht. Damit war abermals ein Machtvakuum entstanden. Die einzigen männlichen Nachkommen des Ptolemaios I. waren die illegitimen Kinder Ptolemaios' IX. mit einer griechischen Konkubine aus Alexandria, von der nicht einmal der Name überliefert ist. Sie lebten im sicheren Exil in Sinope, am Hof des Mithridates VI. von Pontus. Der Älteste wurde zum König Ptolemaios XII. Neos Dionysos erhoben und heiratete, um das Königspaar zu vervollständigen, seine Schwester Tryphaena.

Längst war das Römische Reich zum dominierenden Faktor der Mittelmeerwelt geworden. Ptolemaios XII. wollte seine Herrschaft nicht nur durch Krönung in Ägypten legitimieren, sondern bemühte sich auch um politisches Einvernehmen mit Rom. Seine Gewohnheiten fanden, wie die seiner Vorgänger, nicht die Billigung des Volks, was ihm den Spitznamen *auletes* (Flötenspieler) eintrug. Hohe Steuern und seine willfährige proromische Haltung taten ein übriges, daß sich die Geschichte wiederholte. Von seinen Landsleuten verjagt, mußte er das Weite suchen und fand Zuflucht in Rom.

Einmal mehr war der Thron vakant und mit Berenike, der Tochter Ptolemaios' XII., nur eine weibliche Erbin vorhanden. Den nötigen Ehemann fand sie in einem seleukidischen Cousin, doch war sie nicht weniger ehrgeizig als ihre Vorgängerinnen und ließ ihn schon eine Woche nach der Hochzeit erdrosseln. Danach nahm sie Archelaos zum Mann, mit dem sie seit ihrem Exil am Hof des Pontuskönigs Mithridates VI. befreundet war. Sie regierten nur vier kurze Jahre, während Ptolemaios XII. in Rom auf Rache sann. Für die Rückkehr nach Ägypten benötigte er zweierlei: ein Heer und die Anerkennung durch den römischen Senat. Ein stattliches Bestechungsgeld, aus ägyptischen Staatseinkünften finanziert, motivierte Julius Cäsar, seinen Einfluß für Ptolemaios geltend zu machen; für ein zweites in ähnlicher Höhe stellte der syrische Prokonsul Gabinius drei Legionen zur Verfügung. Als sie in Alexandria einmarschierten, fiel Archelaos im Kampf; Berenike wurde verhaftet und im Kerker ermordet. Ptolemaios XII. war zurückgekehrt, doch er regierte Ägypten nur mit Hilfe Roms, und seine zweite Amtszeit dauerte ganze vier Jahre. Den Quellen nach war Ptolemaios weder sonderlich tapfer noch besonders fromm, obschon er so auf den Reliefs erscheint, die er an die Tempelpylone von Edfu und Philae meißeln ließ.

(*Rechts*) Von allen ägyptischen Tempeln ist das Horusheiligtum von Edfu der am besten erhaltene. Der Bau wurde 237 v.Chr. unter Ptolemaios III. begonnen; Ptolemaios IV., VIII. und IX. setzten ihn fort, und zuletzt ließ Ptolemaios XII. im Jahr 57 v.Chr. die Pylone mit seinem eigenen Bildnis beim Zerschmettern der Feinde schmücken.

(*Oben*) Auf einem großangelegten Relief der Rückwand des Hathortempels in Dendera bringt Kleopatra VII. den Göttern ihren Sohn Kaisarion und Opfergaben dar.

Kleopatra und die letzten Ptolemäer

Kleopatra VII., die Tochter Ptolemaios' XII., erbte im Alter von siebzehn Jahren den Thron unter der Bedingung, daß sie den älteren ihrer beiden Brüder, Ptolemaios XIII., heiratete. Unter Beihilfe intriganter Höflinge – in diesem Fall Pothinus und Achillas – suchte er sich ihrer zu entledigen, doch sie wurde rechtzeitig gewarnt und floh nach Syrien. Doch schon bald stand Kleopatra mit einer Armee vor den Toren Pelusiums an der ägyptischen Grenze, wo es zu einem Patt zwischen ihr und ihrem Bruder kam, bei dem keine der beiden Parteien gewillt war, den ersten Zug zu machen.

Jetzt betrat Rom den Schauplatz in Gestalt Julius Cäsars, der nach der Schlacht von Pharsalus 48 v. Chr. seinen unterlegenen Erzfeind Pompejus bis nach Ägypten verfolgte. Pompejus hatte Schutz bei Ptolemaios XIII. suchen wollen, wurde aber nach der Landung in Pelusium von den Verschwörern Pothinus und Achillas umgebracht, die zu Cäsar hielten. Als Cäsar nach Alexandria kam, legten sie ihm den abgeschlagenen Kopf des Pompejus zu Füßen. Daraufhin ließ er Pothinus hinrichten; Achillas fand später von der Hand Arsinoës, Kleopatras jüngerer Schwester, den Tod. In Alexandria zitierte Cäsar das junge Königspaar zu sich. Die Zuneigung, die er für Kleopatra empfand, bot späteren Jahrhunderten den Stoff für viele Romane und Schauspiele. Indessen tat sich Ptolemaios mit Achillas zusammen, belagerte erfolglos die Römer auf der Pharos-Insel und ertrank schließlich beim Angriff.

Um die erforderliche Doppelbesetzung des Throns sicherzustellen, heiratete Kleopatra daraufhin ihren jüngeren Bruder Ptolemaios XIV. Zugleich wurde sie die Geliebte Cäsars und gebar ihm einen Sohn, Ptolemaios XV. Kaisarion. Kleopatras einzige Abbildung in Ägypten ist das Relief auf der Rückwand des Hathortempels in Dendera, wo sie ihren Sohn den Göttern darbringt. Ihre sagenhafte Schönheit ist zwar nur die Ausgeburt dichterischer Phantasie, doch muß sie eine kluge, charakterstarke und politisch weitblickende Persönlichkeit gewesen sein. Immerhin wußte sie Männer wie Cäsar und Antonius für sich zu gewinnen, mit deren Hilfe sie an der Macht blieb. Angeblich war sie das einzige Mitglied der Ptolemäerdynastie, das fließend Ägyptisch sprechen konnte. Doch das Land war jetzt nicht viel mehr als ein vielversprechender Bauer im Schachspiel um die Weltherrschaft, das seit dem Ableben Cäsars zwischen seinem Erben Oktavian und Antonius geführt wurde. Dieser Machtkampf gipfelte am Nachmittag des 2. September 31 v. Chr. in der Seeschlacht von Actium vor der griechischen Westküste. Mal schien die eine, mal die andere Seite den Sieg davonzutragen, doch

(*Unten*) Obwohl einige Skulpturen der Kleopatra bekannt sind, finden sich die wohl besten Porträts der Königin auf Münzen. Auf der in Antiochia ausgegebenen Währung erscheint sie als juwelengeschmückte Königin des Ostens neben Markus Antonius, der nach Cäsars Ermordung an den Iden des März 44 v. Chr. dessen Platz einnahm.

(*Oben*) Auf der äußeren Südwand des ptolemäisch-römischen Tempels von Esna wiederholt der römische Kaiser Titus (79–81 n. Chr.) das dreitausendjährige Motiv des Pharao beim Erschlagen seiner Feinde.

(*Unten*) Die Reliefs auf der römischen *mammisi* (Geburtsklinik) neben dem Ptolemäertempel von Dendera setzen die altägyptische Ikonographie fort. Hier ist es Trajan (98–117 n. Chr.), der als Pharao der ihren Sohn Horus stillenden Isis Opfergaben darbringt.

dann ließ Antonius aus unerklärlichen Gründen – manche halten eine Meuterei, andere einen mißverstandenen Befehl für wahrscheinlich – plötzlich Kurs auf die offene See nehmen, immer hinter Kleopatras Schiffen her, nach Ägypten. Oktavian blieb gewissermaßen Sieger nach Punkten.

Im folgenden Jahr dehnte er den Krieg auf das ägyptische Festland aus und marschierte am 1. August 30 v. Chr. in Alexandria ein. Bekanntlich beging Kleopatra lieber Selbstmord, als im Triumphzug durch Rom geführt zu werden, und Antonius stürzte sich in sein Schwert. Oktavian ließ die beiden im königlichen Mausoleum bestatten, das Kleopatra im alexandrinischen *sema*-Bezirk für sich errichtet hatte.

Das römische Ägypten

Obschon Rom Ägypten mit der Niederlage von Antonius und Kleopatra erobert hatte, wurde das Reich keine Provinz herkömmlicher Art. Oktavian, der 27 v.Chr. zum Augustus und ersten römischen Kaiser proklamiert wurde, betrachtete Ägypten als persönlichen Besitz. Ohne seine besondere Erlaubnis durften weder die Senatoren noch die Angehörigen der kaiserlichen Familie das Land betreten; regiert wurde es von einem Präfekten, der nur dem Augustus rechenschaftspflichtig war. Die immensen Weizenerträge waren ein wichtiger Faktor im römischen Staatshaushalt und sicherten die neue Ordnung nach innen. »Gib ihm [dem Pöbel] Brot und Spiele«, schrieb Juvenal, und Ägypten sorgte durch jährliche Getreidelieferungen für das Brot.

Die Nachfolger des Augustus auf dem Kaiserthron hielten am fiktiven Pharaonentitel fest und ließen sich in ägyptischer Tracht abbilden; ihre Reliefs und Plastiken zeigen sie beim Ausführen der althergebrachten Rituale. Ohne den Rückhalt einer Namenskartusche können sie allerdings kaum individuellen Herrschern zugeschrieben werden.

Das römische Ägypten war unermeßlich reich, und so wurden vor allem in der Fajum-Region zahlreiche Städte gegründet – alle mit den üblichen Basiliken, Bädern und der klassischen Agora. Immer noch setzte man nach alten Konstruktionsplänen einige der begonnenen Tempelbauten fort; so folgt Esna der Anlage des älteren Ptolemäerheiligtums von Denderea, doch auf den Reliefs sind Kaiser des ersten nachchristlichen Jahrhunderts zu sehen. Eine der beliebtesten ägyptischen Sehenswürdigkeiten, ›trajanischer Kiosk‹ oder ›Pharaonenbett‹ genannt, wurde von Trajan (98–117 n. Chr.) auf der Insel Philae errichtet. Ursprünglich hatte das Gebäude ein momumentaler Eingang zur Weihestätte der Isis werden sollen, wurde jedoch nie fertiggestellt. Auf Philae finden wir auch die letzte eindeutig datierbare Inschrift in Hieroglyphen aus dem Jahr 394 n. Chr. Doch im allgemeinen gibt es, von sandverwehten Siedlungen abgesehen, in Ägypten nur sehr wenige Überreste aus römischer Zeit. Obwohl man den traditionellen Idealen und der überkommenen Religion noch mehr oder weniger in Lippenbekenntnissen huldigte, war das Ägypten der Pharaonen genaugenommen schon 343 v. Chr. mit dem Tod Nektanebos' II. dahingegangen, rund tausend Jahre vor dem Siegeszug des Islam, der 641 n. Chr. auch Ägypten zu Fall brachte.

Die fünf Königsnamen der Pharaonen

Seit der 11. und 12. Dynastie des Mittleren Reichs wird jeder ägyptische König durch eine individuelle Kombination von fünf Namen gekennzeichnet. Der erste war sein tatsächlicher Geburtsname, die übrigen nahm er bei der Thronbesteigung an. Diese Namen setzten sich wie folgt zusammen:

Name		*begleitender Titel*
Horusname		Horus
Nebti- oder Beide-Herrinnen-Name		Beiden Herrinnen angehörend (Wadjit und Nechbet)
Goldhorusname		Goldhorus
Thronname oder Pränomen		Der Binse und Biene angehörend (König von Ober- und Unterägypten)
Geburtsname oder Nomen		Sohn des Re

Als Beispiel werden die fünf Namen Tutanchamuns aufgeführt (in den Hieroglyphen von rechts nach links zu lesen):

Horusname
Ka-nacht tut-mesut: »Starker Stier, vollkommen an Wiedergeburten«

Nebti-Name
Nefer-hepru segereh-taui sehetep-netjeru nebu: »Triebkraft der Gesetze, der Beide Länder befriedet, der alle Götter versöhnlich stimmt«

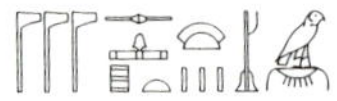

Goldhorusname
Wetjes-chau sehetep-netjeru:
»Der die Insignien verleiht, der die Götter aussöhnt«

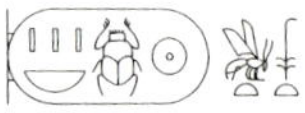

Thronname
Nesu-bity: Nebcheprure:
»König von Ober- und Unterägypten: Herr der Erscheinungen ist Re«

Geburtsname
Sa-re: Tutanchamun (heqa-iunu-schema):
»Sohn des Re, Abbild des Amun, Herrscher von Oberägypten und Heliopolis«

Bis zur 4. Dynastie waren die Könige generell nur unter ihrem Horusnamen bekannt, der in ein *serech*-Feld geschrieben wurde und am Horusfalken auf dem oberen Rand leicht zu erkennen ist. Das erste *serech* begegnet uns in den Anfängen ägyptischer Pharaonenherrschaft auf der Narmer-Palette. Während der dynastischen Wirren in der 2. Dynastie sah sich König Sechemib offenbar gezwungen, den Namen Peribsen anzunehmen, wodurch er die nominelle Schutzherrschaft des Horus gegen die des Gottes Seth eintauschte. Der Horusfalke auf dem oberen Rand des *serech* mußte dem Seth-Tier weichen. Der nächste König, Chasechemui, konnte anscheinend beide Parteien wieder versöhnen, indem er sowohl Horus als auch Seth über sein *serech*-Feld setzte.

In den frühen Dynastien trugen die Könige gelegentlich auch zweitrangige Titel. Das *nebti*-Zeichen der Beiden Herrinnen wurde schon in der 1. Dynastie von Hor-Ara benutzt, nicht jedoch als Teil seiner Königstitulatur. Die Beiden Herrinnen sind die jeweiligen Kobra- und Geiergöttinnen Wadjet aus Buto im Delta und Nechbet aus dem oberägyptischen Nechbet (el-Kab). Seit Semerchet (gegen Ende der 1. Dynastie) gehören die Beiden Herrinnen zur Königswürde, aber erst in der 12. Dynastie wird der *nebti*-Titel zum festen Bestandteil der fünffachen Namensfolge.

Die bekannteste und schnellste Methode zur Identifizierung der Pharaonen ist der Einschluß ihrer Namenshieroglyphen in einer ovalen Kartusche (urprünglich ein glückbringendes Seil mit verknoteten Enden). Snofru ließ zu Beginn der 4. Dynastie erstmals den Königsnamen in Kartuschen schreiben, die mit der Zeit den Horus als signifikantes Merkmal verdrängten. Eine zweite Kartusche fügte Neferirkare in der 5. Dynastie hinzu; die erste enthielt den bei der Thronfolge angenommenen Namen (Pränomen), die zweite seinen Geburtsnamen (Nomen). Verwechslungen sind vor allem dann möglich, wenn zwei gleichnamige Könige – wie Sobekemsaf oder Ramses – auch noch denselben Pränomen tragen und keine zweite Kartusche vorhanden ist.

Obwohl die Abfolge von fünf Namen zur notwendigen Ausstattung des Königs gehörte, stehen sie selten alle nebeneinander, höchstens anläßlich der Thronbesteigung. Von allen fünfen sind der erste (Horus-), vierte (Thron-) und fünfte (Geburtsname) die gebräuchlichsten.

LITERATURVERZEICHNIS

Die folgende Liste nennt einige wichtige Titel; weiterführende Literatur findet sich im Anhang der jeweiligen Werke.

Aldred, C.: *Echnaton – Gott und Pharao Ägyptens.* Bergisch Gladbach 1968. Neuaufl. London/New York 1988.
Ders.: *The Egyptians.* Überarb. Neuaufl. London/New York 1984.
Ders.: *Jewels of the Pharaos.* Egyptian Jewellery of the Dynastic Period. London 1971.

Andrews, C.: *Ancient Egyptian Jewellery.* London/New York 1990

Bagnall, R. S.: *Egypt in Later Antiquity.* Princeton 1993.

Baines, J./Malek, J.: *Ägypten.* Vorwort v. D. Wildung. Übers. v. E. Eggebrecht. München 1980 (= Weltatlas der Alten Kulturen).

Bowman, A. K.: *Egypt after the Pharaos.* 332 BC – AD 642 from Alexander to the Arab Conquest. London 1982.

Breasted, J. H.: *Ancient Records of Egypt.* 5 Bde. New York 1906 (Reprint 1962).

Daressy, G.: *Cercueils des cachettes royales.* Cat. Gen. du Musée du Caire, nos. 61001–61004. Kairo 1909.

David, R./David, A. E.: *A Biographical Dictionary of Ancient Egypt.* London 1992.

Dodson, A.: *The Canopic Equipment of the Kings of Egypt.* London 1994.

Edwards, I. E. S.: *Die ägyptischen Pyramiden.* Aus dem Englischen v. B. Sandkühler. Wiesbaden 1967; überarb. Neuaufl. Harmondsworth/New York 1991.

Ders./Gadd, C. J./Hammond, N. G. (Hg.): *Cambridge Ancient History.* Bde. I u. II. Cambridge 1971–1973.

Emery, W. B.: *Archaic Egypt.* Harmondsworth 1961.

Gardiner, Sir Alan: *Egypt of the Pharaos.* Oxford/New York 1961.

Ders.: *The Royal Canon of Turin.* Oxford 1959.

Gauthier, H.: *Le Livre des Rois d'Egypte.* Recueil des titres ... 5 Bde. Kairo 1907–1917.

Glanville, S. R. K.: *The Legacy of Egypt.* 2. Aufl. Hg. v. J. R. Harris. Oxford 1971.

Grimal, N. A.: *History of Ancient Egypt.* Oxford/Cambridge, Mass., 1992.

Habachi, L.: *Die unsterblichen Obelisken Ägyptens.* Mit einem Anhang v. E. Buchner. Übers. v. I. von Beckerath. Mainz 1982.

Hall, H. R.: *Catalogue of Egyptian Scarabs in the British Museum.* Bd. I: Royal Scarabs. London 1913.

Harris, J. E./Wente, E. F. (Hg.): *An X-ray Atlas of the Royal Mummies.* Chicago 1980.

Hayes, W. C.: *Royal Sarcophagi of the XVIII. Dynasty.* Princeton 1935.

Ders.: *The Scepter of Egypt.* 2 Bde. New York 1953.

Herodot: *Historien.* Übers. u. eingel. v. W. Marg. 2 Bde. 2. Aufl. Frankfurt a. M. 1990.

Hodges, P.: *How the Pyramids Were Built.* Shaftesbury 1989/Warminster 1993.

Hornung, E.: *The Valley of the Kings.* Horizon of Eternity. New York 1990.

Josephus, F.: *Contra Apionem.* London 1926–1965.

Ders.: *Jüdische Altertümer.* Übers. v. H. Clementz. 10. Aufl. Wiesbaden 1988.

Kitchen, K.: *The Third Intermediate Period in Egypt (1100–5650 BC).* Warminster 1973.

Lichtheim, M.: *Ancient Egyptian Literature.* 3 Bde. Berkeley, Kalif., 1973, 1976, 1980.

Manetho (übers. v. W. G. Waddell). London 1940.

Mendelssohn, K.: *Das Rätsel der Pyramiden.* Bergisch Gladbach 1974.

Murnane, W. J.: *Ancient Egyptian Coregencies.* Chicago 1977.

Ders.: *The Penguin Guide to Ancient Egypt.* Harmondsworth/New York 1983.

Peet, T. E.: *The Great Tomb Robberies of the Twentieth Egyptian Dynasty.* 2 Bde. Oxford 1930.

Petrie, W. M. F.: *Scarabs and Cylinders with Names.* London 1917.

Porter, B./Moss, R. L. B.: *Topographical Bibliography of Ancient Egyptian Hieroglyphic Texts, Reliefs and Paintings.* Bd. I: *The Theban Necropolis,* Tl. I: *Private Tombs.* Oxford 1960.

Dies.: Tl. II: *Royal Tombs and Smaller Cemeteries.* Oxford 1964.

Quirke, S.: *Who Were the Pharaos?* A History of Their Names with a List of Cartouches. London 1990.

Ders./Spencer, J. (Hg.): *The British Museum Book of Ancient Egypt.* London/New York 1992.

Reeves, C. N. (Hg.): *After Tut'ankhamun.* Research and Excavation in the Royal Necropolis at Thebes. London 1990.

Ders.: *The Complete Tutankhamun.* The King, The Tomb, The Royal Treasure. London/New York 1990.

Ders.: *Valley of the Kings.* The Decline of a Royal Necropolis. London 1990.

Saleh, M./Sourouzian, H: *Ägyptisches Museum Kairo.* Mainz 1986.

Smith, Sir Grafton Elliot: *The Royal Mummies.* Cat. Gen. du Musée du Caire, nos. 61051–61100. Kairo 1912.

Spencer, A. J.: *Early Egypt.* The Rise of Civilisation in the Nile Valley. London 1993.

Thomas, E.: *The Royal Necropolis of Thebes.* Princeton 1966.

Winlock, H. E.: *The Rise and Fall of the Middle Kingdom in Thebes.* New York 1947.

Yoyotte, J., et al.: *Tanis.* L'Or des Pharaons. Paris 1987.

DANKSAGUNG UND BILDQUELLEN-NACHWEIS

o: oben, g: ganz oben, u: unten, m: Mitte, l: links, r: rechts.

Mein besonderer Dank gilt Dr. Richard Parkinson, Kurator der Abteilung für ägyptische Antiquitäten im Londoner British Museum, für die großzügige Überlassung der von ihm für Dr. Stephen Quirkes Buch (vgl. Auswahlbibliographie) gezeichneten Kartuschen. Danken möchte ich auch meinem alten Freund, dem Fotografen John G. Ross, der mir hervorragende Aufnahmen zur Verfügung stellte.

Für den Bildquellennachweis und das Auffinden der Abbildungen werden folgende Abkürzungen benutzt: IB (Ian Bott, Illustrator); BM (mit freundlicher Genehmigung der Verwaltung des British Museum, London); BMFA (Museum of Fine Arts, Boston); BrM (Brooklyn Museum, New York); PAC (Peter A. Clayton); ÄAV (Ägyptische Antikenverwaltung); ÄFG (Ägyptische Forschungsgesellschaft); HM (Hirmer, München); KT (Kodansha Ltd., Tokio); LP (Louvre, Paris); MMA (Metropolitan Museum of Art, New York); AP (Annick Petersen, Illustratorin); JP (James Putnam); JGR (John G. Ross); AS (Albert Shoucair); UMP (Pennsylvania University Museum, Philadelphia).

Schmutztitel, Camera Press; Frontispiz, PAC; Seiten: **5** g & mu ÄAV; **6** Sammlung George Ortiz, Genf; **7** o Bildarchiv Preußischer Kulturbesitz; u John Abbot, mit frdl. Genehmigung von WONDERS, The Memphis International Cultural Series; **8** AP; **10** o BM, u AP; **11** o Museo Nazionale, Palermo, u PAC; **12–13** JGR; **14** l & r JGR, m BM; **15** JGR; **17** AP; **18** ÄAV; **19** AP; **20** o AP, u PAC; **21** AP (nach W. B. Emery); **22** AP; **23** o EES, ul W. M. F. Petrie: *Royal Tombs of the First Dynasty* (1900), ur Documentation Photo, Paris; **24** BM; **25** o JGR, u RMN, Paris; **26** JGR; **27** JGR; **28** nach W. M. F. Petrie: *Royal Tombs of the Earliest Dynasties* (1901); **29** gl PAC, r ÄAV, u nach Petrie: *Royal Tombs*; **30–31** JGR; **32** o HM, u BM; **33** o PAC, u ÄAV; **34** o JP, u PAC; **35** JGR; **36** l ÄAV, r AP; **37** o nach Kurt Mendelssohn, u PAC; **38** o PAC, u John Freeman; **39** PAC; **40** o PAC, u ÄAV; **41** o PAC, u PAC; **42** l JGR, r HM; **43** HM; **44** o PAC, u A. J. Spencer; **45** JP; **46** BMFA; **47** Roemer-Pelizäus-Museum, Hildesheim; **48** o PAC, u Alberto Siliotti; **49** o PAC, u JGR; **50** LP; **51** PAC; **52** George Hart; **53** o JGR, u PAC; **54** ÄAV; **55** o PAC, m AP; **54** u -**55** u AP (nach Mendelssohn); **56** PAC; **57** o & u PAC; **58** o Hirmer, u BMFA; **59** ÄAV; **60** JGR; **61** AP (nach Borchardt); **62** MMA; **63** A. F. Kersting; **64** BrM; **65** ol Chris Scarre, or Oriental Institute Museum, Chicago, u JGR; **66** ÄAV; **67** BrM; **68** l–r Michael Duigan, PAC, JGR, PAC; **69** l–r JGR, JGR, JGR, PAC; **73** o PAC, u JGR; **74** Archives Photographiques; **75** BrM; **76** l Marburg, r PAC; **77** PAC; **78** Marburg; **79** o Michael Duigan, u HM; **80** o AS, um PAC, ul PAC, ur AS; **81** ol PAC, or HM, ul MMA; **83** g LP, m ÄAV, u Ian Shaw; **84** HM; **85** l JGR, r BM; **86** g AS, m ÄAV, u HM; **87** PAC; **88** o ÄAV, ul ÄAV, ur Costa, Kairo; **89** o PAC, u BM; **92** l HM, r RMN, Paris; **93** Numismatic Fine Arts International Inc.; **95** Professor Manfred Bietak; **96** o PAC, ul BM, ur BM; **98** l–r JGR, JGR, ÄAV, PAC; **99** l–r PAC, KT, JGR, BM; **100** JGR; **101** BM; **102** PAC; **103** aus G. E. Smith: *The Royal Mummies* (1912); **104** MMA; **105** o HM, u ÄAV; **106** o PAC, m PAC, u ÄFG; **107** o & u PAC; **108** o HM, ul ÄAV, ur PAC; **109** ÄAV; **110** o PAC, u PAC; **111** o, m & u PAC; **112** ÄAV; **113** o PAC, u MMA; **114** o HM, u PAC; **115** o JGR, u BM; **116** o PAC,u NFA International Inc.; **117** o & u PAC; **118** o PAC, u ÄAV; **119** o Ägyptisches Museum Berlin, u ÄAV; **120** PAC; **121** PAC; **122** o BMFA, u HM; **123** o HM, u EAM; **124** o & m PAC, u JGR; **125** o PAC, u AP; **126** PAC; **127** o & u PAC; **128** KT; **129** o PAC, ul C. N. Reeves, ur KT; **131** o PAC, m AP; **132** o KT, u JGR; **133** o PAC, u JGR; **134** o Griffith Institute, Oxford, u ÄAV; **135** IB; **136** PAC; **137** HM; **138** o MMA, u PAC; **139** o Rijksmuseum van Oudheden, Leiden, u PAC; **140** R. H. Wilkinson; **141** g – u G. E. Smith: *The Royal Mummies*; **142** Girodias, Paris; **143** o & u PAC; **144** o R. H. Wilkinson, u BM; **145** PAC; **144–145** IB; **146** l Museo Arqueológico Nacional, Madrid, r JGR; **148** l Alberto Siliotti, m PAC; **149** l PAC, r Cyril Aldred; **150** JP; **151** Thames & Hudson Ltd., London; **152** PAC; **153** PAC; **154** o PAC, u AP; **156** MMA; **157** o R. H. Wilkinson, u & r ÄAV; **159** o JGR, ul & r AS; **160** BM; **162** o HM, u PAC; **163** o, m, u Oriental Institute Museum, Chicago; **164** o PAC, u Fitzwilliam Museum, Cambridge; **165** G. E. Smith: *The Royal Mummies*; **166** PAC; **168** o aus A. Piankoff: *The Tomb of Ramesses VI.*, u Marburg; **169** o JGR, u AS; **170** o Royal Scottish Museum, Edinburgh, u PAC; **173** l–r, PAC PAC, JGR, PAC; **175** BM; **176** o & u PAC; **177** o & u PAC; **179** o PAC, u IB; **180** ol AS, or PAC, u PAC; **181** o PAC, u AS; **184** o & u PAC; **185** Gaddis, Luxor; **186** ol RMN, Paris, or J. Mortimer, u UMP; **187** l LP, r BM; **189** o BM, u Royal Scottish Museum, Edinburgh; **191** aus A. Mariette: *Monuments divers recueillis en Egypte et Nubie* (1889); **192** HM; **193** Girodias, Paris; **194** Rijksmuseum van Oudheden, Leiden; **196** o UMP, u RMN, Paris; **197** BM; **199** o BM, u PAC; **200** l Museo Gregoriano Egizio, Vatikan, r M. Chuzeville, Paris; **202** o & ul PAC, r William Rockhill Nelson Gallery of Art, Kansas City; **203** BM; **204** o PAC, u MMA; **205** PAC; **206** PAC; **207** PAC; **208** PAC; **210** Mansell, London; **211** Peabody Museum, Yale University; **212** PAC; **214** o ACL, Brüssel, u Royal Ontario Museum, Toronto; **215** o LP, u PAC; **216** o & u PAC; **217** o & u PAC; **218** Tracy Wellman.

REGISTER

Kursiv gesetzte Seitenzahlen beziehen sich auf Abbildungen.

Abkürzungen hinter den Namen:
(g) Gott; (gn) Götting; (k) König; (kn) Königin